Rose

Betrieb und Steuer
Erstes Buch: Die Ertragsteuern

Betrieb und Steuer

Grundlagen zur Betriebswirtschaftlichen Steuerlehre

Von

DR. GERD ROSE
Steuerberater

Universitätsprofessor (em.) der Betriebswirtschaftslehre an der Universität zu Köln

Erstes Buch
Die Ertragsteuern
Einkommensteuer, Körperschaftsteuer, Gewerbeertragsteuer

Zweites Buch
Die Verkehrsteuern
Umsatzsteuer,Grunderwerbsteuer, kleinere Verkehrsteuern

Drittes Buch
Die Substanzsteuern
Bewertungsgesetz, Vermögensteuer, Grundsteuer, Gewerbekapitalsteuer, Erbschaft- und Schenkungsteuer

Viertes Buch
Grundzüge des Besteuerungsverfahrens
Anwendung der Steuergesetze, Steuerermittlung, -festsetzung, -erhebung, Rechtsbehelfe in Steuerangelegenheiten

Fünftes Buch
Grundzüge des Internationalen Steuerrechts
Doppelbesteuerung, Internationale Minderbesteuerung, Unternehmensaktivitäten im Ausland

GABLER

Betrieb und Steuer

Grundlagen zur Betriebswirtschaftlichen Steuerlehre

Von

DR. GERD ROSE
Steuerberater

Universitätsprofessor (em.) der Betriebswirtschaftslehre an der Universität zu Köln

Erstes Buch

Die Ertragsteuern

Zwölfte, überarbeitete Auflage

GABLER

Die Deutsche Bibliothek – CIP-Einheitsaufnahme

Rose, Gerd:
Betrieb und Steuer: Grundlagen zur betriebswirtschaftlichen Steuerlehre/von Gerd Rose. – Wiesbaden: Gabler.
Bis 1983 auch als Losebl.-Ausg. u. d. T.: Betrieb und Steuer

Buch 1. Rose, Gerd: Die Ertragsteuern. – 12., überarb. Aufl. – 1992

ISBN 3-409-50977-1

1. Auflage 1969
2. Auflage 1972
3. Auflage 1975
4. Auflage 1977
5. Auflage 1978
6. Auflage 1981
7. Auflage 1982
8. Auflage 1984
9. Auflage 1986
10. Auflage 1988
11. Auflage 1989
12. Auflage 1992

Der Gabler Verlag ist ein Unternehmen der Verlagsgruppe Bertelsmann International.

Lektorat: Gudrun Böhler

Satz: SATZPUNKT Ursula Ewert, Braunschweig
Druck und Bindung: Wilhelm & Adam, Heusenstamm
Printed in Germany

ISBN 3-409-50977-1

Vorwort zur ersten Auflage

Die Betriebswirtschaftliche Steuerlehre ist wissenschaftlich noch nicht so gut entwickelt wie andere Teile der Allgemeinen Betriebswirtschaftslehre. Die vielfältigen Beziehungen zwischen Betrieb und Steuer, staatlicher Steuerpolitik und unternehmerischem Verhalten, Besteuerung und Unternehmerentscheidung sind erst teilweise systematisch erforscht. Das für weitere Problemlösungen erforderliche Instrumentarium ist nur in Ansätzen vorhanden.

Eine der wichtigsten Ursachen für diese vergleichsweise zurückgebliebene Entfaltung der Betriebswirtschaftlichen Steuerlehre ist nach meiner Ansicht darin zu sehen, daß es an jenem breiten Fundament zahlreicher, wohlausgebildeter Nachwuchskräfte fehlt, auf dem allein sich die Vielzahl von Talenten entwickeln kann, die jede (und insbesondere jede junge) Wissenschaft so nötig zu ihrem Fortschritt braucht.

Über den Mangel an wohlausgebildeten Nachwuchskräften für das betriebliche Steuerwesen klagt auch die betriebliche Praxis. Denn nicht nur der Berufsnachwuchs der Steuerberater und Wirtschaftsprüfer rekrutiert sich zum überwiegenden Teil aus den Absolventen der Wirtschaftswissenschaftlichen Fakultäten; auch für die unmittelbar leitende Tätigkeit in der Wirtschaft werden Betriebswirtschaftler mit mehr als oberflächlichen Kenntnissen über die Besteuerung benötigt.

Sucht man nach den Ursachen für diesen Zustand, so stößt man alsbald auf eine erschwerende Notwendigkeit, der andere Teilbereiche der Betriebswirtschaftslehre nicht konfrontiert sind: Gründliche Kenntnisse der wichtigsten Teile des geltenden Steuerrechts sind für die Beschäftigung mit Fragen der Betriebswirtschaftlichen Steuerlehre unerläßlich. Fehlen sie, so verlieren sich die Antworten häufig ins Spekulative. Weder Wissenschaft noch Praxis aber haben einen Nutzen von „Erkenntnissen“ aus Besteuerungsmethoden, die die Realität nicht isomorph abbilden.

Aus langjähriger praktischer Erfahrung als Steuerberater und gleichfalls langjähriger Universitätserfahrung als Lehrbeauftragter, Privatdozent und Ordinarius ist mir nun bekannt, daß die Aneignung der Grundlagen der betriebswirtschaftlich wichtigen Teile des Steuerrechts u. a. deshalb besonders mühevoll ist, weil die Lehrbuchliteratur auf diese Aufgabe nicht recht eingerichtet scheint. Vereinfachend kann man es so ausdrücken: Die Lehrbücher zur Betriebswirtschaftlichen Steuerlehre setzen weitgehend die Kenntnis des konkreten Steuerrechts voraus; die Lehrbücher zum Steuerrecht aber treffen nicht die erforderliche Auswahl und zwingen dadurch denjenigen, der sich mit den für die Besteuerung von Betrieben maßgebenden Normen vertraut machen will, zur Beschäftigung mit für ihn unnötigen Stoffgebieten. Die Folge daraus ist in beiden Fällen häufig eine Resignation des zum Lernen Entschlossenen.

Ohne mich damit in meinen Arbeitsplänen zu begrenzen, habe ich es daher für richtig gehalten, zunächst ein systematisch-pädagogisch angelegtes, in fünf Bücher unterteiltes Lehrwerk der Grundlagen zur Betriebswirtschaftlichen Steuerlehre zu erarbeiten und das betrieblich relevante Steuerrecht in betriebswirtschaftlicher Blickrichtung und mit entsprechender Schwerpunktbildung abzuhandeln. Ich lege hier das erste Buch vor.

Meine Mitarbeiter am Seminar für Allgemeine Betriebswirtschaftslehre und Betriebswirtschaftliche Steuerlehre der Universität zu Köln haben mich bei diesen Bestrebungen mit ihrem regen Interesse und mit mancherlei wertvoller Hilfe sehr unterstützt. Ganz besonderen Dank schulde ich meinem Assistenten, Herrn Dipl.-Kfm. Horst Langel, für seine nie erlahmende Bereitschaft zu einer fundierten Sach- und Formkritik, von der dieses Buch wesentlich profitiert hat.

GERD ROSE

Vorwort zur zwölften Auflage

Das Buch wurde für die zwölfte Auflage überarbeitet und auf den Rechtszustand 1991 gebracht. Änderungen ergaben sich aus zahlreichen gesetzgeberischen Aktivitäten, zuletzt das Solidaritätszuschlagsgesetz (es wird in Teil 6 kurz dargestellt) und das Steueränderungsgesetz 1991; das Steueränderungsgesetz 1992 ist noch im Gestrüpp des Gesetzgebungsverfahrens hängengeblieben und konnte deshalb nicht eingearbeitet werden. Berücksichtigt sind die zwischenzeitlich erfolgten Rechtsprechungsentwicklungen, neue wichtige Verwaltungsanweisungen sowie Ergebnisse der Diskussionen im Fachschrifttum. Ich habe mich auch weiter um eine Verbesserung der sprachlichen Darstellung sowie der Aussagekraft der Beispiele bemüht und die Literaturangaben auf den Stand vom Spätherbst 1991 gebracht.

Herzlich danke ich den Lesern, die mir durch konstruktive Vorschläge geholfen haben. Um Verständnis bitte ich diejenigen unter ihnen, deren Wünsche ich – wegen der damit sonst verbunden gewesenen Umfangsausweitungen – nicht erfüllen konnte.

GERD ROSE

Inhaltsverzeichnis

Tafeln zum Ausklappen

Abkürzungsverzeichnis

Abs.	– Absatz
Abschn.	– Abschnitt
AG	– Aktiengesellschaft
AG (als Literaturhinweis)	– Die Aktiengesellschaft
AktG	– Aktiengesetz
AO	– Abgabenordnung
BB	– Der Betriebs-Berater
BerlinFG	– Berlinförderungsgesetz
BewG	– Bewertungsgesetz
BFH	– Bundesfinanzhof
BFuP	– Betriebswirtschaftliche Forschung und Praxis (Zeitschrift)
BGB	– Bürgerliches Gesetzbuch
BStBl	– Bundessteuerblatt
DB	– Der Betrieb
DBW	– Die Betriebswirtschaft (Zeitschrift)
Diss.	– Dissertation (mit Fakultätszusatz: jur., phil., rer. pol.)
DStR	– Deutsches Steuerrecht (Zeitschrift)
DStZ	– Deutsche Steuer-Zeitung
EStDV	– Einkommensteuer-Durchführungsverordnung
EStG	– Einkommensteuergesetz
EStR	– Einkommensteuer-Richtlinien
e. V.	– eingetragener Verein
FR	– Finanz-Rundschau
GewStDV	– Gewerbesteuer-Durchführungsverordnung
GewStG	– Gewerbesteuergesetz
GewStR	– Gewerbesteuer-Richtlinien
GG	– Grundgesetz für die Bundesrepublik Deutschland
GmbH	– Gesellschaft mit beschränkter Haftung
GmbHG	– GmbH-Gesetz

GmbHR	– GmbH-Rundschau
HGB	– Handelsgesetzbuch
Inf.	– Die Information (Zeitschrift)
InstFSt	– Institut „Finanzen und Steuern“
InvZulG	– Investitionszulagengesetz
IWB	– Internationale Wirtschaftsbriefe
JbFfSt	– Jahrbuch der Fachanwälte für Steuerrecht
JuS	– Juristische Schulung (Zeitschrift)
KG	– Kommanditgesellschaft
KGaA	– Kommanditgesellschaft auf Aktien
KStDV	– Körperschaftsteuer-Durchführungsverordnung
KStG	– Körperschaftsteuergesetz
KStR	– Körperschaftsteuer-Richtlinien
LStDV	– Lohnsteuer-Durchführungsverordnung
LStR	– Lohnsteuer-Richtlinien
NWB	– Neue Wirtschaftsbriefe (Zeitschrift)
ÖStZ	– Österreichische Steuerzeitung
OHG	– Offene Handelgesellschaft
o. V.	– ohne Verfasserangabe
RFH	– Reichsfinanzhof
RIW	– Recht der internationalen Wirtschaft (Zeitschrift; früher AWD)
RWP	– Rechts- und Wirtschafts-Praxis
SolZG	– Solidaritätszuschlaggesetz
StB	– Der Steuerberater (Zeitschrift)
Stbg	– Die Steuerberatung (Zeitschrift)
StbJb	– Steuerberater-Jahrbuch
StbKongRep	– Steuerberaterkongreßreport
StBp	– Die steuerliche Betriebsprüfung
SteuerStud	– Steuer und Studium (Zeitschrift)
StuW	– Steuer und Wirtschaft (Zeitschrift)

StVj	– Steuerliche Vierteljahresschrift
StWa	– Steuer-Warte
UmwG	– Umwandlungsgesetz
UmwStG	– Umwandlungsteuergesetz
UStG	– Umsatzsteuergesetz
VermBG	– Vermögensbildungsgesetz
VO	– Verordnung
WPg	– Die Wirtschaftsprüfung (Zeitschrift)
ZfB	– Zeitschrift für Betriebswirtschaft
ZfbF	– Zeitschrift für betriebswirtschaftliche Forschung
ZPO	– Zivilprozeßordnung

Einführung

Angesichts der absolut wie relativ gewaltigen Haushalte moderner Industriestaaten braucht über die volkswirtschaftliche Bedeutung der Besteuerung kein Wort verloren zu werden. In welchem Umfang darüber hinaus die Steuern nicht nur Mittel zur Einnahmeerzielung, sondern auch Mittel zur Durchsetzung wirtschafts- und sozialpolitischer Ziele geworden sind, ist ebenfalls bekannt.

Für die Betriebswirtschaftslehre, die sich mit Einzelbetrieben, bevorzugt mit Unternehmungen, beschäftigt, ist primär die Steuerbelastung in mikroökonomischer Sicht interessant. Auch unter diesem Betrachtungswinkel ist das große Gewicht der Besteuerung offensichtlich, kann doch die Belastung gewerblicher Unternehmungen in der Bundesrepublik Deutschland allein mit Einkommen-, Ertrag- und Vermögensteuern gegenwärtig mit durchschnittlich etwa 25 % des Rohüberschusses angenommen werden; die Spitzenwerte reichen weit darüber hinaus, Steueraufwendungen können die erwirtschafteten Unternehmungserfolge auch völlig aufzehren. Mithin ist eine möglichst genaue Kenntnis der Höhe, der Zusammensetzung und der Natur der betrieblichen Steuerbelastung eine der zahlreichen Voraussetzungen für rationale unternehmerische Entscheidungen. Die Gewinnung solcher genauen Kenntnisse ist aber deshalb sehr erschwert, weil das gegenwärtige deutsche Steuerrecht keine eigentliche Unternehmungs- oder Betriebsbesteuerung kennt. Die Unternehmung ist nur in Ausnahmefällen – gleichsam zufällig – steuerfähig. Dem fiskalischen Zugriff der verschiedensten Steuerarten unterliegen statt dessen juristisch definierte Bemessungsgrundlagen, die sich an Existenz, Vermögensbestand, Aktionen und Ergebnisse unternehmerischer Betätigung anlehnen, ihnen aber regelmäßig nicht entsprechen. Aus diesem Grunde ist es für betriebswirtschaftliche Analysen in den meisten Fällen zweckmäßig, sich gänzlich von der juristischen Steuerartenordnung zu trennen und zu einer nach ökonomischen Größen ausgerichteten operationalen Teilsteuerrechnung überzugehen. Das ist sinnvoll nur auf dem Boden des konkreten Steuerrechts möglich.

Die Aufgabe dieser Grundlagen-Darstellung liegt jedoch nicht in der Umformung und Herrichtung des Steuerartenrechts für betriebswirtschaftliche Zwecke, sondern in der ausgewählten Beschreibung konkreten gegenwärtigen deutschen Steuerrechts, soweit es von betriebswirtschaftlicher Relevanz ist. Die Darstellung muß sich infolgedessen an die vorgefundenen Steuerarten halten.

Es wird nun für vertretbar gehalten, der traditionellen betriebswirtschaftlichen Gruppierung der Steuerarten in Ertragsteuern, Verkehrsteuern und Substanzsteuern zu folgen. Daraus ergibt sich zunächst eine Dreiteilung in der Darstellung des materiellen Steuerrechts. Im ersten Buch werden die Steuern auf der Basis des Ertrages, Gewinns, Erfolges, Überschusses (= Ertragsteuern) erörtert. Die wichtigsten Ertragsteuern sind die Einkommensteuer, die Körperschaftsteuer und der Teil der Gewerbesteuer, der den Gewerbeertrag zur Grundlage hat (Gewerbeertragsteuer). Das zweite Buch beschäftigt sich mit den Steuern auf der Basis des Verkehrs, des Umsatzes, einer Veranstaltung (= Verkehrsteuern). Die größte Verkehrsteuer ist die Umsatzsteuer; daneben ist von betriebswirtschaftlich oft großer Bedeutung noch die Grunderwerbsteuer. Im dritten Buch werden die Steuern besprochen, die auf der Basis der Substanz, des Vermögens, des Eigentums, des Kapitals erhoben werden (= Substanzsteuern). Die wichtigsten Substanzsteuern sind die Vermögensteuer, die Grundsteuer und die Gewerbekapitalsteuer; zu den Substanzsteuern soll ferner die Erbschaftsteuer gerechnet werden, weil auch diese – wie die anderen – über die Bemessungsgrundlagen auf das Bewertungsgesetz rekurriert.

Mit der Darstellung des materiellen Steuerrechts sind aber nicht alle Grundlagen zur Betriebswirtschaftlichen Steuerlehre erfaßt. Denn die Steueransprüche des Staates werden in einem gesetzlich geregelten Verfahren ermittelt, festgesetzt, erhoben und ggf. beigetrieben. Für den Betrieb ergeben sich in diesem Zusammenhang bedeutende Mitwirkungspflichten, aber auch Rechte (so das Recht, gegen ungerechtfertigt erscheinende Ansprüche außergerichtlich und gerichtlich anzugehen). Eine Erörterung des betrieblichen Steuerwesens ohne Einbeziehung dieses Bereichs wäre zwangsläufig unvollständig. Das vierte Buch beschäftigt sich deshalb mit den Grundzügen des Besteuerungsverfahrens sowie mit den in diesem Zusammenhang erörternswerten Nebenproblemen.

Das Betätigungsfeld moderner Unternehmungen ist häufig nicht mehr auf das Hoheitsgebiet des Sitzstaates beschränkt. Wird dieses aber verlassen, so treten regelmäßig außer dem Heimatstaat noch fremde Staaten als Steuergläubiger auf. Der Betrieb wird dadurch Objekt einer internationalen Besteuerung. Mit den grundlegenden Gegebenheiten dieses Bereichs beschäftigt sich das fünfte Buch.

Der innere Zusammenhang der fünf Bücher wir durch die fortlaufende Numerierung der Kapitel zum Ausdruck gebracht; das erste Buch endet mit dem sechsten, das zweite Buch beginnt mit dem siebenten Kapitel usw. Dadurch werden gegenseitige Verweisungen erleichtert.

Weder je für sich noch in ihrer Gesamtheit enthalten die fünf Bücher eine Betriebswirtschaftliche Steuerlehre. Das Werk „Betrieb und Steuer" erörtert vielmehr lediglich das steuerrechtliche Substrat dieser Wissenschaft. Folgerungen aus den vorgetragenen Steuerrechtsnormen werden nicht gezogen, über die Einflüsse dieser Normen auf betriebliche Entscheidungen wird nichts ausgesagt, Regeln einer betriebswirtschaftlichen Steuerpolitik werden nicht vorgeführt.

Das Werk enthält andererseits keineswegs den vollen Stoff „Steuerrecht", sondern beschränkt sich auf die Bestandteile, die zur Beschäftigung mit Fragestellungen der Betriebswirtschaftlichen Steuerlehre notwendig sind. Nun lassen sich aber durch die in vielen Fällen bestehende steuerliche Verbindung von Unternehmung und Unternehmer nicht einige Steuerarten als „betrieblich" und andere als „privat" charkterisieren; es ergibt sich vielmehr die Notwendigkeit, in die Erörterungen praktisch alle Steuerarten einzubeziehen. Ist insoweit keine Begrenzung möglich, so aber doch in der Auswahl des Stoffes. Da das Ziel darin besteht, dem betriebswirtschaftlich orientierten Leser sowohl den notwendigen Überblick über das Steuerrecht als auch die erforderlichen Detailkenntnisse wichtiger Gebiete nahezubringen, konnte auf die Darstellung zahlreicher Spezialitäten verzichtet werden. Eine sehr wichtige Beschränkung ergibt sich ferner aus der Ausklammerung des gesamten Gebiets, das mit dem Stichwort „Steuerbilanzen" (Bilanzsteuerrecht) charakterisiert ist; hierzu existiert nämlich in ausreichendem Umfang gut geeignetes Schrifttum (vgl. die Literaturhinweise vor dem Sachregister).

Die Darstellung ist weder rechtswissenschaftlich noch finanzwissenschaftlich ausgerichtet. Es werden mithin weder die Motive des Gesetzgebers noch die „Ordnung" des Steuerrechts (für das der Verfasser selbstverständlich nicht verantwortlich ist) erklärt oder kritisiert. Das Werk enthält sich schließlich jeder Anregung zur Verbesserung steuerrechtlicher Vorschriften.

In den Literaturhinweisen, die den Erörterungen an jeweils für passend gehaltenen Stellen angefügt sind, werden zunächst pauschal die sehr wichtigen Kommentare zu den einzelnen Steuergesetzen angegeben; ein Verzeichnis der Kommentare befindet sich am Schluß. Darüber hinaus werden wichtige Monographien genannt, die das betreffende Gebiet intensiver behandeln, schließlich aktuelle Diskusionsbeiträge angeführt, damit der gegenwärtige Stand der Auseinandersetzungen und Entwicklungen verfolgt werden kann. Selbstverständlich sind die allein auf den Lehrbuchzweck ausgerichteten (chronologisch angeordneten) Literaturangaben unvollständig; die getroffene Auswahl enthält keine wissenschaftliche Wertung. Bei Büchern wird durchgängig nur der Verlagsort angegeben; es wird empfohlen, stets die jeweils neueste Auflage zu benutzen.

Im ganzen Werk findet sich keine konkrete Angabe über Urteile der Finanzgerichtsbarkeit. Das beruht nicht auf einer Mißachtung der – für die Problembearbeitung in Wissenschaft und Praxis sehr wichtigen – Beiträge der Rechtsprechung, sondern allein auf dem Umstand, daß der Anfänger erfahrungsgemäß aus der unmittelbaren Lektüre von Judikaten zu voreilig generelle Schlüsse zieht. Urteile sind stets Entscheidungen für den Einzelfall. Das Herausfiltern des Grundsätzlichen kostet viel Mühe und ist im Stadium des ersten Bekanntwerdens mit dem Stoff weder zumutbar noch didaktisch empfehlenswert; aus diesem Grunde sollte der Zugang zu den Entscheidungen der Steuergerichte zunächst über die Literatur, insbesondere die Kommentierungen, gesucht werden.

Die Bestimmungen der Gesetze, der Durchführungsverordnungen und der steuerlichen Richtlinien sind regelmäßig nicht im Wortlaut abgedruckt. Diese Unterlassung gebietet sich schon aus Raumgründen; darüber hinaus ist es für denjenigen, der das Lehrbuch durcharbeitet, von größtem Übungsnutzen, die Materialien (Steuergesetze, -durchführungsverordnungen und -richtlinien) unmittelbar – parallel zur Lektüre des Buches – zu studieren.

Der Stoff ist möglichst schrittweise aufgebaut worden, also so, daß Verweisungen auf Späteres nur informativen Charakter haben und zum Verständnis nicht unbedingt gelesen werden müssen. Im übrigen dienen – am Schluß jedes Buches herausklappbar angeordnete – Schemata der Erleichterung des Überblicks und zahlreiche Beispiele der Erklärung schwieriger Fragen.

Ausgewählte Lehrbücher zur Betriebswirtschaftlichen Steuerlehre, zur finanzwissenschaftlichen Steuerlehre und zum Steuerrecht (in der Reihenfolge der Erstveröffentlichungen angegeben; zum Studium sind die jeweils neuesten Auflagen heranzuziehen):

Schmölders/Hansmeyer, Allgemeine Steuerlehre, Berlin; Wöhe, Günter, Betriebswirtschaftliche Steuerlehre, München; Albach, Horst, Steuersystem und unternehmerische Investitionspolitik, Wiesbaden; Rose, Gerd, Steuerfall und Lösung, Wiesbaden; Wöhe, Günter, Die Steuern des Unternehmens, München; Tipke/Lang, Steuerrecht, Ein systematischer Grundriß, Köln; Rose, Gerd, Die Steuerbelastung der Unternehmung, Grundzüge der Teilsteuerrechnung, Wiesbaden; Fischer/Warneke, Grundlagen der Internationalen Betriebswirtschaftlichen Steuerlehre, Berlin; Schneider, Dieter, Grundzüge der Unternehmensbesteuerung, Wiesbaden; Weber/Behrens/

Klunzinger, Einführung in das besondere Steuerrecht, Band 1: Steuern vom Einkommen und vom Vermögen, München; Weber/Klunzinger/Schlüter, Einführung in das besondere Steuerrecht, Band II: Realsteuern und Verkehrsteuern, München; Hessler, Heinz Dieter, Finanzwissenschaftliches System der Besteuerung, Tübingen/Düsseldorf; Schult, Eberhard, Die Steuern des Betriebes, Band 1: Steuerarten, Freiburg; Federmann, Rudolf, Betriebswirtschaftliche Steuerlehre als angewandte Wissenschaftsdisziplin, Wiesbaden; Knobbe-Keuk, Brigitte, Bilanz- und Unternehmenssteuerrecht, Köln; Wöhe/Bieg, Grundzüge der Betriebswirtschaftlichen Steuerlehre, München; Wacker, Wilhelm H., Steuerplanung im nationalen und transnationalen Unternehmen, Berlin; Wagner/Dirrigl, Die Steuerplanung der Unternehmung, Stuttgart/New York; Siegel, Theodor, Steuerwirkungen und Steuerpolitik in der Unternehmung, Würzburg/Wien; Selchert, F. W., Grundlagen der betriebswirtschaftlichen Steuerlehre, Übersichtsdarstellungen, München/Wien; Mellwig, Investition und Besteuerung, Wiesbaden; Schneeloch, Dieter, Besteuerung und betriebliche Steuerpolitik, Band 1: Besteuerung, München; Rose, Gerd, Betriebswirtschaftliche Steuerlehre, Eine Einführung für Fortgeschrittene, Wiesbaden; Haberstock, Lothar, Einführung in die Betriebswirtschaftliche Steuerlehre, Hamburg.

Erstes Buch

Die Ertragsteuern

1 Die Ertragsteuerarten

Unter der Bezeichnung „Ertragsteuern“ versteht dieses Buch

- die Einkommensteuer mit der daranhängenden Kirchensteuer sowie dem Solidaritätszuschlag
- die Körperschaftsteuer nebst dem Solidaritätszuschlag und
- die Gewerbeertragsteuer (das ist der Teil der Gewerbesteuer, der den Gewerbeertrag zur Bemessungsgrundlage hat).

Gemeinsam ist den Ertragsteuern die Abhängigkeit der Steuerbemessungsgrundlage vom wirtschaftlichen Ergebnis (Gewinn, Ertrag, Überschuß, Erfolg). Die Ertragsbesteuerung nimmt, grundsätzlich gesehen, einen Teil dieses Ergebnisses fort. Der Fiskus partizipiert durch die Steuer am ökonomischen Erfolg des Steuerpflichtigen.

Gemeinsam ist den Ertragsteuern auch die Technik der Erhebung. Es handelt sich stets um Veranlagungssteuern und zugleich um Jahressteuern. Die Einkommensteuer, die Körperschaftsteuer und die Gewerbeertragsteuer werden nach dem Ergebnis einer regelmäßigen Zwölfmonatsperiode (Kalenderjahr oder Wirtschaftsjahr) bemessen und durch formelle, auf Erklärungen des Steuerpflichtigen basierende Veranlagungen, die ihren Niederschlag in Steuerbescheiden finden, festgesetzt; auf ihre endgültige Steuerschuld haben die Steuerpflichtigen vierteljährliche Vorauszahlungen zu entrichten.

Unterschiede bestehen in grundsätzlicher Hinsicht dagegen insofern, als es sich bei der Einkommensteuer und bei der Körperschaftsteuer um sogenannte „Personensteuern“ handelt, bei denen das Steuer*subjekt* im Vordergrund steht, während die Gewerbeertragsteuer als Teil der Gewerbesteuer zu den sogenannten „Objektsteuern“ gerechnet wird, die primär den Steuer*gegenstand* betrachten. Steuersubjekt bei der Einkommensteuer ist die natürliche Person, Steuersubjekt bei der Körperschaftsteuer die juristische Person. Steuergegenstand der Gewerbesteuer ist der Gewerbebetrieb natürlicher und juristischer Personen. Daraus folgt, daß bei ein- und demselben Steuerpflichtigen niemals alle drei Ertragsteuern gleichzeitig anfallen können, daß mit dem Betrieb gewerblicher Unternehmungen aber gewöhnlich zwei Ertragsteuern nebeneinander zur Entstehung kommen, nämlich entweder Einkommensteuer und Gewerbeertragsteuer oder Körperschaftsteuer und Gewerbeertragsteuer. Für die Jahre 1991 und 1992 wird zusätzlich zur Einkommen- und Körperschaftsteuer der Solidaritätszuschlag erhoben.

Die gesetzliche Bemessungsgrundlage für die Einkommensteuer heißt „zu versteuerndes Einkommen“, die gesetzliche Bemessungsgrundlage für die Körperschaftsteuer trägt den gleichen Namen, die gesetzliche Bemessungsgrundlage für die Gewerbeertragsteuer heißt „Gewerbeertrag“.

Es ist nun zu beachten, daß weder die zu zahlende oder gezahlte Einkommensteuer noch die zu zahlende oder gezahlte Körperschaftsteuer von ihren Bemessungsgrundlagen abgezogen werden können; die aufgewendete Gewerbeertragsteuer ist dagegen von ihrer eigenen Bemessungsgrundlage abzugsfähig. Dieser Umstand ist für die Beurteilung der Höhe einer Steuer (des Steuersatzes) bedeutsam.

Geht man von der Brutto-Bemessungsgrundlage (= Bemessungsgrundlage vor Abzug der daraus resultierenden Steuer) aus, so errechnet sich eine nichtabzugsfähige Steuer S_N aus der Bemessungsgrundlage B und dem Steuerersatzfaktor s nach der Gleichung

$$S_N = sB$$

Eine abzugsfähige Steuer S_A errechnet sich dagegen nach der Ausgangsgleichung

$$S_A = s\,(B - S_A)$$

und beträgt damit

$$S_A = \frac{s}{1+s}\,B.$$

Begegnet man also einem gesetzlichen Steuersatz von z. B. 25 % (s = 0,25), so muß man prüfen, ob es sich um eine abzugsfähige oder um eine nichtabzugsfähige Steuer handelt. Der wirkliche Steuersatz einer abzugsfähigen Steuer, bezogen auf die Brutto-Bemessungsgrundlage, beläuft sich bei einem gesetzlichen Steuersatz von 25 % nämlich nur auf 0,25 : 1,25 = 0,20 oder 20 %. Statt einer 25%igen abzugsfähigen Steuer hätte das Gesetz also auch eine 20%ige nichtabzugsfähige Steuer bestimmen können.

Die Unterscheidung zwischen abzufähigen und nichtabzugfähigen Steuern ist angesichts der relativ hohen Ertragsteuersätze besonders wichtig. Während die (abzugsfähige) Gewerbeertragsteuer den Ertrag mit derzeit maximal etwa 25 % belastet, sind die Spitzenbelastungen mit (nichtabzugsfähigen) Einkommensteuern und Körperschaftsteuern wesentlich höher; sie betragen (ohne Einbeziehung des Solidaritätszuschlages) 53 % bzw. 50 %.

Aus der Höhe der Steuersätze erklärt sich auch die große Bedeutung, die gerade der Ertragsbesteuerung in den betrieblichen Dispositionen zukommt. Eine nur verhältnismäßig geringe Änderung der Bemessungsgrundlage führt zu einer verhältnismäßig hohen Änderung der Steuerlast. Fehlerhafte Entscheidungen induzieren mithin regelmäßig empfindliche Steuernachteile.

Schließlich darf der folgende Umstand nicht übersehen werden: Die obengenannten gesetzlichen Bemessungsgrundlagen entsprechen in keiner der drei Ertragsteuerarten dem, was man in der Betriebswirtschaftslehre oder im Wirtschaftsleben unter Ertrag, Gewinn, Erfolg oder Einkommen versteht. Eine unmittelbare Übertragung solcher Begriffsinhalte in das Steuerrecht verbietet sich daher. Es muß vielmehr in jedem einzelnen Falle geprüft werden, wie das Gesetz seine Bemessungsgrundlage definiert. Diese Prüfung ergibt nahezu regelmäßig beträchtliche und wirtschaftlich wesentliche Abweichungen. So werden einerseits etwa bestimmte Einnahmen (Erträge) steuerfrei belassen, d. h. nicht in die Bemessungsgrundlage einbezogen; andererseits dürfen bestimmte Ausgaben (Aufwendungen), obwohl sie den wirtschaftlichen Erfolg schmälern, von der steuerlichen Bemessungsgrundlage nicht abgezogen werden, so daß ein steuerlicher Erfolg zur Ertragsbesteuerung herangezogen wird, der um diese Beträge erhöht ist.

2 Die Einkommensteuer

2 A Überblick

2 A 1 Die persönliche Steuerpflicht

Das Einkommensteuergesetz (EStG) konstituiert eine Personensteuer. Es muß deshalb eine Antwort auf die Frage nach der Person geben, die steuerpflichtig ist. Dies geschieht in § 1 EStG.

§ 1 EStG trifft zunächst die Feststellung, daß nur natürliche Personen, also Menschen, einkommensteuerpflichtig sind. Die Vorschrift unterscheidet alsdann zwischen einer unbeschränkten und einer beschränkten Einkommensteuerpflicht.

Unbeschränkt einkommensteuerpflichtig sind alle Personen, die im Bundesgebiet oder Berlin (West) eine Wohnung im Sinne von § 8 AO haben oder sich hier im Sinne von § 9 AO gewöhnlich aufhalten, sowie die im Ausland lebenden deutschen Behördenangehörigen. Die unbeschränkte Einkommensteuerpflicht hat zur Folge, daß *sämtliche* Einkünfte der betreffenden Person vom inländischen Fiskus erfaßt werden, gleichgültig in welchem Teil der Welt und auf welche Weise sie entstehen.

Beschränkt einkommensteuerpflichtig sind alle anderen Personen. Der beschränkten Einkommensteuer werden nur bestimmte inländische Einkünfte unterworfen, diese inländischen Einkünfte sind im einzelnen in § 49 EStG angeführt (vgl. auch 22 C im Fünften Buch).

Die (unbeschränkte wie beschränkte) persönliche Einkommensteuerpflicht ist also grundsätzlich unabhängig von der Staatsangehörigkeit der Person. Hat ein Türke in der Bundesrepublik eine Wohnung, so ist er unbeschränkt einkommensteuerpflichtig. Ein Deutscher, der in den Vereinigten Staaten von Amerika lebt, wird dagegen als beschränkt Steuerpflichtiger angesehen, wenn er im Inland Einkünfte bezieht.

Die folgenden Ausführungen dieses Kapitels legen stets die unbeschränkte Steuerpflicht zugrunde; zu wichtigen Fällen beschränkter Steuerpflicht vgl. Teil 29 im Fünften Buch.

Literatur:

1. Die Kommentierungen zu § 1 EStG und zu §§ 8 und 9 AO.
2. Franke, Siegfried F., Entwicklung und Begründung der Einkommensbesteuerung, Darmstadt. – Großfeld, Bernhard, Die Einkommensteuer. Geschichtliche Grundlage und rechtsvergleichender Ansatz, Tübingen. – Stadie, Holger, Die persönliche Zurechnung von Einkünften, Berlin. – Keßler, Rainer E., Neue Regelungen zur beschränkten und beschränkten Einkommensteuerpflicht im Steuerbereinigungsgesetz 1986, BB 1986, 1890.

2 A 2 Das Einkommen als Gegenstand der sachlichen Steuerpflicht

Der Begriff des Einkommens ist in der Nationalökonomie, speziell der Finanzwissenschaft, Gegenstand theoretischer Erörterungen gewesen. Fuisting hat, ausgehend von den Theorien der Nationalökonomen Schmoller und Wagner, die sog. „Quellentheorie“ entwickelt. Nach dieser Theorie werden jene Einkünfte als Einkommen betrachtet, die aus einer dauernd fließenden Quelle herrühren. Die sogenannte „Vermögenszuwachstheorie" von Schanz will dagegen als Einkommen die Vermögensmehrung in bestimmten begrenzten Zeiträumen einschließlich der Nutzung und geldwerten Leistungen definieren.

Das EStG folgt keiner dieser Theorien, wenn es in § 2 Abs. 5 erkärt, die Einkommensteuer bemesse sich nach dem „zu versteuernden Einkommen". Es geht vielmehr rein pragmatisch so vor, daß es „Einkünfte" aus sieben verschiedenen „Einkunftsarten" aufzählt, deren Summe um verschiedene Abzugsposten mindert und so die Größe „Einkommen" definiert, die durch weitere Abzüge dann in die Bemessungsgrundlage für die tarifliche Einkommensteuer transformiert wird.

Die sieben verschiedenen Einkunftsarten nennt § 2 Abs. 1 EStG unter Hinweis auf Einzelerläuterungen in den §§ 13 bis 24 EStG. § 2 Abs. 2 EStG gibt schließlich Anweisungen, was jeweils unter dem Begriff „Einkünfte" zu verstehen ist.

Der Einkommenbegriff des EStG ist also nicht ein theoretisch, sondern ein technisch bestimmter Begriff.

Literatur:

1. Die Kommentierungen zu § 2 EStG.
2. Trzaskalik, Christoph, Personal gebundene Einkommensteuerpflicht und Gesamtrechtsnachfolge, StuW 1979, 97. – Söffing, Günther, Der Nießbrauch – eine selbständige Einkunftsquelle?, DStZ 1981, 199. – Biergans, Enno, Überlegungen zur Zurechnung latenter Einkünfte im Einkommensteuerrecht, FR 1982, 525. – Wassermeyer, Franz, Der Nießbrauch im Einkommensteuerrecht, FR 1983, 157. – Trzaskalik, Christoph, Nutzungsrechte im Einkommensteuerrecht, StuW 1983, 126. – Loritz, Karl-Georg, Die systemgerechte Einkommensteuer – ein unerreichbares Ziel?, StuW 1986, 9. – Brandis, Peter, Einkommen als Rechtsbegriff, StuW 1987, 289. – Bayer, Hermann-Wilfried, Die Erwerbstätigkeit – der Steuergegenstand des Einkommensteuerrechts, BB 1988, 1, 141, 213. – Franz, Christoph, Einkommensbegriffe im Steuer- und Sozialrecht, StuW 1988, 17. – Lang, Joachim, Die Bemessungsgrundlage der Einkommensteuer, Köln, – Stollenwerk, Arnd, Dogmatischer Gegenstand versus instrumentaler Gegenstand des EStG, StVj 1989, 217. – Leberfinger, Stefan, Die Bedeutung von § 101 BGB für die Zurechnung von Einkünften, DStR 1991, 1205.

2 A 3 Schema der Einkommensteuer-Ermittlung

Läßt man unwesentliche Sonderfälle außer Betracht, so kann die Ermittlung der Einkommensteuer vereinfacht so dargestellt werden, wie dies in Tafel 1 (abgedruckt im Anhang) geschieht. Eine teilweise verfeinerte Darstellung enthalten die Abschnitte 3 und 4 EStR. Es empfiehlt sich, das vereinfachte Schema, das zugleich einen Überblick über die Terminologie gibt, bei der Lektüre der folgenden Texte ausgeklappt zu lassen.

2 A 4 Der Einkommensteuertarif

§ 2 Abs. 6 EStG unterscheidet zwischen der „tariflichen Einkommensteuer" und der „festzusetzenden Einkommensteuer". Die Differenz zwischen beiden resultiert aus Steuerermäßigungen, die aus §§ 34c, e, f, g, 35 EStG, z. B. bei ausländischen Einkünften, und aus anderen Gesetzen (z. B. nach dem Berlinförderungsgesetz) gewährt werden.

Die tarifliche Einkommensteuer ergibt sich unter Anwendung des Einkommensteuertarifs auf das zu versteuernde Einkommen. Normalerweise kommt der Tarif nach § 32 a EStG zur Anwendung; er ist in dieser Vorschrift unter Verwendung mathematischer Formeln und – bis zu bestimmten Einkommenshöhen – in dem Gesetz beigefügten Einkommensteuer–Tabellen kodifiziert. In Sonderfällen muß die tarifliche Einkommensteuer auch (zusätzlich) aus anderen Vorschriften (z. B. §§ 32b, 34, 34b, 34e EStG) berechnet werden.

Im folgenden wird nur der Normaltarif betrachtet, dessen rechnerische Grundlagen in § 32a Abs. 1 EStG beschrieben sind.

Die ersten 5616 DM des zu versteuernden Einkommens – der sog. „Grundfreibetrag" – werden nicht besteuert. Zu versteuernde Einkommen zwischen 5617 DM und 8153 DM unterliegen einem proportionalen Satz von 19 %. Darüber hinausgehendes zu versteuerndes Einkommen bis zu 129 041 DM wird linear progressiv steigenden Sätzen unterworfen. Zu versteuernde Einkommen ab 120 042 DM unterliegen einer Steuer, die jeweils 53 % des zu versteuernden Einkommens ausmacht; von diesem Betrag werden aber, um die geringere Belastung der vorangehenden Stufen zu berücksichtigen, 22 842 DM abgezogen. Der tatsächliche Steuersatz erreicht infolge dieses Abzuges niemals exakt 53 %.

Beispiel:

Bei einem zu versteuernden Einkommen von 1 Mio DM erechnet sich die Einkommensteuer unter Berücksichtigung der Abrundungsvorschrift mit 53 % von 999 972 DM	529 985 DM
./. Abzugsbetrag	22 842 DM
	507 143 DM

Der tatsächliche (= durchschnittliche) Steuersatz beträgt damit 50,71 % des zu versteuernden Einkommens.

In der Zone bis 8153 DM und in der Zone ab 120 042 DM sind die Maginalsteuersätze allerdings konstant; sie belaufen sich im unteren Bereich auf 19 %, im oberen auf 53 %.

Betrachtet man die Durchschnittsteuersätze, so zeigt sich das Bild eines durchgängig, aber nicht gleichmäßig progressiven Tarifs. Dies gilt auch für die sog. Proportionalzonen, in denen sich jeweils der Durchschnittsteuersatz infolge des Abzuges fester Beträge (1067 DM bzw. 22 842 DM) nur allmählich dem Marginalsteuersatz nähert, ohne ihn je zu erreichen.

Die Entwicklung der ungefähren Durchschnitt- und Spitzen-Steuersätze für zu versteuernde Einkommen bis zu 150 000 DM nach dem Grundtarif zeigt Abbildung 1 graphisch. Der nur für 1991 und 1992 erhobene Solidaritätszuschlag (vgl. Teil 6) ist dabei nicht berücksichtigt.

Literatur:

Bomsdorf, Eckart, Konzentration und Einkommensteuertarif, Allgemeines Statistisches Archiv 1982, 315. – Hahn, Hans, Progressionsvorbehalt bei Bezug von Lohnersatzleistungen, BB 1982, 1361. – Franke, Siegfried F., Theorie und Praxis der indirekten Progression, Baden-Baden. – Heinhold/Hümmer/Storz, Quantitative Untersuchungen zum deutschen Einkommensteuertarif, München. – Dziadkowski, Dieter, Plädoyer für einen tranparenten und realitätsbezogenen („bürgernahen") Einkommensteuertarif, BB 1985, Beilage 9. – ders., Grundfreibetrag und Einkommensteuertarif, FR 1986, 504. – ders., Zur Besteuerung des Existenzminimums, DStZ 1987, 131. – Bareis, Peter, Existenzminimum, Bemessungsgrundlage und Tarifstruktur bei der Einkommensteuer, FR 1991, 405.

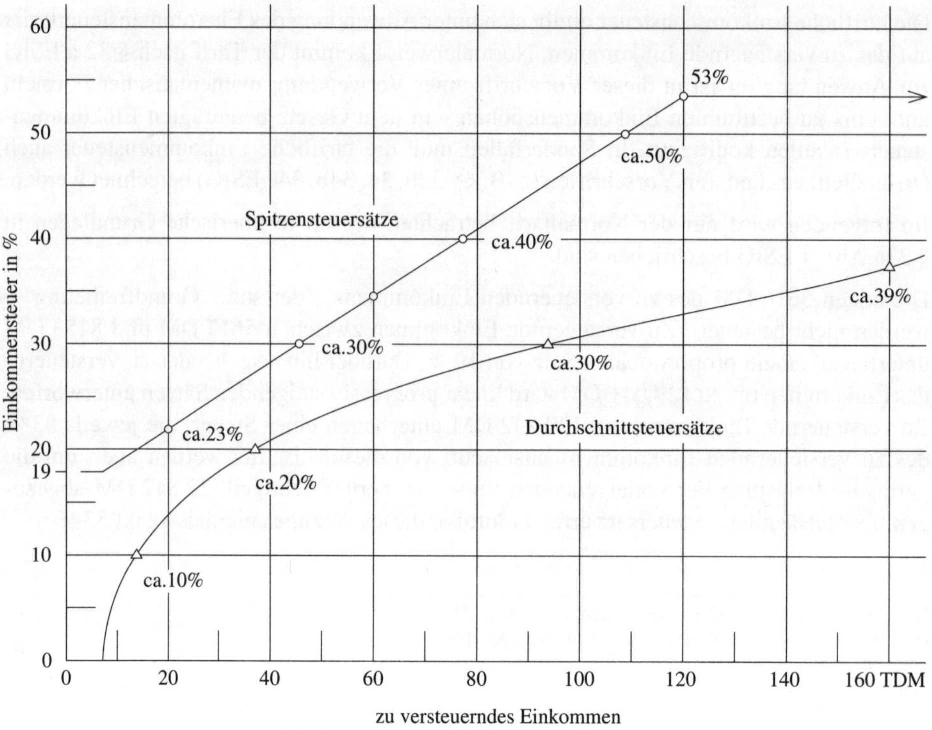

Abbildung 1 (zu 2 A 4)

2 A 5 Die Veranlagung

Die Einkommensteuer ist eine Jahressteuer und eine Veranlagungssteuer. Sie wird also regelmäßig nach Ablauf des Kalenderjahres (Veranlagungszeitraums) in einem förmlichen Verfahren (Einkommensteuererklärung des Steuerpflichtigen, Einkommensteuerbescheid des Finanzamtes) festgestellt (vgl. 18 D 1 im Vierten Buch).

Folgende Veranlagungsformen sind zu unterscheiden:

a) die Einzelveranlagung (§ 25 EStG)
b) die Veranlagung von Ehegatten (§ 26 EStG)
  ba) als Zusammenveranlagung (§ 26b EStG)
  bb) als getrennte Veranlagung (§ 26a EStG)
  bc) als besondere Veranlagung (§ 26c EStG)

Alle Personen , für die nicht die Ehegattenveranlagung in Betracht kommt, werden einzeln veranlagt. Auf das Ausmaß ihrer Geschäftsfähigkeit kommt es dabei nicht an. Einzelveranlagung (a) heißt: Festsetzung der Einkommensteuer für eine einzelne steuerpflichtige Person unter Zugrundelegung ihrer Verhältnisse aufgrund ihres zu versteuernden Einkommens.

Die Veranlagung von Ehegatten (b) in einer der drei angeführten Formen setzt voraus, daß die Ehegatten im Veranlagungszeitraum – und sei es nur an einem einzigen Tage – verheiratet gewesen sind, nicht dauernd getrennt gelebt haben und unbeschränkt steuerpflichtig waren (§ 26 Abs. 1 EStG). Da diese Bedingungen kumulativ vorgelegen haben müssen, wird deutlich, daß auch bei bestehender Ehe Möglichkeiten zu einer Einzelveranlagung jedes einzelnen Ehegatten bestehen, z. B. bei dauerndem Getrenntleben oder wenn ein Ehegatte im Bundesgebiet weder Wohnsitz noch gewöhnlichen Aufenthalt hat und infolgedessen nicht unbeschränkt steuerpflichtig ist.

Ehepaare, die die vorstehenden Bedingungen erfüllen („steuerliche Ehepaare"), können zwischen der Zusammenveranlagung (ba) und der getrennten Veranlagung (bb) wählen, für den Veranlagungszeitraum ihrer Eheschließung auch die „besondere Veranlagung" (bc). Äußern sie ihre Wünsche nicht, so wird nach § 26 Abs. 3 EStG unterstellt, daß sie zusammenveranlagt werden wollen.

Die Zusammenveranlagung von Ehegatten (ba) vollzieht sich in der Weise, daß zunächst die Einkünfte des Ehemannes und der Ehefrau getrennt ermittelt werden. Diese Einkünfte und die übrigen Komponenten des zu versteuernden Einkommens werden aber dann zusammengerechnet. Danach findet das sogenannte „Splitting"-Verfahren Anwendung, wie es in § 32a Abs. 5 EStG beschrieben ist. Das zu versteuernde Einkommen des Ehepaares wird halbiert, die Steuer durch Anwendung des Tarifs auf diesen halbierten Betrag (wie bei einer Einzelperson) ermittelt und alsdann verdoppelt.

Beispiel:

Das zu versteuernde Einkommen eines Ehepaares beträgt 48 000 DM. Es wird halbiert. Die Einkommensteuer auf den halbierten betrag von 24 000 DM bleläuft sich nach der Einkommensteuer-Grundtabelle auf 3871 DM. Diese Steuer wird verdoppelt. Es ergibt sich eine Steuer von 7742 DM. (Bei einer Einzelveranlagung des Betrages von 48 000 DM wäre eine Steuer von 10 456 DM entstanden).

Zur Erleichterung des Verfahrens enthält Anlage 2 des EStG eine Einkommensteuer-Splittingtabelle.

Als sogenanntes „Gnadensplitting" wird das beschriebene Verfahren ausnahmsweise auch einmal in Einzelveranlagungen angewandt, nämlich bei verwitweten oder geschiedenen Personen unter den Bedingungen, die § 32a Abs. 6 EStG nennt.

Die Zusammenveranlagung eines Ehepaares ist infolge des Splittingverfahrens im allgemeinen günstiger, als wenn jeweils Einzelveranlagungen für die beiden Eheleute durchgeführt werden. Dies gilt insbesondere für die Fälle, in denen nur ein Ehegatte Einkünfte erzielt. Denn durch die Anwendung des progressiven Tarifs auf nur jeweils den halben zu versteuernden Einkommensbetrag ergibt sich trotz der nachfolgenden Verdoppelung der Steuer eine prinzipielle „Längung" der Belastungskurve; das wird u. a. daran erkennbar, daß die 53 %-Zone erst bei zu versteuernden Einkommen von 240 084 DM beginnt und daß von da ab nicht 22 842 DM, sondern 45 684 DM bei der Berechnung zum Abzug gelangen.

Dennoch kann jeder der Ehegatten verlangen, daß statt der Zusammenveranlagung eine „getrennte Veranlagung" (bb) stattfindet. Diese Veranlagungsform ist in § 26a EStG im einzelnen beschrieben. Sie unterscheidet sich von der Einzelveranlagung nur dadurch, daß die gemeinsam ermittelten außergewöhnlichen Belastungen bei den beiden Veranlagungen jeweils hälftig abgezogen werden, „wenn die Ehegatten nicht gemeinsam eine andere Aufteilung beantragen"; ferner gibt es in § 26a Abs. 1 Sätze 2 und 3 EStG einige Verteilungs-Spezialregelungen.

Bei der „besonderen Veranlagung für den Veranlagungszeitraum der Eheschließung" (bc) werden die Ehegatten so behandelt, „als ob sie unverheiratet wären" (§ 26c Abs. 1 EStG). In bestimmten Fällen kann dies günstiger als die anderen Lösungen sein.

Geschiedene oder dauernd getrennt lebende unbeschränkt steuerpflichtige Eheleute haben nicht die Möglichkeit der Zusammenveranlagung. Sie können sich jedoch für ein sog. „begrenztes Wahl-Realsplitting" entscheiden. Bis zur Höhe von 27 000 DM kann der Unterhaltsleistende Zahlungen abziehen, die der Unterhaltsempfänger dann versteuern muß. Näheres in den Teilen 2 B 7 und 2 E 4.

Literatur:

1. Die Kommentierungen zu §§ 25 bis 26c und zu § 32a EStG.
2. Michels, Rolf, Steuerliche Wahlrechte, Wiesbaden. – Scholtz, Rolf-Detlev, Der Veranlagungszeitraum bei der Einkommensteuer, DStZ 1982, 487. – Lang, Joachim, Familienbesteuerung, StuW 1983, 103. – Hein, Werner, Besteuerungsprobleme im Falle der Doppelehe, DStZ 1983, 399. – Rössler, Gerhard, Einkommensteuerbescheide bei Zusammenveranlagung von Ehegatten, BB 1983, 626. – Bergmann, Friedrich, Zusammenveranlagung bei getrenntlebenden Ehegatten, BB 1984, 590. – Lüdicke, Jürgen, Wahl der getrennten Ehegattenveranlagung auch aus Tarifgründen?, DStR 1984, 510. – Rössler, Gerhard, Die Veranlagung von Ehegatten zur Einkommensteuer, FR 1985, 393. – Buchholz, Wolfgang, Der Steuervorteil beim Ehegatten Splitting, StuW 1986, 64. – Ramisch, Gerhard, Optimierung der Sonderausgabenabzugs durch Wahl des getrennten Ehegattenveranlagung, DB 1991, 1797.

2 B Morphographie der Einkunftsarten

Wie aus dem Schema zu 2 A 3 deutlich hervorgeht, bilden die Einkünfte aus den sieben Einkunftsarten das Kernstück der Bemessungsgrundlage für die Einkommensbesteuerung. Deshalb wird im Anschluß an den gegebenen Überblick kurz beschrieben, was das EStG im einzelnen inhaltlich unter diesen Einkunftsarten versteht und welche Besonderheiten zu beachten sind. Dabei soll in der vom Gesetz gegebenen Reihenfolge vorgegangen werden.

2 B 1 Einkünfte aus Land- und Forstwirtschaft

a) Begriffsmerkmale

Das Gesetz läßt eine grundsätzliche Definition dessen, was unter dieser Einkunftsart zu verstehen ist, vermissen. § 13 EStG beschreibt die Einkünfte aus Land- und Forstwirtschaft vielmehr aufzählend; es sind solche aus dem (selbständigen) Betrieb von Landwirtschaft, Fortswirtschaft, Weinbau, Gartenbau, Obstbau, Gemüsebau, Baumschulen, anderen Betrieben, die Pflanzen und Pflanzenteile mit Hilfe der Naturkräfte gewinnen, Tierzucht und Tierhaltung (innerhalb bestimmter Grenzen), Binnenfischerei, Teichwirtschaft, Fischzucht, Imkerei, Wanderschäferei und aus land- bzw. forstwirtschaftlich betriebener

Jagd. Daraus läßt sich als Charakteristikum für diese Einkunftsart eine Tätigkeit ableiten, die „die planmäßige Nutzung der natürlichen Kräfte des Bodens und die Verwertung der dadurch gewonnenen Erzeugnisse" (Abschn. 135 Abs. 1 Satz 1 EStR) zum Gegenstand hat.

b) Nebenbetriebe

Als land- und forstwirtschaftliche Nebenbetriebe werden Verarbeitungsbetriebe (z. B. Molkereien, Brennereien) oder Substanzbetriebe (z. B. Steinbrüche, Torfstiche) bezeichnet, die dem land- und forstwirtschaftlichen Hauptbetrieb zu dienen bestimmt sind; auch die Einkünfte aus diesen Nebenbetrieben gehören zu den Einkünften aus Land- und Forstwirtschaft (§ 13 Abs. 2 Nr. 1 EStG).

c) Besonderheiten

(1) Nach § 13 Abs. 2 Nr. 2 iVm § 52 Abs. 15 EStG rechnet ggf. bis 1998 auch der „Nutzungswert" der Wohnung des Land- und Forstwirts zu den Einkünften dieser Einkunftsart. Hierfür wird ein Geldbetrag angesetzt (vgl. auch 2 B 6).
(2) § 13 Abs. 3 EStG gewährt Freibeträge in Höhe von 2000 DM (bei Einzelveranlagung) bzw. 4000 DM (bei Ehegatten-Zusammenveranlagung). Die Einkünfte aus Land- und Forstwirtschaft werden bei der Ermittlung des Gesamtbetrags der Einkünfte nur angesetzt, soweit sie diese Beträge übersteigen.
(3) Zu den Einkünften aus Land- und Forstwirtschaft gehören gem. § 14 EStG auch die Gewinne aus der Veräußerung oder Aufgabe von ganzen Betrieben oder Teilbetrieben (vgl. 2 H 9).
(4) Für außerordentliche Einkünfte aus Forstwirtschaft gibt es gem. § 34b EStG ermäßigte Sondertarife (vgl. 2 C 5).
(5) Eine Einkommensteuerermäßigung für solche Land- und Forstwirte, die ihren Gewinn nicht nach Durchschnittsätzen des § 13a EStG ermitteln, gewährt § 34e EStG; sie beträgt maximal 2000 DM.

Literatur:

1. Die Kommentierungen zu §§ 13 bis 14a, 34b und 34e EstG.
2. Kutscher, Gerhard, Zur Neuregelung der Einkommensbesteuerung der Land- und Forstwirtschaft, DStZ 1980, 299. – Wätzig, Martin, Die Neuregelung der Einkommensbesteuerung der Land- und Forstwirtschaft, DB 1980, 1711. – Schindler, Gerhart, Neuregelung der Einkommensbesteuerung der Land- und Forstwirtschaft, BB 1980, 1420. – Josten, J., Steuerermäßigung bei Einkünften aus Land- und Forstwirtschaft nach § 34e EStG, Inf. 1980, 457. – Freund, K. L., das Gesetz zur Neuregelung der Einkommensbesteuerung der Land- und Forstwirtschaft, Inf. 1980, 529. – Giere. Hans-Wilhelm, Steuerermäßigung für Land- und Forstwirte (§ 34e EStG), StWa 1981, 49. – Leingärtner, W., Ausgewählte Fragen der Abgrenzung der Einkünfte aus Land- und Forstwirtschaft gegenüber anderen Einkünften und ihre steuerliche Auswirkung, Inf. 1982, 121. – Bordewin, A., Die Einkommensbesteuerung der Land- und Forstwirtschaft, Inf. 1982, 1. – Leingärtner/Zaisch, Die Einkommensbesteuerung der Land- und Forstwirtschaft, München. – Herzig, Norbert, Faktische Mitunternehmerschaft in der Landwirtschaft, BB 1986, 533. – Schuhmann, Helmut, Zur einkommensteuerlichen Behandlung der Bodenschätze, StBp 1987, 1. – Kanzler, Hans-Joachim, Neuere Rechtsprechung zur Besteuerung der Land- und Forstwirtschaft, FR 1987, 77.

2 B 2 Einkünfte aus Gewerbebetrieb

a) Begriffsmerkmale

Die Vorschrift des § 15 EStG enthält im Absatz 2 eine allgemeine (allerdings unvollständige) Definition des Begriffs „Gewerbebetrieb", aber keine detaillierte Beschreibung der Einkünfte aus Gewerbebetrieb:

„Eine selbständige nachhaltige Betätigung, die mit der Absicht, Gewinn zu erzielen, unternommen wird und sich als Beteiligung am allgemeinen wirtschaftlichen Verkehr darstellt, ist Gewerbebetrieb, wenn die Betätigung weder als Ausübung von Land- und Forstwirtschaft noch als Ausübung eines freien Berufs noch als eine andere selbständige Arbeit anzusehen ist. Eine durch die Betätigung verursachte Minderung der Steuern vom Einkommen ist kein Gewinn im Sinne des Satzes 1. Ein Gewerbebetrieb liegt, wenn seine Voraussetzungen im übrigen gegeben sind, auch dann vor, wenn die Gewinnerzielungsabsicht nur ein Nebenzweck ist".

Danach sind für die Annahme von Einkünften aus Gewerbebetrieb die folgenden Merkmale unerläßlich:

- Selbständigkeit (= Handeln auf eigene Rechnung und Gefahr).
- Nachhaltigkeit (= Auf längere Dauer gerichtetes Handeln, mindestens aber Tätgikeit mit Wiederholungsabsicht).
- Gewinnerzielungsabsicht (= Die – wenn auch nur nebenbei verfolgte – Absicht, Gewinne als Differenzen zwischen Erträgen und Aufwendungen zu erzielen; das alleinige Anstreben von Steuerersparnissen oder von Zinsen aus einer Kapitalanlage genügt nicht).
- Teilnahme am allgemeinen wirtschaftlichen Verkehr (= Hervortreten nach außen; nicht erforderlich ist ein unbeschränkter Kundenkreis).

Darüber hinaus wird man in den meisten Fällen gewerblicher Betätigung noch finden

- einen Kapitaleinsatz (ohne oder in Verbindung mit dem Einsatz der persönlichen Arbeitskraft des Gewerbetreibenden).

Schließlich sind als Negativbedingungen zu beachten:

- Es darf sich nicht um bloße private Vermögensverwaltung handeln. (Dieses, von der Rechtsprechung überzeugend aus § 14 AO abgeleitete Erfordernis wird von der Definition in § 15 Abs. 2 EStG übersehen, vgl. dazu unten unter c).
- Es darf sich nicht um Einkünfte aus Land- und Forstwirtschaft handeln (vgl. 2 B 1).
- Es darf sich nicht um Einkünfte aus selbständiger Arbeit handeln (vgl. 2 B 3).

b) Die Gruppierung in § 15 Abs. 1 EStG

In seinen drei Nummern teilt § 15 Abs. 1 Satz EStG die Einkünfte aus Gewerbebetrieb ein in

- Einkünfte aus einzelgewerblichen Unternehmen (Nr. 1).
- Einkünfte aus „Mitunternehmergemeinschaften" (Nr. 2).
- Einkünfte der persönlich haftenden Gesellschafter einer Kommanditgesellschaft auf Aktien (Nr. 3).

Bei den in § 15 Abs. 1 Satz 1 Nr. 1 EStG angesprochenen Einkünften aus (einzel)gewerblichen Unternehmungen handelt es sich um die Einkünfte der Handwerker, Händler, Fabrikanten, Bergbautreibenden, Gartenbauunternehmer, Handelsmakler usw.

In § 15 Abs. 1 Satz 1 Nr. 2 EStG werden die Einkünfte der Gesellschafter einer offenen Handelsgesellschaft (§§ 105 ff. HGB), einer Kommanditgesellschaft (§§ 161 ff. HGB) oder anderer sog. „Mitunternehmergemeinschaften“ angesprochen, und zwar ohne Rücksicht darauf, ob sich der Gesellschafter persönlich betätigt oder auf eine Kapitaleinlage beschränkt (wie dies häufig bei Kommanditisten der Fall ist). Zu den „anderen Gesellschaften“ gehören die Gesellschaft bürgerlichen Rechts (§§ 705 ff. BGB), die stille Gesellschaft (§§ 230 ff. HGB) und die Partenreederei (§ 489 HGB). Die besonderen einkommensteuerlichen Fragen dieser Mitunternehmergemeinschaften werden im Teil 2 G 2 erörtert.

§ 15 Abs. 1 Satz 1 Nr. 3 EStG beschäftigt sich mit den Komplementären einer KGaA (§§ 278 ff. AktG) und ordnet an, daß die Gewinnanteile und die Vergütungen, die sie für die Tätigkeit im Dienst der Gesellschaft, für die Hingabe von Darlehen oder für die Überlassung von Wirtschaftsgütern bezogen haben, einkommensteuerlich Einkünfte aus Gewerbebetrieb sind. (Vgl. zur Behandlung der KGaA bei der Körperschaftsteuer Teil 3 B 12 und bei der Gewerbeertragsteuer Teil 4 B 5).

c) Abgrenzung gegenüber der Vermögensverwaltung

Aus § 14 AO folgt, daß ein wirtschaftlicher Geschäftsbetrieb nur vorliegt, wenn die Betätigung über den Rahmen einer Vermögensverwaltung hinausgeht. Da der Gewerbebetrieb ein Unter- und Spezialfall des wirtschaftlichen Geschäftsbetriebs ist, kann die bloße private Vermögensverwaltung nicht zu Einkünften aus Gewerbebetrieb führen, auch wenn sie einen großen Umfang haben sollte. Die Grenze zum Gewerbebetrieb wird aber überschritten, wenn die Vermögensnutzung gegenüber der Ausnutzung substantieller Vermögenswerte durch Umschichtung entscheidend zurücktritt (vgl. Abschnitte 137 EStR und 15 GewStR). Bei Personengesellschaften ist allerdings § 15 Abs. 3 EStG zu beachten (vgl. Teil 2 G 2).

d) Abgrenzung zu den Einkünften aus Land- und Forstwirtschaft

Nach der vorstehend erwähnten Negativbedingung ist ein Betrieb, der zwar alle positiven Merkmale des § 15 Abs. 2 Satz 1 EStG erfüllt, seine Tätigkeit aber auf Land- und Forstwirtschaft erstreckt, als land- und forstwirtschaftlicher und nicht als gewerblicher Betrieb anzusehen. Der Inhaber hat dann eindeutig Einkünfte aus Land- und Forstwirtschaft.

Einordungsschwierigkeiten können aber auftreten, wenn sich die Betätigung nicht auf den Absatz selbstgewonnener land- und forstwirtschaftlicher Erzeugnisse beschränkt. Sie können sich ferner bei Nebenbetrieben zu einer Land- und Forstwirtschaft ergeben, die nicht ausschließlich dem land- und forstwirtschaftlichen Hauptbetrieb dienen. Schließlich gelten nach ausdrücklicher gesetzlicher Vorschrift in § 13 Abs. 1 Nr. 1 Sätze 2 und 4 größere Tierzucht- und Tierhaltungsbetriebe als Gewerbebetriebe.

e) Besonderheiten

(1) Zu den Einkünften aus Gewerbebetrieb gehören auch die Gewinne aus der Veräußerung oder der Aufgabe eines Gewerbebetriebs, eines Teilbetriebs oder eines Mitunternehmeranteils (§ 16 EStG). Ferner werden die Gewinne aus der Veräußerung von Anteilen bei Vorliegen einer wesentlichen Beteiligung an einer Kapitalgesellschaft zu Einkünften aus Gewerbebetrieb erklärt (§ 17 EStG). Die Erörterung der damit im Zusammenhang stehenden Fragen erfolgt im Teil 2 H.

(2) Im Regelfall unterliegt der gewerbliche Betrieb, aus dem die Einkünfte resultieren, der Gewerbesteuerpflicht (vgl. Teil 4 A 1).

Literatur:

1. Die Kommentierungen zu § 15 EStG, zu § 2 GewStG und zu § 14 AO.

2. Gutenberg, Erich, Der Unternehmer im Einkommen- und Gewerbesteuerrecht, ZfB 1938, 225. – Schmidt-Liebig, Axel, Der Gewerbebetrieb in der Einkommen- und Gewerbesteuer, BB 1984, Beilage 14. – Milch, W., Steuerliche Abgrenzung zwischen landwirtschaftlicher und gewerblicher Tierhaltung, Inf. 1985, 193. – Biergans, Enno, Der Nießbrauch an Einzelunternehmen und Mitunternehmeranteilen in der Einkommensteuer, DStR 1985, 327. – Märkle, R., Probleme der Abgrenzung der landwirtschaftlichen von der gewerblichen Tätigkeit, Inf. 1989, 512. – Enneking, Felix, Die Abgrenzung des gewerblichen Grundstückshandels von der privaten Vermögensverwaltung, FR 1990, 409. – Ritzrow, Manfred, Das ABC der gewerblichen Tätigkeit, StWa 1991, 101. – Beater, Axel, Die Abgrenzung des gewerblichen Grundstückshandels von der privaten Vermögensverwaltung anhand des Quellengedankens, StuW 1991, 33. – Biergans, Enno, Die Abgrenzung zwischen Vermögensverwaltung und gewerblichem Grundstückshandel, StBp 1991, 193.

2 B 3 Einkünfte aus selbständiger Arbeit

a) Begriffsmerkmale

§ 18 EStG enthält keine definitorische Beschreibung dieser Einkunftsart. Aus der ratio legis, der Rechtsprechung und der Praxis ergeben sich jedoch die folgenden allgemeinen Merkmale für eine Tätigkeit, deren Ergebnisse als Einkünfte aus selbständiger Arbeit zu qualifizieren sind:

- Die Tätigkeit muß selbständig ausgeübt werden.
- Der Tätige muß seine eigene Arbeitskraft einsetzen (er kann daneben auch Kapital zur Verfügung stellen, sein Engagement aber nicht allein darauf beschränken).
- Die Tätigkeit muß für eine gewisse Dauer ausgeübt werden; sie darf zwar „vorübergehend", nicht aber nur „gelegentlich" erfolgen.

b) Die Gruppierung in § 18 Abs. 1 EStG

Das Gesetz bildet für die Einkünfte aus selbständiger Arbeit drei Unterarten. Diese Einteilung hat auch materielle Bedeutung.

Es sind daher zu unterscheiden

- die Einkünfte aus freiberuflicher Tätigkeit,
- die Einkünfte als nicht gewerblicher Lotterieeinnehmer,

- die Einkünfte aus „sonstiger selbständiger Arbeit“ (z. B. aus Testamentsvollstreckung, Vermögensverwaltung – für Dritte – oder Aufsichtsratstätigkeit).

Diese Aufzählung ist erschöpfend. Lassen sich Einkünfte nicht in eine dieser drei Gruppen einordnen, so sind sie nicht Einkünfte aus selbständiger Arbeit.

Nicht erschöpfend ist dagegen die in § 18 Abs. 1 Nr. 1 EStG enthaltene Aufzählung freier Berufstätigkeiten. Es werden darin zwei Gruppen unterschieden: die selbständig ausgeübte wissenschaftliche, künstlerische, schriftstellerische, unterrichtende oder erzieherische Tätigkeit (erste Gruppe) und die sog. „Katalog-Berufstätigkeit“ (zweite Gruppe); zur „Katalog-Berufstätigkeit“ gehört sowohl die Tätigkeit der ausdrücklich aufgezählten „freien Berufe“ (z. B. Ärzte, Rechtsanwälte, Architekten, Steuerberater, Übersetzer) als auch die selbständige Arbeit in „ähnlichen Berufen“ (z. B. Kraftfahrlehrer, Fußballtrainer, Rationalisierungsfachleute).

c) Abgrenzung zu den Einkünften aus Gewerbebetrieb

Wegen der Vielzahl der Tätigkeitsarten und Tätigkeitsmerkmale macht die Abgrenzung der Einkünfte aus selbständiger Arbeit, insbesondere aus freiberuflicher Tätigkeit, zu den Einkünften aus Gewerbebetrieb oftmals Schwierigkeiten. Lösungen ergeben sich hier sowohl aus einer Betrachtung des Berufsbildes als auch aus einer Betrachtung des persönlichen Arbeitseinsatzes des Berufsträgers.

Das ganze Berufsbild muß einen freiberuflichen und darf nicht einen gewerblichen Charakter haben, um von § 18 Abs. 1 Nr. 1 EStG (und nicht von § 15 Abs. 1 Satz 1 Nr. 1 EStG) erfaßt werden. Die Rechtsprechung hat deshalb u. a. die folgenden selbständigen Tätigkeiten als gewerbliche qualifiziert: Artisten, Detektive, Kunstgewerbler, Berufssportler, Hersteller künstlicher Menschenaugen, Handleser, Hellseher, Makler (auch vereidigte Kursmakler), Kükensortierer, Viehkastrierer, Viehklauenpfleger, Schaufenstergestalter, Industriepropagandisten, Ärztepropagandisten, Markt- und Meinungsforscher, Versteigerer, Notenschreiber, Fotomodelle für die Bekleidungsindustrie, Werbeberater, Public-Relations-Berater, Organisationsberater für Datenverarbeitung.

Freiberufliche Tätigkeit ohne den persönlichen Arbeitseinsatz des Berufsträgers ist ebenfalls undenkbar. § 18 Abs. 1 Nr. 1 Sätze 3 und 3 EStG lassen es zwar zu, daß sich der Berufsträger der Mithilfe fachlich vorgebildeter Arbeitskräfte bedient. Er muß jedoch aufgrund eigener Fachkenntnisse „leitend und eigenverantwortlich tätig“ sein. Die leitende und eigenverantwortliche Tätigkeit muß sich auch auf den gesamten Bereich der Berufspraxis erstrecken.

d) Besonderheiten

Die Gewinne aus der Veräußerung des einer selbständigen Arbeit dienenden Vermögens oder aus der Aufgabe der selbständigen Arbeit gehören nach § 18 Abs. 3 EStG ebenfalls zu den Einkünften aus dieser Einkunftsart (vgl. Teil 2 H 9).

Literatur:

1. Die Kommentierungen zu § 18 EStG und zu § 1 GewStG.
2. Rose, Gerd, unter Mitwirkung von Eggesiecker, Fritz, Zur Steuerbelastung der freien Berufe, Köln 1971. – Erdweg, Anton, Zur Abgrenzung der freiberuflichen von der gewerblichen Tätigkeit, FR 1978, 417. – Grube, Georg, Zum Unternehmensberater als Freiberufler, StuW 1981, 34. – Sommer, Michael, Einkünfte von Sportlern aus Werbeverträgen, BB 1981, 177. – Wolff-Diepenbrock, J., Zur Begriffsbestimmung der „Katalogberufe" und der ihnen ähnlichen Berufe in § 18 Abs. 1 Nr. 1 EStG, DStZ 1981, 333. – Hartmann, Bernhard/Christians, Uwe, Steuerliche Abgrenzung zwischen freiem Beruf, nichtselbständiger Arbeit und gewerblicher Tätigkeit, DB 1984, 1365. – Rose, Gerd/Fuchs, Michael, Der Steuerberater als „Buchführungshelfer", DB 1985, 1 und 59. – Eppler, Gerold, Zur Besteuerung der Lotterieeinnehmer, DStR 1987, 84. – Giloy, Jörg, Der „ähnliche Beruf" als Merkmal freiberuflicher Tätigkeit, RWP SG 5.2 – Seite 1375 (Nov. 1987). – Scharl, Hans-Peter, Zur eigenverantwortlichen Tätigkeit als Abgrenzungsmerkmale zwischen freiem Beruf und Gewerbe, StB 1989, 397. – Graf, H. A., § 18 EStG und die Tätigkeit des EDV-Beraters, Inf. 1990, 49. – Kempermann, Michael, „Ähnliche Berufe" im Sinne des § 18 Abs. 1 EStG – zur Problematik der Autodidakten, FR 1990, 535.

2 B 4 Einkünfte aus nichtselbständiger Arbeit

a) Begriffsmerkmale

§ 19 EStG enthält keine Definition des Begriffs der nichtselbständigen Arbeit; es wird jedoch hinreichend deutlich, daß die unselbständige Tätigkeit in einem Dienstverhältnis erfaßt werden soll. Die Einkunftsart 4 ist deshalb die Einkunftsart der Arbeitnehmer. Zu diesen Begriffen führt § 1 Abs. 1 und 2 LStDV aus:

> „Arbeitnehmer sind Personen, die in öffentlichem oder privatem Dienst angestellt oder beschäftigt sind oder waren und die aus diesem Dienstverhältnis oder einem früheren Dienstverhältnis Arbeitslohn beziehen. Arbeitnehmer sind auch die Rechtsnachfolger dieser Personen, soweit sie Arbeitslohn aus dem früheren Dienstverhältnis ihres Rechtsvorgängers beziehen.
>
> Ein Dienstverhältnis liegt vor, wenn der Angestellte (Beschäftigte) dem Arbeitgeber (öffentliche Körperschaft, Unternehmer, Hauhaltsvorstand) seine Arbeitskraft schuldet. Dies ist der Fall, wenn die tätige Person in der Betätigung ihres geschäftlichen Willens unter der Leitung des Arbeitgebers steht oder im geschäftlichen Organismus des Arbeitgebers dessen Weisungen zu folgen verpflichtet ist"

Danach kommt es auf die Bedeutung der Arbeit, die Höhe und die Art der Entlohnung sowie den Grad der effektiven persönlichen „Freizügigkeit" in keiner Weise an. Selbst wenn die persönliche „Bewegungsfreiheit" (wie etwa beim Vorstandsvorsitzenden einer Aktiengesellschaft oder einem Universitätsprofessor) sehr groß, aber nicht Ausfluß eigener Machtvollkommenheit, sondern Ausfluß des Willens des Dienstherrn ist, liegt Unselbständigkeit vor.

Ebensowenig eignet sich die Art der Entlohnung als generelles Qualifikationsmerkmal. Ob eine Person ein festes Gehalt bezieht oder ergebnisabhängige Bezüge (Provisionen), ist bedeutungslos; sehr häufig findet man in der Praxis eine Kombination von Festbezügen und zusätzlichen umsatz- oder erfolgsabhängigen Einnahmen (Bedienungsgelder der Kellner, Tantiemen leitender Angestellter).

Es kommt schließlich auch nicht darauf an, ob die Entgelte für die unselbständige Tätigkeit dem unselbständig Tätigen selbst oder – etwa als Versorgungsbezüge (Ruhegelder, Pensionen) – dessen Rechtsnachfolger zufließen.

Auch wenn die Vergütung für die Tätigkeit nicht vom Dienstherrn (Arbeitgeber), sondern von dritter Seite gezahlt wird, liegen Einkünfte aus nichtselbständiger Arbeit vor. (Beispiel: Trinkgelder, die das Bedienungspersonal in einem Restaurant zusätzlich von den Gästen erhält. Vgl. dazu jedoch § 3 Nr. 51 EStG).

b) Abgrenzungsfragen

Probleme ergeben sich bei der Abgrenzung der Einkünfte aus nichtselbständiger Arbeit zu den Einkünften aus Gewerbebetrieb und zu den Einkünften aus selbständiger Arbeit. Daß es hierbei allein auf den wirtschaftlichen Kern (das Innenverhältnis zwischen Arbeitnehmer und Dienstherrn) und nicht auf die Bezeichnung ankommt, zeigt bei der Abgrenzung zur selbständigen Arbeit das Beispiel der „unselbständigen Freiberufler". Ein Assistenzarzt in einem Krankenhaus, ein Wirtschaftsprüfer als Prokurist eines anderen Wirtschaftsprüfers, ein Rechtsanwalt als Syndikus eines Industrieunternehmens oder ein Steuerberater als Geschäftsführer einer Steuerberatungsgesellschaft sind trotz ihrer durch Standesrecht bindend vorgeschriebenen Eigenverantwortlichkeit wegen der Eingliederung in ein Unternehmen nicht selbständig tätig; sie haben damit Einkünfte aus der Einkunftsart 4 (vgl. dazu auch Absch. 67 LStR).

Ein typisches Beispiel der Abgrenzung zur Einkunftsart 2 bildet der Beruf der Reisevertreter; als selbständige Handelsvertreter (§ 84 Abs. 1 HGB) haben sie Einkünfte aus Gewerbebetrieb, als „Reisende" Einkünfte aus nichtselbständiger Arbeit. (Vgl. hierzu Abschn. 134 Abs. 2 und 3 EStR).

c) Besonderheiten

(1) Nach § 19 Abs. 2 EStG bleiben von Versorgungsbezügen, die zu den Einkünften aus nichtselbständiger Arbeit gehören, 40 %, maximal 4800 DM jährlich, steuerfrei. § 19a EStG gewährt unter bestimmten Bedingungen einen Freibetrag von 500 DM bei unentgeltlicher oder verbilligter Überlassung von Vermögensbeteiligungen an Arbeitnehmer. Sachbezüge sind mit 4 % unter den „Endpreisen am Abgabeort" anzusetzen; bestimmte Vorteile bis zu 2400 DM im Kalenderjahr, die der Arbeitnehmer aus solchen Sachbezügen erhält, sind steuerfrei (§ 8 Abs. 3 EStG).

(2) Nach § 3 Nrn. 4, 5, 9, 10, 12, 13, 15, 16, 29, 30, 31, 32, 46, 47, 50, 51, 52, 60, 62, 64 und § 3b EStG bleiben verschiedene Bezüge sowie Teile der gesetzlichen oder tarifvertraglichen Zuschläge für Sonntags-, Feiertags- und Nachtarbeit steuerfrei.

(3) Im Regelfall wird die Einkommensteuer für die Einkünfte aus dieser Einkunftsart in einem besonderen Erhebungsverfahren als sog. „Lohnsteuer" bei der Auszahlung der Bezüge einbehalten und an das Finanzamt abgeführt. (Vgl. dazu Teil 2 L 2). Die Einzelheiten erhebungstechnischer und materieller Natur sind in einer besonderen Durchführungsverordnung (LStDV) und speziellen Richtlinien (LStR) geregelt; diese Anweisungen sind auch bei der Einkommensteuerveranlagung maßgebend, soweit Einkünfte aus nichtselbständiger Arbeit in Betracht kommen (vgl. Abschnitt 150 EStR).

Literatur:

1. Die Kommentierungen zu § 19 EStG sowie die Kommentierungen zum Lohnsteuerrecht.
2. Dietrich, Gerhard, Entgeltlichkeit als Kriterium steuerbaren Arbeitslohns, DB 1976 309. – Kruse, Heinrich Wilhelm, Zur Einkommensteuerpflicht gewerkschaftlicher Streik- und Aussperrungsunterstützungen, StuW 1981, 15. – Offerhaus, Klaus, Abfindungen des Arbeitgebers – steuerfrei, steuerbegünstigt oder voll steuerpflichtig? – Eine Darstellung der neuesten Rechtslage –, DStZ 1981, 445. – List, Heinrich, Steuerrecht und Arbeitsverhältnis, in: Arbeitsleben und Rechtspflege, Berlin 1981, 705. – Offerhaus, Klaus, Was gehört zum Arbeitslohn?, BB 1982, 1061. – Biber, Renate, Betriebliche Sozialleistungen – Einkünfte aus nichtselbständiger Arbeit i. S. des § 19 I Nr. 1 EStG, DB 1984, 2168. – Albert, Uwe/Heitmann, Joachim, Das überwiegend eigenbetriebliche Interesse als Abgrenzungskriterium des Arbeitslohns, DB 1985, 2524. –Giloy, Jörg, Zum Begriff des Arbeitnehmers im steuerrechtlichen Sinn, DB 1986, 822. – der., Zum Begriff des Arbeitslohns, NWB F 6, Seite 2799 (April 1986).

2 B 5 Einkünfte aus Kapitalvermögen

a) Begriffsmerkmale

§ 20 Abs. 1 EStG gibt weder eine Definition noch eine erschöpfende Aufzählung der Einkünfte aus Kapitalvermögen; die Vorschriften nennt vielmehr nur die wichtigsten zu dieser Einkunftsart „gehörenden“ Einnahmen. Es wird jedoch aus Überschrift und Beispielen deutlich, daß in dieser Einkunftsart die Früchte aus der Anlage von Geldkapitalvermögen erfaßt werden sollen.

b) Hauptgruppen

Aus der Aufzählung in § 20 Abs. 1 EStG lassen sich folgende Hauptgruppen erkennen:

- Erträge aus der Beteiligung an juristischen Personen (z. B. Aktiengesellschaften, Gesellschaften mbH, Erwerbs- und Wirtschaftsgenossenschaften),
- Erträge aus stillen Beteiligungen und partiarischen Darlehen,
- Zinsen aus anderen Kapitalanlagen (ohne Beteiligungscharakter).

Zur ersten Gruppe gehören vor allem die Gewinnanteile (Dividenden), die offen an die Anteilseigner ausgeschüttet werden, aber auch sog. „verdeckte Gewinnausschüttungen“, die Kapitalgesellschaften ihren Gesellschaftern zukommen lassen (vgl. dazu 3 B 5).

> *Beispiel:*
>
> Der maßgebende Gesellschafter einer GmbH erhält von dieser für eine Beratung, die üblicherweise mit einem Honorar von 2000 DM abgegolten worden wäre, ein Honorar von 10 000 DM. Der Differenzbetrag von 8000 DM stellt eine verdeckte Gewinnausschüttung dar und gehört zu den „sonstigen Bezügen“ im Sinne des § 20 Abs. 1 Nr. 1 Satz 2 EStG.

Aus der Systematik des körperschaftsteuerlichen Anrechnungsverfahrens (vgl. dazu im einzelnen 3 C 2) ergeben sich aber gewisse Modifikationen. So werden auch die Bezüge, die ein an der Kapitalgesellschaft Beteiligter als Rückzahlungen bei einer Kapitalherabsetzung oder als Liquidationserlöse bei der Auflösung der Gesellschaft erhält, zu den Einkünften aus Kapitalvermögen gezählt, „soweit bei diesen für Ausschüttungen verwendbares Eigenkapital im Sinne des § 29 des Körperschaftsteuergesetzes als verwendet gilt“ (§ 20 Abs. 1 Nr. 2 EStG); andererseits werden alle die Bezüge – seien es Dividenden, seien es Kapitalrückzahlungen – nicht als Einnahmen aus Kapitalvermögen erfaßt, „für die Eigenkapital im Sinne des § 30 Abs. 2 Nr. 4 des Körperschaftsteuergesetzes als verwendet gilt“ (§ 20 Abs. 1 Nr. 1 Satz 2 EStG). Schließlich gehört die gesamte Körperschaftsteuer, die auf die Einkommensteuer des Anteilseigners angerechnet oder ihm vergütet wird, nach § 20 Abs. 1 Nr. 3 EStG zu den Einkünften aus Kapitalvermögen.

Beispiel:

Die im vorangegangenen Beispiel erwähnte verdeckte Gewinnausschüttung gehört zu den Einnahmen im Sinne des § 20 Abs. 1 Nr. 1 EStG. Dieser Umstand führt gem. § 36 Abs. 2 Nr. 3 Satz 1 EStG zu einem Körperschaftsteuer-Anrechnungsanspruch in Höhe von 9/16 von 8000 DM = 4500 DM, der deshalb nach § 20 Abs. 1 Nr. 3 EStG eine zusätzliche Einnahme aus Kapitalvermögen darstellt.

Bei den Erträgen der zweiten Gruppe (aus der Beteiligung als stiller Gesellschafter oder aus der Hingabe eines partiarischen Darlehens) entstehen Einkünfte aus Kapitalvermögen nur, wenn der stille Gesellschafter oder der Darlehensgeber nicht als Mitunternehmer anzusehen ist und infolgedessen nicht Einkünfte aus Gewerbebetrieb hat (vgl. dazu auch 2 B 2 und 2 G 2). Die Vorschrift des § 20 Abs. 1 Nr. 4 EStG erfaßt deshalb nur die Einkünfte des in typischer Weise durch seine Einlage oder seine Darlehenshingabe am Erfolg des Handelsgewerbes, nicht aber an dessen Vermögensveränderungen partizipierenden Kapitalgebers. Die Verabredung einer Beteiligung an den Vermögensveränderungen des Betriebes während der Beteiligungs- bzw. Darlehenszeit läßt dagegen eine atypische stille Beteiligung oder ein atypisches partiarisches Darlehen entstehen und macht die in dieser Weise beteiligte Person zum Mitunternehmer.

Zur dritten Gruppe rechnen die Zinsen (ggf. auch in Gestalt eines Disagios) aus Kapitalforderungen jeder Art gegenüber Kreditinstituten (Banken, Sparkassen), gegenüber Unternehmungen oder gegenüber Privatpersonen.

Da nur die Früchte aus der Anlage des Kapitalvermögens Einkünfte in dieser Einkunftsart sind, können Veräußerungsgewinne nicht darunter fallen. § 20 Abs. 2 Nr. 2 und Nr. 3 EStG erfassen infolgedessen die Einnahmen aus der Veräußerung von Dividenden- und Zinsscheinen nur, wenn die dazugehörigen Stammrechte (Vermögenstitel) nicht mitveräußert oder (bei der Veräußerung von Schuldverschreibungen) die sogenannten „Stückzinsen“ gesondert in Rechnung gestellt werden; angesprochen ist hier also das Erzielen von Erträgen auf dem Umweg über die Veräußerung von Ertragsanrechten. Die gleiche Funktion hat § 20 Abs. 2 Nr. 4 EStG hinsichtlich sog. Zero-Bonds.

c) Besonderheiten

(1) Obwohl nach § 20 Abs. 2 Nr. 1 EStG zu den Einkünften aus Kapitalvermögen ausdrücklich auch „besondere Entgelte oder Vorteile“ gehören sollen, die neben den normalen Gewinnanteilen usw. oder anderen Stelle gewährt werden, bleiben sog. „Freiaktien“(Gratisaktien) und „Freianteile“ (Gratisanteile), die aus der Erhöhung des Nennkapitals der Kapitalgesellschaft durch Umwandlung von Rücklagen (also durch eine sog. „Kapitalerhöhung aus Gesellschaftsmitteln“) entstanden sind, unerfaßt. Diese Anordnung gibt § 1 des „Gesetzes über steuerrechtliche Maßnahmen bei Erhöhung des Nennkapitals aus Gesellschaftsmitteln“. Erfolgt jedoch innerhalb von fünf Jahren

nach dieser Kapitalerhöhung eine Kapitalherabsetzung, so kann die daraus resultierende Rückzahlung als Gewinnanteil angesehen werden; die darauf entfallende Einkommensteuer wird aber – pauschaliert mit 30 % – direkt von der Kapitalgesellschaft, nicht also vom Rückzahlungsempfänger, erhoben (§ 5 des genannten Gesetzes).

(2) § 20 Abs. 4 EStG gewährt einen Sparer-Freibetrag in Höhe von 600 DM, bei zusammenveranlagten Eheleuten 1200 DM; der Abzug darf aber nicht zu negativen Einkünften führen.

(3) Von bestimmten Kapitalerträgen wird die Einkommensteuer in Form einer Abzugsteuer (der Kapitalertragsteuer) einbehalten. Vgl. dazu Teil 2 L 3.

Literatur:

1. Die Kommentierungen zu § 20 EStG und zum Gesetz über steuerrechtliche Maßnahmen bei Erhöhung des Nennkapitals aus Gesellschaftsmitteln.
2. Stöcker, Günter, Schuldzinsen für Kreditaufnahme zum Erwerb von im Privatvermögen gehaltenen GmbH-Anteilen als Werbungskosten bei Einkünften aus Kapitalvermögen, BB 1982, 422. – Gratz, Kurt/Wurster, Hans-Jürgen, Zero-Bonds: Steuerrechtliche Qualifikation und finanzielle Vorteilhaftigkeit, DStR 1982, 369. – Flohr, E., Werbungskosten bei Einkünften aus Kapitalvermögen, Inf. 1982, 603. – Hoberg, Peter/Kühnel, Holger, Zur Ermittlung der Einnahmen aus Zero-Bonds, DB 1983, 962. – Pöllath, Reinhard/Raupach, Arndt, Werbungskosten-Abzug für Aufwendungen der allgemeinen Verwaltung privater Kapitalvermögen, DB 1985, 616. – Sommer, Michael, Die Behandlung von Dividenden im Zusammenhang mit der entgeltlichen Abtretung von GmbH-Geschäftsanteilen im Privatvermögen, GmbH-Rdsch. 1985, 224. – Stemer, Friedrich, Steuerfragen beim Ausscheiden eines typischen stillen Gesellschafters, DB 1985, 2316. – Seithel, Rolf, Einkommensteuerrechtliche Behandlung des Nießbrauchs und anderer Nutzungsrechte bei Einkünften aus Vermietung und Verpachtung und aus Kapitalvermögen, Heidelberg. – InstFSt Brief Nr. 251: Nutzungsrechte, insbesondere Nießbrauch, bei Einkünften aus Vermietung und Verpachtung und aus Kapitalvermögen, Bonn 1985. – Stache, Ulrich, Einkünfte aus Kapitalvermögen, Wiesbaden. – Witte, Rolf, Zur einkommensteuerrechtlichen Behandlung des Nießbrauchs an Wertpapieren, Berlin. – Scholtz, Rolf-Detlev, Neue Erkenntnisse zum Ausgabeabgeld und zu den Auf- und Abzinsungspapieren, FR 1988, 113. – Wassermeyer, Franz, Zum Besteuerungsgegenstand der Einkünfte aus Kapitalvermögen, StuW 1988, 283. – Giloy, Jörg, Zur Abgrenzung der Kapitaleinkünfte von den Einkünften aus nichtselbständiger Arbeit, DStZ 1989, 471. – Seibold, Felix, Der Tatbestand der Einnahmenerzielung unter besonderer Berücksichtigung der Einkünfte aus Kapitalvermögen, StuW 1990, 165.

2 B 6 Einkünfte aus Vermietung und Verpachtung

a) Begriffsmerkmale

Einkünfte aus Vermietung und Verpachtung sind die Erträgnisse aus der entgeltlichen Überlassung bestimmter Vermögensarten an andere Personen zur Nutzung im Wege der Miete (§ 535 BGB), Pacht (§ 581 BGB) oder aufgrund einer ähnlichen Abrede. Eine ausdrückliche Definition enthält § 21 EStG allerdings nicht.

Die Vermögensarten, aus denen Einkünfte aus Vermietung und Verpachtung erwachsen können, sind in den Absätzen 1 und 2 des § 21 EStG erschöpfend aufgezählt. Es handelt sich im einzelnen um:

- Unbewegliches Vermögen (Grundstücke, Gebäude, Gebäudeteile – Wohnungen, Geschäftsräume, einzelne Zimmer –, in das Schiffregister eingetragene Schiffe und sog. grundstücksgleiche Rechte wie Erbbaurechte und Mineralgewinnungsrechte).
- Sachinbegriffe (Vielheiten von beweglichen Gegenständen, die einem einheitlichen Zweck dienen, z. B. das bewegliche Betriebsvermögen eines Betriebes):

- Rechte (schriftstellerische, künstlerische, gewerbliche Urheberrechte, Patente, gewerbliche Erfahrungen – Know-how –, Gerechtigkeiten, z. B. Fährgerechtigkeit oder Fischereigerechtsame, Gefälle, z. B. Berechtigung zum Streusammeln).

Die Entgelte aus der Vermietung *einzelner beweglicher Gegenstände* werden *nicht* in dieser Einkunftsart erfaßt, sondern durch § 22 Nr. 3 EStG (vgl. 2 B 7).

Ebenfalls nicht erfaßt werden die Wertsteigerungen des zur Nutzung überlassenen Vermögens, auch wenn sie sich in „Veräußerungsgewinnen" realisiert haben. § 21 Abs. 1 Nr. 4 EStG, der die Veräußerung von Miet- und Pachtzinsforderungen anspricht, hat nur klarstellende Bedeutung.

Beispiel:
Ein Hauseigentümer verkauft sein Mietwohngrundstück. Eine der darin wohnenden Familien schuldet noch einen Mietbetrag von 1000 DM. Der Verkäufer überträgt diese Forderungen auf den Käufer des Hauses im Zuge der Übertragung des Grundstücks und erhöht entsprechend den Kaufpreis. Dann sind 1000 DM dieses Kaufpreises Einkünfte aus Vermietung und Verpachtung.

b) Abgrenzung zu anderen Einkunftsarten

Die Art der Bewirtschaftung eines Objektes kann bewirken, daß eine Vermietungs- und Verpachtungstätigkeit einkommensteuerlich zu Einkünften aus Gewerbebetrieb führt, weil sie über Vermögensverwaltung hinausgeht (vgl. 2 B 2c). Der Hotelier und der Inhaber einer Pension haben deshalb Einkünfte aus Gewerbebetrieb, obwohl sie Gebäudeteile (Zimmer) vermieten.

Der Erfinder, der einem anderen das Nutzungsrecht an seiner Zufallserfindung überläßt, hat Einkünfte aus Vermietung und Verpachtung; der Erfinder, der planmäßig Erfindungen betreibt und ausnutzt, hierfür also einen „Betrieb" unterhält, hat Einkünfte aus Gewerbebetrieb oder aus selbständiger Arbeit; der Arbeitnehmer-Erfinder, der die im Rahmen des Dienstverhältnisses gemachten Erfindungen seinem Arbeitgeber überläßt, hat schließlich Einkünfte aus nichtselbständiger Arbeit.

c) Besonderheiten

Bis 1986 gehörte zu den Einkünften aus Vermietung und Verpachtung auch der Nutzungswert der Wohnung im eigenen Haus und der Nutzungswert einer dem Steuerpflichtigen ganz oder teilweise unentgeltlich überlassenen Wohnung. Ab 1987 ist dies generell nicht mehr der Fall (Aufhebung des § 21 Abs. 2 Satz 1 EStG), jedoch sorgt eine Übergangsvorschrift (§ 52 Abs. 21 EStG) dafür, daß für einen Zeitraum bis 1998 evtl. Nachteile (bei nach alter Regelung negativen Einkünften) vermieden werden.

Wenn jemand einem anderen eine ihm gehörige Wohnung zu Wohnzwecken gegen ein Entgelt überläßt, das weniger als die Hälfte der ortsüblichen Marktmiete ausmacht, so ist nach § 21 Abs. 2 Satz 2 EStG „die Nutzungsüberlassung in einen entgeltlichen und einen unentgeltlichen Teil aufzuteilen"; für diesen Fall entfällt hinsichtlich des unentgeltlichen Teils der Werbungskostenabzug.

Steuerbegünstigungen für zu eigenen Wohnzwecken genutzte Wohnungen im eigenen Haus enthält § 10e EStG in Gestalt von Abzugsbeträgen; sie gelten mehrere Jahre nach der Anschaffung oder der Herstellung der entsprechenden Wohnung. Diese Abzugsbeträge werden wie Sonderausgaben behandelt (vgl. dazu 2 E 6).

Literatur:

1. Die Kommentierungen zu §§ 21 und 21a EStG.
2. Knoppe, Helmut, Die Besteuerung der Lizenz- und know-how-Verträge, Köln. – Knoppe, Helmut, Pachtverhältnisse gewerblicher Betriebe im Steuerrecht, Düsseldorf. – Troll, Max, Einheitswert und Mietwert, DB 1982, 66. – Jacobsen, Uwe, Zurechnung des Nutzungswerts bei unentgeltlicher Überlassung einer Wohnung, DB 1982, 1240. – Seithel, Rolf, Zum erweiterten Schuldzinsenabzug nach § 21a Abs. 4 EStG in der Fassung des Haushaltsbegleitgesetzes 1983, DStR 1983, 183. – Selchert, F. W./Otte A., Das steuerlich optimale Haus- und Wohnungseigentum, Würzburg-Wien. – Seithel, Rolf, Nutzungswertbesteuerung der selbstgenutzten Wohnung, FR 1983, 209. – Meyer, Bernd, Zur einkommensteuerlichen Behandlung von Abstandszahlungen im Rahmen privater Miet- und Pachtverhältnisse, FR 1984, 1. – Stuhrmann, Gerd, Nießbrauch: Einkommensteuerrechtliche Behandlung bei den Einkünften aus Vermietung und Verpachtung, DStR 1984, 3. – Tehler, Hermann-Josef, Der Nutzungswert der eigenen Wohnung, DB 1984, 791. – Döllerer, Georg, Leitgedanken der Nießbrauchbesteuerung bei Einkünften aus Vermietung und Verpachtung und aus Kapitalvermögen, StbJb 1984/55, 55. – Knobbe-Keuk, Brigitte, Die Einkommensbesteuerung der entgeltlichen Überlassung von Bodensubstanz, DB 1985, 144. – Kantenwein, Thomas/Melcher, Christian, Der Sachinbegriff im Sinne des § 21 Abs. 1 Nr. 2 EStG, FR 1985, 233. – Meichssner, Claus, Die Überschußerzeilungsabsicht als Abgrenzungsmerkmal für Liebhaberei bei den Inmobilieninvestitionen, DStR 1985, 647. – Seithel, Rolf, Einkommensteuerrechtliche Behandlung des Nießbrauchs und anderer Nutzungsrechte bei Einkünften aus Vermietung und Verpachtung und aus Kapitalvermögen, Heidelberg. – InstFSt Brief Nr. 251: Nutzungsrechte, insbesondere Nießbrauch, bei Einkünften aus Vermietung und Verpachtung und aus Kapitalvermögen, Bonn 1985. – Wagner, Franz W./Wenger, Ekkehard/Schwinger, Reiner, Optimierung der steuerlichen Gestaltungsmöglichkeiten nach der Neuregelung der Wohneigentumsförderung, DB 1986, 2137. – Bockermann, Udo, Grundzüge der steuerlichen Behandlung selbstgenutzter Wohnungen des Privatvermögens ab dem 1. 1. 1987, StWa 1988, 26. – Jakob, Wolfgang/Hörmann, Norbert, Einkünfteerzielungsabsicht oder Liebhaberei im Rahmen der Einkünfte aus Vermietung und Verpachtung, FR 1989, 665. – Schwarz, Jörg, „Liebhaberei" im Bereich der Einkünfte aus Vermietung und Verpachtung, DStR 1991, 401.

2 B 7 Sonstige Einkünfte

Die Bezeichnung wirkt irreführend. Es sind nicht „alle sonst denkbaren Einkünfte" durch diese siebte Einkunftsart erfaßt, sondern nur bestimmte, in § 22 EStG aufgeführte „Sonstige Einkünfte" (vgl. dazu auch § 2 Abs. 1 Satz 1 Nr. 7 EStG). Dabei handelt es sich um wiederkehrende Bezüge (a), Unterhaltsleistungen beim Wahl-Realsplitting (b), Spekulationsgewinne (c), Einkünfte aus sonstigen Leistungen (d) und Abgeordnetenbezüge (e). Eine Gesamtdefinition ist deshalb nicht möglich.

a) Wiederkehrende Bezüge

Als wiederkehrende Bezüge sind nach der Rechtsprechung solche Bezüge zu verstehen, „die in gewissen Zeitabständen wiederkehren". Es ist nicht notwendig, daß diese Zeitabstände regelmäßig aufeinanderfolgen; ebensowenig ist es notwendig, daß die Bezüge für längere Zeit gewährt werden.

Wiederkehrende Bezüge sind allein wegen ihrer Wiederkehr einkommensteuerpflichtig. Zu ihnen gehören insbesondere die Zeitrenten, die Leibrenten und die wiederkehrenden geldwerten Vorteile (dazu Näheres im Teil 2 J), aber z. B. auch die Einnahmen als Tutor.

b) Unterhaltsleistungen beim Wahl-Realsplitting

Wenn geschiedene oder dauernd getrennt lebende Ehegatten dies übereinstimmend beantragen, kann der Unterhaltsgeber die Unterhaltsleistungen bis zur Höhe von 27 000 DM im Jahr als Sonderausgaben abziehen (vgl. 2 E 4). In diesem Fall hat der Unterhaltsempfänger den Betrag gem. § 22 Nr. 1a EStG zu seinen sonstigen Einkünften zu rechnen.

c) Einkünfte aus Spekulationsgeschäften

Die einkommensteuerlich verbindliche Definition des Spekulationsgeschäfts enthält § 23 Abs. 1 EStG. Die Vorschrift erfaßt alle Veräußerungsgeschäfte, bei denen entweder der Erwerb der Veräußerung folgt oder der Zeitraum zwischen Anschaffung und Veräußerung eine bestimmte Länge nicht übersteigt (bei Grundstücken und grundstücksgleichen Rechten zwei Jahre, bei anderen Wirtschaftsgütern – z. B Wertpapieren – sechs Monate). Auf die vorhandene oder fehlende Spekulationsabsicht kommt es bei diesen Geschäften nicht an; wer außerhalb der Frist mit Spekulationsabsicht eine gewinnbringende Veräußerung vornimmt, erzielt keine „sonstigen Einkünfte", wer innerhalb der Spekulationsfrist ohne Spekulationsabsicht einen Veräußerungsgewinn erzielt, hat ihn in dieser Einkunftsart aufzuführen.

Bestimmte Veräußerungsgewinne bleiben nach § 23 Abs. 2 EStG befreit. Auch wird ein Saldo aus Spekulationsgewinnen und -verlusten von weniger als 1000 DM im Kalenderjahr nicht besteuert (§ 23 Abs. 4 Satz 2 EStG).

d) Einkünfte aus sonstigen Leistungen

Sonstige Leistungen im Sinne des § 22 Nr. 3 EStG können in einem Tun, Dulden oder Unterlassen bestehen. Beispiele: Das Sammeln leerer Coca-Cola-Flaschen zwecks Pfandverwertung, die Vermietung einer Schreibmaschine (keine Sachgesamtheit, daher nicht Einkünfte aus Vermietung und Verpachtung!), die Einräumung eines Vorkaufsrechts. Auch Vergütungen an Mitglieder einer Bürgerinitiative für die Rücknahme des Widerspruchs gegen eine Kraftwerkgenehmigung gehören zu den Einkünften aus sonstigen Leistungen.

§ 22 Nr. 3 Satz 2 EStG läßt die Einkünfte aus sonstigen Leistungen steuerfrei, wenn sie weniger als 500 DM im Kalenderjahr betragen haben.

e) Abgeordnetenbezüge

Nach § 22 Nr. 4 EStG gehören „Entschädigungen, Amtszulagen, Zuschüsse zu Krankenversicherungsbeiträgen, Übergangsgelder, Sterbegelder, Versorgungsabfindungen, Versorgungsbezüge", die aufgrund der sog. „Abgeordnetengesetze" des Bundes und der Länder gezahlt werden, zu den „sonstigen Einkünften". Die Vorschrift gewährt für Versorgungsbezüge die gleiche Vergünstigung wie bei den Einkünften aus nichtselbständiger Arbeit (vgl. 2 B 4).

Literatur:

1. Die Kommentierungen zu §§ 22 und 23 EStG.
2. Keuk, Brigitte, Die Einkünfte aus sonstigen Leistungen (§ 22 Ziff. 3 EStG), DB 1972, S. 1130. – Fella, Günter, Die Besteuerung von Spekulationsgeschäften nach § 23 EStG, StB 1972, S. 101. – Flume, Werner, Die steuerliche Behandlung privater Differenzgeschäfte, DB 1978, 1097. – Bergmann, Friedrich, Fristenberechnung bei Spekulationsgeschäften mit Grundstücken, BB 1979, 569. – Richter, Heinz, Erste Zweifelsfragen zum begrenzten Realsplitting, DStR 1979, 155. – Diebold, Axel, Weitere Überlegungen zum begrenzten Realsplitting, DStR 1979, 344. – Buob, Hans, Anmerkungen und Berechnungen zum Realsplitting, DStR 1979, 619. – Neeb, Helmut, Die Besteuerung von Spekulationsgewinnen, StuW 1991, 52.

2 C Ordnung der Einkunftsarten

2 C 1 Haupt- und Nebeneinkunftsarten

Im Schema der Einkommensteuer-Ermittlung (Tafel 1) sind die vier ersten Einkunftsarten von den drei dann folgenden unterschieden worden. Die erste Gruppe ist unter der Bezeichnung „Haupteinkunftsarten", die zweite unter der Bezeichnung „Nebeneinkunftsarten" zusammengefaßt worden. Beide Bezeichnungen kommen im Einkommensteuergesetz offiziell nicht vor. Sie bieten sich jedoch an, wenn man ausdrükken will, daß die letzten drei Einkunftsarten im Gegensatz zu den vier ersten nachrangig sind. Einkünfte sind nur dann unter einer Nebeneinkunftsart zu erfassen, wenn sie nicht inhaltlich zu einer anderen vorrangigen Einkunftsart gehören; gegenüber einer Nebeneinkunftsart kann vorrangig sowohl eine Haupteinkunftsart als auch eine andere Nebeneinkunftsart sein. Innerhalb der vier Haupteinkunftsarten ist eine solche „Zuweisung" ausgeschlossen; diese Einkunftsarten sind untereinander stets gleichrangig.

Die Subsidiarität der Nebeneinkunftsarten ergibt sich aus den Vorschriften in § 20 Abs. 3, § 21 Abs. 3, § 22 Nr. 1 Satz 1 und Nr. 3 Satz 1 sowie § 23 Abs. 3 EStG. Wenn die sachliche Ansprache eines bestimmtes Ertrages (etwa der Dividenden in § 20 Abs. 1 Nr. 1 oder der Lizenzgebühren in § 21 Abs. 1 Nr. 3 oder der wiederkehrenden Bezüge in § 22 Nr. 1 EStG) zur Annahme einer Nebeneinkunftsart führt, so muß aufgrund der Subsidiaritätsvorschriften zusätzlich geprüft werden, ob nicht der „Vorrang" einer anderen Einkunftsart eingreift. Ist das der Fall, so sind die entsprechenden Einkünfte als solche der vorrangigen Einkunftsart zu qualifizieren.

Beispiele:

1) Ein Landwirt erhält Zinsen aus einem betrieblichen Bankguthaben; er hat damit nicht Einkünfte aus Kapitalvermögen, sondern Einkünfte aus Land- und Forstwirtschaft.

2) Ein Gewerbetreibender hält in seinem Betriebsvermögen Aktien; fließen ihm daraus Dividenden zu, so sind sie nicht Einkünfte aus Kapitalvermögen, sondern Einkünfte aus Gewerbebetrieb.

3) Ein Gewerbetreibender vermietet eine auf seinem Betriebsgrundstück befindliche Werkhalle an einen anderen; die Mieteinnahmen sind nicht Einkünfte aus Vermietung und Verpachtung, sondern Einkünfte aus Gewerbebetrieb.

4) Ein Hausbesitzer stundet einem Mieter die Miete und erhält nach Ablauf der Stundung zusätzliche Zinsen; diese Zinsen sind nicht Einkünfte aus Kapitalvermögen, sondern Einkünfte aus Vermietung und Verpachtung.

5) Ein Arbeitgeber überläßt seinem Angestellten eine kostenlose Werkswohnung; der Angestellte hat mit dem Mietwert nicht Einkünfte aus Vermietung und Verpachtung, sondern Einkünfte aus nichtselbständiger Arbeit.

6) Ein Wirtschaftsprüfer gestattet einigen im gleichen Bürohaus ansässigen Kollegen die Benutzung seines Fotokopiergerätes gegen entsprechende Gebühren; diese Gebühren gehören nicht zu den Einkünften aus sonstigen Leistungen (Sonstige Einkünfte), sondern zu den Einkünften aus selbständiger Arbeit.

7) Kauft ein Gewerbetreibender ein Grundstück für sein Betriebsvermögen und veräußert er es innerhalb der sog. Spekulationsfrist von zwei Jahren gewinnbringend weiter, so hat er mit diesem Gewinn nicht Einkünfte aus Spekulationsgeschäften (Sonstige Einkünfte), sondern Einkünfte aus Gewerbebetrieb; veräußert er das Grundstück nach Ablauf von zwei Jahren gewinnbringend, so ist der Veräußerungsgewinn deshalb nicht etwa steuerfrei, wie dies bei privaten Geschäften der gleichen Art der Fall wäre, sondern im Rahmen der Einkünfte aus Gewerbebetrieb steuerpflichtig.

Innerhalb der Haupteinkunftsarten aber gibt es keine Subsidiarität.

Beispiel:

Ein Rechtsanwalt hat aus seiner freiberuflich betriebenen Praxis Einkünfte aus selbständiger Arbeit. Ist er daneben als Syndikus (Angestellter) eines Vereins beschäftigt und bearbeitete dort täglich zu festgesetzten Zeiten die Rechtsfragen, die der Vereinsvorstand ihm vorlegt, so hat er insoweit Einkünfte aus nichtselbständiger Arbeit. Besitzt er weiterhin einen Bauernhof, den ein angestellter Verwalter betreut, so hat er daraus Einkünfte aus Land- und Forstwirtschaft. Ist er schließlich als Kommanditist an einer Kommanditgesellschaft beteiligt, so sind die Gewinnanteile Einkünfte aus Gewerbebetrieb.

2 C 2 Gewinn- und Überschußeinkunftsarten

Das Übersichtsschema in Tafel 1 weist die Einkünfte aus Land- und Forstwirtschaft, aus Gewerbebetrieb und aus selbständiger Arbeit als „Gewinneinkunftsarten“ aus. Diese Gruppierung folgt der Anordnung in § 2 Abs. 2 Nr. 1 EStG, wonach als Einkünfte in diesen drei Einkunftsarten der „*Gewinn*“ anzusetzen ist.

Für die Einkunftsarten 4 und 7 sind die Einkünfte in § 2 Abs. 2 Nr. 2 EStG demgegenüber als „*Überschuß der Einnahmen über die Werbungskosten*“ definiert. Deshalb nennen sie der fachlichen Sprachgebrauch und das Übersichtsschema „Überschußeinkunftsarten“.

Die Einkunftsarten 1–3 einerseits, 4–7 andererseits werden in dieser Weise nach den Methoden der Einkunftsermittlung voneinander unterschieden, die im einzelnen im Teil 2 D näher erläutert sind. An dieser Stelle kann aber aus den vorangegangenen Ausführungen (2 B) bereits festgestellt werden, daß bei den drei Gewinneinkunftsarten (die ja immer zugleich Haupteinkunftsarten sind!) auch Vermögenswertänderungen (Veräußerungserfolge) einkommensteuerlich stets erfaßt werden; im Bereich der Überschußeinkunftsarten ist derartiges nur für den Sonderfall der Spekulationsgeschäfte zu registrieren.

Der Unterschied drückt sich auch in der verschiedenartigen Vermögensbezeichnung aus. Den Komplex von aktiven und passiven Wirtschaftsgütern, der der Erzielung von Einkünften aus den ersten drei (Gewinn-)Einkunftsarten gewidmet ist, nennt das Einkommensteuerrecht *Betriebsvermögen*; für die Höhe der Einkünfte aus diesen Einkunftsarten sind letztlich dessen Wertveränderungen entscheidend. Im Bereich der folgenden vier (Überschuß-)Einkunftsarten interessieren einkommensteuerlich dagegen grundsätzlich nur die Erträge; stammen sie aus einem Vermögen, so sind dessen Wertänderungen steuerlich bedeutungslos. Vermögen, dessen Erträge zu Einkünften in den Überschußeinkunftsarten führen, läßt sich daher als *ertragbringendes Privatvermögen* bezeichnen.

2 C 3 Die Bedeutung des § 24 EStG

§ 24 EStG gehört – wie die §§ 24a und 24b EStG – zu den „gemeinsamen Vorschriften" für *alle* Einkunftsarten; es wird also *keine neue* Einkunftsart geschaffen. Die Vorschrift stellt zunächst klar, daß auch Entschädigungen für entgangene oder entgehende Einnahmen, für die Aufgabe oder Nichtausübung einer Tätigkeit, für die Aufgabe einer Gewinnbeteiligung oder einer Anwartschaft darauf sowie Ausgleichszahlungen an Handelvertreter nach § 89b HGB und Einkünfte aus einer ehemaligen Tätigkeit oder einem früheren Rechtsverhältnis (auch dann, wenn sie dem Steuerpflichtigen als Rechtsnachfolger zufließen), ferner Nutzungsvergütungen für die Inanspruchnahme von Grundstücken für öffentliche Zwecke zu den einkommensteuerlich beachtlichen Einkünften gehören.

§ 24 EStG bestimmt aber nicht, zu welcher Einkunftsart die genannten Bezüge zu rechnen sind; die Einordnung erfolgt daher nach den allgemeinen Regeln. Es gibt also keine „Einkünfte aus § 24 EStG", sondern nur Einkünfte aus einer der sieben Einkunftsarten mit dem zusätzlichen Signum des § 24 EStG.

Dieses zusätzliche Signum ist in den Fällen, die § 24 Nr. 1 und Nr. 3 EStG nennt, auch von materieller Bedeutung. Diese Einkünfte gelten nämlich dann als „außerordentliche Einkünfte", auf die ein ermäßigter Steuersatz anzuwenden ist (§ 34 Abs. 1 und 2 EStG); vgl. dazu 2 C 5.

Literatur:

1. Die Kommentierungen zu § 24 EStG.
2. Bopp, Gerhard, Die Unfreiwilligkeit des die Entschädigung begründenden Ereignisses als ungeschriebenes Tatbestandsmerkmal des § 24 Ziff. la EStG, FR 1977, 509. – Oswald, Franz, Zur steuerlichen Begünstigung von Entschädigungen gemäß § 24 Nr. 1 Einkommensteuergesetz, insbesondere von Entlassungsabfindungen, DStZ 1979, 351.

2 C 4 Nicht besteuerte Einkünfte

Nach dem im Teil 2 B gegebenen Überblick unterliegen offenbar nahezu alle Ergebnisse wirtschaftlicher Tätigkeiten oder wirtschaftlicher Vermögensanlagen der Einkommensteuer. Dennoch lassen sich drei Gruppen nicht besteuerter Einkünfte darstellen:

a) Einkünfte, die nicht unter eine Einkunftsart fallen

Läßt sich ein Zufluß oder eine Vermögensvermehrung bei einem Steuerpflichtigen der Sache nach nicht unter eine der sieben Einkunftsarten einreihen, so kann darauf auch keine Einkommensteuer erhoben werden. Es bleiben deshalb z. B. unbesteuert: private Lotteriegewinne, Gewinne aus privaten Devisentermingeschäften, Erbschaften, Auszahlungen aus einer privaten Lebensversicherung (soweit sie nicht in der Form wiederkehrender Bezüge erfolgen), Gelegenheitsgeschenke sowie mit Preisen verbundene Auszeichnungen, die nicht an eine bestimmte Tätigkeit geknüpft sind (z. B. Nobelpreis, Gerhard-Thoma-Ehrenpreis).

Aber selbst wenn der Sache nach eine wirtschaftliche Aktivität des Steuerpflichtigen sich ohne Schwierigkeit einer Einkunftsart (z. B. Land- und Forstwirtschaft, Gewerbebetrieb, Vermietung und Verpachtung) zuordnen läßt, kann es sein, daß das Ergebnis dieser Aktivität nicht einkommensteuerbar ist. Voraussetzung für die Erfassung in einer Einkunftsart ist nämlich in jedem Fall, daß der Steuerpflichtige bei der Betätigung bzw. dem vermögensmäßigen Engagement eine *Einkünfteerzielungsabsicht* (Gewinnerzielungsabsicht, Überschußerzielungsabsicht) hat. Diese ist gegeben, wenn er einen „Totalerfolg" (Totalgewinn, Totalüberschuß) anstrebt. Sofern bzw. sobald das nicht (mehr) der Fall ist, nimmt das EStG weder Gewinne/Überschüsse noch Verluste zur Kenntnis; man bezeichnet das entsprechende Handeln auch als „Liebhaberei" (Vgl. auch Abschnitt 134b EStR).

b) Einkünfte, die einem anderen zugerechnet werden

Nach § 12 Nr. 2 EStG dürfen freiwillige Zuwendungen, Zuwendungen auf Grund einer freiwillig begründeten Rechtspflicht und Zuwendungen an gesetzlich unterhaltsberechtigte Personen bei der Einkünfte- und Einkommensermittlung nicht abgezogen werden. Derartige Zuwendungen führen deshalb auch beim Empfänger nicht zu Einkünften (vgl. in diesem Zusammmenhang auch § 22 Nr. 1 Satz 2 EStG).

Beispiel:

1) Herr A ist als Kommanditist an einer KG beteiligt. Die ihm daraus zustehenden Gewinnanteile überläßt er jeweils seiner Freundin B. Es handelt sich um freiwillige Zuwendungen, die an der persönlichen Zuordnung der Gewinnanteile zu den Einkünften aus Gewerbebetrieb des Herrn A nichts ändern; die der Freundin B zufließenden Beträge fallen bei ihr unter keine Einkuftsart.
2) Herr F sagt seiner Schwiegermutter G rechtsverbindlich eine lebenlange Rente in Höhe von 1000 DM monatlich zu. Da die Schwiegermutter im Verhältnis zur Ehefrau des Herrn F eine „gesetzlich unterhaltsberechtigte Person" ist, greift das Abzugverbot des § 12 Nr. 2 EStG ein. Deshalb braucht die Schwiegermutter die in der Leibrente bestehenden wiederkehrenden Bezüge nicht als sonstige Einkünfte zu versteuern (§ 22 Nr. 1 Satz 2 EStG), die Leibrentenzuflüsse sind bei ihr „steuerfrei".

c) Ausdrücklich vom Gesetz freigestellte Einkünfte

In verschiedenen Einzelvorschriften ordnet das EStG die Steuerfreiheit von Einkünften oder Teilen von Einkünften an, so etwa in §§ 13 Abs. 3, 16 Abs. 4, 19 Abs. 2, 20 Abs. 4, 22 Nr. 3 Satz 2 und 23 Abs. 4 Satz 2. Darüber hinaus enthalten – unabhängig von der Einkunftsart– die Vorschriften in §§ 3, 3a, 3b und § 8 Abs. 3 Satz 2 EStG eine Anzahl von Steuerbefreiungen. So sind steuerfrei u. a. Arbeitslosen-, Kurzarbeiter- oder Schlechtwettergelder (vgl. dazu aber den Progressionsvorbehalt in § 32b EStG), Kriegsbeschädigtenrenten, Aufwandsentschädigungen als „Übungsleiter" o. ä. bis zur Höhe von 2400 DM, Heirats- und Geburtszuwendungen an Arbeitnehmer in bestimmter Höhe, Teile freiwilliger Trinkgelder, Zinsen verschiedenster Art (insbesondere aus sog. „steuerfreien Wertpapieren"), Teile der Sonntags-, Feiertags- und Nachtarbeitszuschläge zum Arbeitslohn, gewisse Vorteile aus Sachbezügen, die Arbeitgeber ihren Arbeitnehmern gewähren, sowie Sanierungsgewinne im Betriebsvermögen.

Mit steuerfreien Einnahmen in unmittelbarem Zusammenhang stehende Ausgaben dürfen nach § 3c EStG nicht zum Abzug gebracht werden. Selbst in den Fällen, in denen die §§ 3 und 3a EStG Bruttoeinnahmen als steuerfrei bezeichnen, sind infolge dieser Bestimmung nur die Nettogrößen (Einkünfte) befreit.

Literatur:

1. Die Kommentierungen zu den §§ 2, 3, 3a, 3b, 3c und 12 EStG.
2. Von Bornhaupt, Kurt Joachim, Steuerfreie Abfindungen wegen Auflösung von Dienstverhältnissen und steuerbegünstigte Entschädigungen bei Arbeitnehmern, BB 1980, Beilage 7. – Birkenfeld, Wolfram, Teilweise steuerfreie Einnahmen und das Verbot des Ausgabenabzugs, FR 1981, 601. – Biergans, Enno/Stockinger, Roland, Zum Einkommensbegriff und zur persönlichen Zurechnung von Einkünften im Einkommensteuerrecht, FR 1982, 1 und 25. – Jehner, Hansgeorg, Die Steuerfreiheit von Sanierungsgewinnen, BB 1983, 1525. – Groh, Manfred, Gewinnerzielungsabsicht und Mitunternehmerschaft, DB 1984, 2424. – Klemm, Georg, Einkommensteuer auf Erbauseinandersetzungen, DB 1984, Beilage 19. – Leingärtner, Wilhelm, Negative Einkünfte aus Liebhaberei und nichtsteuerbare Einkünfte nach dem Beschluß GrS 4/82 – Was hat sich geändert?, DStR 1985, 131. – Rose, Gerd, Einkünfteerzielungsabsicht – Steuerbetriebswirtschaftliche Überlegungen zu den Thesen des Bundesfinanzhofs, StbJb 1985/86, 177. – Jakob, Wolfgang/Hörmann, Norbert, Einkünfteerzielungsabsicht oder Liebhaberei imRahmen der Einkünfte aus Vermietung und Verpachtung, FR 1989, 665. – Schwarz, Jörg, „Liebhaberei“ im Bereich der Einkünfte aus Vermietung und Verpachtung, DStR 1991, 401. – Autenrieth, Karlheiz, Die Konkretisierung der Sanierungsbedürftigkeit im Steuerrecht, DStZ 1991, 491.

2 C 5 Außerordentliche Einkünfte

Zwar bilden die einzelnen Einkunftsarten die Grundlage für die Einkommensbesteuerung; der Einkommensteuer ist aber nicht das einzelne Einkunftsartergebnis, sondern das zu versteuernde Einkommen zu unterwerfen. Auf das zu versteuernde Einkommen wird auch grundsätzlich nur *ein* Tarif angewendet. In der Bundesrepublik Deutschland besteht also ein synthetisches Einkommensteuersystem (und kein System von Zedularsteuern).

Dieser Grunsatz wird allerdings, wie bereits in 2 A 4 erwähnt, durch Sondertarife (ermäßigte Steuersätze) in gewissen Fällen durchbrochen. Die wichtigste Ausnahme bildet die steuerliche Behandlung der „außerordentlichen Einkünfte“, wie sie in §§ 34, 34b EStG konstituiert ist.

Nach diesen Vorschriften sind folgende außerordentliche Einkünfte zu unterscheiden:

- Gewinne aus der Veräußerung und Aufgabe von Betriebsvermögen (vgl. hierzu im einzelnen Teil 2 H).
- Entschädigungen im Sinne des § 24 Nr. 1 EStG.
- Für einen Zeitraum von mehr als drei Jahren nachgezahlte Nutzungsvergütungen und Zinsen im Sinne des § 24 Nr. 3 EStG (vgl. zu § 24 EStG 2 C 3).

In diesen drei Fällen werden die Einkünfte, soweit sie 30 Mio DM im Veranlagungszeitraum nicht übersteigen, einem ermäßigten Steuersatz unterworfen, der der Hälfte des durchschnittlichen Steuersatzes für das gesamte zu versteuernde Einkommen entspricht (vgl. § 34 Abs. 1 EStG).

Die Steuersätze bei

- außerordentlichen Einkünften aus Forstwirtschaft (§ 34b EStG)

sind unterschiedlich hoch (vgl. § 34b Abs. 3 EStG).

Schließlich existiert noch ein Sondertarif für

- außerordentliche Einkünfte, die die Vergütung für eine Tätigkeit darstellen, die sich über mehrere Jahre erstreckt (§ 34 Abs. 3 EStG).

Um Nachteile aus dem bestehenden Progressionstarif zu mildern, beträgt die Einkommensteuer hierfür „das Dreifache des Unterschiedsbetrags zwischen der Einkommensteuer für das um diese Einkünfte verminderte zu versteuernde Einkommen (verbleibendes zu versteuerndes Einkommen) und der Einkommensteuer für das verbleibende zu versteuernde Einkommen zuzüglich eines Drittels dieser Einkünfte“.

Literatur:

1. Die Kommentierungen zu §§ 34, 34b EStG.
2. Niemeyer, Gisela, Die steuerbegünstigte Entschädigung nach § 24 Nr. 1a, § 34 Abs. 1 EStG nach der Rechtsprechung des Bundesfinanzhofs, FR 1976, 365. – von Schilling, Otto, Tarifbegünstigte Entschädigungen (§ 24 Nr. 1, § 34 Abs. 2 EStG), FR 1978, 584. – Mittelbach, Rolf, Steuervergünstigung für Vorauszahlungen auf eine mehrjährige Tätigkeit, DB 1981, 180. – Offerhaus, Klaus, Zur Besteuerung von Arbeitgeberleistungen bei Auflösung und Änderung eines Dienstverhältnisses, DB 1991, 2456.

2 C 6 Die Bedeutung der richtigen Zuordnung der Einkünfte

Die Einteilung in die sieben verschiedenen Einkunftsarten und die richtige Eingruppierung von Erträgen in eine dieser Einkunftsarten (also die zutreffende Lösung des Qualifikationsproblems) ist nicht nur formal, sondern gerade auch materiell bedeutsam. Die wichtigsten Gesichtspunkte, die diese Behauptung stützen, sind folgende:

- Schon zur Feststellung der sachlichen Einkommensteuerpflicht ist es unerläßlich, die Einkunftsart zu bestimmen. Denn wenn ein bestimmter Ertrag nicht in eine der sieben Einkunftsarten einzureihen ist, entsteht keine Einkommensteuer (vg. 2 C 4).
- In zahlreichen Fällen sind Freibeträge oder Freigrenzen an das Vorliegen bestimmter Einkunftsarten gebunden. Beispiele enthalten die Ausführungen in 2 B 1, 2 B 3, 2 B 4, 2 B 5 und 2 B 7.
- Bei den ersten drei Einkunftsarten ist der „Gewinn“, bei den übrigen vier Einkunftsarten der „Überschuß der Einnahmen über die Werbungskosten“ zu ermitteln. Ohne die Einkunftsart bestimmt zu haben, ist eine Aussage über die Methode der Einkunftsermittlung (vgl. dazu im einzelnen 2 D 2) unmöglich.
- Regelmäßig sind die Einkünfte für das Kalenderjahr zu ermitteln. Bei der Gewinnermittlung von Land- und Forstwirten und bestimmten Gewerbetreibenden kann jedoch statt dessen das Wirtschaftsjahr zugrunde gelegt werden oder ist zugrundezulegen (vgl. § 4a EStG).
- Die Möglichkeit, negative Einkünfte gegen positive Einkünfte aufzurechnen (Verlustausgleich) oder in einen anderen Veranlagungszeitraum zu übertragen (Verlustabzug/ Verlustvor- oder -rücktrag) ist in bestimmten Einkunftsarten ausgeschlossen oder beschränkt. (Vgl. dazu 2 F).
- In manchen Fällen richtet sich auch die Methode der Steuererhebung und der Veranlagung nach der Einkunftsart. So wird ein Lohnsteuerabzug nur vorgenommen, wenn

Einkünfte aus nichtselbständiger Arbeit vorliegen; desgleichen gelten für die Veranlagung bei Bezug von Einkünften aus nichtselbständiger Arbeit Besonderheiten (§ 46 EStG).

- In bestimmten Fällen knüpfen andere Steuern an die einkommensteuerliche Feststellung der Einkunftsart an. So unterliegt der Gewerbeertragsteuer grundsätzlich nur der Gewinn aus Gewerbebetrieb, nicht aber z. B. der Gewinn aus Land- und Forstwirtschaft oder aus selbständiger Arbeit (vgl. § 7 GewStG und Teil 4 A 1). Einkünfte aus nichtselbständiger Arbeit können nicht umsatzsteuerpflichtig sein (§ 2 Abs. 1 UStG, § 1 Abs. 3 LStDV).

Ist eine Person in einer Weise tätig, die nicht auf Anhieb einer ganz bestimmten Einkunftsart zugeordnet werden kann, weil sich mehrere Elemente in einer „Mischung" befinden, und ist der ernsthafte Versuch einer „Entmischung" erfolglos geblieben, so muß das Gesamtbild der Aktivität festgestellt und nach seinen geprägegebenden Merkmalen durch Vergleich mit ungemischten Tätigkeiten beurteilt werden, um die zutreffende Einkunftsart zu bestimmen.

Literatur:

1. Die Kommentierungen zu § 2 EStG.
2. Schmidt, Ludwig, Subjektive Zurechnung von Einkünften, StbJb 1980/81, 115. – Rose, Gerd, Zur Bestimmung der Einkunftsart bei gemischten wirtschaftlichen Aktivitäten von Einzelpersonen, DB 1980, 2464. – Fichtelmann, Helmar, Umqualifizierung von Einkünften, NWB Fach 3, 5253 (8.3.82). – Beierl, Otto, Die Einkunftsqualifikation bei gemeinsamer wirtschaftlicher Betätigung im Einkommensteuerrecht, Berlin. – Rödder, Thomas, Persönliche Zurechnung und sachliche Qualifikation von Einkünften bei der Treuhandschaft, DB 1988, 195. – Steinberg, Wilhelm, Zur Frage der Einkunftsquelle und ihrer Zurechnung, DStZ 1988, 315.

2 D Die Ermittlung der Einkünfte

2 D 1 Grundsätze der Einkunftsermittlung

Der Einkommensteuer unterliegt eine Größe, die vereinfacht als „geminderte Summe der Einkünfte" bezeichnet werden kann. Ohne Einkünfte kann keine Einkommensteuer entstehen: die Höhe der Einkünfte ist entscheidend für die Höhe der Einkommensteuer. Der Ermittlung der Einkünfte kommt mithin größte materielle Bedeutung zu.
Drei Grundsätze beherrschen die Einkunftsermittlung:

- Das Prinzip der Abschnittsbesteuerung.
- Das Nettoprinzip.
- Das Prinzip, Lebensführungskosten bei der Einkunftsermittlung nicht zur Auswirkung kommen zu lassen.

Das Prinzip der Abschnittsbesteuerung besagt, daß grundsätzlich Vorgänge außerhalb des Einkunftsermittlungszeitraums (vorher oder nachher) für die Höhe der Einkünfte bedeutungslos bleiben müssen. Einkunftsermittlungszeitraum ist im Regelfall eine Zwölfmonatsperiode (diese kann aber von der Zwölfmonatsperiode des regelmäßigen Veranlagungszeitraums (vgl. 2 A 5) abweichen).

Nach dem – von Gesetzgebung und Rechtsprechung allerdings zunehmend eingeschränkten – Prinzip der Nettobesteuerung soll nur die im Rahmen einer Einkunftsart eingetretene Vermehrung des *Reinvermögens* des Steuerpflichtigen zur Einkommensteuer herangezogen werden, nicht die bloße Vermehrung des *Rohvermögens*. Zu ermitteln ist also die Differenzgröße zwischen den (in Geld oder Geldeswert bestehenden) Erträgen im Rahmen einer Einkunftsart und den in diesem Zusammenhang getätigten Aufwendungen; die zur Kürzung kommenden Aufwendungen bezeichnet das EStG im Rahmen der drei Gewinneinkunftsarten als „Betriebsausgaben" (§ 4 Abs. 4 EStG) und im Rahmen der vier Überschußeinkunftsarten als „Werbungskosten" (§ 9 Abs. 1 Satz 1 EStG). Näheres dazu enthält Teil 2 D 6.

Das dritte Prinzip schließlich bringt zum Ausdruck, daß bei der Ermittlung der Einkünfte persönliche Verhältnisse und persönliche Belastungen auszuklammern sind. Es dürfen deshalb nach § 12 EStG bei der Ermittlung der Einkünfte die Ausgaben nicht abgezogen werden, die der Steuerpflichtige für seine Lebensführung aufwendet; dazu gehören auch die Zuwendungen an andere Personen, die persönlichen Steuern und Geldstrafen.

Aus Abschnitts- und Nettobesteuerungsprinzip ergibt sich mit Selbstverständlichkeit, daß die wirtschaftliche Betätigung des Steuerpflichtigen in einem bestimmten Zeitraum nicht nur erfolgbringend, sondern auch erfolglos sein kann. Statt einer Reinvermögensmehrung kann eine Reinvermögensverminderung eintreten; die Kürzungsposten (Betriebsausgaben oder Werbungskosten) können größer sein als die Erträge. Da das EStG als kleinste selbständige Bemessungsgrundlagen-Einheit die Einkünfte aus einer Einkunftsart kennt, der Steuerpflichtige sich aber im Rahmen je einer Einkunftsart verschiedene Einkunftsquellen erschließen kann, muß eine Verrechnung negativer und positiver Einzelergebnisse innerhalb einer Einkunftsart möglich sein. Diese Verrechnung wird als interner oder horizontaler Verlustausgleich bezeichnet.

Beispiel:

Ein Steuerpflichtiger besitzt zwei Mietwohngrundstücke (I und II). Es sind folgende drei Fälle denkbar:

	DM	DM	DM
Einkünfte aus Mietwohngrundstück I	+ 4000	+ 3000	+ 2000
Einkünfte aus Mietwohngrundstück II	– 3000	– 3000	– 3000
Einkünfte aus Vermietung und Verpachtung	+ 1000	0	– 1000

Die Einkünfte aus einer Einkunftsart ergeben sich oft – wie hier – aus mehreren Teileinkünften (Einkünfte aus Mietwohngrundstück I und Einkünfte aus Mietwohngrundstück II); in die Berechnung der Summe der Einkünfte gehen sie jedoch nur mit einer einzigen Größe (Summe oder Saldo der verschiedenen Teileinkünfte) ein.

Der interne Verlustausgleich ist in den Fällen des § 15a EStG (und den analogen in §§ 13 Abs. 5, 18 Abs. 4, 20 Abs. 1 Nr. 4 Satz 2, 21 Abs. 1 Satz 2 EStG) ausgeschlossen; vgl. dazu 2 F 4.

2 D 2 Methoden der Einkunftsermittlung (Überblick)

Wie bereits in Teil 2 C 2 ausgeführt, kennt das EStG nur zwei Methoden der Einkunftsermittlung. Einkünfte können entweder als Gewinn (Einkunftsarten 1 bis 3) oder als Überschuß der Einnahmen über die Werbungskosten (Einkunftsarten 4 bis 7) ermittelt werden.

	Einkunftsarten	
	1 bis 3	4 bis 7
Einkunftsermittlungs-methoden	*Gewinn*	*Überschuß der Einnahmen über die Werbungskosten*
Gewinnermittlungs-methoden	• Vermögensvergleich nach 4 Abs. 1 EStG • Vermögensvergleich nach § 5 EStG • Überschuß der Betriebseinnahmen über die Betriebsausgaben • Durchschnittsätze • Richtsatzschätzung	

Abbildung 2

Beiden Methoden liegt das bereits genannte Nettoprinzip zugrunde. Während aber der (positive oder negative) Gewinn i. d. R. als Vermögensdifferenz festzustellen ist, handelt es sich bei den (positiven oder negativen) Überschüssen der Einnahmen über die Werbungskosten grundsätzlich um rein pagatorische Größen, also Differenzen zwischen Einnahmen und Ausgaben. Weil aber beträchtliche Ausnahmen existieren, insbesondere weil es innerhalb der Einkunftsermittlungsmethode „Gewinn" mehrere Untermethoden (Gewinnermittlungsmethoden) gibt, erscheint es zweckmäßig, die Zusammenhänge schaubildlich darzustellen (Abbildung 2).

Besonders beachtenswert ist, daß der Ausdruck „Überschuß" zweimal verwendet wird, einmal in der Ebene der Einkunftsermittlungsmethoden, zum anderen in der Ebene der Gewinnermittlungsmethoden. Es handelt sich um zwei inhaltlich verschiedene Begriffe, die nicht verwechselt werden dürfen.

2 D 3 Grundsätze der Gewinnermittlung

§ 2 Abs. 2 Nr. 1 EStG weist zur Erklärung des einkommensteuerlichen Gewinnbegriffs auf die §§ 4 bis 7g des Gesetzes hin. Die Kernvorschrift ist in § 4 Abs. 1 Satz 1 EStG wie folgt zu finden:

„Gewinn ist der Unterschiedsbetrag zwischen dem Betriebsvermögen am Schluß des Wirtschaftsjahrs und dem Betriebsvermögen am Schluß des vorangegangenen Wirtschaftsjahrs, vermehrt um den Wert der Entnahmen und vermindert um den Wert der Einlagen".

Grundsätzlich ist der Gewinn also als Vermögensdifferenz definiert. Wenn dabei das Gesetz von Betriebsvermögen spricht, so meint es das Betriebs*rein*vermögen = das Eigenkapital.

Das Ergebnis des Reinvermögensvergleichs ist jedoch zu korrigieren um Einlagen (= Überführungen von Vermögen aus dem Privatbereich in den Betriebsbereich des Steuerpflichtigen) und um Entnahmen (= Überführungen von Vermögen aus dem Betriebsbereich in den Privatbereich des Steuerpflichtigen). Da nur die Vermögensveränderungen aus der *betrieblichen* Tätigkeit und Existenz steuerlich Gewinn sein können, müssen die Vermögenserhöhungen, die aus Einlagen des Steuerpflichtigen entstanden sind, gekürzt und die Vermögensminderungen, die durch Entnahmen entstanden sind, hinzugerechnet werden.

Gewinnermittlungszeitraum ist bei denjenigen, die Einkünfte aus selbständiger Arbeit erzielen, immer das Kalenderjahr; bei Land- und Forstwirten und bei Gewerbetreibenden ist der Gewinn dagegen nach dem Wirtschaftsjahr zu ermitteln (§ 4a Abs. 1 EStG). Land- und Forstwirte haben als Wirtschaftsjahr regelmäßig den Zeitraum vom 1. 7. bis 30. 6. Für Gewerbetreibende, deren Firma im Handelsregister eingetragen ist, ist Wirtschaftsjahr der auch handelsrechtlich zugrunde gelegte Zeitraum, „für den sie regelmäßig Abschlüsse machen" (Beispiele: 1. 10. bis 30. 9., 25. 5. bis 24. 5.). Das Wirtschaftjahr umfaßt normalerweise zwölf Monate. Weniger als zwölf Monate hat ein Wirtschaftsjahr nur, wenn ein Betrieb eröffnet, erworben, aufgegeben oder veräußert wird, ferner in den Fällen des Übergangs von einem Wirtschaftsjahr (z. B. 1. 1. bis 31. 12.) auf ein anderes (z. B. 1. 4. bis 31. 3.). In solchen Fällen entsteht ein sog. Rumpfwirtschaftsjahr (im letzten Beipiel 1. 1. bis 31. 3).

Weicht das Wirtschaftsjahr vom Kalenderjahr ab, so ist der Gewinn auf zwei Kalenderjahre (= Veranlagungszeiträume) aufzuteilen oder einem Jahr zuzuweisen. Die Regeln hierfür enthält § 4a Abs. 2 EStG. Bei Land- und Forstwirten hat die Aufteilung nach dem zeitlichen Anteil (in der Regel also hälftig) auf die beiden Kalenderjahre zu erfolgen. Bei Gewerbetreibenden mit abweichendem Wirtschaftsjahr gilt der Gewinn dagegen stets als in dem Kalenderjahr bezogen, in dem das Wirtschaftsjahr endet.

Beispiel:

Ein Gewerbetreibender, dessen Firma im Handelsregister eingetragen ist, hat als Wirtschaftsjahr den Zeitraum vom 1. Februar bis zum 31. Januar. Der Gewinn des Wirtschaftsjahres 1991/92 (1. Februar 1991 bis 31. Januar 1992) gilt zur Gänze als Gewinn des Veranlagungszeitraums 1992, nicht etwa nur zu einem Zwölftel. (Im Veranlagungszeitraum 1991 war der Gewinn für die Zeit vom 1. Februar 1990 bis 31. Januar 1991 voll zu berücksichtigen).

2 D 4 Die Gewinnermittlungsmethoden

Mit dem Hinweis auf die Kernbestimmung in § 4 Abs. 1 Satz 1 EStG ist über die Gewinnermittlungsmethoden nicht genug gesagt. Es lassen sich, je nachdem wie weit man den Begriff faßt, drei, aber auch fünf Gewinnermittlungsverfahren unterscheiden:

a) der Vermögensvergleich nach § 4 Abs. 1 EStG
b) der Vermögensvergleich nach § 5 EStG
c) die Ermittlung des Überschusses der Betriebseinnahmen über die Betriebsausgaben
d) die Gewinnermittlung nach Durchschnittsätzen
e) die Gewinnermittlung durch Richtsatzschätzung.

a) Vermögensvergleich nach § 4 Abs. 1 EStG

Der Vermögensvergleich nach § 4 Abs. 1 EStG wird bei der Gewinnermittlung von Land- und Forstwirten, von Minderkaufleuten und von Freiberuflern angewandt, wenn diese nicht die Gewinnermittlung nach § 4 Abs. 3 EStG erlaubterweise vorziehen.

Die jeweils zu vergleichenden Betriebsreinvermögen werden Bilanzen entnommen, die primär (vgl. aber § 141 Abs. 1 Satz 2 AO) auf steuerlichen Vorschriften aufbauen (originäre Steuerbilanzen).

b) Vermögensvergleich nach § 5 EStG

Der Vermögensvergleich nach § 5 EStG ist die gesetzlich vorgeschriebene Gewinnermittlungsmethode für alle Gewerbetreibenden, die verpflichtet sind, Bücher zu führen und regelmäßig Abschlüsse zu machen, oder die dies freiwillig tun.

Der wichtigste Unterschied zum Vermögensvergleich nach § 4 Abs. 1 EStG besteht darin, daß die Steuerbilanzen, denen die zu vergleichenden Reinvermögen entnommen werden, von Handelsbilanzen abzuleiten sind. Da in erster Linie die handelsrechtlichen Bestimmungen und die in der Handelsbilanz getroffenen Entscheidungen berücksichtigt (Grundsatz der Maßgeblichkeit der Handelsbilanz für die Steuerbilanz) und nur in Abweichungsfällen steuerliche Regeln angewandt werden (§ 5 Abs. 1 Satz 2 EStG), bezeichnet man die Reinvermögensaufstellungen im Rahmen des § 5 EStG als derivative oder abgeleitete Steuerbilanzen.

Die Gewinnermittlung aufgrund eines steuerlich korrigierten handelsrechtlichen Jahresabschlusses nach § 5 EStG erfolgt durch Vermögensvergleich an zwei Stichtagen (Jahresanfang und Jahresende) und unter Berücksichtigung von Entnahmen (Überführungen von Geld oder anderen Wirtschaftsgütern aus dem Betriebsvermögen in das Privatvermögen) und Einlagen (Überführungen von Geld oder anderen Wirtschaftsgütern aus dem Privatvermögen in das Betriebsvermögen), die während des Jahres vorgenommen wurden.

Beispiel zum Vermögensvergleich:

	Steuerbilanzen zum			
	31. 12. I	31. 12. II	31. 12. III	31. 12. IV
	TDM	TDM	TDM	TDM
Anlagevermögen	500	400	450	300
Umlaufvermögen	300	200	200	100
Rohvermögen (Aktivseite)	800	600	650	400
Fremdkapital	600	350	460	120
Reinvermögen (Eigenkapital)	200	250	190	280

	Steuerliche Gewinne		
	II	III	IV
	TDM	TDM	TDM
Reinvermögen am Jahresende	250	190	280
./. Reinvermögen am Jahresanfang	200	250	190
Unterschiedsbetrag	+ 50	– 60	+ 90
+ Entnahmen (angenommen)	+ 40	+ 90	+ 20
./. Einlagen (angenommen)	– 10	–	–160
Gewinn (Verlust)	+ 80	+ 30	– 50

Die Gewinne lassen sich natürlich ebenso aus der zum Jahresabschluß gehörenden Gewinn- und Verlustrechnung entnehmen, sofern deren Ertrags- und Aufwandsposten den steuerlichen Anforderungen entsprechen. In der Gewinn- und Verlustrechnung erscheinen Geld-Entnahmen und -Einlagen gar nicht, weil sie erfolgsneutral zu Lasten und zu Gunsten des Eigenkapitalkontos (Privatkontos) gebucht werden müssen; Sachentnahmen können allerdings Gewinnrealisierungen zur Folge haben.

Beispiel:

In Anlehnung an das obige Beispiel können sich die Gewinne (Verluste) etwa aus folgenden Gewinn- und Verlustrechnungen ergeben:

	II	III	IV
	TDM	TDM	TDM
Betriebserträge (periodifizierte Betriebseinnahmen)	1400	1300	1700
Betriebsaufwendungen (periodifizierte Betriebsausgaben)	1320	1270	1750
Gewinn (Verlust)	+ 80	+ 30	– 50

Die mit der Aufstellung von Steuerbilanzen und dem dazugehörigen Bilanzsteuerrecht (§§ 4–7g EStG) zusammenhängenden Probleme werden in diesem Buch nicht behandelt. Vgl. jedoch die im Anhang abgedruckten Literaturhinweise zu „Steuerbilanzen“.

c) Überschuß der Betriebseinnahmen über die Betriebsausgaben

Steuerpflichtige, die nicht zur Bücherführung und Abchlußerstellung verpflichtet sind und dies auch nicht freiwillig tun, haben die Möglichkeit, den Gewinn nach der in § 4 Abs. 3 EStG beschriebenen Überschußmethode zu ermitteln; für Land- und Forstwirte ist § 13a Abs. 2 Satz 1 EStG zu beachten. Dieses Verfahren hat die Form einer modifizierten

Geldeinnahme-Geldausgabe-Rechnung. Die Betriebseinnahmen werden den Betriebsausgaben des Gewinnermittlungszeitraums gegenübergestellt. Der Überschuß der Betriebseinnahmen über die Betriebsausgaben ist der Gewinn; ein Überschuß der Betriebsausgaben über die Betriebseinnahmen wäre ein Verlust.

Da nur Betriebseinnahmen und Betriebsausgaben verglichen werden, ist in der Regel keine Korrektur wegen etwaiger Entnahmen oder Einlagen nötig; diese Verschiebungen zwischen Privat- und Betriebsvermögen werden durch die Art der Rechnung automatisch (Ausnahme: Sacheinlagen und - entnahmen) ausgeschieden.

Beispiel:

Betriebseinnahmen des Jahres I	75 000 DM
Betriebsausgaben des Jahres I	69 000 DM
Gewinn des Jahres I	6 000 DM

d) Gewinnermittlung nach Durchschnittsätzen

Nach § 13a EStG findet für kleinere Landwirte, die nicht zur Buchführung verpflichtet sind, ein pauschaliertes Verfahren der Gewinnermittlung Anwendung; es geht von einem am steuerlichen Einheitswert (vgl. Teile 12F und 12G im Dritten Buch) orientierten Grundbetrag aus.

e) Gewinnermittlung durch Richtsatzschätzung

Ist es (z. B wegen mangelhafter Unterlagen des Steuerpflichtigen) nötig, den Gewinn zu schätzen (§ 162 AO), so ist dabei die Gewinnermittlungsmethode zugrundezulegen, die ohne Notwendigkeit einer Schätzung zur Anwendung gekommen wäre (bei einem buchführungspflichtigen Gewerbetreibenden also z. B. der Vermögensvergleich, bei einem Freiberufler, der dies wünscht und über geeignete Aufzeichnungen verfügt, die Überschußfeststellung). Systematisch ist es also falsch, die Schätzung als eine gesonderte Gewinnermittlungsmethode zu bezeichnen. Die schätzungsweise Gewinnerermittlung ist jedoch in der Praxis weit verbreitet; da ihr finanzbehördlich festgelegte „Richtsätze“ zur Ermittlung des Rohgewinns oder des Reingewinns zugrunde liegen, kann man eben faktische doch von einer eigenen Methode sprechen.

f) Wechsel der Gewinnermittlungsmethode

Will oder muß ein Steuerpflichtiger von der Gewinnermittlung nach § 4 Abs. 1 oder § 5 EStG (Betriebsvermögensvergleich) zur Gewinnermittlung nach § 4 Abs. 3 EStG (Überschußrechnung) übergehen oder umgekehrt, so ergeben sich wegen der gänzlich anderen Abgrenzungen besondere Fragen.

Beispiel:

Bei der Überschußmethode werden Wareneinkäufe mit der Zahlung des Kaufpreises zu Betriebsausgaben. Bei den Vermögensvergleichsmethoden müssen die angeschafften Waren zunächst aktiviert, d. h. dem Betriebsvermögen zugerechnet werden; erst beim Verbrauch (Verkauf) gewinnen sie Aufwandcharakter und werden damit zu Betriebsausgaben.

Im Übergangszeitpunkt sind daher Korrekturen vorzunehmen, wie sie im einzelnen in Abschn. 19 EStR näher beschrieben werden.

2 D 5 Die Ermittlung des Überschusses der Einnahmen über die Werbungskosten

Für die Einkunftsarten 4 bis 7 schreibt § 2 Abs. 2 Nr. 2 EStG als Einkunftsermittlungsmethode die Feststellung des Überschusses der Einnahmen über die Werbungskosten vor und verweist in diesem Zusammenhang auf §§ 8 bis 9a EStG.

Dieses Verfahren gilt einheitlich für alle Überschußeinkunftsarten; eine technisch bedingte Ausnahme enthält lediglich § 23 Abs. 4 Satz 1 EStG für die Ermittlung der Erfolge aus Spekulationsgeschäften.

Einkunftsermittlungszeitraum ist hier stets das Kalenderjahr; ein abweichendes Wirtschaftsjahr kann nicht gewählt werden.

Gegenüberzustellen sind die „Einnahmen" (nicht zu verwechseln mit „Betriebseinnahmen") und die „Werbungskosten".
Einnahmen sind nach § 8 Abs. 1 EStG „alle Güter, die in Geld oder Geldeswert bestehen", sofern sie dem Steuerpflichtigen eben innerhalb der Einkunftsarten 4 bis 7 zufließen (vgl. dazu auch § 11 Abs. 1 EStG). Einnahmen müssen das Vermögen des Steuerpflichtigen erhöhen; infolgedessen ist die Valuta eines empfangenen Darlehens keine Einnahme in diesem Sinne. Einnahmen sind anzusetzen, wenn sie zugeflossen sind. Zufluß bedeutet: Erlangung der tatsächlichen Verfügungsmacht; der Arbeitslohn den ein zahlungsunfähiger Arbeitgeber seinem Arbeitnehmer „gutschreibt", ist deshalb noch nicht zugeflossen.

Einnahmen, die nicht in Geld bestehen (geldwerte Vorteile), müssen in Geldgrößen umgerechnet werden; diese Umrechnung soll nach § 8 Abs. 2 EStG zu „den üblichen Endpreisen am Abgabeort" erfolgen. Da derartige geldwerte Vorteile besonders häufig im Rahmen der Einkünfte aus nichtselbständiger Arbeit vorkommen, finden sich die meisten Einzelheiten hierzu in lohnsteuerlichen Vorschriften (vgl. § 3 LStDV, die Lohnsteuerrichtlinien sowie die Richtlinien über die Bewertung der Sachbezüge beim Steuerabzug vom Arbeitslohn).

Geldwerte Vorteile (z. B. Deputate, verbilligte Werkswohnungen, Dienstkraftwagen zur privaten Benutzung) sind von Vorteilen, die der Belegschaft als Gesamtheit zugewendet werden (z. B. Bereitstellung von Aufenthalts- und Erholungsräumen), und von „Aufmerksamkeiten" (z. B. Blumenstrauß bis zum Wert von 30 DM anläßlich Arbeitnehmer-Geburtstag oder Getränke zum Verzehr im Betrieb) zu unterscheiden; diese Leistungen gehören nicht zu den Einnahmen im Sinne des § 8 EStG.

Die negative Komponente innerhalb der Überschuß-Einkunftsarten wird vom Gesetz als „Werbungskosten" bezeichnet; auch hier handelt es sich mit Ausnahme der Absetzungen für Abnutzung um Geldausgaben (Abflüsse) im Kalenderjahr (vgl. §§ 9, 11 Abs. 2 EStG).

§ 9a EStG enthält Regelungen über Pauschbeträge für Werbungskosten, die für den Fall anzusetzen sind, daß der Steuerpflichtige keine höheren tatsächlichen Ausgaben nachweist. So sind von den Einnahmen aus nichtselbständiger Arbeit jährlich 2000 DM (Arbeitnehmer-Pauschbetrag), von den Einnahmen aus Kapitalvermögen jährlich 100 DM (im Fall der Zusammenveranlagung 200 DM) und von den Einnahmen im Sinne des § 22 Nr. 1 und Nr. 1a EStG jährlich 200 DM abzuziehen. Durch diesen Abzug darf allerdings kein Verlust entstehen.

Beispiele:

1) Einnahmen aus nichtselbständiger Arbeit	20 200 DM
abzügl. Arbeitnehmer-Pauschbetrag	2 000 DM
Überschuß (Einkünfte aus nichtselbständiger Arbeit)	18 200 DM
2) Einnahmen aus nichtselbständiger Arbeit	20 200 DM
abzügl. nachgewiesene Werbungskosten	2 500 DM
Überschuß (Einkünfte aus nichtselbständiger Arbeit)	17 700 DM
3) Einnahmen aus der Vermietung eines Mietwohnhauses (Mieten, Umlagen u. ä.)	6 000 DM
abzügl. Werbungskosten (nachgewiesen)	6 300 DM
Überschuß/Verlust (Einkünfte aus Vermietung und Verpachtung)	– 300 DM
4) Einnahmen (Zinsen und Dividenden sowie Körperschaftsteueranrechnungsanspruch) aus Kapitalvermögen bei einem zusammenveranlagten Ehepaar	270 DM
abzügl. Werbungskosten (nachgewiesen)	400 DM
Überschuß/Verlust (Einkünfte aus Kapitalvermögen)	– 130 DM
5) Einnahmen (Zinsen und Dividenden sowie Körperschaftsteueranrechnungsanspruch) eines zusammenveranlagten Ehepaares aus Kapitalvermögen	170 DM
abzügl. Werbungskosten (Pauschbetrag, da kein höherer Nachweis)	170 DM
Überschuß (Einkünfte aus Kapitalvermögen)	– DM

Die Beispiele 2) bis 4) machen deutlich, daß effektiv nachgewiesene Werbungskosten über die Höhe der Einnahmen hinaus geltend gemacht werden können; der Abzug eines Werbungskosten-Pauschbetrags ist aber nach § 9a Satz 2 EStG maximal auf die Höhe der Einnahmen beschränkt (vgl. Beispiel 5). Ein Sparer-Freibetrag konnte wegen § 20 Abs. 4 Satz EStG in keinem der beiden letzten Beispiels-Fälle abgezogen werden.

2 D 6 Betriebsausgaben, Werbungskosten, Lebensführungskosten

a) Überblick

§ 4 Abs. 4 EStG definiert die Betriebsausgaben als „die Aufwendungen, die durch den Betrieb veranlaßt sind". Nach § 9 Abs. 1 Satz 1 EStG sind Werbungskosten dagegen „Aufwendungen zur Erwerbung, Sicherung und Erhaltung der Einnahmen". Ist im zweiten Fall eine Verbindung zu den Einnahmen (die im Rahmen einer Überschußeinkunftsart anfallen) gefordert, so wird im ersten lediglich eine Veranlassung durch den Betrieb (der im Rahmen der Gewinneinkunftsarten unterhalten wird) veranlagt. Der Wortlaut legt deshalb nahe, auf einen finalen Werbungskosten- und einen kausalen Betriebsausgaben-Begriff zu schließen. Sowohl aus der geschichtlichen Entwicklung als auch aus den Beispielen, die § 9 Abs. 1 EStG für einzelne Werbungskostenarten nennt, hat die Rechtsprechung des BFH aber abgeleitet, daß in beiden Fällen die *Veranlassung* durch eine zur Erzielung von Einkünften ausgeübte Tätigkeit genügt.

Betriebsausgaben wie Werbungskosten müssen jedoch mit jeweils *bestimmten* Einkunftsarten in Verbindung stehen. Aufwendungen, die der Erzielung künftiger Einnahmen dienen, ohne mit einer bestimmten Einkunftsart in Verbindung zu stehen, können keine Betriebsausgaben oder Werbungskosten sein; sie sind dem privaten Vermögensbereich zuzurechnen.

Weder bei den einzelnen Einkunftsarten noch vom Gesamtbetrag der Einkünfte abgezogen werden dürfen nach § 12 Nr. 1 EStG „die für den Haushalt des Steuerpflichtigen und für den Unterhalt seiner Familienangehörigen aufgewendeten Beträge". Dazu gehören nach ausdrücklicher zusätzlicher Bestimmung „auch die Aufwendungen für die Lebensführung, die die wirtschaftliche oder gesellschaftliche Stellung des Steuerpflichtigen mit sich bringt, auch wenn sie zur Förderung des Berufs oder der Tätigkeit des Steuerpflichtigen erfolgen". Zu den Lebensführungskosten im weiteren Sinne rechnet § 12 Nr. 2 EStG alle freiwilligen Zuwendungen, alle Zuwendungen auf Grund einer freiwillig übernommenen Rechtspflicht sowie alle Zuwendungen an gesetzlich unterhaltsberechtigte Personen, auch wenn die Unterhaltsberechtigung gegenüber dem Ehegatten des Steuerpflichtigen besteht und unabhängig von der zivilrechtlichen Vereinbarungsintensität (vgl. auch 2 C 4b). Ferner sind nach § 12 Nr. 3 EStG die persönlichen Steuern (Steuern vom Einkommen, sonstige Personensteuern – z. B. Vermögensteuer, Erbschaftsteuer – sowie Umsatzsteuern für den Eigenverbrauch und den Gesellschaftsverbrauch – vgl. hierzu 10 J im zweiten Buch –) nicht abzugsfähig. § 12 Nr. 4 EStG verbietet schließlich den Abzug von Geldstrafen und ähnlichen finanziellen Belastungen mit Strafcharakter (vgl. dazu Abschn. 120 EStR).

Es liegt in der Natur der Sache, daß bei der Einkünfteermittlung die sachliche Zuordnung der Ausgaben oftmals größere Schwierigkeiten bereitet als die sachliche Zuordnung der Einnahmen. Für die Höhe der Einkünfte aber sind die negativen Einkunftskomponenten, nämlich die Betriebsausgaben und die Werbungskosten, von erheblicher Bedeutung (vgl. 2 D 1)

b) Abzugsfähige und nichtabzugsfähige Betriebsausgaben und Werbungskosten

Ist die Veranlassung durch eine bestimmte Einkunftsart nachgewiesen, so können Betriebsausgaben bzw. Werbungskosten abgezogen werden. Auf die Zweckmäßigkeit oder Angemessenheit oder Nützlichkeit dieser Aufwendungen kommt es prinzipiell nicht an; insbesondere schreibt also das Einkommensteuergesetz dem Steuerpflichtigen nicht etwa eine „wirtschaftliche" Unternehmens- oder Berufsführung vor. Sowohl Betriebsausgaben wie Werbungskosten können also objektiv erfolglos sein, ohne daß ihre Abzugsfähigkeit beschränkt wird.

Beispiele:

Ein Gewerbetreibender inseriert in den Zeitungen seines Bezdirks, ohne daß sich sein Umsatz dadurch erhöht. Ein Rechtsanwalt nimmt an einem Fortbildungskursus im Steuerrecht teil, hat jedoch mangels entsprechender Aufträge keine Gelegenheit, diese Kenntnisse in seiner Berufstätigkeit zu verwerten. Ein arbeitsloser Angestellter bewirbt sich bei mehreren Firmen, wobei ihm Porto-, Fotokopie- und Reisekosten entstehen, ohne daß er eine neue Anstellung findet.

In der Anerkennung der Eigenschaft als Betriebsausgabe oder Werbungskosten liegt die grundsätzliche Zulassung zur Abzugsfähigkeit bei der Einkunftsermittlung. Über den Zeitpunkt der Abzugsfähigkeit wird damit jedoch noch nichts ausgesagt. Hier gelten je nach den Einkunftsermittlungsmethoden und der Natur der Ausgaben (in bezug auf den damit erlangten Gegenwert) vielmehr folgende Regeln:

– Werbungskosten sind grundsätzlich für das Kalenderjahr abzusetzen, in dem sie geleistet worden sind (§ 11 Abs. 2 Satz 1 EStG).
– Das gleiche gilt für die Betriebsausgaben derjenigen Steuerpflichtigen, die die Gewinnermittlung nach § 4 Abs. 3 EStG vornehmen.
– Bei der Gewinnermittlung durch Vermögensvergleich(§§ 4 Abs. 1 EStG) werden Betriebsausgaben dagegen dann abgezogen, wenn sie Aufwand geworden sind, d. h. das Betriebsvermögen gemindert haben (vgl. § 11 Abs. 2 Satz 3 EStG); dieser Zeitpunkt kann vor oder nach der Verausgabung liegen. (Beispiel: Im Jahre I werden Zahlungen an die Lieferanten von Waren getätigt, die sich am Jahresende noch auf Lager befinden; diese Ausgaben werden erst im Jahre II, beim Verkauf der Waren, Betriebsausgaben; bis dahin sind sie im Bestand aktiviert).
– Werden Beträge zur Anschaffung abnutzbarer Wirtschaftsgüter mit einer längeren Nutzungszeit als einem Jahr verausgabt, die zur Erzielung von Einkünften dienen, so sind diese Betriebsausgaben bzw. Werbungskosten nur über den Umweg der „Absetzung für Abnutzung" nach § 7 EStG, d. h. zeitverteilt in der Form von Abschreibungen, zur Geltung zu bringen (§ 4 Abs. 1 Satz 6, Abs. 3 Satz 3, § 5 Abs. 6, § 9 Abs. 1 Nr. 7 EStG).
– Ausgaben zur Anschaffung bzw. Herstellung nicht abnutzbarer Wirtschaftgüter des Anlagevermögens sind nur im Bereich der Einkunftsarten 1 bis 3 und nur nach Maßgabe eines etwaigen Wertverlustes, den das Gut im Betrieb oder bei seinem Ausscheiden erleidet, gewinnmindernde Aufwendungen; bei der Gewinnermittlung nach § 4 Abs. 3 EStG können diese Anschaffungs- oder Herstellungskosten ausnahmslos erst im Zeitpunkt der Veräußerung oder Entnahme als Betriebsausgaben berücksichtigt werden (§ 4 Abs. 3 Satz 4 EStG).

Bestimmte Aufwendungen sind trotz ihres Betriebsausgaben- bzw. Werbungskostencharakters vom Abzug bei der Einkunftsermittlung ganz oder teilweise ausgeschlossen. Dies ergibt sich u. a. aus § 3c, § 4 Abs. 5 bis 7, § 9 Abs. 1 Nr. 4 EStG.

c) Abgrenzung zu den Lebensführungskosten

In zahlreichen Fällen ergeben sich Schwierigkeiten bei der Durchsetzung des Grundsatzes, Lebensführungskosten nicht zum Abzug bei der Einkünfteermittlung zuzulassen. Gestützt auf die Vorschrift des § 12 Nr. 1 EStG hat sich die Rechtsprechung hier – auch mit der Begründung, der Fiskus könne und solle nicht in die Intimsphäre des Steuerpflichtigen eindringen – zu einer gewissen Typisierung bekannt und drei Grundsätze entwickelt:

(1) Aufwendungen, die ausschließlich betrieblich oder beruflich bedingt sind, sind auch dann – allerdings nicht immer in vollem Umfang – Betriebsausgaben oder Werbungskosten, wenn sie „persönlichen Bezug" haben.

Beispiele:

Geschäftsreisekosten / Kosten der doppelten Haushaltsführung aus dienstlichen Gründen / Dienstkleidung (Kellnerfrack, Talar, Artistengarderobe) / Mehraufwendungen für Dienstfahrten, Abordnungen oder Versetzungen, soweit sie nicht durch entsprechende Entschädigung des Arbeitgebers gedeckt sind / Bewirtung von Geschäftsfreunden in Gaststätten.

(2) Aufwendungen, die teils betrieblich/beruflich, teils privat bedingt sind, sind dann in nicht abziehbare Aufwendungen für die Lebensführung und in Betriebsausgaben/Werbungskosten aufteilbar, wenn objektive Merkmale und Unterlagen eine zutreffende und leicht nachprüfbare Trennung ermöglichen und wenn der betriebliche/berufliche Anteil nicht von nur untergeordneter Bedeutung ist.

Beispiele:

Kosten eines Personenkraftwagens, der teilweise für betriebliche und teilweise für private Zwecke benutzt wird/Kosten für das häusliche Arbeitszimmer des Professors oder Richters.

(3) Aufwendungen, die teils betrieblich/beruflich, teils privat bedingt sind, deren Aufteilung jedoch nicht entsprechend (2) möglich ist, sind zur Gänze (nicht abzugsfähige) Lebensführungskosten.

Beispiele:

Bürgerliche Kleidung und Schuhwerk / Bewirtungen im eigenen Haushalt / Aufwendungen für eine Tageszeitung und ein Konversationslexikon bei einem Rechtsanwalt / Aufwendungen für Friseur und Kosmetik bei Luftstewardessen / Kosten für die Unterbringung eines Kindes in einem Kindergarten, wenn beide Eheleute berufstätig sind.

Literatur zum Teil 2 D:

1. Die Kommentierungen zu den im Text genannten gesetzlichen Vorschriften.
2. Die Literatur zu „Steuerbilanzen“ (Anhang).
3. Segebrecht, Helmut, Die Einnahmen-Überschußrechnung nach § 4 Abs. 3 EStG, Herne/Berlin. – Segebrecht, Helmut, Wechsel der Gewinnermittlungsarten, Herne/Berlin. – Stolz, Walter, Die steuerrechtliche Behandlung der Kosten für die Ausbildung und Fortbildung, Berlin. – Krumme, Gerhard, Die steuerliche Sonderaufzeichnung betrieblicher Repräsentationsaufwendungen, Diss. rer. pol., Köln 1974. – Rudolph, Karl, Zum Aufteilungsverbot bei nur teilweise beruflich veranlaßten Aufwendungen, BB 1978, 1614. – Kröger, Horst, Zum Veranlassungsprinzip im Einkommensteuerrecht, StuW 1978. 289. – Tipke, Klaus, Zur Abgrenzung der Betriebs- oder Berufssphäre von der Privatsphäre im Einkommensteuerrecht, StuW 1979, 193. – Giloy, Jörg, Zur Periodizität der Einkommensteuer, FR 1979, 133. – Stolz, Walter, Sind die Kosten eines Hochschulstudiums Werbungskosten oder Sonderausgaben?, FR 1979, 242. – Offerhaus, Klaus, Zur steuerrechtlichen Abgrenzung zwischen betrieblich (beruflich) veranlaßten und durch die Lebensführung veranlaßten Aufwendungen, BB 1979, 617 und 667. – Wenzig, Herbert, Unangemessene Betriebsausgaben, StBp 1979, 272. – Görlich, Wolgang, Zur Systematik der Begriffe Betriebsausgaben, Werbungskosten und Aufwendungen für die Lebensführung, DB 1979, 711. – Bise, Wilhelm, Steuern rund um das Auto, StbJb 1979/80, 385. – von Wallis, Hugo, Mehrfachbesteuerung nichtabzugsfähiger Betriebsausgaben, DStZ 1981, 67. – Birkholz, H., Das vom Kalenderjahr abweichende Wirtschaftsjahr, Inf. 1981, 56. – Kutscher, G., Die neue Durchschnittsatzgewinnermittlung für Land- und Forstwirte, Inf. 1981, 73. – Gorski, Hans-Günter, Zur Abzugsfähigkeit gemischter Aufwendungen (§ 12 Nr. 1 EStG), DStZ 1981, 111. – Meyer, Bernd, Die Behandlung beruflich genutzter Wirtschaftsgüter des Privatvermögens als Werbungskosten (§ 9 Abs. 1 Nr. 6 und 7 EStG), DStR 1981, 131. – Kruse, Heinrich Wilhelm, Über Werbungskosten, FR 1981, 473. – Kottke, Klaus, Zur Problematik der sogenannten negativen Einnahmen, BB 1981, 965. – Wassermeyer, Franz, Rechtssystematische Überlegungen zum Werbungskostenbegriff, StuW 1981, 245. – Kruse, Heinrich Wilhelm, Streit um die Werbungskosten, JbFSt 1981/82, 164. – Michels, Rolf, Steuerliche Wahlrechte, Wiesbaden. – Jahrmarkt, M., Höhe und Angemessenheit als Kriterium für Werbungskosten, Inf. 1982, 129. – Merkenich, Kurt, Die unterschiedlichen Arten der Einkünfteermittlung im deutschen Einkommensteuerrecht, Berlin. – von Bornhaupt, Kurt Joachim, Zur Problematik des Werbungskostenbegriffs, FR 1982, 313. – Hennemann, Udo, Berücksichtigung von Aufwendungen für ein Arbeitszimmer in der Wohnung als Werbungskosten oder

Betriebsausgaben, DStZ 1982, 386. – Schoor, Hans Walter, Die Gewinnermittlung nach § 4 Abs. 3 EStG, FR 1982, 505. – Mienert, Karl, Besondere zeitliche und sachliche Probleme bei der Behandlung von Schuldzinsen als Werbungskosten, DB 1982, 1129. – Curtius-Hartung, Rudolf, Zur Abgrenzung des Werbungskostenbegriffs im Einkommensteuerrecht, StbJb 1982/83, 11. – von Bornhaupt, Joachim, Ermittlung des Werbungskostenbegriffs nach dem Veranlassungsprinzip im Wege der Rechtsfortbildung, DStR 1983, 11. – Söhn, Hartmut, Werbungskosten wegen doppelter Haushaltsführung und allgemeiner Werbungskostenbegriff, StuW 1983, 193. – Moxter, Adolf, Wirtschaftliche Gewinnermittlung und Bilanzsteuerrecht, StuW 1983, 300. – Lang, Joachim, Geschenke, Spenden und Schmiergelder im Steuerrecht, JbFSt 1983/84, 195. – Baumdicker, Gotthard, Zur einkommensteuerrechtlichen Behandlung sog. häuslicher Arbeitszimmer, DStR 1984, 129. – Prinz, Ulrich, Werbungskosten bei den Einkünften aus Vermietung und Verpachtung – Systematische steuerliche Analyse unter besonderer Berücksichtigung von Bauherren- und Erwerbermodellen, Gelsenkirchen. – Biergans, Enno, Überlegungen zur personellen Zurechnung von Betriebsausgaben und Werbungskosten, FR 1984, 297. – Glanegger, Peter, Vermögensveränderungen und Veranlassungsprinzip bei den Überschußeinkünften, DStZ 1984, 583. – Roland, Detlef, Das Abzugsverbot für Geldbußen und Geldstrafen im Einkommen- und Körperschaftssteuergesetz, RWP SG 5.2 – 771 (Nov. 1984). – Kröner, Michael, Differenzierende Betrachtungen zum Betriebsausgaben- und Werbungskostenbegriff, StuW 1985, 115. – Prinz, Ulrich, Der Abfluß von Werbungskosten, dargestellt am Beispiel der Einkünfte aus Vermietung und Verpachtung, DB 1985, 830 und 889. – Walz, W. Rainer, Steuerrechtliches Case Law oder Dictum des Gesetzgebers? – Am Beispiel der Betriebsausgaben und Werbungskosten im Einkommensteuerrecht, StuW 1986, 21. – Freund, Karl Ludwig, Die Gewinnermittlung aus Land- und Forstwirtschaft nach Durchschnittsätzen, Inf. 1986, 105. – Wolff-Diepenbrock, J., Einnahmen und Aufteilung bei Einnahmen, DB 1986, 242. – Groh, Manfred, Zur Struktur der betrieblichen Überschußrechnung, FR 1986, 393. – Prinz, Ulrich, Grundsatzbetrachtung zum Werbungskostenbegriff, FR 1986, 397. – Lempenau, Gerhard, Betriebsausgaben und Gewinnermittlung, StbJb 1986/87, 327. – Wanner, Eva, Der einkommensteuerliche Zurechnungszusammenhang steuerbarer Wertabgänge, StuW 1987, 302. – Prinz, Ulrich, Freizeitgestaltung und Werbungskostenabzug, FR 1987, 330. – Drenseck, Walter, Die Abgrenzung der Betriebsausgaben und Werbungskosten von den Lebenshaltungskosten, DB 1987, 2483. – Wüllenkemper, Dirk, Rückfluß von Aufwendungen im Einkommersteuerrecht, Köln. – Sangmeister, Bernd, Abzug von Promotionskosten als Werbungskosten oder Betriebsausgaben, DStZ 1988, 61. – Marx, Franz Jürgen, Rechtsprechungsänderung bei der einkommensteuerlichen Beurteilung von Promotionskosten?, DStZ 1988, 64. – Hirsch, Eric R., Die Einordnung des § 9 Abs. 1 Satz 3 Nr. 7 EStG in das System der Überschußrechnung, DStR 1988, 197. – Lehmann, Matthias, Betriebsvermögen und Sonderbetriebsvermögen, Wiesbaden. – Stephan, Rudolf, Drittaufwand nach dem Beschluß des Großen Senats des BFH vom 26. 10. 1987 sowie dem BFH-Urteil vom 12. 2. 1988, DB 1988, 2472. – Söffing, Günter, Verletzung des Nettoprinzips, StbJb 1988/89, 121. – Grube, Georg, Werbungskosten ohne Gegenwert – Überlegungen zur neuesten BFH-Rechtsprechung, FR 1989, 29. – Wolff-Diepenbrock, Johannes, Überlegungen zum Abzug von Schuldzinsen als Betriebsausgaben oder Werbungskosten, DB 1989, 1434. – Söffing, Günter, Die Angleichung des Werbungskostenbegriffs an den Betriebsausgabenbegriff, DB 1990, 2086. – Eggesiecker, Fritz, Gewinn durch Prozeßverlust – Steuerlicher Abzug von Lebens- und Unfallversicherungsbeiträgen, in: Herzig (Hrsg.), Betriebswirtschaftliche Steuerlehre und Steuerberatung. (Festschrift für Gerd Rose), Wiesbaden 1991, 325. – Söhn, Hartmut, Anschaffungskosten/Herstellungskosten und Betriebsausgabenbegriff, StuW 1991, 270. – Theisen, Manuel René/Salzberger, Wolfgang, Die steuerliche Behandlung von Promotionskosten, DStR 1991, 1333. – Brandenberg, Hermann Bernwart, Abzug von Geldbußen als Betriebsausgaben, DB 1991, 2103.

2 E Altersentlastungsbetrag, Sonderausgaben und außergewöhnliche Belastungen

2 E 1 Überblick

Die Summe der Einkünfte wird – wie aus Tafel 1 hervorgeht – zunächst um den Altersentlastungsbetrag sowie den (hier nicht weiter erörterten) Betrag etwaiger abziehbarer ausländischer Steuern gemindert (§ 2 Abs. 3 EStG), der dann definierte „Gesamtbetrag der Einkünfte" noch um die Sonderausgaben (zu denen auch der – im Schema gesondert aufgeführte – „Verlustabzug" gerechnet wird) und die außergewöhnlichen Belastungen (§ 2 Abs. 4 EStG), um die weitere Zwischen-Größe „Einkommen" zu gewinnen. Die genannten Abzugsposten sind an den verschiedensten Stellen des Gesetzes geregelt: der Altersentlastungsbetrag in § 24a EStG, der Abzug ausländischer Steuern in § 34c Abs. 2 und 3 EStG, die Sonderausgaben in §§ 10 bis 10f EStG, die außergewöhnlichen Belastungen in §§ 33 bis 33c EStG.

Diese Anordnungen sind systematisch wenig befriedigend, jedoch in all den Fällen von Bedeutung, in denen es, z. B. für Steuervergünstigungen, auf die tatsächlichen Werte ankommt, die die Berechnungsgrößen „Summe der Einkünfte", „Gesamtbetrag der Einkünfte" oder „Einkommen" annehmen.

Systematisch unbefriedigend ist auch die Zusammenfassung des Inhalts der §§ 10 bis 10f EStG unter den – vom Gesetz nicht definierten – Begriff der „Sonderausgaben". So enthält § 10a EStG eine Begünstigungsregelung für nicht entnommene Gewinne eines bestimmten Personenkreises (auf diese Vorschrift wird nicht weiter eingegangen) und § 10d EStG den „Verlustabzug" (diese Vorschrift wird ausführlich im Teil 2 F 2 besprochen); § 10e EStG regelt Steuerbegünstigungen beim Wohnen im eigenen Haus (dazu 2 E 6), § 10f Steuerbegünstigungen beim Wohnen in Baudenkmalen, Gebäuden in Sanierungsgebieten und städtebaulichen Entwicklungsbereichen. Als „Sonderausgaben im engeren Sinne" verbleiben danach die in §§ 10 und 10b EStG genannten; nur mit ihnen beschäftigt sich auch die Pauschalierungsvorschrift in § 10c EStG. Diese im einzelnen genannten Aufwendungen können ihrer Art nach meistens auch Betriebsausgaben oder Werbungskosten sein. Sie sind es dann, wenn sie im Zusammenhang mit einer Einkunftsart stehen. In diesem Falle werden sie selbstverständlich nicht als Sonderausgaben berücksichtigt, sondern führen bereits zu Abzügen bei der Ermittlung der Einkünfte (vgl. 2 D 6).

Die „Sonderausgaben im engeren Sinne" können danach charakterisiert werden als Privataufwendungen, die ausnahmsweise – vgl. den Eingangssatz von § 12 EStG – vom Gesamtbetrag der Einkünfte abgezogen werden dürfen. Die Ausnahmenatur führt dazu, daß Sonderausgaben nicht durch „Analogieschluß" neu entwickelt werden können. (So nennt z. B. § 10 Abs. 1 Nr. 2 EStG mehrere Arten abzugsfähiger Versicherungsprämien; Prämien zu einer Hausratsversicherung befinden sich nicht in der Aufzählung und sind infolgedessen auch nicht Sonderausgaben).

Man unterscheidet im Bereich der hier erörterten Sonderausgaben nach §§ 10, 10b EStG unbeschränkt abzugsfähige und beschränkt abzugsfähige Aufwendungen. Auf diese Einteilung nimmt die Darstellung in den Teilen 2 E 3 und 2 E 4 Bezug.

Über die im Sonderausgabenkatalog enthaltenen privaten Aufwendungen hinaus erlaubt das EStG durch das Institut der „außergewöhnlichen Belastungen“ noch eine stärker individualisierte Anpassung des Einkommens an die Leistungsfähigkeit. Erwachsen nämlich – so die Definition in §§ 33 EStG – einem Steuerpflichtigen zwangsläufig (d. h. weil er sich ihnen aus rechtlichen, tatsächlichen oder sittlichen Gründen nicht entziehen kann) in einem den Umständen nach notwendigen und einen angemessenen Betrag nicht übersteigenden Umfang „größere Aufwendungen als der überwiegenden Mehrzahl der Steuerpflichtigen gleicher Einkommensverhältnisse, gleicher Vermögensverhältnisse und gleichen Familienstandes“, die nicht zu den Betriebsausgaben, Werbungskosten oder Sonderausgaben gehören, so dürfen sie in bestimmtem Umfang bei der Einkommensermittlung zum Abzug gebracht werden.

Die nachfolgenden Ausführungen beschäftigen sich mit
- dem Altersentlastungsbetrag (2 E 2),
- den unbeschränkt abzugsfähigen Sonderausgaben (2 E 3),
- den beschränkt abzugsfähigen Sonderausgaben (2 E 4),
- den Sonderausgaben-Pauschbeträgen und -Pauschalen (2 E 5),
- den Steuerbegünstigungen der §§ 10e, 10f und 52 Abs. 21 EStG (2 E 6) und
- den außergewöhnlichen Belastungen (2 E 7).

Der im Schema (Tafel 1) gesondert genannte „Verlustabzug“ wird (wegen seiner betriebswirtschaftlich großen Bedeutung und seiner Verbindung zum sogenannten „Verlustausgleich“) im Kapitel “ 2 F 2 erörtert.

2 E 2 Altersentlastungsbetrag

Der Altersentlastungsbetrag steht nach § 24a Satz 3 EStG nur solchen Steuerpflichtigen zu, die spätestens am 31. Dezember des Vorjahres ihr 64. Lebensjahr vollendet haben. Im Fall der Zusammenveranlagung von Ehegatten (vgl. 2 A 5) kann es zum Abzug zweier Altersentlastungsbeträge kommen.

Zur Ermittlung der Höhe des Altersentlastungsbetrages sind vorab festzustellen
- die Höhe des Arbeitslohns (der Einnahmen, nicht der Einkünfte aus nichtselbständiger Arbeit, vgl. 2 B 4a), soweit es sich nicht um Versorgungsbezüge (vgl. 2 B 4c) handelt.
- die Summe der Einkünfte (nicht der Einnahmen) aus den übrigen Einkunftsarten, soweit es sich dabei nicht um Leibrenten und um Abgeordneten-Versorgungsbezüge im Rahmen der „sonstigen Einkünfte“ handelt (vgl. 2 B 7, 2 J).

Bemessungsgrundlage für den Altersentlastungsbetrag ist nun die Summe aus dem Arbeitslohn (ohne Versorgungsbezüge) und den übrigen Einkünften (ohne Leibrenten und Abgeordneten-Versorgungsbezüge), soweit diese insgesamt positiv sind. Der Altersentlastungsbetrag beträgt 40 % dieser Bemessungsgrundlage, maximal jedoch 3.720 DM.

Beispiele:

Ein Steuerpflichtiger, der die altersmäßigen Voraussetzungen erfüllt, hat im Kalenderjahr Arbeitslohn in Höhe von 7356 DM bezogen; Werbungskosten weist er nicht nach. Seine Einkünfte aus Kapitalvermögen (Einnahmen abzüglich Werbungskosten und Sparer-Freibetrag) belaufen sich auf 300 DM. In der Einkunftsart „Vermietung und Verpachtung" hat er einen Verlust von 400 DM (I) bzw. 200 DM (II) erzielt. Der Altersentlastungsbetrag berechnet sich wie folgt:

	Fall I	Fall II
Arbeitslohn (keine Versorgungsbezüge im Sinne des § 19 Abs. 2 EStG)	7356 DM	7356 DM
abzüglich Arbeitnehmer-Pauschbetrag	2000 DM	2000 DM
Einkünfte aus nichtselbständiger Arbeit	5356 DM	5356 DM
Einkünfte aus Vermietung und Verpachtung (Verlust)	./. 400 DM	./. 200 DM
Einkünfte aus Kapitalvermögen	300 DM	300 DM
Summe der Einkünfte	5256 DM	5456 DM
Bemessungsgrundlage für den Altersentlastungsbetrag:		
Arbeitslohn	7356 DM	7356 DM
positive Summe der übrigen Einkünfte	–	100 DM
	7356 DM	7456 DM
Altersentlastungsbetrag 40 % =	2942 DM	2982 DM

2 E 3 Unbeschränkt abzugsfähige Sonderausgaben

Die derzeit vom Gesamtbetrag der Einkünfte ohne Beschränkung abzugsfähigen Sonderausgaben (im engeren Sinne) nennt § 10 Abs. 1 EStG in den Nummern 1a, 4, 5 und 6. Im einzelnen handelt es sich um die folgenden:

a) Renten und dauernde Lasten

Renten und dauernde Lasten, die nicht Betriebsausgaben oder Werbungskosten sind, zu deren Zahlung jedoch eine rechtliche Verpflichtung besteht, sind grundsätzlich nach § 10 Abs. 1 Nr. 1a EStG unbeschränkt als Sonderausgaben abzugsfähig; jedoch geht das Abzugsverbot des § 12 Nr. 1 und 2 EStG, wenn dessen Bedingungen vorliegen, dem Abzugsrecht des § 10 Abs. 1 Nr. 1a vor (vgl. den Eingangssatz von § 12 EStG). Wegen der Einzelheiten wird auf die Erörterungen des Gesamtkomplexes der Rentenbesteuerung im Teil 2 J hingewiesen.

b) Gezahlte Kirchensteuer

Kirchensteuern sind Geldleistungen, die die als Körperschaften des öffentlichen Rechts anerkannten Religionsgemeinschaften von ihren Mitgliedern erheben (vgl. Teil 2 N). Obwohl es sich dabei um Personensteuern im Sinne des § 12 Nr. 3 EStG handelt, sind sie gemäß § 10 Abs. 1 Nr. 4 EStG in Höhe der im Veranlagungszeitraum tatsächlich entrichteten Beträge als Sonderausgaben abzugsfähig; etwa erstattete Beträge sind von den Steuerzahlungen zu kürzen.

c) Steuerzinsen

Die nach §§ 233a, 234 und 237 AO entrichteten Steuernachforderungs-, Stundungs- und Vollziehungsaussetzungszinsen sind gem. § 10 Abs. 1 Nr. 5 EStG als Sonderausgaben unbeschränkt abzugsfähig, soweit nicht ihr Abzug bereits als Betriebsausgaben oder Werbungskosten erfolgt. Hinterziehungszinsen (§ 235 AO) fallen nicht hierunter (vgl. dazu auch § 4 Abs. 5 Nr. 8a EStG).

d) Steuerberatungskosten

Unter die gemäß § 10 Abs. 1 Nr. 6 EStG als Sonderausgaben abzugsfähigen Steuerberatungskosten fallen alle Aufwendungen für die Steuerberatung (gleichgültig, ob die Leistung von einem Angehörigen der steuerberatenden Berufe oder einer anderen Person erbracht wird), wenn die honorierte Tätigkeit den Steuerpflichtigen bei der Erfüllung seiner steuerlichen Pflichten (einschließlich der Buchhaltungspflichten) und der Wahrnehmung seiner steuerlichen Rechte unterstützen sollte; abziehbar sind auch die Aufwendungen für die Anschaffung von Steuerfachliteratur. Sonderausgaben sind jedoch nur die Steuerberatungskosten, die nicht speziell mit einer Einkunftsart im Zusammenhang stehen und dann Betriebsausgaben oder Werbungskosten sind (vgl. 2 E 1).

Beispiele:

Ein Gewerbetreibender läßt seine Steuerbilanz durch einen Steurberater aufstellen. Das Steuerberatungshonorar gehört zu den Betriebsausgaben, die bei der Ermittlung der Einkünfte aus Gewerbebetrieb geltend gemacht werden müssen.

Ein Vermieter von Mietwohngrundstücken führt einen Steuerprozeß, steitig ist die Höhe der Einkünfte aus einem dieser Grundstücke. Das Honorar für den mit der Prozeßführung beauftragten Steuerberater stellt Werbungskosten bei den Einküften aus Vermietung und Verpachtung dar.

Ein Steuerpflichtiger läßt sich hinsichtlich der steuerlichen Folgen einer Ehescheidung beraten. Seine Steuerberatungskosten sind Sonderausgaben.

2 E 4 Beschränkt abzugsfähige Sonderausgaben

Die beschränkt abzugsfähigen Sonderausgaben (im engeren Sinne) nennt § 10 Abs. 1 EStG in der Nummer 1 (Wahl-Realsplitting), in den Nummern 2 und 3 (Vorsorgeaufwendungen), in der Nummer 7 (eigene Berufsausbildungskosten) und in der Nummer 8 (hauswirtschaftliche Beschäftigungsverhältnisse) sowie in § 10b EStG (Spenden).

a) Begrenztes Wahl-Realsplitting

Wenn geschiedene oder dauernd getrennt lebende Ehegatten dies übereinstimmend beantragen, kann der Unterhaltsgeber die Unterhaltsleistungen – die andernfalls wegen § 12 Nr. 1 und 2 EStG nicht abziehbar wären – bis zur Höhe von 27 000 DM im Jahr als Sonderausgaben abziehen (§ 10 Abs. 1 Nr. 1 EStG). In diesem Fall hat dann allerdings der Unterhaltsempfänger den Betrag gem. § 22 Nr. 1a EStG als „sonstige Einkünfte" zu versteuern (vgl. 2 B 7b).

b) Vorsorgeaufwendungen

Bei den in § 10 Abs. 2 EStG mit dem gemeinsamen Begriff „Vorsorgeaufwendungen" belegten Sonderausgaben handelt es sich um

- Beiträge zu Kranken-, Unfall- und Haftpflichtversicherungen, den gesetzlichen Rentenversicherungen und an die Bundesanstalt für Arbeit (Arbeitslosenversicherung) sowie zu den üblichen Lebensversicherungen (Risikoversicherungen, Rentenversicherungen, Kapitalversicherungen) (§ 10 Abs. 1 Nr. 2 EStG),
- die Hälfte der Beiträge an Bausparkassen zur Erlangung von Baudarlehen (§ 10 Abs. 1 Nr. 3 EStG).

Die Beschränkungen in der Abzugsfähigkeit sind teils sachlicher und teils betragsmäßiger Art. So existieren Bedingungen für die Mindestdauer von Kapitalversicherungen oder Rentenversicherungen mit Kapitalwahlrecht (§ 10 Abs. 1 Nr. 2b, cc und dd EStG), bestehen Wahlrechte (§ 10 Abs. 4 EStG), Rückzahlungsverbote (§ 10 Abs. 5 EStG). Die Beschränkungen hinsichtlich der Höhe der abzugsfähigen Beiträge ergeben sich aus § 10 Abs. 3 EStG.

c) Eigene Berufsausbildungskosten

Kosten für die Berufsausbildung oder die Weiterbildung in einem nicht ausgeübten Beruf sind – im Gegensatz zu den Kosten der Fortbildung in einem ausgeübten Beruf – nicht Betriebsausgaben oder Werbungskosten. Derartige Aufwendungen, die der Steuerpflichtige für sich oder für seinen Ehegatten tätigt, sind jedoch nach § 10 Abs. 1 Nr. 7 EStG bis zu 900 DM, bei auswärtiger Unterbringung bis zu 1200 DM jährlich als Sonderausgaben abziehbar.

d) Aufwendungen für hauswirtschaftliche Beschäftigungsverhältnisse

Wenn zum Haushalt eines Steuerpflichtigen zwei Kinder, die das zehnte Lebensjahr noch nicht vollendet haben (bei Alleinstehenden genügt ein Kind), oder ein Hilfloser i. S. d. § 33b Abs. 6 EStG gehören, rechnen gem. § 10 Abs. 1 Nr. 8 EStG Aufwendungen bis zu 12 000 DM im Kalenderjahr „für hauswirtschaftliche Beschäftigungsverhältnisse" zu den Sonderausgaben; Voraussetzung ist, daß auf Grund dieser Beschäftigungsverhältnisse Pflichtbeiträge zur inländischen gesetzlichen Rentenversicherung entrichtet werden.

e) Spenden

Die Vorschriften in § 10b EStG fördern die private Spendenbereitschaft dadurch, daß sie erlauben, Ausgaben zur Förderung mildtätiger, kirchlicher, religiöser, wissenschaftlicher und als besonders förderungswürdig anerkannter gemeinnütziger Zwecke bis zu einer bestimmten, am Gesamtbetrag der Einkünfte oder der Summe der Umsätze und Personalaufwendungen orientierten Höhe als Sonderausgaben abzuziehen. Für Mitgliedsbeiträge und Spenden an politische Parteien gilt eine andere Regelung: Diese können insoweit, als für sie nicht eine Steuerermäßigung nach § 34g EStG gewährt worden ist, bis zur Höhe von 60 000 DM (im Falle der Zusammenveranlagung 120 000 DM) im Kalenderjahr abgezogen werden; Parteispenden über 40 000 DM im Jahr müssen aber, um die Abzugsfähigkeit zu erhalten, im Rechenschaftsbericht der Partei verzeichnet sein.

2 E 5 Sonderausgaben-Pauschbeträge und -Pauschalen

Die Sonderausgaben (im engeren Sinne) sind normalerweise vom Steuerpflichtigen in ihrer genauen Höhe nachzuweisen. Um die mit der Kontrolle verbundene Verwaltungsarbeit zu vermindern, gewährt § 10c EStG jedoch jedem Steuerpflichtigen, wenn er nicht höhere Beträge belegt,

- einen Sonderausgaben-Pauschbetrag für alle Aufwendungen im Sinne des § 10 Abs. 1 Nrn. 1, 1a, 4–8 und § 10b EStG in Höhe von 108 DM.
- eine Vorsorge-Pauschale für die Vorsorgeaufwendungen im Sinne des § 10 Abs. 1 Nrn. 2 und 3 EStG.

Die Vorsorge-Pauschale ist in § 10c Abs. 2 EStG an die Höhe eines in besonderer Weise definierten Arbeitslohns geknüpft und durch bestimmte Höchstgrenzen, differenziert nach Arbeitnehmergruppen, limitiert. Sie wird Steuerpflichtigen gewährt, die Arbeitslohn bezogen haben.

Grundsätzlich verdoppeln sich die genannten Beträge bei einer Zusammenveranlagung von Ehegatten (vgl. 2 A 5).

2 E 6 Wie Sonderausgaben zu behandelnde Steuerbegünstigungen der zu eigenen Wohnzwecken genutzten Wohnung im eigenen Haus

Nach § 10e EStG kann der Steuerpflichtige unter bestimmten Voraussetzungen für eine nach dem 1. 1. 1987 angeschaffte oder hergestellte Wohnung (keine Ferienwohnung oder Wochenendwohnung), die er selbst nutzt oder teilweise unentgeltlich zu Wohnzwecken überläßt, acht Jahre lang Abzugsbeträge wie Sonderausgaben abziehen. Diese Abzugsbeträge belaufen sich auf jeweils 5 % der Bemessungsgrundlage (Anschaffungs- oder Herstellungskosten der Wohnung zuzüglich der Hälfte der Anschaffungskosten für den dazugehörigen Grund und Boden), höchstens auf jeweils 16 500 DM.

Wie Sonderausgaben abgesetzt werden können auch die früheren erhöhten Absetzungen nach § 7b EStG und die aus sonstigen einschlägigen Förderungsmaßnahmen resultierenden ehemaligen Werbungskosten (§ 52 Abs. 21 Sätze 4 bis 7 EStG).

Schließlich erlaubt § 10f EStG den Abzug von Baumaßnahme-Aufwendungen und Erhaltungskosten an einem zu eigenen Wohnzwecken genutzten Gebäude, das entweder ein Baudenkmal ist oder in einem Sanierungsgebiet bzw. einem städtebaulichen Entwicklungsbereich liegt, wie Sonderausgaben.

2 E 7 Außergewöhnliche Belastungen

a) Normierte Fälle

Sachverhaltlich normiert und zugleich betragsmäßig limitiert sind in der Vorschrift des § 33a EStG die folgenden Fälle:

(1) Unterhaltsleistungen und Berufsausbildungsaufwendungen an bzw. für Personen, für die kein Anspruch auf einen Kinderfreibetrag (vgl. 2 K 2) besteht.
(2) Kosten der Berufsausbildung von Kindern (Ausbildungsfreibetrag).
(3) Kosten für eine Hilfe im Haushalt unter bestimmten Voraussetzungen (wenn z. B. der Steuerpflichtige das 60. Lebensjahr vollendet hat); Vergleichbares gilt für Kosten einer Heimunterbringung bzw. dauernder Pflege.

§ 33b gewährt für Behinderte, Pflegepersonen und Hinterbliebene Pauschbeträge zur Abgeltung der diesen Personen erwachsenden außergewöhnlichen Belastungen in unterschiedlicher (teilweise vom Grad der Erwerbsfähigkeitsminderung abhängigen) Höhe.
§ 33c EStG regelt den Abzug von Kinderbetreuungskosten.

b) Allgemeine Fälle

Die Grundvorschrift in § 33 EStG erfaßt nur solche Fälle, die nicht in §§ 33a und 33c EStG normiert sind oder für die nicht der Pauschbetrag nach § 33b Abs. 1 EStG in Anspruch genommen wird. Welche Lebensumstände als außergewöhnliche Belastung im Sinne der allgemeinen Norm in Betracht kommen können, läßt sich nicht abschließend sagen; jedoch können Krankheitskosten oder Aufwendungen für die Wiederbeschaffung von Hausrat und Kleidung nach Brand- oder Unwetterschaden dazugehören.

Liegt ein unter § 33 EStG fallender Sachverhalt vor, so sind nicht sämtliche dafür getätigten Aufwendungen abzugsfähig. Der Steuerpflichtige muß vielmehr dartun, daß „die Aufwendungen den Umständen nach notwendig sind und einen angemessenen Betrag nicht übersteigen". Er muß sie ferner um einen anteiligen Betrag (die sogenannte „zumutbare Belastung") kürzen; deren Höhe ergibt sich aus einer Tabelle in § 33 Abs. 3 EStG, die bestimmte Prozentsätze des Gesamtbetrags der Einkünfte angibt.

Beispiel:

Bei einem kinderlosen zusammenveranlagten Ehepaar, dessen Gesamtbetrag der Einkünfte 40 000 DM beträgt, beläuft sich die zumutbare Belastung auf 5 % von 40 000 DM = 2000 DM. Entstehen diesem Ehepaar außergewöhnliche Belastungen nach § 33 Abs. 1 und 2 EStG in Höhe von 3500 DM, so kann nur der die zumutbare Belastung von 2000 DM übersteigende Betrag = 1500 DM bei der Einkommensermittlung abgezogen werden.

Literatur zum Teil 2 E:

1. Die Kommentierungen zu §§ 10, 10a, 10b, 10c, 10e, 24a, 24b, 33, 33a und 33c.

2. Richter, Heinz, Erste Zweifelsfragen zum begrenzten Realsplitting, DStR 1979, 155. – Diebold, Axel, Weitere Überlegungen zum begrenzten Realsplitting, DStR 1979, 344. – Buob, Hans,Anmerkungen und Berechnungen zum Realsplitting, DStR 1979, 610. – Michels, Rolf, Steuerliche Wahlrechte, Wiesbaden. – Rasenack, Christian, Anmerkungen zum Begriff der außergewöhnlichen Belastungen i. S. von

§ 33 EStG, DB 1983, 1271. – Seitrich, Peter, Abfluß- contra Belastungsprinzip im Rahmen des § 33 EStG, FR 1984, 524. – Stuhldreier, Heinrich, Belastungsprinzip und Schuldentilgung im Rahmen der §§ 33, 33a EStG, DStZ 1984, 606. – Seitrich, Peter, Prozeßkosten als außergewöhnliche Belastung, BB 1985, 724. – Söhn, Hartmut, Sonderausgaben (§ 10 EStG) und Besteuerung nach der Leistungsfähigkeit, StuW 1985, 395. – Beul, Carsten René, Abzugsfähigkeit von Ausbildungskosten im Einkommensteuerrecht, FR 1986, 340. – Birk, Dieter, Altersvorsorge und Alterseinkünfte im Einkommensteuerrecht, Köln. – Scheurmann-Kettner, Peter, Änderungen des Sonderausgabenabzugs nach § 10 EStG durch das Steuerreformgesetz 1990, BB 1988, 2429.

2 F Verlustausgleich und Verlustabzug

2 F 1 Der Verlustausgleich

In jeder der sieben Einkunftsarten können nicht nur positive, sondern auch negative Ergebnisse entstehen. Nach der in § 2 Abs. 3 EStG enthaltenen Anordnung, „die Summe der Einkünfte“ zu bilden, müssen Verluste, die nach Durchführung des – bereits besprochenen (2 D 1) – internen (horizontalen) Verlustausgleichs bei einzelnen Einkunftsarten verblieben sind, mit positiven Einkünften aus den anderen Einkunftsarten verrechnet werden (externer oder vertikaler Verlustausgleich).

Beispiel:

Einkünfte aus Gewerbebetrieb	140 000 DM
Einkünfte aus Kapitalvermögen	20 000 DM
Einkünfte aus Vermietung und Verpachtung (Verlust)	– 9 000 DM
Summe der Einkünfte	151 000 DM

Vom Grundsatz der Zulässigkeit des Verlustausgleichs gibt es einige Ausnahmen. Es können nicht oder nur in eingeschränkter Weise ausgeglichen werden:

- Verluste aus einem wegen fehlender Einkünfteerzielungsabsicht nicht steuerbaren Engagement (sog. „Liebhaberei“; vgl. dazu 2 C 4a).
- Verluste aus bestimmten Auslandsengagements (§ 2a Abs. 1 EStG; siehe 2 F 5).
- Verluste aus steuerfreien Einnahmequellen (§ 3c EStG).
- Verluste aus gewerblicher Tierzucht und Tierhaltung (§ 15 Abs. 4 EStG).
- Verluste bei beschränkter Haftung (§ 15a Abs. 1 EStG; siehe 2 F 4).
- Verluste, die als „Einkünfte aus sonstigen Leistungen“ entstehen (§ 22 Nr. 3 Satz 3 EStG).
- Verluste aus Spekulationsgeschäften (§ 23 Abs. 4 Satz 3 EStG).

Auch von der Regel, daß zunächst ein interner und erst dann ein externer Verlustausgleich durchzuführen ist, gibt es eine bedeutsame Ausnahme. Sie liegt dann vor, wenn in der Summe der Einkünfte solche enthalten sind, die nach einem günstigeren Tarif als dem Normaltarif besteuert werden (vgl. 2 C 5). In solchen Fällen erfolgt nach der Rechtsprechung der Ausgleich nicht zunächst intern, sondern nach Möglichkeit unter Übergriff auf andere Einkunftsarten extern, um die Begünstigung weitgehend zu erhalten.

Beispiel:

Ein Steuerpflichtiger erzielt im Veranlagungszeitraum außerordentliche, nach § 34 EStG begünstigt zu versteuernde Einkünfte aus der Veräußerung eines Teilbetriebs (§ 16 EStG; vgl. 2 H 4) in Höhe von

40 000 DM. Aus den nichtveräußerten Teilen seines Gesamtbetriebes ergibt sich aber ein Verlust von 10 000 DM. Der Steuerpflichtige soll im gleichen Jahr einen Überschuß aus Vermietung und Verpachtung in Höhe von 6 000 DM erwirtschaften. Müßte der interne Verlustausgleich auch hier dem externen vorangehen, so würde sich folgendes Bild ergeben:

(Begünstigter) Veräußerungsgewinn aus Gewerbebetrieb	+ 40 000 DM
Verlust aus Gewerbebetrieb	– 10 000 DM
Einkünfte aus Gewerbebetrieb nach internem Verlustausgleich	+ 30 000 DM
Einkünfte aus Vermietung und Verpachtung	+ 6 000 DM
Summe der Einkünfte	+ 36 000 DM

In diesem Fall wäre die Möglichkeit, den begünstigten Steuersatz nach § 34 EStG in Anspruch zu nehmen, auf den Betrag von 30 000 DM beschränkt; denn höhere Einkünfte aus Gewerbebetrieb liegen ja nicht vor.

Die Rechtsprechung hat deshalb gestattet, den laufenden Verlust aus Gewerbebetrieb zunächst mit den positiven Einkünften aus Vermietung und Verpachtung zu verrechnen und den dann verbleibenden Verlust gegen den begünstigten Veräußerungsgewinn aufzurechnen:

Verlust aus Gewerbebetrieb	– 10 000 DM
Einkünfte aus Vermietung und Verpachtung	+ 6 000 DM
Verbleibender Verlust aus Gewerbebetrieb	– 4 000 DM
(Begünstigter) Veräußerungsgewinn aus Gewerbebetrieb	+ 40 000 DM
Summe der Einkünfte (zugleich begünstigter Teil der Einkünfte aus Gewerbebetrieb)	+ 36 000 DM

Der Verlustausgleich ist stets so weit durchzuführen, bis die Summe der Einkünfte Null beträgt. Es ist also z. B. unzulässig, den Verlustausgleich bis auf die Höhe des zu versteuernden Einkommens zu beschränken, die dem Existenzminimum (vgl. 2 A 4) entspricht.

2 F 2 Der Verlustabzug (Verlustvortrag und Verlustrücktrag)

Soweit ein Verlustausgleich nach den in Teil 2 F 1 genannten Regeln erfolglos blieb, ist ein (restlicher) Verlustbetrag

- zunächst (jedoch maximal bis zu einem Betrag von 10 Mill. DM) in den beiden vorangegangenen Veranlagungszeiträumen,
- soweit dies nicht möglich ist oder der Betrag von 10 Mill. DM überstiegen ist, in den folgenden Veranlagungszeiträumen

abzuziehen. Diese Institution nennt das Gesetz in § 10d EStG „Verlustabzug"; im Sprachgebrauch der Praxis sind die Ausdrücke „Verlustrücktrag" und „Verlustvortrag" üblich.

Verluste, die nicht ausgleichsfähig sind (2 F 1), dürfen auch nicht rück- oder vorgetragen werden (vgl. aber 2 F 4).

Der Verlustabzug wird vom Gesamtbetrag der Einkünfte des Abzugsjahres vorgenommen, hat also, wie § 10d EStG auch ausspricht, die systematische Stellung von Sonderausgaben. Der Steuerpflichtige muß den Verlustabzug nicht beantragen; er ist vielmehr von Amts wegen durchzuführen. Infolgedessen existiert auch kein Wahlrecht: Der Verlustabzug muß stets so früh (zunächst als Rücktrag in das zweite vorangegangene Jahr, danach, soweit noch nicht verbraucht, in das erste, danach, soweit dadurch nicht kompensiert, als

Vortrag) und so weit durchgeführt werden, bis ggf. der Gesamtbetrag der Einkünfte, vermindert allerdings um die übrigen Sonderausgaben und die außergewöhnlichen Belastungen, aufgezehrt und dadurch das Einkommen Null ist.

Der jeweils am Schluß eines Veranlagungszeitraums noch verbleibende Verlustabzug ist gesondert festzustellen (§ 10d Abs. 3 EStG).

2 F 3 Darstellung der Regeln an einem Beispiel

In der herausklappbaren Tafel 2 (oberer Teil) wird der Zusammenhang der verschiedenen, beim Verlustausgleich und Verlustabzug zu beachtenden Regeln exemplifiziert.

Das Beispiel geht davon aus, daß eine natürliche Person einen Gewerbebetrieb unterhält und daneben aus einem Mietwohngrundstück Einkünfte bezieht; da die Person nicht beschränkt haftet, kommen die Restriktionen aus § 15a EStG nicht zum Zuge (vgl. dazu 2 F 4). Das vor dem Jahr I liegende Jahr schloß mit einem Einkommen vor Verlustabzug von 0 DM ab.

Im Jahr II ist ein Verlust aus Gewerbebetrieb in Höhe von 150 000 DM entstanden. Dieser vermindert sich zunächst im Wege des Verlustausgleichs um die positiven Einkünfte aus Vermietung und Verpachtung in Höhe von 4 000 DM, so daß noch ein negativer Einkünftebetrag von 146 000 DM verbleibt. Das Einkommen dieses Jahres ist, wegen der übrigen Sonderausgaben und außergewöhnlichen Belastungen von 2000 DM, sogar noch stärker negativ.

Von dem nichtausgeglichenen Verlustbetrag in Höhe von 146 000 DM sind nach § 10d EStG zunächst 14 000 DM im Wege des Verlustrücktrags vom Gesamtbetrag der Einkünfte des Jahres I abzuziehen, so daß hier ein Einkommen von 0 verbleibt; sollte die Veranlagung für das Jahr I bereits erfolgt sein, so ist sie insoweit zu ändern; die für das Jahr I gezahlte Einkommensteuer ist dem Steuerpflichtigen zu erstatten.

Nicht im Wege des Verlustrücktrages verrechnet werden konnte also der Restbetrag von (146 000 – 14 000 =) 132 000 DM. Er ist im Wege des Verlustvortrags zunächst im Jahr III mit 11 000 DM zu berücksichtigen.

Im Jahr IV entsteht in der Einkunftsart Vermietung und Verpachtung ein Verlust von 2 000 DM. Dieser kann im gleichen Jahr im Wege des Verlustausgleichs gegen die positiven Einkünfte aus Gewerbebetrieb verrechnet werden; er ist damit nicht rücktrags- oder vortragsfähig. Aber dadurch wird bewirkt, daß von dem zum Ende des Jahres III noch vorhandenen vortragsfähigen Verlust in Höhe von 121 000 DM im Jahr IV nur 41 000 DM (statt 43 000 DM) zur Anrechnung kommen.

Im Jahr V bleibt es bei einem Stand der vortragsfähigen Verluste in Höhe von 80 000 DM aus dem Jahre II. Hinzu kommt ein vortragsfähiger Verlust aus dem gleichen Jahre, und zwar in Höhe von 5 000 DM; beide Einkunftsarten des Steuerpflichtigen wiesen negative Ergebnisse aus; ein Verlustrücktrag war in das Jahr III oder IV nicht möglich.

Im Jahr VI können weitere 60 000 DM aus dem im Jahre II entstandenen Verlust durch Vortrag verrechnet werden, so daß aus diesem Jahr noch ein Rest von 20 000 DM und aus dem Jahre V weiter unverändert 5000 DM vortragsfähig bleiben. Ältere Verluste gehen beim Vortrag den jüngeren vor.

Im Jahr VII ist zunächst der hier entstandene Verlust bei den Einkünften aus Vermietung und Verpachtung von 9000 DM mit dem Gewinn aus Gewerbebetrieb von 25 000 DM auszugleichen, so daß der Gesamtbetrag der Einkünfte 16 000 DM beträgt. Nach Abzug der übrigen Sonderausgaben und außergewöhnlichen Belastungen von 2000 DM verbleibt nur ein Einkommen vor Verlustabzug in Höhe von 14 000 DM. Auch nur in dieser Höhe – und also nicht vollständig – kann der restliche Verlust aus dem Jahre II (20 000 DM) verrechnet werden.

Am Ende des Jahres VII sind also noch der Restverlust aus dem Jahre II in Höhe von 6000 DM und der Verlust aus dem Jahre V in Höhe von 5000 DM vortragsfähig. Diese Verluste können schließlich bei den Gegebenheiten des Beispiels im Jahre VIII zum Abzug kommen.

2 F 4 Besonderheiten der Verlustbehandlung bei beschränkter Haftung

Die Vorschriften in §§ 15a (Kernvorschrift), 13 Abs. 5, 18 Abs. 4, 20 Abs. 1 Nr. 4 Satz 2 und 21 Abs. 1 Satz 2 (Übertragungsvorschriften) EStG konstituieren eine gewichtige Ausnahme von den in 2 D 1, 2 F 1 und 2 F 2 erläuterten Regeln. Sie schließen nämlich bei beschränkter Haftung sowohl den internen (horizontalen) und externen (vertikalen) Verlustausgleich als auch den Verlustabzug (im Wege des Rücktrags und Vortrags) aus und ersetzen ihn durch einen „verrechenbaren Verlust". Ohne zeitliche Begrenzung kann dieser künftig gegen Gewinne aus eben dem Beteiligungsengagement aufgerechnet werden, dem die Verluste entstammen, aber eben auch nur gegen solche.

Die skizzierte Sonderregelung greift allerdings nur ein, wenn und soweit durch einen Verlust ein negatives Kapitalkonto für den beschränkt Haftenden entsteht oder sich erhöht und nicht die Summe der im Handelsregister verzeichneten Hafteinlagen noch ausreichende Deckung für den Fehlbetrag ausweist.

Zur Vermeidung von Umgehungen werden Einlage- und Haftungsminderungen, die die Haftgrundlage reduzieren, als Gewinne angesehen, die insoweit früher geltend gemachte Verluste korrigieren (§ 15a Abs. 3 EStG).

Die Vorschrift gilt für Kommanditisten einer KG, beschränkt haftende Gesellschafter einer Gesellschaft bürgerlichen Rechts, stille Gesellschafter sowie alle „Unternehmer, soweit Verbindlichkeiten nur in Abhängigkeit von Erlösen oder Gewinnen aus der Nutzung, Veräußerung oder sonstigen Verwertung von Wirtschaftsgütern zu tilgen sind" (§ 15a Abs. 5 Nr. 4 EStG).

Beispiel:

Der Steuerpflichtige A beteiligt sich mit einer Einlage von 100 000 DM an einer Kommanditgesellschaft; dies ist zugleich seine im Handelsregister eingetragene Hafteinlage. Er hat den Betrag voll in die Gesellschaftskasse eingezahlt.

Die KG macht im Jahr I einen Verlust. Auf A entfallen davon 120 000 DM. Damit wird sein Kapitalkonto (das ursprünglich 100 000 DM auf der Passivseite auswies) „negativ"; es steht nun mit 20 000 DM auf der Aktivseite.

Nach § 15a Abs. 1 EStG darf der Kommanditist A im Jahr I nur 100 000 DM Verlust bei seinen Einkünften aus Gewerbebetrieb geltend machen; die Behandlung erfolgt nach den normalen Regeln (Verlustausgleich, ggf. Verlustabzug). Der Restverlust von 20 000 DM unterliegt dagegen dem Ausgleichs- und Abzugsverbot; er wird nach § 15a Abs. 4 EStG „gesondert festgestellt" und bleibt im Rahmen des § 15a Abs. 2 EStG persönlich und speziell vortragsfähig.

Im Jahr II erzielt die KG einen Gewinn, von dem auf A 12 000 DM entfallen. Dadurch wird ein gleichhoher Betrag des persönlichen Spezialverlustvortrags kompensiert. A braucht diesen Gewinn nicht zu versteuern, sein „verrechenbarer Verlust" reduziert sich aber auf 8 000 DM (§ 15a Abs. 2 und Abs. 4 EStG).

In den folgenden fünf Jahren III bis VII bleibt die KG gewinnlos; sie schließt jeweils mit einem gerade ausgeglichenen Ergebnis ab. Das hat für A zur Folge, daß sein Kapitalkonto mit 8000 DM negativ, zugleich aber sein persönlicher Spezialverlustvortrag in gleicher Höhe erhalten bleibt; eine Geltendmachung des Verlusts ist in diesen Jahren nicht möglich.

Im Jahr VIII entfällt auf A ein Gewinnanteil von 11 000 DM. Er hat davon (11 000–8000 =) 3000 DM als Gewinn aus Gewerbebetrieb zu deklarieren; der „verrechenbare Verlust" nach § 15a Abs. 4 EStG ist nun voll getilgt.

2 F 5 Besonderheiten bei Auslandsverlusten

Die Vorschrift des § 2a Abs. 1 und 2 EStG verbietet den Ausgleich oder Abzug bestimmter negativer ausländischer Einkünfte aus Auslandsengagements bei der Einkommensermittlung. Derartige Auslandsverluste sind vielmehr „nur mit ausländischen Einkünften der jeweils selben Art aus dem selben Staat" ausgleichbar; sie dürfen sieben Jahre lang mit solchen verrechnet werden, soweit der sofortige Ausgleich nicht möglich war.

Nach § 2a Abs. 3 und 4 EStG dürfen Verluste aus einer ausländischen Betriebsstätte trotz eines freistellenden Doppelbesteuerungsabkommens (vgl. dazu 24 A 2 und 26 A 3 im Fünften Buch) bei der Ermittlung des inländischen Einkommens abgezogen werden; die Abzüge sind allerdings bei späteren Auslandsgewinnen durch Hinzurechnungen zu korrigieren.

Literatur zum Teil 2 F:

1. Die Kommentierungen zu §§ 2, 2a, 10d und 15a EStG.

2. Haegert, Lutz/Kramm, Rainer, Die Bedeutung des steuerlichen Verlustrücktrags für die Rentabilität und das Risiko von Investitionen, ZfbF 1977, 203. – Dankmeyer, Udo, Einschränkung der Verlustverrechnungsmöglichkeiten bei beschränkt haftenden Unternehmern – Neuer § 15a EStG einschließlich Folgeänderungen –, DB 1980, 1910. – Mittelsteiner, Karl-Heinz, Das „negative" Kapitalkonto nach § 15a EStG, DStR 1980, 579 und 610. – Gerbig, Rolf J./Rautenberg, Hans Günter, Gestaltungsfreiräume des § 15a EStG – Möglichkeiten und Gefahren des Gesetzes zur Einschränkung der Verlustzuweisung bei beschränkt haftenden Gesellschaftern –, DB 1980, 1959. – Bordewin/Söffing/Uelner, Verlustverrechnung bei negativem Kapitalkonto, Bedeutung des § 15a EStG, Herne/Berlin. – John, Gerd/Theisen, Manuel R., Verlustverrechnung in Personalgesellschaften. Steuerrechtliche und betriebswirtschaftliche Konsequenzen des § 15a EStG, Heidelberg. – Biergans, Enno. Zur Neuregelung der Einkommensbesteuerung beschränkt haftender Personengesellschafter, DStR 1981, 3. – Eggesiecker/Eisenach/Schürner, Verlustzurechnung bei negativem Kapitalkonto, FR 1981, 165. – Knobbe-Keuk, Brigitte, Der neue § 15a EStG – ein Beispiel für den Gesetzgebungsstil unserer Zeit, StuW 1981, 97. – Schmitz, Werner, Begrenzung der negativen Einkünfte aus Vermietung und Verpachtung – Sinngemäße Anwendung des § 15a EStG auf vermögensverwaltende Kommanditgesellschaften –, DB 1981, 438. – Lempenau, Gerhard, Verlustzurechnung und Verlustverrechnung beim Kommanditisten – handelsrechtlich und steuerrechtlich –, StuW 1981, 235. – Dornfeld, Robert, Grundlagen und Auswirkungen der Besteuerung beschränkt haftender Mitunternehmer nach Einführung des § 15a EStG, Die Betriebswirtschaft 1981, 571. – John, Gerd/Theisen, Manuel R., Steuerliche Gestaltungsmaßnahmen im Rahmen des § 15a des Einkommensteuergesetzes, BB 1981, 1375. – Walzer, Klaus, Probleme der Verlustaus-

gleichsmaßstäbe des § 15a des Einkommensteuergesetzes und Folgen ihrer Änderung, BB 1981, 1680. – Stuhrmann, Gerd, Sinngemäße Anwendung des § 15a EStG bei den Einkünften aus Vermietung und Verpachtung (§ 21 Abs. 1 Satz 2 EStG), DStZ 1981, 419. – Schulze-Osterloh, Joachim, Die zivilrechtlich formulierten Tatbestandsmerkmale des § 15a EStG und ihre steuerlichen Auswirkungen, JbFSt 1981/82, 238. – Bordewin, Arno, Sinngemäße Anwendung des § 15a EStG bei den Einkünften aus Kapitalvermögen, FR 1982, 268. – Holzschuh, Robert, Gestaltungsmöglichkeiten zur Minimierung der Einkommensteuerbelastung von beschränkt haftenden Gesellschaftern und § 15a EStG, DStR ¡982, 667. – Bitz, Horst, § 15a EStG: Zweifelsfragen und änderungsbedürftige Regelungen im Hinblick auf das Sonderbetriebsvermögen, DB 1983, 11. – Krabbe, Helmut, Steuerliche Behandlung ausländischer Verluste nach § 2a EStG, RIW 1983, 42. – Vogel, Klaus, Verbot des Verlustausgleichs für bestimmte ausländische Verluste, BB 1983, 180. – Laule, Gerhard, Steuerplanung in Verlustjahren, DStZ 1983, 311. – Richter, Heinz, Leitfaden zu § 15a EStG, Köln. – Meilicke, Heinz, Auswirkungen der beschränkten Verlustverrechnungsmöglichkeiten bei Kommanditisten vor und nach dem 1. Januar 1985, StbJb 1983/84, 95. – Kaligin, Thomas, Auffanggestaltungen zur Umgehung der gesetzgeberischen Zielsetzung des § 15a EStG, DStZ 1984, 521. – Hellwig, Peter, Der Verlust im Steuerrecht, DStR 1984, 287 und 325. – Koch, Eckart, Gewinnerhöhende Entnahmen nach § 15a Abs. 3 EStG, DStR 1984, 543. – Hennig, Thomas, Das Verhältnis zwischen § 15a EStG und § 2a EStG, DB 1985, 1551. – Ehmcke, Torsten, § 15a EStG, Bonn. – Bublitz, Lothar, Der Verlustabzug gemäß § 10d EStG im Steuerstrafrecht, DStR 1985, 653. – Friauf, Karl Heinrich, Steuergleichheit, Systemgerechtigkeit und Dispositionssicherheit als Prämissen einer rechtsstaatlichen Einkommensbesteuerung. Zur verfassungsrechtlichen Problematik des § 2a EStG, StuW 1985, 308. – Wassermeyer, Franz, § 15a EStG: Eine Herausforderung für den steuerlichen Berater-Gestaltungshinweise für das Nutzbarmachen steuerlicher Verluste, DB 1985, 2634. – Unvericht, Willi, Gewinn und Verlust des Kommandisten nach § 15a EStG, DStR 1988, 6. – Bahlau, Jürgen, Der Verlustabzug nach dem Steuerreformgesetz 1990, FR 1988, 565. – Jakob, Wolfgang, § 15a EStG – Zu seiner Verfassungsmäßigkeit, insbesondere zur Anwendbarkeit auf Kommanditisten von „Nicht-Verlustzuweisungsgesellschaften", BB 1988, 887. – Jakob, Wolfgang, Das Verlustausgleichspotential eines Kommanditisten gemäß § 15a Abs. 1 EStG, BB 1988, 1429. – Grewe, Wolfgang/Rüber, Bernd, Erweiterte Außenhaftung des Kommanditisten nach § 15a EStG – Zum Begriff „Nach Art und Weise des Geschäftsbetriebs unwahrscheinlich", DB 1989, 1157. – Jakob, Wolfgang, Zur Anwendbarkeit des § 15a–Gesetzes auf Gesellschafter einer Gesellschaft des bürgerlichen Rechts (§ 15a Abs. 5 Ziff. 2 EStG), BB 1989, 1312. – Groh, Manfred, § 15a EStG und die Kunst der Gesetzesanwendung, DB 199

2 G Die Behandlung von Personenmehrheiten

2 G 1 Gemeinsames Wirtschaften mehrerer Personen und Prinzip der Einzelbesteuerung

Das Einkommensteuergesetz kennt als den Steuerpflichtigen nur die einzelne natürliche Person (vgl. 2 A 1). Die Einkünfte dieser einzelnen Person werden ermittelt und addiert. Nach Kürzung um Altersentlastungsbetrag, abziehbare ausländische Steuern, Sonderausgaben, außergewöhnliche Belastungen und Verlustabzüge ergibt sich ihr Einkommen, nach weiteren Kürzungen ihr „zu versteuerndes Einkommen". Daraus resultiert schließlich die vom Steuerpflichtigen zu entrichtende Einkommensteuer.

Mithin werden die Verhältnisse der einzelnen Person der Einkommensteuer zugrunde gelegt (Prinzip der Einzel- oder Individualbesteuerung). Grundsätzlich spielt also weder die familiäre noch die gesellschaftsrechtliche noch die vermögensmäßige noch die interessenmäßige Bindung mehrerer Personen für die Einkommensbesteuerung eine Rolle. Niemals ist die Familie, niemals eine andere wirtschaftlich oder rechtlich zusammengefaßte Personengruppe einkommensteuerpflichtig.

In der Realität beobachtet man jedoch zahlreiche gemeinsam wirtschaftende (d. h. Einkünfte erwirtschaftende oder Vermögen bewirtschaftende) Personengruppen. Es stellt sich mithin die Frage, wie in dem vom Prinzip der Einzelbesteuerung getragenen Einkommensteuerrecht diese Sachverhalte behandelt werden.

Eine auch wirtschaftlich besonders enge Bindung liegt gewöhnlich bei Ehegatten vor. Das EStG trägt, wie bereits unter 2 A 5 kurz besprochen, diesem Umstand durch Veranlagungsbesonderheiten Rechnung. Es unterstellt für den Normalfall, daß zusammenlebende Ehegatten, die beide unbeschränkt steuerpflichtig sind, sich für die Zusammenveranlagung entscheiden, und behandelt das Paar dann nach § 26b EStG gemeinsam als Steuerpflichtigen.

Aber selbst diese Zusammenveranlagung beinhaltet keine echte Durchbrechung des Grundsatzes der Individualbesteuerung. Das ergibt sich schon aus dem Umstand, daß die Einkünfte für jeden Ehegatten *getrennt* ermittelt und alsdann lediglich rechnerisch zusammengefaßt werden. Das erhellt ferner aus der Tatsache, daß Ehegatten miteinander steuerlich anzuerkennende Verträge abschließen können (vgl. hierzu auch Abschnitte 23, 138a, 174a EStR). Schließlich beweisen dies die Bestimmungen in §§ 268, 270 AO: Die zusammenveranlagten Ehegatten sind zwar Gesamtschuldner der Einkommensteuerschuld; wird zur Eintreibung jedoch eine Zwangsvollstreckung notwendig, so kann jeder Ehegatte eine Aufteilung der Steuerschuld nach dem Verhältnis der Beträge verlangen, die sich bei getrennter Veranlagung ergeben würden.

Auch außerhalb einer Ehe kommen im Wirtschaftsleben zahlreiche „Zusammenschlüsse" mehrerer Personen vor, die gemeinsam – sei es durch Zusammenarbeit, sei es durch gemeinsame Nutzung von Vermögen – Einkünfte erzielen.

Beispiele:

1) Zwei Kaufleute betrieben ihre Geschäfte in einer Offenen Handelsgesellschaft (OHG) unter gemeinsamer Firma.

2) Drei Rechtsanwälte schließen sich zu einer Sozietät zusammen.

3) Vier Geschwister besitzen und nutzen ein Mietwohnhaus gemeinsam.

In all diesen Fällen – also außerhalb der Ehe – findet *keine* gemeinsame Veranlagung statt. Jeder der an einer solchen Gemeinschaft Beteiligten wird vielmehr einzeln zur Einkommensteuer veranlagt.

Um diese Einzelveranlagungen zu ermöglichen , müssen jedoch die Besteuerungsgrundlagen aus dem in der Personenmehrheit erwirtschafteten Bereich aufgeteilt werden. Zur Durchsetzung, Vereinfachung und Vereinheitlichung dieser Aufteilung bedient sich das deutsche Steuerrecht des in §§ 179 ff. AO kodifizierten Verfahrens. Es besteht darin, daß man den Einkommensteuerveranlagungen für derartige Fälle eine besondere „Feststellung der Besteuerungsgrundlagen" vorausschickt. Einheitlich (d. h. u. a. für alle Betroffenen bindend) und gesondert (d. h. in einem von der Einkommensteuerveranlagung getrennten Verfahren) stellt ein (nur für diese Feststellung zuständiges) Finanzamt Erhebungen über die Höhe und über die Verteilung der gemeinsam genutzten oder erwirtschafteten Besteuerungsgrundlagen an und verankert das Ergebnis dieser Erhebungen in einem besonderen Bescheid (vgl. 18 D 2 im Vierten Buch).

Die für die Einkommensteuer insbesondere maßgebenden Bestimmungen finden sich in § 180 AO. Sind danach an den Einkünften (Gewinnen oder Überschüssen) mehrere Personen beteiligt, so werden diese Einkünfte einheitlich und gesondert festgestellt; ferner wird in dem darüber zu erteilenden Feststellungsbescheid befunden, wem diese Einkünfte bei der Besteuerung in welcher Höhe zuzurechnen sind.

Beispiel:

Ein in Hamburg belegenes Mietwohngrundstück gehört zu einem Anteil von zwei Dritteln Herrn A aus Aachen und mit Anteilen von je einem Sechstel seinen Nichten B aus Berlin und C aus Köln. In einem Jahr betragen die Einnahmen aus Vermietung und Verpachtung dieses Hauses 19 000 DM, die dazugehörigen Werbungskosten 7000 DM, der Überschuß der Einnahmen über die Werbungskosten beläuft sich auf 12 000 DM. Das Finanzamt Hamburg stellt diesen Tatbestand (Einkünfte aus Vermietung und Verpachtung des Mietwohngrundstücks = 12 000 DM) in einem förmlichen Verfahren fest und teilt den Beteiligten und ihren Finanzämtern in Aachen, Berlin und Köln nach dessen Abschluß zugleich mit, daß von diesem Überschuß 8000 DM auf A, 2000 DM auf B und 2000 DM auf C entfallen. Die Finanzämter Aachen, Berlin und Köln übernehmen diese (einheitlich und gesondert festgestellten) Beträge in die Einkommensteuerveranlagungen von A, B und C.

2 G 2 Mitunternehmergemeinschaften

Häufig wird eine *gewerbliche* Tätigkeit durch *mehrere* Personen ausgeübt, also in der Einkunftsart 2 *gemeinsam* ein Gewinn (oder Verlust) erwirtschaftet. In diesen Fällen ist im Zusammenhang mit der einheitlichen und gesonderten Feststellung der Einkünfte auch § 15 Abs. 1 Satz 1 Nr. 2 EStG beachtlich; die Vorschrift hat folgenden Wortlaut:

„Einkünfte aus Gewerbebetrieb sind die Gewinnanteile der Gesellschafter einer Offenen Handelsgesellschaft, einer Kommanditgesellschaft und einer anderen Gesellschaft, bei der der Gesellschafter als Unternehmer (Mitunternehmer) anzusehen ist, und die Vergütungen, die der Gesellschafter von der Gesellschaft für seine Tätigkeit im Dienst der Gesellschaft oder für die Hingabe von Darlehen oder für die Überlassung von Wirtschaftsgütern bezogen hat“.

Diese – gem. §§ 13 Abs. 5 und 18 Abs. 4 EStG auch bei den Einkünften aus Land- und Forstwirtschaft sowie aus selbständiger Arbeit anzuwendende – Regelung fordert also sowohl für die beiden klassischen Handelsgesellschaften (OHG und KG) als auch für andere Personengruppierungen (z. B. Partenreedereien oder BGB-Gesellschaften wie Sozietäten, Handwerkergemeinschaften, Gründergesellschaften) eine Prüfung dahingehend, ob „Mitunternehmerschaft“ vorliegt. Diese Prüfung hat sich nach der Rechtsprechung auf das *Gesamtbild* der wirtschaftlichen Verhältnisse zu erstrecken. Mitunternehmer ist, wer – als Gesellschafter oder Mitglied einer vergleichbaren Gemeinschaft – Mitunternehmerinitiative entwickeln kann und ein Mitunternehmerrisiko bei entsprechender Gewinnchance trägt. Folgende Gegebenheiten sprechen für das Vorliegen einer Mitunternehmerschaft: Beteiligung an Gewinn und Verlust der Gesellschaft unter Einschluß – zumindest im Falle der Auflösung – der stillen Reserven, Mitbestimmung bei Strukturentscheidungen und ähnlich wichtigen Angelegenheiten der Gesellschaft. Uneingeschränkte Haftung ist nicht erforderlich; bei nur beschränkter Haftung ist jedoch die besondere Verlustberücksichtigungsregelung des § 15a EStG zu beachten (vgl. 2 F 4).

Eine besondere Bedeutung hat das Problem der Mitunternehmerschaft bei der sog. stillen Gesellschaft (§§ 230 ff. HGB) erfahren. (Vgl. dazu auch 2 B 2 und 2 B 5). Besteht ein *typisches* stilles Gesellschaftsverhältnis, ist also der „Stille“ nur am Geschäftserfolg und nicht an den Wertveränderungen des Vermögens beteiligt (Beweisanzeichen: Bei der Auflösung der stillen Gesellschaft erhält er nur seine Einlage im Nominalbetrag zurück), so liegt *keine Mitunternehmerschaft* vor; der stille Gesellschafter hat damit – soweit nicht

§ 20 Abs. 3 EStG zum Zuge kommt (vgl. 2 C 1) – Einkünfte aus Kapitalvermögen (§ 20 Abs. 1 Nr. 4 EStG). Findet man dagegen im Vertrag zwischen dem stillen Gesellschafter und dem Kaufmann, an dessen Gewerbebetrieb er sich beteiligt hat, Verabredungen, wonach sich die Beteiligung außer auf Gewinn und Verlust zumindest bei der Auseinandersetzung mit dem Geschäftsinhaber, also bei der Beendigung der stillen Gesellschaft, auch auf die wirklichen Werte des Anlagevermögens erstreckt (Beweisanzeichen: Es muß bei Beendigung der stillen Gesellschaft eine Auseinandersetzungsbilanz aufgestellt werden und der Stille wird mit einem Anteil an dem sich daraus errechnenden Gesamtwert abgefunden), so liegt eine *atypische* stille Beteiligung vor; in diesem Falle ist der stille Gesellschafter *Mitunternehmer*, es findet § 15 Abs. 1 Satz 1 Nr. 2 EStG Anwendung, er hat Einkünfte aus Gewerbebetrieb.

Bei der einheitlichen und gesonderten Gewinnfeststellung von Mitunternehmergemeinschaften ist ferner zu beachten, daß die Einkünfte aus Gewerbebetrieb nach § 15 Abs. 1 Satz 1 Nr. 2 EStG in solchen Fällen nicht nur aus den Gewinn- bzw. Verlustanteilen bestehen, sondern die Vergütungen einbeziehen, welche die Gesellschafter für Tätigkeiten oder andere Leistungen von ihrer Gesellschaft erhalten haben. Das bedeutet: Der Gesellschafter einer solchen Personenvereinigung hat mit etwaigen Vergütungen für die Geschäftsführung nicht Einkünfte aus der Einkunftsart 4, sondern Einkünfte aus der Einkunftsart 2. Hat er seiner Gesellschaft einen Kredit gegeben, so sind die von ihm bezogenen Darlehenszinsen nicht Einkünfte aus Kapitalvermögen, sondern Einkünfte aus Gewerbebetrieb. Die von ihm bezogenen Mieten für ein z. B. der Gesellschaft überlassenes Gebäude führen nicht zu Einkünften aus der Einkunftsart 6, sondern gehören zu den Einkünften aus Gewerbebetrieb. Die Einkunftsart 2 kommt in all diesen Fällen *originär* (nämlich aus § 15 Abs. 1 Satz 1 Nr. 2 EStG) und nicht derivativ (aufgrund des Prinzips der Subsidiarität der Nebeneinkunftsarten; 2 C 1) zum Zuge. (Vergl. die Behandlung der Vergütungen für Arbeitsleistungen; bei den Einkünften aus nichtselbständiger Arbeit handelt es sich ja ebenfalls um eine Haupteinkunftsart.)

In die einheitliche und gesonderte Feststellung der Besteuerungsgrundlage „Gewinn" sind also auch die Aufwendungen der Gesellschaft einzubeziehen, die den Leistungsvergütungen an die Gesellschafter entsprechen. Dieser Gewinnbegriff geht damit deutlich über die Vorstellung hinaus, die sich aus § 5 EStG (Ableitung aus der Handelsbilanz) ergibt.

An einer Mitunternehmergemeinschaft sind nicht immer nur natürliche Personen beteiligt; eine Mitunternehmergemeinschaft kann vielmehr auch mit juristischen Personen (Kapitalgesellschaften) oder sogar ausschließlich aus juristischen Personen bestehen. Die bekannteste Mitunternehmergemeinschaft unter Hinzutritt mindestens einer juristischen Person ist die GmbH & Co. KG (AG & Co. KG), eine Kommanditgesellschaft, unter deren persönlich haftenden Gesellschaftern sich eine GmbH (AG) befindet. Besonders verbreitet ist diese Gesellschaftsform als sogenannte „GmbH & Co. im engsten Sinne"; alleiniger Komplementär ist hier eine GmbH, an der alle Kommanditisten der KG beteiligt sind.

Die Mitunternehmer haben nur dann aus der Mitunternehmergemeinschaft *gewerbliche* Einkünfte, wenn entweder die Gemeinschaft „Gewinnerzielungsabsicht" hat (vgl. 2 C 4) oder der einzelne Mitunternehmer kraft seiner Rechtsform (z. B. als GmbH) Einkünfte aus Gewerbebetrieb erzielt (vgl. § 8 Abs. 2 KStG). Nach § 15 Abs. 3 EStG gilt aber „die mit

Einkünfteerzielungsabsicht unternommene Tätigkeit“ einer Personengesellschaft – mit Wirkung für ihre Gesellschafter – vollumfänglich als Gewerbebetrieb, wenn die Gesellschaft wenigstens zum Teil eine gewerbliche Tätigkeit ausübt (Nr. 1) – im fachlichen Sprachgebrauch als „gewerblich infizierte Personengesellschaft“ bezeichnet – oder es sich um eine „gewerblich geprägte Personengesellschaft“ handelt (Nr. 2). Zu den letztgenannten gehört vor allem die erwähnte „GmbH & Co. im engsten Sinne“.

Nach der gegenwärtig als herrschend anzusehenden Interpretation des Gesetzes mit Hilfe der „Beitrags- und Konsolidierungstheorie“ sind zivilrechtliche Vereinbarungen zwischen der Gesellschaft und den Gesellschaftern zunächst darauf zu prüfen, ob es sich dabei um „Beiträge“ der Gesellschafter handelt, die ihren Grund im Gesellschaftsverhältnis haben bzw. dem Gesellschaftszweck dienen. Ist dies der Fall, so entsteht hinsichtlich der betreffenden aktiven und passiven Wirtschaftsgüter „Sonderbetriebsvermögen“ der Gesellschafter. Die Ermittlung des Gewinns über die Steuerbilanz erfolgt unter diesen Gegebenheiten in zwei Stufen: In der ersten Stufe wird nur das Betriebsvermögen der Gesellschaft entsprechend ihrer Handelsbilanz, ggf. korrigiert nach den allgemeinen bilanzsteuerlichen Vorschriften, angesetzt. In einer zweiten Stufe werden das Betriebsvermögen und das hiernach ausgewiesene Ergebnis der Gesellschaft mit den etwaigen Sonderbetriebsvermögen der Gesellschafter sowie deren Sonderbetriebsausgaben und -einnahmen zusammengefaßt.

Eine nähere Behandlung dieser Fragen – die in das Gebiet „Steuerbilanzen“ gehören – ist hier nicht möglich. Ein Beispiel soll die Konsequenzen dieser Auffassung jedoch verdeutlichen.

Beispiel:
An der Kommanditgesellschaft in Firma D & Co. sind der Komplementär D mit Kapital- und Gewinnanteil von 50 %, der Kommanditist E mit 10 % und der Kommanditist F mit 40 % beteiligt. Im Gesellschaftsvertrag ist vorgesehen, daß D als Geschäftsführer zu Lasten der Gewinn- und Verlust-Rechnung ein jährliches Gehalt von 60 000 DM bekommt. Er hat eine Werkshalle an die KG vermietet; in der Gewinn- und Verlust-Rechnung der KG erscheinen die Mietaufwendungen für diese Halle mit 40 000 DM. F. hat der KG zusätzlich ein Darlehen gegeben; die KG hat ihm dafür 9000 DM Zinsen gezahlt.

Im Zusammenhang mit seiner Geschäftsführungstätigkeit entstanden dem D Aufwendungen für seine Fahrten zwischen Wohnung und Arbeitsstätte in Höhe von 1000 DM. E verzeichnet im Zusammenhang mit der Werkshallenvermietung Betriebsausgaben (Absetzungen für Abnutzung, Grundsteuern, Reparaturkosten) von 48 000 DM. F registriert zwar im Zusammenhang mit der Darlehensgewährung keine Ausgaben; er hat sich jedoch das Recht ausbedungen, den Jahresabschluß der KG auf seine Kosten durch einen Wirtschaftsprüfer prüfen zu lassen und für diese Prüfung 4000 DM aufgewendet.

Beläuft sich der Gewinn der KG nach ihrer handelsrechtlichen Abschlußrechnung für das in Betracht kommende Jahr nun auf 100 000 DM, dann ergibt sich aufgrund der einheitlichen und gesonderten Gewinnfeststellung unter Beachtung des § 15 Abs. 1 Satz 1 Nr. 2 EStG und der Konsequenzen aus der angegebenen Auffassung ein steuerlicher Gesamtgewinn in Höhe von 156 000 DM, der sich wie folgt zusammensetzt und auf die Beteiligten verteilt:

	D	E	F	Gesamt
Gewinn der KG	50 000 DM	10 000 DM	40 000 DM	100 000 DM
+ Vergütungen nach § 15 Abs. 1 Satz 1 Nr. 2 EStG, im Aufwand der KG enthalten	60 000 DM	40 000 DM	9 000 DM	109 000 DM
	110 000 DM	50 000 DM	49 000 DM	209 000 DM
./. Sonder-Betriebsausgaben der Gesellschafter (nicht in der Gewinn- und Verlustrechnung der KG erfaßt)	1 000 DM	48 000 DM	4 000 DM	53 000 DM
Steuerlicher Gewinn aus Gewerbebetrieb	109 000 DM	2 000 DM	45 000 DM	156 000 DM

Es ist in diesem Zusammenhang beachtenswert, daß sich durch die Regeln in § 15 Abs. 1 Satz 1 Nr. 2 EStG als „Betriebsausgaben" auch Positionen ergeben, die andernfalls „Werbungskosten" wären. So würden sich die Fahrtkosten des D zwischen Wohnung und Arbeitsstätte nach § 9 Abs. 1 Nr. 4 EStG als Werbungskosten darstellen; da durch § 15 Abs. 1 Satz 1 Nr. 2 EStG aber die Bezüge des D zu Einkünften aus Gewerbebetrieb erklärt werden, müssen die Fahrtkosten auch Betriebsausgaben sein. – Gleiches gilt für E: Da er in bezug auf die Werkshallenvermietung nicht Einkünfte aus Vermietung und Verpachtung, sondern Einkünfte aus Gewerbebetrieb hat, sind die ihm dadurch entstehenden Kosten keine Werbungskosten, sondern Betriebsausgaben. – Die dem F entstandenen Prüfungskosten (4000 DM) sind zwar nicht durch den Betrieb der KG veranlaßt; denn die KG hat den Wirtschaftsprüfer ja nicht beauftragt. Nach der Lehre vom Sonderbetriebsvermögen handelt es sich aber bei dem Betrag von 4000 DM um durch das Sonderbetriebsvermögen (des F) veranlaßte Aufwendungen im Sinne des § 4 Abs. 4 EStG; sie schmälern infolgedessen seine Einkünfte aus Gewerbebetrieb.

2 G 3 Unterbeteiligungen

Gelegentlich kommt es vor, daß sich eine Person nicht unmittelbar an einem gemeinschaftlichen Gewerbebetrieb beteiligt, sondern nur an der Beteiligung eines (Haupt-)Beteiligten. In solchen Fällen spricht man von einer Unterbeteiligung. Die Gründe für die Wahl einer Unterbeteiligung liegen oft im Bereich der Geheimhaltung oder darin, daß nach dem Gesellschaftsvertrag eine bestimmte Beteiligungsquote nicht unterschritten werden darf, diese aber vom Haupt-Beteiligten allein nicht aufgebracht werden kann; in manchen Fällen soll die Unterbeteiligung auch zeitlich begrenzt sein, während die Hauptbeteiligung zeitlich unbegrenzt besteht.

Zivilrechtlich handelt es sich bei derartigen Unterbeteiligungen regelmäßig um Gesellschaften bürgerlichen Rechts zwischen dem Hauptbeteiligten und dem (den) Unterbeteiligten. Daraus ergibt sich auch die zutreffende einkommensteuerliche Behandlung: Es ist zunächst zu prüfen, ob die Unterbeteiligung zu einer Mitunternehmerschaft führt oder nicht. Liegt keine Mitunternehmerschaft vor, so hat der Unterbeteiligte Einkünfte aus Kapitalvermögen (sofern nicht § 20 Abs. 3 EStG zur Anwendung kommen muß); die Gewinnanteile, die der Hauptbeteiligte dem Unterbeteiligten abgeben muß, sind für ihn Sonderbetriebsausgaben. Liegt dagegen Mitunternehmerschaft im Verhältnis zwischen Haupt- und Unterbeteiligtem vor, so ist eine weitere einheitliche Gewinnfeststellung für die Gewinnverteilung dieser Partner durchzuführen (§ 179 Abs. 2 Satz 3 AO).

Literatur zum Teil 2 G:

1. Die Kommentierungen zu §§ 5 und 15 EStG und zu §§ 179 ff. AO.
2. Die Literatur zu „Steuerbilanzen" (siehe Anhang).
3. Lange, J., Personengesellschaften im Steuerrecht, Heme/Berlin. – Westermann/Scherpf/Paulick/Bulla/Hackbeil, Handbuch der Personengesellschaften, Köln. – Hesselmann, Malte, Handbuch der GmbH & Co., Köln. – Kurth, Hans, Die Besteuerung des Mitunternehmers, Wiesbaden. – Thomsen, Joachim, Die Unterbeteiligung an einem Personengesellschaftsanteil, Recht, Steuer, Betriebswirtschaft, Berlin. – Grürmann, Harald, Die Unterbeteiligung bei Personengesellschaften im Steuerrecht, BB 1978, 1204. – Esser, Klaus, Mitarbeitende Kommanditisten und stille Gesellschaften im Steuerrrecht – ihre Mitunternehmereigenschaft und die Besteuerung ihrer Tätigkeitsvergütungen, Köln. – Döllerer, Georg, Besteuerung der Mitunternehmer nach der Gesamtbilanz der Mitunternehmerschaft, StbKongrRep 1978, 147. – Söffing, Günter, Besteuerung der Mitunternehmer, Herne/Berlin. – Kurth, Hans, Abgrenzung der Leistungsbeziehungen zwischen der Mitunternehmergemeinschaft und ihren Gesellschaftern gem. § 15 Abs. 1 Nr. 2 zweiter Halbsatz EStG, DStZ 1978, 139. – Stöcker, Günter, Zum Begriff der Mitunternehmerschaft, BB 1978, 651. – Kurth, Hans, Der wirtschaftliche Beitrag – ein geeignetes Kriterium zur Qualifizierung der Sondervergütungen gemäß § 15 Abs. 1 Nr. 2 EStG?, FR 1978, 181, 208. – Kurth, Hans, Systematische Darstellung der verschiedenen Konzeptionen zur Besteuerung des Mitunternehmers, StuW 1978, 203. – Uelner, Adalbert, Der Mitunternehmergewinn als Betriebsvermögensmehrung des Mitunternehmers – Die Bilanz der Mitunternehmerschaft als strukturierte Gesamtbilanz –, DStZ 1978, 259. – Mellwig, Winfried, Zur steuerlichen Behandlung von Sondervergütungen i. S. § 15 Abs. 1 Nr. 2 EStG an inländische Gewerbebetriebe – Ein Beitrag zur Diskussion um die These von der subsidiären Bedeutung des § 15 Abs. 1 Nr. 2 EStG –, DB 1978, 1047, 1099. – Kruse, Heinrich Wilhelm (Hrsg.), Die Grundprobleme der Personengesellschaft im Steuerrecht, Köln. – Ehmcke, T., Die Mitunternehmerschaft von Familienangehörigen – Ein Überblick über die Rechtsprechung des BFH, Inf. 1980, 184. – Woerner, Lothar, Die Besteuerung der Mitunternehmer – Bestandsaufnahme und Perspektiven –, DStZ 1980, 203. – Döllerer, Georg, Die Bilanzen der Personenhandelsgesellschaft und ihrer Gesellschafter – Chaos oder System?, DStZ 1980, 259. – Knobbe-Keuk, Brigitte, Die steuerliche „Gesamtbilanz" bei einer Personengesellschaft, DStR 1980, 423. – Meßmer, Kurt, Die höchstrichterliche Rechtsprechung zu Familienpersonengesellschaften im Einkommensteuerrecht – Bestandsaufnahme und kritische Betrachtung – StbJb 1979I80, 163. – Breidenbach, Berthold, Angemessenheit der Gewinnverteilung bei Familien-Personengesellschaften, DB 1980, Beilage Nr. 20. – George, Heinz, Steuerliche Behandlung der Gemeinschaften von Freiberuflern, Inf. 1981, 129. – Brewi, Karl, Die steuerliche Behandlung der Personenhandelsgesellschaften, Düsseldorf. – Schulze zur Wiesche, Dieter, Gewinnermittlung und Gewinnfeststellung bei Personengesellschaften, Köln. – Ritzrow, Manfred, Mitunternehmerschaft einer Innengesellschaft, StBp 1982, 243. – Weber-Grellet, Heinrich, Zum Nebeneinander verschiedener Einkunftsarten bei Mitunternehmerschaften, DStZ 1982, 228. – Klein, Hartmut, Einkommensteuerrechtlicher Mitunternehmerbegriff und kapitalistisch verfaßte Kommanditgesellschaft, GmbH-Rdsch 1982, 281. – Groh, Manfred, Die Kriterien der Mitunternehmerschaft, BB 1982, 1229. – Weber-Grellet, Heinrich, Die Gesamthand im Einkommensteuerrecht, DStR 1982, 699, und 1983, 16. – Bordewin, Arno, Mitunternehmerbesteuerung im Spannungsfeld zwischen Einheit der Gesellschaft und Vielheit der Gesellschafter, StbJb1982/83, 181. – Bitz, Horst, Begriff und steuerliche Folgen der Mitunternehmerschaft auf gesellschaftsrechtlicher und schuldrechtlicher Basis, DB 1984, 316. – Schulze zur Wiesche, Dieter, Fehlgeschlagene Mitunternehmerschaften im Steuerrecht, DB 1984, 1542. – Zitzelberger, Heribert, Sind Arbeitnehmer-Kommanditisten Mitunternehmer i. S. des § 15 Abs. 1 Nr. 2 EStG?, DB 1984, 1640. – Märkle, Rudi/Müller, Julius, Die faktische Mitunternehmerschaft, BB 1985, Beilage 1. –Döllerer, Georg, Die atypische stille Gesellschaft – gelöste und ungelöste Probleme, DStR 1985, 295. –Mellwig, Winfried, Vermögensverwaltung: Bewährungsprobe für das neue Steuerrecht der Personengesellschaft, DB 1985, 2066, 2120. – Märkle, Rudi W., Die Unterbeteiligung an Einkunftsquellen, DStZ 1985, 471, 508, 533. – Herzig, Norbert/Kessler, Wolfgang, Die begrenzte Steuerrechtsfähigkeit von Personenmehrheiten nach dem Beschluß des Großen Senats des BFH vom 25. 6. 1984, DB 1985, 2476, 2528. –Schulze zur Wiesche, Dieter, Gemischte Tätigkeiten einer Personengesellschaft und die vermögensverwaltende GmbH & Co. KG nach § 15 Abs. 3 Nr. 1 und 2 EStG, FR 1986, 198. – Baier, Manfred, Das Verhältnis von Gesellschaft und Mitunternehmerschaft in § 15 Abs. 1 Nr. 2 EStG, FR 1986, 309. – Herzig, Norbert/Kessler, Wolfgang, Tatbestandsmerkmale und Anwendungsbereich des Gepräge-Gesetzes, DStR 1986, 451. – Woerner, Lothar, Einschränkung des Mitunternehmerbegriffs durch den Bundesfinanzhof – Ein Beitrag zu mehr Rechtssicherheit?, BB 1986, 704. – Schulze zur Wiesche, Dieter, Sonstige Gesellschaften als „Faktische Mitunternehmerschaften", in: Gesellschaften und Gesellschafter im Steuerrecht, Bonn 1986, 249. –Lothmann, Werner, Die vermögensverwaltende Personengesellschaft im Bereich der Einkommensteuer, Bergisch Gladbach/Köln. – Schulze zur Wiesche, Dieter, Die Unterbeteiligung als Mitunternehmerschaft, DB 1987, 551. – Classen, Andrea, Zur Anwendung des § 15 Abs. 1 Nr. 2 EStG auf Vergütungen für freiberufliche und nichtselbständige Tätigkeit von Gesellschaftern, FR 1988, 12. –

Lehmann, Matthias, Betriebsvermögen und Sonderbetriebsvermögen – Ein Beitrag zur konzept-orientierten Anwendung des Erfolgsteuerrechts auf Personengesellschaften, Wiesbaden. – Messmer, Kurt, Die Gesellschafter und der Mitunternehmer des § 15 Absatz 1 Nr. 2 EStG, in: Handelsrecht und Steuerrecht, Düsseldorf 1988, 429. – Uelner, Adalbert, Die gewerblich geprägte Personengesellschaft, in: Handelsrecht und Steuerrecht, Düsseldorf 1988, 661. –Schön, Wolfgang, Der Gewinnanteil des Personengesellschafters und das Einkommen der Personengesellschaft, StuW 1988, 253. – Stadie, Holger, Die teilweise gewerblich tätige Personengesellschaft – Zur verfassungskonformen Auslegung des § 15 Abs. 3 Nr. 1 EStG, FR 1989, 93. – Lehmann, Matthias, Die Betriebsvermögenslehre der Mitunternehmergemeinschaften, SteuerStud 1990, 3. – Jakob, Wolfgang/Hörmann, Norbert, Zur Einkünfteerzielungsabsicht bei gemeinsamer wirtschaftlicher Betätigung, FR 1990, 33. – Best, Michael, Einkünftequalifikation und Gewinnermittlung bei Personengesellschaften, DStR 1991, 1545.

2 H Die Behandlung von Veräußerungsvorgängen

2 H 1 Die einkommensteuerliche Relevanz von Veräußerungsvorgängen

Zahlreiche wirtschaftliche Vorgänge bestehen in der Veräußerung von Vermögensgegenständen oder Vermögenskomplexen. Es stellt sich daher die Frage, wie das Einkommensteuerrecht solche Veräußerungen behandelt. Bei der Beantwortung kann auf zwei bereits erarbeitete Prinzipien zurückgegriffen werden: Erstens können nur solche Erfolge (Gewinne oder Verluste) aus Veräußerungsvorgängen einkommensteuerlich relevant sein, die sich einer der sieben Einkunftsarten zuordnen lassen (vgl. 2 C 4). Zweitens sind nur solche Vermögenswertänderungen steuerlich beachtenswert, die ein Betriebsvermögen betreffen; als Betriebsvermögen war solches Vermögen bezeichnet worden, das im Rahmen der drei Gewinneinkunftsarten eingesetzt ist (2 C 2). Veräußerungserfolge im sog. ertragbringenden Privatvermögen (Vermögen, dessen Ertrag innerhalb der Einkunftsarten 4 bis 7 erfaßt wird) und im sog. ertraglosen Privatvermögen (Vermögen, das keine Erträge erzielt oder dessen Erträge nicht einkommensteuerbar sind) bleiben also grundsätzlich einkommensteuerlich außer Betracht.

Von dem Grundsatz, daß nur Veräußerungserfolge im Betriebsvermögen einkommensteuerlich beachtlich sind, gibt es aber zwei Ausnahmen: Die Veräußerung sog. wesentlicher Beteiligungen an Kapitalgesellschaften (bzw. gewisser Teile solcher Beteiligungen) und die Veräußerung von Wirtschaftsgütern im Rahmen eines Spekulationsgeschäftes (2 B 7) sind hinsichtlich des eintretenden Erfolges auch dann einkommensteuerlich beachtlich, wenn es sich dabei um Gegenstände des Privatvermögens handelt.

Bei Veräußerungsvorgängen im Betriebsvermögen lassen sich unterscheiden

- Erfolge aus der Veräußerung einzelner Wirtschaftsgüter (z. B. eines Erzeugnisses oder eines überflüssig gewordenen Anlagegegenstandes) und
- Erfolge aus der Veräußerung geschlossener Komplexe (z. B. eines ganzen Betriebes oder eines Teilbetriebes).

Literatur:

Kobs, Erwin, Veräußerungsgewinne im Einkommensteuerrecht, Herne/Berlin. – Bise, Wilhelm, Veräußerungen im Steuerrecht, StbJb 1968/69, 353. – Luckey, Günter, Steuerliche Gewinnrealisierung bei Umwandlung von Unternehmungen und Übertragung einzelner Wirtschaftsgüter, Wiesbaden.

2 H 2 Besonderheiten der Einkommensbesteuerung von Veräußerungserfolgen

Die Herausstellung und gesonderte Erörterung der Erfolge (Gewinne oder Verluste) aus Veräußerungsvorgängen ist deshalb erforderlich, weil in bezug auf diese Vorgänge einkommensteuerrechtliche Besonderheiten bestehen. Es sind dies die folgenden:

(1) Während die Erfolge aus der Veräußerung einzelner Wirtschaftsgüter des Betriebsvermögens normalerweise zum laufenden Gewinn aus Land- und Forstwirtschaft, aus Gewerbebetrieb oder aus selbständiger Arbeit gehören (in vielen Fällen – etwa bei der Veräußerung von selbsterstellten Erzeugnissen – stellen sie die eigentliche Ertragsquelle des Betriebes dar), wird der Gewinn aus der Veräußerung bestimmter Wirtschaftsgüter des Anlagevermögens bei Vorliegen gewisser Bedingungen in der Weise begünstigt, daß er nicht im Zeitpunkt der Realisierung erfaßt, sondern zu 100 % oder 50 % auf bestimmte andere Wirtschaftsgüter des Anlagevermögens „übertragen" werden kann (vgl. §§ 6b, 6c EStG und Abschn. 41a–41d EStR). Die hiermit zusammenhängenden Probleme gehören in den Bereich „Steuerbilanzen" und werden infolgedessen in diesem Buch nicht erörtert.

(2) Bei der Veräußerung geschlossener Komplexe des Betriebsvermögens, insbesondere bei der Veräußerung eines ganzen Gewerbebetriebs oder eines Teilbetriebs, ist der Erfolg durch Gegenüberstellung des Veräußerungsnettoerlöses (Veräußerungsbruttoerlös minus Veräußerungskosten) und des steuerlichen Buchwerts zum Veräußerungszeitpunkt gesondert zu berechnen. Ergibt sich aus dieser Gegenüberstellung ein Gewinn, so ist er innerhalb gewisser Grenzen durch eine Freibetragsgewährung von der Besteuerung freigestellt (§§ 16 Abs. 4, 14 Satz 2, 14a und 18 Abs. 3 Satz 2 EStG).

Entsteht bei der Veräußerung derartiger Objekte (etwa eines ganzen Gewerbebetriebs) ein Gewinn, so beträgt dieser Freibetrag grundsätzlich 30 000 DM; er ermäßigt sich, wenn der Veräußerungsgewinn insgesamt 100 000 DM (Grenzbetrag) übersteigt, um diesen übersteigenden Betrag, so daß er bei einem Veräußerungsgewinn von 130 000 DM ganz entfällt.

Beispiele:

Veräußerungsgewinn	Freibetrag	Steuerpflichtiger Veräußerungsgewinn
10 000 DM	10 000 DM	0 DM
50 000 DM	30 000 DM	20 000 DM
100 000 DM	30 000 DM	70 000 DM
120 000 DM	10 000 DM	110 000 DM
130 000 DM	0 DM	130 000 DM

Werden Teilobjekte (z. B. ein gewerblicher Teilbetrieb) veräußert, so findet eine anteilige Verminderung der Frei- und Grenzbeträge statt.

Beispiel:

Es wird ein Teilbetrieb veräußert, dessen Veräußerungsgewinn ein Viertel des Gesamtveräußerungsgewinnwertes des Betriebes ausmacht. Dann betragen der Freibetrag ein Viertel von 30 000 DM = 7500 DM und der Grenzbetrag ein Viertel von 100 000 DM = 25 000 DM.

Die Frei- und Grenzbeträge von 30 000 DM und 100 000 DM erhöhen sich auf 120 000 DM bzw. 300 000 DM, wenn der Steuerpflichtige nach Vollendung seines 55. Lebensjahres oder wegen dauernder Berufsunfähigkeit seinen Betrieb oder sein Berufsvermögen veräußert oder aufgibt.

(3) Der danach verbleibende steuerpflichtige Veräußerungsgewinn gehört zu den außerordentlichen Einkünften (§ 34 Abs. 2 Nr. 1 EStG). Auf ihn wird daher der ermäßigte Einkommensteuertarif des § 34 Abs. 1 EStG angewendet. Außerordentliche Einkünfte bis zu insgesamt 30 Mio DM werden nur mit der Hälfte des durchschnittlichen Steuersatzes belegt (vgl. 2 C 5); aus diesem Grunde geht dann auch ausnahmsweise der externe dem internen Verlustausgleich vor (vgl. 2 F 1).

(4) Schließlich wird die anteilige tarifliche Einkommensteuer aus derartigen Veräußerungsgewinnen auf Antrag noch gem. § 35 EStG ermäßigt , wenn der veräußerte Vermögenskomplex innerhalb der letzten fünf Jahre vor der Veräußerung durch Erbschaft oder in anderer Weise „von Todes wegen" erbschaftsteuerpflichtig erworben worden ist (vgl. 16 G im Dritten Buch).

(5) Sinngemäß die gleichen Vergünstigungen, wie sie in (2) bis (4) genannt sind, gelten für die Fälle, in denen ein Gewinn aus der Veräußerung von Teilen einer wesentlichen Beteiligung an einer Kapitalgesellschaft, die sich im Privatvermögen befindet, einkommensteuerrechtlich erfaßt wird. Der höchste Freibetrag beläuft sich hier aber nur auf 20 000 DM, der Grenzbetrag auf 80 000 DM (§ 17 Abs. 3 EStG).

(6) Gewinne aus Spekulationsgeschäften bleiben nach § 23 Abs. 4 Satz 2 EStG dann steuerfrei, wenn im Kalenderjahr weniger als 1000 DM Spekulationsgewinn erzielt worden ist (Freigrenze); übersteigt der Gesamtgewinn im Kalenderjahr diesen Betrag, so findet eine (nicht tarifermäßigte) Besteuerung statt. Außerdem sind Verluste aus Spekulationsgeschäften nur beschränkt intern ausgleichsfähig; sie dürfen also weder mit Gewinnen oder Überschüssen aus anderen Einkunftsarten noch mit Überschüssen aus den übrigen Gruppen der „Sonstigen Einkünfte" ausgeglichen werden (§ 23 Abs. 4 Satz 3 EStG; vgl. dazu auch 2 F 1).

Literatur:

1. Vgl. 2 C 5

2. Fichtelmann, H., Die Abgrenzung des laufenden Gewinns vom Veräußerungsgewinn, Inf 1973, 385. – Herzig, Norbert, Der Freibetrag nach § 16 Abs. 4 EStG und die Substitution von laufenden Gewinnen durch Veräußerungs- und Aufgabegewinne, FR 1980, 37. – Kleineidam, Hans-Joachim/Seutter, Klaus, Sofortbesteuerung oder Rücklagenbildung nach § 6b EStG bei Betriebs- und Teilbetriebsveräußerungen als Entscheidungsproblem, DB 1981, 1681 und 1739. – Herzig, Norbert, Die Beendigung eines unternehmerischen Engagements als Problem der Steuerplanung, Habilitationsschrift Köln 1981. – Schulze zur Wiesche, Dieter, Die Berücksichtigung von Aufwendungen bei Veräußerungen im Privatvermögen, FR 1982, 446. – Herzig, Norbert/Schiffers, Joachim, Neuregelung der Besteuerung von Veräußerungsgewinnen – Gestaltungsüberlegungen auf der Basis des neuen § 34 EStG –, DB 1989, 2441. – Kerth, I. R., Die Betragsgrenze des § 34 Abs. 1 EStG bei der Veranlagung von Ehegatten, Inf 1990, 553.

2 H 3 Die Veräußerung eines ganzen Gewerbebetriebs

Der Erfolg aus der Veräußerung eines ganzen Gewerbebetriebs fällt nach § 16 Abs. 1 Nr. 1 EStG unter die Einkunftsart 2 (vgl. auch 2 B 2). Nach Abschn. 139 Abs. 1 Satz 1 EStR liegt eine Veräußerung des *ganzen* Gewerbebetriebs dann vor, „wenn der Betrieb mit seinen wesentlichen Grundlagen gegen Entgelt in der Weise auf einen Erwerber übertragen wird, daß der Betrieb als geschäftlicher Organismus fortgeführt werden kann". Unter Veräußerung wird daher die entgeltliche Eigentumsübertragung auf eine Rechtsperson (Einzelperson, Kapitalgesellschaft) oder Gesamthand (z. B. OHG) verstanden.

Zur Annahme einer Gesamtbetriebsveräußerung ist es erforderlich, aber auch genügend, daß *die* sämtlichen Wirtschaftsgüter des Betriebs auf den Erwerber übertragen werden, die zur *Geschäftsgrundlage* gehören, die also den eigentlichen Geschäftsbetrieb tragen und für ihn wesentlich sind; bei Fabrikationsbetrieben ist dies in der Regel mindestens das gesamte Anlagevermögen, bei Handelsbetrieben die Kundschaft, das Umlaufvermögen und die „Firma". Wird nur ein Teil der Wirtschaftsgüter übertragen, die zur wesentlichen Geschäftsgrundlage gehören, so ist dies lediglich eine Verkleinerung des Unternehmens und damit ein laufender (nicht unter § 16 EStG fallender) Betriebsvorgang. Dagegen ist die Zurückbehaltung einzelner Wirtschaftsgüter unschädlich, wenn diese für sich keinen Betrieb mehr darstellen.

Liegt danach eine Betriebsveräußerung vor, so ist der Veräußerungserfolg nach § 16 Abs. 2 EStG zu ermitteln durch die Gleichung:

Veräußerungsgewinn = Veräußerungspreis ./. Veräußerungskosten ./. Wert des Betriebsvermögens nach § 4 Abs. 1 oder § 5 EStG.

Der Veräußerungserlös kann verschiedene Formen haben. Insbesondere ist zu unterscheiden zwischen den Fällen

- des festen Betrages,
- der laufenden Bezüge,
- einer Kombination zwischen festem Betrag und laufenden Bezügen.

Besteht der Veräußerungserlös aus einer festen Summe, so ist – auch wenn diese Summe in Raten gezahlt wird – der Veräußerungsgewinn im Veräußerungszeitpunkt realisiert. Es entsteht dann auch regelmäßig keine Bewertungsproblem; bei Sofortzahlung ist der Nennwert, bei Stundung oder Ratenzahlung der (zinsabhängige) gemeine Wert (vgl. 12 E 2 im Dritten buch) maßgebend. Besteht der Veräußerungserlös dagegen aus laufenden Bezügen (Zeitrenten, Leibrenten, Umsatz- und Gewinnbeteiligungen o. ä.), so treten Probleme sowohl hinsichtlich der Bewertung als auch hinsichtlich des Realisierungszeitpunktes auf. Diese Fragen werden im Teil 2 J abgehandelt. Werden fester Kaufpreis und laufende Bezüge kombiniert, so ist grundsätzlich jeder Teil für sich zu erfassen. Lediglich zur Feststellung eines eventuellen Freibetrages müssen die laufenden Bezüge geschätzt, kapitalisiert und dem festen Kaufpreis zugerechnet werden.

Veräußerungskosten sind die durch den Veräußerungsvorgang entstehenden, dem Veräußerer zur Last fallenden Aufwendungen (z. B. Notargebühren, Grunderwerbsteuer).

Der *Wert des veräußerten Betriebsvermögens* ist auf den Stichtag der Veräußerung nach den Regeln des § 4 Abs. 1 oder § 5 EStG zu ermitteln, entspricht also dem steuerlichen Reinvermögen (Eigenkapital) im Veräußerungszeitpunkt.

Durch die Feststellung des Betriebsreinvermögens zum Zeitpunkt der Veräußerung wird zugleich der laufende steuerliche Erfolg des Betriebes bis zu diesem Augenblick von dem anschließend entstandenen Veräußerungserfolg getrennt.

Beispiel:

Betriebsreinvermögen am 31. 12. des Jahres I	400 000 DM
Betriebsreinvermögen am 16. 4. des Jahres II (Veräußerungszeitpunkt)	480 000 DM
Laufender steuerpflichtiger Gewinn des Rumpf-Wirtschaftsjahres vom 1. 1. bis 16. 4. II (unter der Annahme, daß Entnahmen und Einlagen nicht vorgenommen wurden)	80 000 DM
Veräußerungserlös (fester Kaufpreis)	535 000 DM
abzügl. Veräußerungskosten	5 000 DM
Netto-Veräußerungserlös	530 000 DM
abzügl. Betriebsreinvermögen am 16. 4. II (s. o.)	480 000 DM
Veräußerungsgewinn nach § 16 Abs. 2 EStG	50 000 DM
abzügl. Freibertrag gem. § 16 Abs. 4 EStG	30 000 DM
Steuerpflichtiger Veräußerungsgewinn	20 000 DM

Literatur:

1. Die Kommentierungen zu § 16 EStG.

2. Wagner, Franz W., Der Einfluß der Einkommensteuer auf die Entscheidung über den Verkauf einer Unternehmung, DB 1972, 1637. – Meyer-Arndt, Lüder, Steuerliche Gestaltungsfreiheit der Geschäftsveräußerung, StbJb 1974/75, 351. – von der Heyden, Christian C., Steuerliche Wahlrechte bei Gewinnen aus der Veräußerung eines Betriebs, Düsseldorf. – Kessler, Wolfgang, Die Einstellung der Tätigkeit – ein neues Tatbestandsmerkmal der Betriebsveräußerung und Betriebsaufgabe?, BB 1986, 1441. – Böddinghaus, Andrea/Klevemann, Gernd, Der Begriff der Veräußerungskosten gemäß § 16 Abs. 2 EStG, DB 1987, 120. – Dötsch, Franz, Einkünfte aus Gewerbebetrieb nach Betriebsveräußerung und Betriebsaufgabe, Köln. – Schulze zur Wiesche, Dieter, Betriebsveräußerung und Betriebsaufgabe aus der Sicht der neueren Rechtsprechung, BStZ 1989, 443.

2 H 4 Die Veräußerung eines gewerblichen Teilbetriebs

Die Veräußerung eines Teilbetriebs eines Einzelgewerbetreibenden wird gem. § 16 Abs. 1 Nr. 1 EStG steuerlich nach den gleichen Grundsätzen behandelt wie die Veräußerung eines ganzen Gewerbebetriebs.

Die herrschende Lehre definiert den Teilbetrieb als einen „mit einer gewissen Selbständigkeit ausgestatteten, organisch geschlossenen Teil eines Gesamtbetriebs, der für sich lebensfähig ist". Erforderlich ist nicht die technische, sondern die wirtschaftliche Eigenständigkeit des Betriebsteils; Teilbetriebe sinds infolgedessen insbesondere Zweigniederlassungen und Filialen eines Unternehmens.

Beispiel:

Ein Gewerbetreibender besitzt fünf Textilgeschäfte in verschiedenen Stadtteilen; er veräußert eines.

Die unter § 16 EStG fallende (und damit durch Freibeträge und Tarifermäßigungen begünstigte) Veräußerung eines Teilbetriebs setzt ebenfalls voraus, daß sämtliche Wirtschaftsgüter des Teilbetriebs, die zu dessen wesentlicher Geschäftsgrundlage gehören, an einen Erwerber veräußert werden.

Zum Veräußerungsstichtag ist eine gesonderte Teilbetriebs-Steuerbilanz zu erstellen, um den Veräußerungserfolg richtig ermitteln und vom laufenden Ergebnis abgrenzen zu können. Außerdem muß der bei einer Veräußerung des Gesamtbetriebes erzielbare Veräußerungsgewinn geschätzt werden; zu ihm wird der tatsächlich erzielte Gewinn aus der Veräußerung des Teilbetriebs in Beziehung gesetzt, um den „entsprechenden Teil" der Frei- und Grenzbeträge gemäß § 16 Abs. 4 EStG zu bestimmen.

Nach § 16 Abs. 1 Nr. 1 2. Halbsatz EStG gilt als Teilbetrieb auch die 100 %ige Beteiligung an einer Kapitalgesellschaft, die in einem Betriebsvermögen gehalten wird (vgl. dazu 2 H 10).

Literatur:

1. Die Kommentierungen zu § 16 EStG.
2. Die zu 2 H 3 genannte Literatur.
3. Hundertmark, Dedo/Irrgang, Werner C., Der Teilbetrieb im Steuerrecht, BB 1972, 653. – Kleineidam, Hans-Joachim/Scherrer, Gerhard, Die Tarifbegünstigung bei Teilbetriebs- und Teilpraxisveräußerungen, FR 1972, 431. – Hermstädt, Horst, Der Teilbetrieb, Auseinandersetzung mit der Rechtsprechung des Bundesfinanzhofs zu § 34 Abs. 2 Nr. 1 des Einkommensteuergesetzes, BB 1979, 96. – Tiedke, Klaus, Die Veräußerung eines Teilbetriebs im Sinne der §§ 16 Abs. 1 und 34 Abs. 2 Nr. 1 EStG, DStR 543. – Bauer, Jörg, Der Teilbetrieb – Bestandsaufnahme und Stellungnahme aus betriebswirtschaftlicher Sicht, DB 1982, 1069. – Fischer, Winfried, Der steuergesetzliche Begriff des Teilbetriebs, Frankfurt am Main.

2 H 5 Die Veräußerung eines Mitunternehmeranteils

Nach der (unter 2 G 2 erörterten) einkommensteuerlichen Behandlung der Mitunternehmergemeinschaften ist es folgerichtig, daß § 16 Abs. 1 Nr. 2 EStG auch den Gewinn aus der Veräußerung eines Mitunternehmeranteils dem Vorgang „Veräußerung des Betriebs" zuordnet.

Wie die Veräußerung eines Mitunternehmeranteils ist auch die Veräußerung des Anteils eines persönlich haftenden Gesellschafters einer Kommanditgesellschaft auf Aktien zu behandeln (§ 16 Abs. 1 Nr. 3 EStG).

Auch die Veräußerung von Teilen eines Mitunternehmeranteils fällt unter § 16 Abs. 1 Nr. 2 EStG (vgl. Abschn. 139 Abs. 4 EStR), desgleichen die Mitveräußerung von Sonderbetriebsvermögen in diesem Zusammenhang.

Zur Ermittlung des Veräußerungserfolgs wird dem Veräußerungsnettoerlös der Wert des Mitunternehmeranteils im Veräußerungszeitpunkt gegenübergestellt. Dieser Wert ergibt sich als der auf den entsprechenden Mitunternehmer entfallende Anteil am Betriebsreinvermögen der Mitunternehmergemeinschaft; er entspricht der Summe der Kapitalkonten dieses Mitunternehmers in der Steuerbilanz der Gesellschaft und seinem etwaigen Sonderbetriebsvermögen. Zur Feststellung dieses Betrages ist die Aufstellung eines Zwischenabschlusses der Mitunternehmergemeinschaft zum Zeitpunkt der Veräußerung erforderlich. Der Veräußerungserfolg muß im Rahmen der einheitlichen und gesonderten Gewinnfeststellung ermittelt werden (vgl. 2 G 1).

Für die Kürzung des Freibetrages gelten die gleichen Regeln, wie sie bei Teilbetriebsveräußerungen anzuwenden sind (vgl. 2 H 2 und 2 H 4).

Literatur:

1. Die Kommentierungen zu § 16 EStG.
2. Die Literatur zum Teil 2 G 2 und zu „Steuerbilanzen".
3. Runge, Berndt, Die Übertragung eines Bruchteils eines Mitunternehmeranteils, BB 1970, 342. – Wismeth, Siegfried, Aufteilung des Freibetrages nach § 16 IV EStG bei der Veräußerung von Mitunternehmeranteilen, DB 1974, 355. – Schmidt, Ludwig, Das Ausscheiden eines Gesellschafters aus einer Personengesellschaft in einkommensteuerrechtlicher Sicht, DStZ 1974, 371. – Kurth, Hans, Die Besteuerung des Mitunternehmers, Wiesbaden. – Groß, Paul J., Steuerfreibeträge gem. § 16 Abs. 4 EStG bei der Veräußerung von Mitunternehmeranteilen, DB 1979, 1672, 1720, 1768. – Schulze zur Wiesche, Dieter, Veräußerung von Gesellschaftsanteilen und Sonderbetriebsvermögen, DStZ 1985, 55. – Schön, Wolfgang, Die „Betriebsaufgabe" des Gesellschaftsanteils – ein steuerrechtliches Phantom BB 1988, 1866.

2 H 6 Die Betriebsaufgabe

Nach § 16 Abs. 3 EStG *gilt* als Veräußerung auch die Aufgabe des Gewerbebetriebs. Diese Vorschrift stellt also die Betriebsaufgabe (Betriebsauflösung) der Betriebsveräußerung gleich.

Nach der Rechtsprechung müssen bei einer Betriebsaufgabe die Wirtschaftsgüter, die die wesentliche Grundlage des Betriebes bilden, entweder „innerhalb kurzer Zeit und damit in einem einheitlichen Vorgang – nicht nach und nach – entweder in das Privatvermögen überführt oder an verschiedene Erwerber veräußert oder teilweise veräußert und teilweise in das Privatvermögen überführt werden." (Abschn. 139 Abs. 2 Satz 1 EStR).

Beispiel:

Ein Kaufmann entschließt sich, sein Spirituosen-Einzelhandelsgeschäft aufzugeben. Es findet sich kein Käufer für den ganzen Betrieb. Der Kaufmann nimmt deshalb einen „Totalausverkauf" vor; er veräußert das Betriebsgrundstück, seine Warenvorräte (en bloc, also nicht in einem sog. „Räumungsverkauf") und die Inneneinrichtung seines Geschäfts innerhalb eines Monats an verschiedene Personen; einen kleinen Restbestand an nichtverkauften Spirituosen übernimmt er in seinen Privatkeller, um ihn selbst zu konsumieren.

Um den Tatbestand der Betriebsaufgabe zu erfüllen, ist es nicht erforderlich, daß der betreffende Steuerpflichtige künftig überhaupt keine gewerbliche Tätigkeit mehr ausübt. Er kann vielmehr sogar einen Betrieb gleicher Art wieder beginnen; der bisherige betriebliche Organismus muß aber zu bestehen aufgehört haben.

Auch ein Teilbetrieb kann in der besprochenen Weise aufgegeben werden.

Besondere Probleme ergeben sich bei der Betriebsaufgabe aus der Notwendigkeit, bei der Überführung von Wirtschaftsgütern in das Privatvermögen für den fehlenden Veräußerungspreis einen Ersatzwert zu bestimmen. § 16 Abs. 3 Satz 3 EStG nennt als diesen den „gemeinen Wert". Der gemeine Wert ist in § 9 Abs. 2 BewG als der Preis definiert, „der im gewöhnlichen Geschäftsverkehr nach der Beschaffenheit des Wirtschaftsguts bei einer Veräußerung zu erzielen wäre" (vgl. auch Teil 12 E 2 im Dritten Buch). Zufolge § 1 BewG ist diese Wertbestimmung hier anzuwenden.

Der Betriebsaufgabeerfolg (Veräußerungserfolg) ist infolgedessen wie folgt zu ermitteln:

Betriebsaufgabeerfolg = Summe der Erlöse für die veräußerten Wirtschaftsgüter + Summe der gemeinen Werte für die ins Privatvermögen überführten Wirtschaftsgüter ÷ Kosten der Betriebsaufgabe ÷ Wert des Betriebsvermögens im Zeitpunkt der Betriebsaufgabe.

Der Wert des Betriebsvermögens im Zeitpunkt der Betriebsaufgabe ist wieder als das Reinvermögen (Eigenkapital) definiert, das sich aus der Steuerbilanz nach § 4 Abs. 1 oder § 5 EStG für den Zeitpunkt der Betriebsaufgabe ergibt.

Literatur:

1. Die Kommentierungen zu § 16 EStG.
2. Die zu 2 H 3 genannte Literatur.
3. Schulze zur Wiesche, Dieter, Betriebsaufgabe über mehrere Veranlagungszeiträume, FR 1986, 27. – Kessler, Wolfgang, Die Einstellung der Tätigkeit – ein neues Tatbestandsmerkmal der Betriebsveräußerung und Betriebsaufgabe?, BB 1986, 1441. – Dötsch, Franz, Einkünfte aus Gewerbebetrieb nach Betriebsveräußerung und Betriebsaufgabe, Köln.

2 H 7 Die Betriebsverpachtung

In besonderer Weise ist die Verpachtung eines ganzen Betriebes oder eines Teilbetriebes geregelt. Nach der Rechtsprechung des BFH, den dieser Rechtsprechung folgenden EStR (Abschnitt 139 Abs. 5) und koordinierten Ländererlassen (BStBl 1965 II, S. 5) kann der Verpächter *wählen*,

- ob er diesen Vorgang als *Betriebsaufgabe* im Sinne von § 16 Abs. 3 EStG behandelt sehen, damit die Wirtschaftsgüter seines Betriebes in sein (ertragbringendes) Privatvermögen überführen und fortan Einkünfte aus Vermietung und Verpachtung haben oder
- ob er den *Betrieb* (als einheitliches Betriebsvermögen) als *fortbestehend* ansehen und weiterhin Einkünfte aus Gewerbebetrieb haben will.

Gibt der Steuerpflichtige keine Erklärung ab, so wird angenommen, daß er sich für die zweite Alternative entschieden hat. In diesem Fall ist weiterhin jährlich der Gewinn nach den für ihn geltenden Vorschriften (in der Regel § 5 EStG) festzustellen. Die Pachteinnahmen sind Betriebseinnahmen. Die in dem verpachteten Betriebsvermögen enthaltenen stillen Reserven sind erst dann zu versteuern, wenn die verpachteten Wirtschaftsgüter tatsächlich veräußert oder in das Privatvermögen des Verpächters überführt werden.

Der Verpächter kann aber jederzeit (d. h. sowohl bei Beginn der Verpachtung als auch zu jedem beliebigen Zeitpunkt innerhalb der Pachtzeit) erklären, daß er den verpachteten Betrieb aufgibt und die Gegenstände des bisherigen Betriebsvermögens in das Privatvermögen überführt. Es liegt dann (jetzt) eine Betriebsaufgabe vor (vgl. 2 H 6); von diesem Zeitpunkt an sind die Pachterlöse nicht mehr Betriebseinnahmen (Einkünfte aus Gewerbebetrieb), sondern Einnahmen (Einkünfte aus Vermietung und Verpachtung).

Literatur:

1. Die Kommentierungen zu §§ 15 und 16 EStG.
2. Knoppe, Helmut, Pachtverhältnisse gewerblicher Betriebe im Steuerrecht, Düsseldorf. – Plückebaum, Rudolf, Grundstücke als wesentliche Betriebsgrundlage bei der Betriebsverpachtung, Inf. 1968, 169. – Meyer, Walter/ Richter, Heinz, Neue Steuerfragen der Betriebsverpachtung, DStR 1970, 12. – Fella, Günter, Die Verpachtung von Betrieben, StWa 1971, 81. – Felix, Günter/Carlé, Dieter, Entscheidungsfreiheit der einzelnen Gesellschafter über die Betriebsaufgabeerklärung bei Betriebsverpachtung durch die Personengesellschaft, StuW 1972, 41. – Knoppe, Helmut, Zur Ausübung des Wahlrechts bei Betriebsverpachtungen durch Personengesellschaften, DB 1973, 1252. – Michels, Rolf, Steuerliche Wahlrechte, Wiesbaden. – Mathiak, Walter, Der Umfang des Betriebsvermögens bei (betriebsfortführender) Unternehmensverpachtung, FR 1984, 129. – Felsmann, W., Die Verpachtung landwirtschaftlicher Betriebe, Inf. 1985, 371.

2 H 8 Die unentgeltliche Übertragung von Betrieben, Teilbetrieben und Mitunternehmeranteilen

Werden die wesentlichen Grundlagen des Betriebs oder Teilbetriebs oder wird ein Mitunternehmeranteil *unentgeltlich* übertragen, so liegt ebenfalls eine Betriebsveräußerung (Teilbetriebsveräußerung, Mitunternehmeranteilsveräußerung) vor. Werden nur einzelne Wirtschaftsgüter, die zur wesentlichen Geschäftsgrundlage gehören, unentgeltlich übertragen, die anderen aber gleichzeitig in das Privatvermögen übernommen, so ist eine Betriebsaufgabe anzunehmen.

Diese beiden Fälle sind einkommensteuerlich zu unterscheiden. Im Falle der unentgeltlichen Übertragung des ganzen Komplexes (also aller Wirtschaftsgüter, die zur wesentlichen Geschäftsgrundlage gehören,) entsteht nach § 7 Abs. 1 EStDV *kein* Übertragungserfolg. Der Erwerber (Beschenkte, Erbe) muß in diesem Falle aber die Buchwerte des Veräußerers übernehmen; er beginnt also seine Tätigkeit steuerlich mit dem Betriebsreinvermögen des Veräußerers im Zeitpunkt der unentgeltlichen Übertragung.

Die im zweiten der beschriebenen Fälle vorliegende Betriebsaufgabe kann zu einem Aufgabeerfolg führen; er ergibt sich in diesem Falle aus der Gleichung:

Betriebsaufgabeerfolg = Summe der gemeinen Werte der unentgeltlich übertragenen Wirtschaftsgüter + Summe der gemeinen Werte der ins Privatvermögen überführten Wirtschaftsgüter ./. Kosten der Betriebsaufgabe ./. Wert des (ggf. anteiligen) Betriebsvermögens nach § 4 Abs. 1 oder § 5 EStG.

Literatur:

1. Die Kommentierungen zu § 16 EStG.
2. Die zu 2 H 3 und 2 H 6 genannte Literatur.
3. Witteler, Hans-Georg. Die steuerliche Abgrenzung des unentgeltlichen Erwerbs vom – teilweise – entgeltlichen Erwerb von Betrieben und Privatgrundstücken zwischen nahen Angehörigen, DB 1985, 71.

2 H 9 Die Veräußerung von Betrieben der Land- und Forstwirtschaft und von Vermögen, das der selbständigen Arbeit dient

Nach §§ 14 und 18 EStG gelten die gleichen Grundsätze, wie sie in den Teilen 2 H 3 bis 2 H 8 erörtert worden sind, auch für Veräußerungen, Betriebsaufgaben und Betriebsübertragungen außerhalb des Bereichs der Einkunftsart 2, soweit Betriebsvermögen der Einkunftsart 1 (Einkünfte aus Land- und Forstwirtschaft) und der Einkunftsart 3 (Einkünfte aus selbständiger Arbeit) betroffen sind.

Die Veräußerungserlöse (oder Hilfswerte) werden in diesen Fällen dem Betriebs(rein)vermögen im Veräußerungszeitpunkt (oder Aufgabezeitpunkt) gegenübergestellt, das nach § 4 Abs. 1 EStG ermittelt werden muß. Hat der Veräußerer zuvor den (laufenden) Gewinn nach § 4 Abs. 3 EStG (Überschuß der Betriebseinnahmen über die Betriebsausgaben) ermittelt, so muß er für den Veräußerungs- oder Aufgabezeitpunkt eine Steuerbilanz nach den Grundsätzen des § 4 Abs. 1 EStG erstellen. Für Veräußerungen land- und forstwirtschaftlicher Betriebe vor dem 1. 1. 1992 gewährt § 14a EStG besondere Vergünstigungen.

Literatur:

1. Die Kommentierungen zu §§ 14 und 18 EStG.
2. Krill, Edgar(Kräusel, Rudolf, Die Einkommensteuer der Land- und Forstwirtschaft, Herne/Berlin. – Wendt, W., Zur Tarifbegünstigung des Gewinns aus der Veräußerung des gesamten lebenden und toten Inventars durch den Verpächter, Inf. (Ausgabe L) 1968, 101. – Jung, H., Zweifelsfragen zur Besteuerung von Veräußerungsgewinnen aus Land- und Forstwirtschaft, Inf. (Ausgabe L) 1968, 113. – Schuhmann, Helmut, Zur Veräußerung und Aufgabe einer freiberuflichen Praxis, StB 1971, 21. – Stoll, Gerold, Veräußerung (Aufgabe) von Teilbetrieben freiberuflich Tätiger, Österreichische Steuer-Zeitung 1973, 146. – Felsmann, W., Die problematische Freibetragsregelung in § 14a EStG, Inf. 1981, 457. – Klaas, Helmut, Die steuerbegünstigte Veräußerung eines freiberuflichen Mitunternehmeranteils, DB 1989, 948.

2 H 10 Die Veräußerung von Anteilen an Kapitalgesellschaften bei wesentlicher Beteiligung

a) Einkommensteuerliche Gruppierung von Beteiligungen an Kapitalgesellschaften

Anteile (z. B. Aktien, Geschäftsanteile) am Kapital (z. B. Grundkapital, Stammkapital) von Kapitalgesellschaften (z. B. AG, GmbH) können in einem Betriebsvermögen (land- und forstwirtschaftlichen Vermögen, gewerblichen Betriebsvermögen, Vermögen, das selbständiger Arbeit dient) oder in einem (ertragbringenden) Privatvermögen gehalten werden.

Die Anteile können zu einer unwesentlichen oder einer wesentlichen Beteiligung gehören (bzw. gehört haben); als „wesentlich" bezeichnet das Gesetz (§ 17 Abs. 1 Satz 3 EStg) eine solche Beteiligung, die – unmittelbar oder mittelbar – mehr als ein Viertel des gesamten Nennkapitals der Beteiligungsgesellschaft umfaßt; als mittelbar gilt z. B. die über eine zweite, dem Anteilsinhaber (teilweise) gehörenden Kapitalgesellschaft gehaltene Beteiligung.

Beispiel:

A ist zu 10 % an der GmbH B und zu 80 % an der AG C beteiligt; Die AG hält ihrerseits 70 % der Anteile an der GmbH B. In diesem Falle ist A zu 10 % unmittelbar an B und zu (80 % von 70 % =) 56 % mittelbar an B, zusammen also mittelbar und unmittelbar zu 66 % beteiligt.

Umfaßt die Beteiligung das gesamte Nennkapital der Kapitalgesellschaft, gehören dem Beteiligten also alle Anteile (100 %ige Beteiligung), so gelten besondere Regeln.

Man muß infolgedessen zur richtigen einkommensteuerlichen Behandlung der Veräußerung von Anteilen an Kapitalgesellschaften sechs verschiedene Fälle unterscheiden (Abbildung 3).

		Beteiligungsgrad		
		Unwesentlich	Wesentlich, aber nicht 100 %ig	100 %ig
Beteiligungsort	Betriebsvermögen	I	II	III
	Privatvermögen	IV	V	VI

Abbildung 3

b) Anteilsveräußerungen außerhalb § 17 EStG

Die Fälle I und II des vorstehenden Tableaus sind nicht anders zu behandeln als die Veräußerungen sonstiger Wirtschaftsgüter eines Betriebsvermögens (z. B. Maschinen, Grundstücke, Waren). Die etwa erzielten Veräußerungserfolge (Gewinne oder Verluste) stellen einen Teil des laufenden Betriebsergebnisses dar und sind im Rahmen der zugehörigen Einkunftsarten (1, 2 oder 3) als Gewinn zu erfassen.

Fall III ist gem. § 16 Abs. 1 und Nr. 1, 2. Halbsatz EStG als Veräußerung eines Teilbetriebs anzusehen, wenn sämtliche Anteile der 100 %igen Beteiligung innerhalb eines Wirtschaftsjahres veräußert werden. Es gelten hier die gleichen Vergünstigungen (Freibetrag, Tarifermäßigung) wie bei der Veräußerung eines Teilbetriebs (vgl. Teil 2 H 4).

Fall IV ist nach den unter 2 H 1 aufgeführten Grundsätzen regelmäßig einkommensteuerlichunbeachtlich. Der Gewinn aus der Veräußerung privat gehaltener Anteile aus einer unwesentlichen Beteiligung an einer Kapitalgesellschaft ist lediglich dann (nach § 23 EStG) zu erfassen, wenn es sich um ein Spekulationsgeschäft handelt (vgl. 2 H 11).

c) Anteilsveräußerungen nach § 17 EStG

Die Fälle V und VI des Tableaus können ggf. von § 17 EStG erfaßt werden. § 17 Abs. 1 EStG erklärt unter bestimmten Umständen Erfolge aus der Veräußerung privat gehaltener Anteile an Kapitalgesellschaften zu „Einkünften aus Gewerbebetrieb". Dazu müssen jedoch drei Voraussetzungen erfüllt sein:

(1) Die Nennbeträge der innerhalb eines Veranlagungszeitraums veräußerten Anteile müssen 1 % des Nennkapitals der Kapitalgesellschaft übersteigen. (Ist das nicht der Fall, so sind die Veräußerungsgewinne – ausgenommen den Fall des Spekulationsgeschäftes – einkommensteuerlich irrelevant.)

(2) Der Veräußerer muß innerhalb der letzten fünf Jahre vor der Veräußerung (irgendwann einmal) am Kapital der Gesellschaft wesentlich beteiligt gewesen sein. (Die wesentliche Beteiligung braucht jedoch zum Zeitpunkt der Veräußerung nicht mehr zu bestehen).

(3) Der Vorgang darf kein Spekulationsgeschäft sein (Abschn. 140 Abs. 2 EStR, Teil 2 H 11).

Keine Bedeutung hat es, ob es sich bei der Kapitalgesellschaft um eine inländische oder ausländische, steuerpflichtige oder steuerfreie Gesellschaft handelt.

Veräußerung bedeutet entgeltliche Eigentumsübertragung der Anteile; Schenkung oder Vererbung oder Einlage in einen Einzelbetrieb oder ein Sonderbetriebsvermögen des Anteilsinhabers (§ 4 Abs. 1 Satz 5, § 6 Abs. 1 Nr. 5 EStG) sind keine Veräußerungen.

Ganz offensichtlich handelt es sich bei der Anordnung des § 17 Abs. 1 EStG, den „Gewinn aus der Veräuerßerung von Anteilen an einer Kapitalgesellschaft" (unter bestimmten Bedingungen) zu den Einkünften aus Gewerbebetrieb zu rechnen, um eine konstitutive Bestimmung. Denn die Erträge aus einer im Privatvermögen gehaltenen Beteiligung an einer Kapitalgesellschaft sind Einkünfte aus Kapitalvermögen, so daß die Beteiligung zum (ertragbringenden) Privatvermögen gehört. Mit dem Augenblick und für den Augenblick der Veräußerung kontituiert das Gesetz jedoch Betriebsvermögen.

Daß die Gewinne aus der Veräußerung dieser Anteile zu den Einkünften aus Gewerbebetrieb zu rechnen sind, bedeutet aber nicht auch, daß die Vorschriften über die Gewinnermittlung (§§ 4 Abs. 1, 4 Abs. 3 oder 5 EStG) anzuwenden seien. Der Veräußerungsgewinn ist nach § 17 Abs. 2 EStG vielmehr aus der Differenz zwischen dem Netto-Veräußerungserlös (vgl. dazu 2 H 3) und den Anschaffungskosten der veräußerten Anteile zu errechnen.

Man unterscheidet tatsächliche und fiktive Anschaffungskosten.

Tatsächliche Anschaffungskosten sind sämtliche Aufwendungen zur seinerzeitigen Erlangung des Anteils: der Erwerbspreis einschließlich der Nebenkosten (z. B. Maklergebühren, Börsenumsatzsteuer), etwaige Bezugsrechtskaufpreise, nach herrschender Lehre auch spätere Einlage-Leistungen an die Kapitalgesellschaft. Hat der Veräußerer die Anteile bereits bei der Gründung der Kapitalgesellschaft erworben (gezeichnet), so setzen sich die Anschaffungskosten aus der ersten Einlage zuzüglich etwaiger Nebenkosten zusammen.

Fiktive Anschaffungskosten sind dann anzusetzen, wenn der Veräußerer die Anteile unentgeltlich oder schon vor dem Stichtag der DM-Eröffnungsbilanz erworben hat. Im ersten Fall (unentgeltlicher Erwerb) sind nach § 17 Abs. 2 Satz EStG die Anschaffungskosten des Rechtsvorgänger anzusetzen, der die Anteile zuletzt entgeltlich erworben hat. Im zweiten Fall treten Ersatzwerte ein, die § 53 EStDV nennt.

Beispiel:

Ein Steuerpflichtiger hat bei der Gründung einer Aktien gesellschaft nominal 2 Mio DM Aktien von insgesamt nominal 10 Mio DM Gründungskapital spesenfrei zum Ausgabekurs von 110 % gezeichnet. Er hat später nochmals nominal 0,6 Mio DM Anteile dazugekauft zu einem Anschaffungskurs (einschl. Kosten) von 200 %. Nach einigen Jahren verkauft er die gesamte 26 %ige Beteiligung gegen einen festen Kaufpreis von 3 424 000 DM. Dabei entstehen ihm Kosten von 2000 DM.
Es ist zunächst der Veräußerungsgewinn zu errechnen:

Veräußerungserlös		3 424 000 DM
abzügl. Veräußerungskosten		2 000 DM
Nettoveräußerungserlös		3 422 000 DM
abzügl. Anschaffungskosten		
110 % von nominal 2 Mio =	2 200 000 DM	
200 % von nominal 0,6 Mio DM =	1 200 000 DM	3 400 000 DM
Veräußerungsgewinn		22 000 DM

Danach ist der Freibetrag nach § 17 Abs. 3 EStG zu bestimmen. Da es sich bei den veräußerten Anteilen um eine 26%ige Beteiligung handelt und der Gewinn nichtb 26 % von (80 000 + 20 000 =) 100 000 DM = 26 000 DM übersteigt, wird grundsätzlich ein Freibetrag gewährt. Aber der Veräußerungsgewinn von 22 000 DM liegt über dem Betrag, der der 80 000-DM-Grenze entspricht (die bei einer 26%igen Beteiligung eben 26 % hiervon = 20 800 DM ausmacht). Infolgendessen vermindert sich der Ursprungsfreibetrag (26 % von 20 000 DM = 5200 DM) um die Differenz zwischen 22 000 und 20 800 DM, das sind 1200 DM, auf (5200 – 1200 =) 4000 DM.

Der steuerpflichtige Veräußerungsgewinn errechnet sich also mit

Veräußerungsgewinn	22 000 DM
abzügl. Freibetrag	4 000 DM
Steuerpflichtiger Veräußerungsgewinn	18 000 DM

Nach § 17 Abs. 4 EStG sind grundsätzlich der Veräußerung von ANteilen die wirtschaftlichen Vorgänge gleichgesetzt, die bei der Liquidation oder Kapitalherabsetzung zu Einnahmen beim Anteilseigner führen. Das bedeutet: An die Stelle des Veräußerungserlöses treten dann die Liquidationsraten bzw. Kapitalrückzahlungen; sie sind den Anschaffungskosten für die mit der Liquidation wertlos werdenden bzw. mit der Kapitalherabsetzung eingezogenen oder „herabgestempelten“ Anteile gegenüberzustellen. Diese Grundsatzregelung wird jedoch außer Kraft gesetzt, soweit die entsprechenden Zuflüsse nach § 20 Abs. 1 Nr. 1 oder 2 EStG den Einnahmen aus Kapitalvermögen (oder über § 20 Abs. 3 EStG einer vorranigigen Haupteinkunftsart) zuzurechnen sind. Der grund für diese ABweichung liegt im körperschaftsteuerlichen Anrechnungsverfahren (vgl. 3 C 2): Rückzahlungen von verwendbarem Eigenkapital (mit Ausnahme des in § 30 Abs. 2 Nr. 4 KStG genannten Teilbetrags) führen zu einer Körperschaftsteueranrechnung, die ihrerseits Einkünfte aus Kapitalvermögen nach § 20 Abs. 1 Nr. 3 EStG auslöst (vgl. auch 2 B 5). Soweit aber nun eine Zuordnung dieser Vorgänge in die Sphäre der (laufenden) Einkommenserzielung erfolgt, ist kein Raum für die Anwendung der (außerordentlichen) Veräußerungsregelungen.

Literatur:

1. Die Kommentierungen zu § 17 EstG.
2. Loos, Gerold, Systembrüche bei Anteilsveräußerungen im KStG/EStG 1977 und daraus folgende Verhaltensregeln, DB 1976, 1882. – Mannholt, Peter, M., Probleme der Anteilsveräußerung im Körperschaftsteuer-Anrechnungsverfahren, DB 1977, 1427. – Herzig, Norbert, Steuerbilanz- und Ausschüttungspolitik einer Kapitalgesellschaft bei geplanter Liquidation unter Berücksichtigung von Anteilsübertragungen, StuW 1980, 19. – Herzig, Norber, Anteilsrotation vor Liquidation einer Kapitalgesellschaft – Gestaltungsvorschlag zur Vermeidung gesetzlicher Ungereimtheiten, DB 1980, 1605. – Döllerer, Georg, Die weseentliche Beteiligung im Ertragsteuerrecht, StbJb 1981782, 195. – Gerlach, Karl-Heinz, Die Anschaffungskosten von Aktien und Bezugsrechten im Privatvermögen, BB 1985, Beilage 3. – Felix, Günther, Das Konkurrenzproblem bei der Veräußerung wesentlicher Beteiligungen während der Spekulationsfrist, FR 1990, 497.

2 H 11 Die Veräußerung als Spekulationsgeschäft

Nach § 22 Nr. 2 EStG gehören zu den „sonstigen Einkünften" die Einkünfte aus Spekulationsgeschäften im Sinne des § 23 EStG. (Vgl. dazu die bereits gegebenen Erläuterungen im Teil 2 B 7.)

Obwohl Spekulationserfolge also Einkünfte der Einkunftsart 7 sind, spricht § 23 Abs. 4 EStG von „Gewinn". Damit ist jedoch nicht der Gewinnbegriff angesprochen, wie erfür die drei Gewinneinkunftsarten gilt. Es gilt vielmehr die spezielle Definitaion in § 23 Abs. 4 Satz 1 EStG: „Gewinn oder Verlust aus Spekulationsgeschäften ist der Unterschied zwischen dem Veräußerungspreis einerseits und den Anschaffungs- oder Herstellungskosten und den Werbungskosten andererseits". Der Veräußerungspreis stellt mithin eine Einnahme im Sinne des § 8 EStG dar; die Anschaffungs- oder Herstellungskosten des innerhalb der Spekulationsfrist veräußerten Wirtschaftsguts können als eine besondere Art von Werbungskosten erklärt werden.

Gegenstand eines Veräußerungsvorganges, der zu einem Spekulationserfolg führt, können nur Wirtschaftsgüter sein, die *nicht* zu einem *Betriebsvermögen* gehören. Es muß sich also um Gegenstände des (ertragbringenden oder ertraglosen) *Privatvermögens* handeln.

> *Beispiel:*
> Ein Gewerbetreibender, der über flüssige Betriebsmittel verfügt, legt diese in Aktien an. Da die Kurse stark anziehen, veräußert er die Papiere schon zwei Monate nach Erwerb mit Gewinn. Es handelt sich bei diesem Gewinn nicht um einen Spekulationserfolg im Sinne des § 23 EStG, sondern um einen Teil des (normalen) Gewinn aus Gewerbebetrieb im Sinne des § 15 EStG.

Bei einer Kollision der Vorschriften in § 17 und § 23 EStG geht nach der Rechtsprechung und den ihr folgenden EStR (Abschnitt 140 Abs. 2) die letztgenannte Vorschrift vor. Werden also Anteile, die zu einer wesentlichen Beteiligung an einer Kapitalgesellschaft gehören, für ein Privatvermögen erworben und innerhalb der Spekulationsfrist wieder veräußert, so liegen nicht Einkünfte aus Gewerbebetrieb gem. § 17 Abs. 1 EStG (vgl. 2 H 10), sondern Einkünfte aus Spekulationsgeschäften vor. Das bedeutet im Gewinnfall: keine Tarifermäßigung nach § 34 EStG, und im Verlustfall: keine Ausgleichsmöglichkeit.

Nach § 23 Abs. 3 EStG liegen Spekulationsgeschäfte nicht vor, „wenn Wirtschaftsgüter veräußert werden, deren Wert bei Einkünften im Sinne des § 2 Abs. 1 bis 6 anzusetzen ist". Damit sind solche Fälle angesprochen, in denen der Veräußerungserlös von Wirtschaftsgütern als Betriebseinnahme oder Eidnnahme anzusetzen ist (Subsidiaritätsprinzip).

Innerhalb des verbleibenden Kreises spekulationsgewinnfähiger Wirtschaftsgüter sind die Steuerfreiheiten nach § 23 Abs. 2 EStG zu beachten.

Literatur:

Vgl. Angaben zu 2 B 7.

2 J Die Rentenbesteuerung

2 J 1 Überblick

In den bisher abgehandelten Kapiteln ist wiederholt von „Renten", „dauernden Lasten" und „wiederkehrenden Bezügen" gesprochen worden (vgl. etwa 2 B 7 und 2 E 3). Das EStG gebraucht derartige Begriffe in den §§ 9 Abs. 1 Nr. 1, 10 Abs. 1 Nr. 1a und 22 Nr. 1. Bei der Lektüre dieser Vorschriften wird erkennbar, daß die damit bezeichneten Vorgänge sowohl auf der Einnahmen- als auch auf der Ausgabenseite Bedeutung haben. Es handelt sich also um ein komplexes Gebiet; seine Erörterung erfolgt deshalb zweckmäßigerweise geschlossen. Es handelt sich darüber hinaus um ein Gebiet, auf dem vielfältige und schwierige Probleme insbesondere deshalb entstehen, weil die Zahl der Fälle, in denen Renten, dauernde Lasten oder wiederkehrende Bezüge vorkommen, sehr groß ist; die nachstehenden Darlegungen beschränken sich auf die wichtigsten, behandeln also nicht alle denkbaren Möglichkeiten.

Im folgenden wird zugleich mit einer Erklärung der einschlägigen Begriffe versucht, eine systematische Ordnung aufzubauen, die es ermöglicht, alle im wesentlichen vorkommenden Fälle in einer Darstellung zu erfassen. Sodann werden die Grundfragen, die sich auf dem Gebiet der Rentenbesteuerung stellen, aus den natürlichen Gegebenheiten heraus pauschal beantwortet. Schließlich werden die wichtigsten Lösungen des geltenden Rechts unter Zugrundelegung eines vereinfachten Schemas diskutiert.

Die speziellen Fragen der Behandlung von Renten zwischen unterhaltsberechtigten Personen und von freiwilligen Renten bleiben zunächst ausgeklammert; sie werden in einem Sonderteil (2 J 11) behandelt.

2 J 2 Begriffe und Begriffsabgrenzungen

a) Verpflichteter und Berechtigter

Bei Renten handelt es sich im weitesten Sinne um wiederkehrende Leistungen. Diejenige Person, die die Leistung erbringt (Rentenzahler, Rentengeber, Rentenverpflichter), wird in den nachfolgenden Ausführungen als „Verpflichteter" bezeichnet. Diejenige Person, die die Leistungen empfängt (Rentenbegünstigter, Rentenempfänger, Rentenberechtigter), wird „Berechtigter" genannt.

Soweit für diese Personen die vorkommenden Sachverhalte in den Bereich der Gewinnermittlung fallen, wird angenommen, daß diese Gewinnermittlung nach § 5 EStG erfolgt (vgl. 2 D 4).

b) Renten und rentenähnliche Leistungen

Man kann *alle* auf Verpflichtungen beruhenden wiederkehrenden Leistungen beim Verpflichteten als *dauernde Lasten* und beim Berechtigten als *wiederkehrende Bezüge* bezeichnen. Die nachfolgende Darstellung geht – in Übereinstimmung mit einem Teil des

Schrifttums – nicht von dieser Einteilung aus. Sie verwendet die Ausdrücke „dauernde Lasten“ und „wiederkehrende Bezüge“ also *nicht* als Oberbegriffe. Auf einen solchen Oberbegriff kann hier verzichtet werden.

Es werden vielmehr nebeneinander gestellt

- die Renten einerseits
- die rentenähnlichen Leistungen andererseits.

Dabei bleibt der Ausdruck „Renten“ in bezug auf die Position der Beteiligten unverändert; die entsprechende Leistung heißt so sowohl beim Verpflichteten als auch beim Berechtigten. Demgegenüber wechseln die „rentenähnlichen Leistungen“ ihren Namen; das Gegenstück zur „dauernden Last“ beim Verpflichteten wird beim Berechtigten „wiederkehrender geldwerter Vorteil“ genannt.

Renten sind für eine gewissen Dauer periodisch wiederkehrende, der Höhe nach bestimmte Leistungen, die in Geld oder vertretbaren Sachen (= Gütern, die nach Maß, Zahl oder Gewicht bestimmt zu werden pflegen) bestehen, wenn diese Leistungen auf einem einheitlich nutzbaren Recht (= Stammrecht) beruhen.

Von *Raten*, wie sie z. B. bei einem Kauf verabredet werden, unterscheiden sich Renten nach Auffassung der Rechtsprechung zunächst durch die Laufzeit: Eine „lange Rate“ wird als Rente, eine „kurze Rente“ als Rate qualifiziert.

Beispiel:

B verkauft dem V seinen Gewerbebetrieb. Besteht die Verabredung darin, daß V 1 Mio. DM in fünf Jahresbeträgen von je 200 000 DM zuzüglich 8 % Zinsen vom jeweiligen Restschuldbetrag zahlen muß, so liegt eine Ratenzahlung vor. Schuldet V nach dem Vertrag dem B aber 10 Jahre lang eine Zahlung von 150 000 DM am Jahresende, so wird man eine Rentenvereinbarung annehmen müssen.

Einkommensteuerlich ist regelmäßig die Aufspaltung eines einheitlichen Betrages in einzelne Raten nur bei zusätzlich verabredeter oder – bei längerer Laufzeit – anzunehmender Verzinsung von Bedeutung; hier sind dann das Grundgeschäft (Tilgungsanteile) und die Verzinsung (Zinsanteile) getrennt zu werten: Die Zinsen sind in jedem dieser Fälle Einkünfte (z. B. aus Kapitalvermögen), das Grundgeschäft kann zu Einkünften (z. B. aus Gewerbebetrieb oder Spekulationsgeschäften) führen, muß es aber nicht. Hat man dagegen eine Rente vor sich, so spielen sich Erwerb und Hingabe des Stammrechts in der Vermögensebene ab, sind also grundsätzlich einkommensteuerlich ohne Bedeutung; Gegenstand einkommensteuerlichen Interesses sind hier allein die einzelnen Rentenzahlungen als Früchte des Stammrechts.

Rentenähnliche Leistungen sind zwar ebenfalls – wie Renten – für eine gewisse Dauer periodisch wiederkehrende Leistungen. Sie unterscheiden sich von Renten aber dadurch, daß ihnen wenigstens *ein* für die Renten charakteristisches Merkmal fehlt; rentenähnliche Leistungen liegen also vor, wenn sie nicht in Geld oder vertretbaren Sachen bestehen oder/und nicht der Höhe nach bestimmt sind oder/und nicht auf einem einheitlich nutzbaren Recht beruhen.

Gemeinsames Merkmal für Renten und rentenähnliche Leistungen ist aber die *periodische Wiederkehr*. Es liegt vor bei einer gleichmäßigen Wiederholung der Leistungen (wöchentlich, monatlich, vierteljährlich, jährlich).

Bei den Renten unterscheidet man Zeitrenten und Leibrenten (einschl. sog. abgekürzter und verlängerter Leibrenten sowie abgekürzter Leibrenten mit Mindestlaufzeit), bei den rentenähnlichen Leistungen solche, die zeitlich bestimmt, und solche, die zeitlich unbestimmt sind.

c) Zeitrenten

Als Zeitrenten werden die auf eine *bestimmte* Zeit beschränkten Leistungen bezeichnet, die der Rentendefinition entsprechen. Zeitrenten sind ohne Rücksicht auf ungewisse Ereignisse für die verabredete Zeit zu erbringen. Nach Ablauf dieser Zeit besteht kein Anspruch mehr.

Einkommensteuerlich wird für die Anerkennung als Zeitrente zusätzlich gefordert, daß die Leistungen

- eine Mindestlaufzeit von zehn Jahren haben und
- der Versorgung des Berechtigten zu dienen bestimmt sind.

Leistungen, die diese zusätzlichen Erfordernisse nicht erfüllen, werden einkommensteuerlich im Gegenleistungsfall als Ratenzahlungen angesehen (ebenso: Gegenleistungs-Leibrenten, deren Mindestlaufzeit über die Lebenserwartung des Berechtigten hinausgeht). Wird keine Gegenleistung erbracht, so handelt es sich allgemein um wiederkehrende Bezüge, die nicht rentenähnliche Leistungen darstellen.

Rechnerisch sind Zeitrenten mit den Methoden der *Finanzmathematik* zu bearbeiten. Der Rentenanspruch bzw. die Rentenverpflichtung haben zu Beginn der Laufzeit und zu jedem anderen interessierenden Zeitpunkt (z. B. Bilanzstichtag) einen Kapitalwert; er ergibt sich, indem man die einzelnen, zu verschiedenen Terminen fällig werdenden Rentenleistungen nach der finanzmathematischen Rentenformel auf den Bezugszeitpunkt abzinst. In jeder einzelnen Zeitrentenzahlung ist demnach – mathematisch gesprochen – ein Tilgungsanteil und ein Zinsanteil enthalten. Mit fortschreitender Zeit (d. h. je näher das Ende des Rentenzeitraums heranrückt) verringert sich der Zins- und erhöht sich der Tilgungsanteil innerhalb der gleichbleibenden Annuität.

d) Leibrenten

Hängt die Dauer einer Rentenleistung von der Lebenszeit einer oder mehrerer Personen ab, so spricht man von einer Leibrente. In vielen Fällen (und im Zweifel: § 759 BGB) ist Anknüpfungspunkt der Leib (= „lip" = Leben) des Berechtigten; die Rente kann sich aber auch nach der Lebensdauer des Verpflichteten oder irgendeines Dritten oder danach richten, welche von mehreren Personen zuerst oder zuletzt verstirbt. Leibrenten hängen also von einem Ereignis ab, dessen Eintrittszeitpunkt ungewiß ist. Sie sind dementsprechend mit einem Wagnis verbunden, das einer Zeitrente fremd ist. Man spricht vom „aleatorischen Charakter" der Leibrente.

Infolgedessen reichen die Methoden der Finanzmathematik nicht aus, um den Kapitalwert des Anspruchs oder der Verpflichtung aus einer Leibrentenzusage zu ermitteln. Der Kapitalwert einer Leibrente wird deshalb *versicherungs*mathematisch, d. h. unter Berücksichtigung von Sterbens- bzw. Erlebenswahrscheinlichkeiten aufgrund statistischer Unterlagen, ermittelt. Die einzelnen Rentenleistungen lassen sich auch nicht in einen Tilgungs- und einen Zinsanteil zerlegen; die Verminderungen des versicherungsmathematischen Kapitalwerts (Barwerts) der künftigen Rentenleistungen sind nämlich nicht allein durch die Komponente „Abzinsung“, sondern auch durch die Komponente „Verlauf der Lebenserwartungskurve bei steigenden Lebensalter“ bestimmt.

Um in den zahlreichen Fällen von Leibrenten dort, wo es vertretbar erscheint, keine versicherungsmathematischen Berechnungen zur Aufspaltung einer Leibrente in die einzelnen Komponenten anstellen zu müssen, hat der Einkommensteuergesetzgeber in § 22 Nr. 1 Satz 3 Buchstabe a EStG den Begriff des *„Ertragsanteils“* geschaffen. Damit bezeichnet er den „Ertrag des Rentenrechts“ und definiert ihn wie folgt:

> „Als Ertrag des Rentenrechts gilt für die gesamte Dauer des Rentenbezugs der Unterschied zwischen dem Jahresbetrag der Rente und dem Betrag, der sich bei gleichmäßiger Verteilung des Kapitalwerts der Rente auf ihre voraussichtliche Laufzeit ergibt; dabei ist der Kapitalwert nach dieser Laufzeit zu berechnen“.

Ungeachtet dieser mathematischen Definition ist der Ertragsanteil nicht individuell zu errechnen, sondern muß in den relevanten Fällen zwingend der Tabelle in § 22 Nr. 1 Satz 3 Buchstabe a EStG i. V. m. § 55 Abs. 1 EStDV entnommen werden (vgl. dazu auch Abschn. 167 EStR). Der in dieser Tabelle enthaltene Ertragsanteil wird in Prozenten der jeweiligen jährlichen Rentenzahlung ausgedrückt; der Prozentsatz – der stets gleich bleibt, sich also im späteren Verlauf der Rentendauer nicht verändert – richtet sich nach dem bei Beginn der Rentenzahlungen vollendeten Lebensjahr der Person, an deren Leben die Rente geknüpft ist. Naturgemäß ist der Ertragsanteil einer Leibrente in der Weise vom Anfangslebensalter der Bezugsperson abhängig, daß er bei höherem Alter geringer als bei niedrigerem Alter ist. Hat die Person zu Beginn der Rente z. B. das 20. Lebensjahr vollendet, so beträgt der Ertragsanteil 64 %; ist ein 50jähriger Bezugsperson, so beträgt der Ertragsanteil 41 %; bei einer 65jährigen Bezugsperson beläuft er sich auf 24 % und bei einer 80jährigen Bezugsperson auf 10 %.

e) Abgekürzte Leibrenten, verlängerte Leibrenten und abgekürzte Leibrenten mit Mindestlaufzeit

Eine Mittelstellung zwischen den Zeitrenten und den Leibrenten nehmen abgekürzte und verlängerte Leibrenten sowie abgekürzte Leibrenten mit Mindestlaufzeit ein.

Abgekürzte Leibrenten sind auf eine Längstfrist beschränkt, enden also ggf. schon durch Zeitablauf vor dem Ableben der Bezugsperson.

Beispiel:

Dem B wird eine Rente bis zu seinem Lebensende, längstens aber für 15 Jahre, zugesagt. Stirbt B nach sechs Jahren, so enden die Rentenzahlungen mit seinem Tode; stirbt er erst nach 20 Jahren, so enden die Rentenzahlungen bereits 5 Jahre vor seinem Tode, nämlich mit Ablauf der Längstfrist.

Abgekürzte Leibrenten werden steuerlich grundsätzlich wie Leibrenten behandelt. Jedoch ist der Ertragsanteil unter Berücksichtigung der zeitlichen Begrenzung zu ermitteln; die hierfür maßgebende Tabelle enthält § 55 Abs. 2 EStDV.

Verlängerte Leibrenten sind an eine Mindestfrist gebunden, also ggf. noch eine gewisse Zeit nach dem Ableben der Bezugsperson zu entrichten.

Beispiel:

Dem B wird eine Rente bis zu seinem Lebensende, mindestens aber für fünf Jahre, zugesagt. Stirbt B nach acht Jahren, so enden die Rentenzahlungen mit seinem Tode; stirbt er bereits nach zwei Jahren, so werden die Rentenzahlungen (an seine Erben) bis zum Ablauf der Mindestfrist von fünf Jahren fortgesetzt.

Über die Behandlung verlängerter Leibrenten enthält das EStG keine ausdrücklichen Anweisungen. Man wird hier jedoch den jeweils höheren Wert aus den beiden in Betracht kommenden Tabellen (§ 22 Nr. 1 Satz 3 Buchstabe a EStG oder § 55 Abs. 2 EStDV) anzusetzen haben.

Abgekürzte Leibrenten mit Mindestlaufzeit enthalten sowohl eine Mindestfrist als auch eine Längstfrist.

Beispiel:

Dem B wird eine Rente bis zu seinem Lebensende, mindestens aber für zehn Jahre und längstens für 20 Jahre, zugesagt. Stirbt B nach acht Jahren, so werden die Rentenzahlungen (an seine Erben) noch zwei Jahre fortgesetzt; stirbt er nach 15 Jahren, so enden die Rentenzahlungen mit seinem Tode; stirbt er nach 25 Jahren, so endet die Rente fünf Jahre vor seinem Tode.

Auch diese Rentenart wird nicht ausdrücklich in den einkommensteuerlichen Vorschriften angesprochen. Als Ertragsanteil ist der höhere Wert aus einer der beiden Tabellen (zu § 55 Abs. 2 EStDV für die Mindestlaufzeit), höchstens jedoch der Ertragsanteil aus § 55 Abs. 2 EStDV für die Längstfrist, anzusetzen.

f) Rentenähnliche Leistungen

Rentenähnliche Leistungen – hier beim Verpflichteten als „dauernde Lasten" und beim Berechtigten als „wiederkehrende geldwerte Vorteile" bezeichnet – können zeitlich begrenzt sein oder zeitlich unbegrenzt (insbesondere lebenslang) gewährt werden; bei zeitlicher Begrenzung ist jedoch eine Mindestlaufzeit von zehn Jahren erforderlich.

Augrund der weiter vorn herausgestellten Definitionsunterschiede gehören in den Bereich der rentenähnlichen Leistungen

- die (der Höhe nach unbestimmten) Leistungen, bei denen die einzelnen Rentenbezüge von den individuellen wirtschaftlichen Verhältnissen des Gebers oder Empfängers (z. B. wegen der Änderungsmöglichkeit nach § 323 ZPO) oder von speziellen Indices (z. B. Index der Aktienkurse) – eine allgemeine Wertsicherungsklausel ist dagegen unschädlich – oder künftigen Umsätzen oder Gewinnen abhängig sind,
- die (nicht in Geld oder vertretbaren Sachen bestehenden) Leistungen aufgrund sog. „Unterhaltsverträge" sowie

- die „Renten" oder „Pensionen", die Arbeitnehmern von ihren (früheren) Arbeitgebern gezahlt werden (weil es hier nach Ansicht der Rechtsprechung an einem vom Arbeitsverhältnis gelösten einheitlichen Verpflichtungsgrund fehlt).

Wird nach der zugrundeliegenden Vereinbarung ein Mindestbetrag unter allen Umständen gezahlt und kommt je nach den wirtschaftlichen Gegebenheiten (z. B. Umsatz oder Gewinn des Jahres) ggf. eine Aufstockung in einzelnen Perioden in Betracht, so kann eine Zerlegung der Gesamtleistung in zwei Elemente (Rente und rentenähnliche Leistung) ebenso in Betracht gezogen werden wie eine einheitliche Beurteilung (als rentenähnliche Leistung). Die Rechtsprechung macht dies von den Verhältnissen des Einzelfalls abhängig.

g) Gegenleistungs- und Zuwendungsrenten

Von besonderer Bedeutung ist die Unterscheidung nach dem Rentengrund (Rentenanlaß). Die Rente oder rentenähnliche Leistung kann nämlich aufgrund einer erbrachten Gegenleistung gewährt oder beansprucht werden (Gegenleistungsrente). Sie kann aber auch ihren Grund in einer Zuwendung haben; in diesem Falle erhält der Berechtigte vom Verpflichteten periodisch wiederkehrende Bezüge, denen eine unmittelbare Gegenleistung nicht gegenübersteht (Zuwendungsrente).

Im Rahmen dieser Darstellung soll bei einer Gegenleistungsrente stets eine angemessene, nach kommerziellen Gesichtspunkten abgewogene Berechnung angenommen werden. Fälle, in denen diese Abgewogenheit nicht vorliegt, finden sich (zwar nicht nur, aber) besonders bei Renten zwischen unterhaltsberechtigten Personen sowie bei freiwilligen Renten; sie werden deshalb im Teil 2 J 11 behandelt.

Gegenleistungsrenten werden auch als *Veräußerungsrenten*, Zuwendungsrenten auch als *Versorgungsrenten* charakterisiert; diese Bezeichnungen können jedoch im Hinblick darauf Verwirrung stiften, daß – wie gezeigt – zum einkommensteuerlichen Zeitrentenbegriff stets, d. h. auch dann, wenn die wiederkehrende Leistung im Zuge der Hingabe eines Wirtschaftsgutes versprochen worden ist, das Versorgungsmotiv beim Berechtigten gehört. Außerdem beschränkt die Bezeichnung „Veräußerungsrenten" die Möglichkeiten der Gegenleistungen in zu starkem Umfang; Renten, die entgeltlich durch Beitragszahlungen erworben worden sind, könnten unter diesem Begriff nicht erfaßt werden.

Die Gegenleistung (vgl. dazu auch 2 H 1) kann nun u. a. bestehen

- in einzelnen, zu einem Betriebsvermögen gehörenden Wirtschaftsgütern,
- in Betriebsvermögenskomplexen (ganzen Betrieben, Teilbetrieben, Mitunternehmeranteilen),
- in Anteilen, die zu einer im Privatvermögen gehaltenen wesentlichen Beteiligung an einer Kapitalgesellschaft gehören (§ 17 EStG),
- in anderen Gegenständen des ertragbringenden Privatvermögens und
- in Gegenständen, die zum ertraglosen Privatvermögen gehören.

Der Anlaß für eine Zuwendungsrente kann betrieblicher oder außerbetrieblicher Natur sein; im ersten Fall kommen die Gewinneinkunftsarten 1 bis 3, im zweiten Fall i. d. R. nur die Überschußeinkunftsarten 4 und 7 oder die Position „Sonderausgaben" in Betracht.

2 J 3 Grundfragen und Grundantworten

Prüft und ordnet man die Fülle der Fragen, die dann entstehen, wenn Wirtschaftsgüter oder Wirtschaftsgutkomplexe gegen Renten oder rentenähnliche Leistungen ihren Besitzer wechseln oder wenn eine Person einer anderen unentgeltlich eine Rente oder rentenähnliche Leistung verspricht und erbringt, so lassen sich die einkommensteuerlichen Grundfragen wie folgt skizzieren.

a) Grundfragen beim Verpflichteten

Erwirbt jemand ein Wirtschaftsgut oder einen Komplex von Wirtschaftsgütern und verpflichtet er sich zu einer Gegenleistung in Rentenform, so wird er die Fragen stellen:

(1) Wie hoch sind die Anschaffungskosten für das gegen die Rentenverpflichtung erworbene Wirtschaftsgut?

(2) Sind die zu zahlenden Beträge als Betriebsausgaben, Werbungskosten oder Sonderausgaben – wenn ja: voll oder nur teilweise – abzugsfähig?

Für den Verpflichteten einer Zuwendungsrente stellt sich nur die zu (2) formulierte Frage.

b) Grundfragen beim Berechtigten

Bei demjenigen, der ein Wirtschaftsgut oder einen Wirtschaftsgutkomplex gegen die Zusage einer Rente veräußert oder für die ihm periodisch zufließenden Leistungen in anderer Form eine Gegenleistung erbracht hat, lauten die interessierenden Fragen:

(3) Ist der entstehende Veräußerungserfolg einkommensteuerlich beachtlich und wie ist er bejahendenfalls zu berechnen?

(4) Gehören die laufend empfangenen Leistungen zu den Einkünften im Sinne des EStG? Bejahendenfalls: Welcher Einkunftsart sind sie zuzuordnen? Sind sie in voller Höhe oder nur teilweise anzusetzen?

Der Berechtigte, der eine Rente oder eine rentenähnliche Leistung als Zuwendung erhält, stellt nur die zu (4) bezeichnete Frage.

c) Grundantworten

Diese vier Fragen können zunächst grob so beantwortet werden:

(1) Wenn steuerlich Anschaffungskosten von Relevanz sind (z. B. wegen daraus zu berechnenden Absetzungen für Abnutzung – § 7 EStG – oder wegen der Ermittlung eines Veräußerungserfolgs), müssen sie möglichst exakt und grundsätzlich ein für allemal ermittelt werden. Im Falle von Renten und rentenähnlichen Leistungen können sie nur im Kapitalwert der Rentenverpflichtung bestehen. Dieser Kapitalwert läßt sich bei Zeitrenten eindeutig (als finanzmathematischer Barwert) bestimmen, wenn der Zinssatz feststeht; bei Leibrenten entstehen wegen der Ungewißheit der Zahlungsdauer und bei dauernden Lasten z. B. wegen der Unbestimmtheit der jeweiligen Leistungswerte Schwierigkeiten. Diese dürfen aber nicht dazu führen, daß die Anschaffungskosten „offen bleiben". Sie müssen vielmehr, so gut es geht, mit Hilfe von Schätzungen und mit Hilfe der Versiche-

rungsmathematik überwunden werden. – Hinsichtlich der Ermittlung der Anschaffungskosten sind Zeitrenten, Leibrenten und dauernde Lasten daher grundsätzlich (wenn auch nicht technisch) gleich zu behandeln.

(2) Die Abzugsfähigkeit der einzelnen Leistungen ist nur insoweit zu untersuchen, als es sich nicht um die Teile handelt, die den Kaufpreis (die Gegenleistung) darstellen. Denn diese Teile sind Anschaffungskosten; Anschaffungskosten werden aber nur über Absetzungen für Abnutzung zu Betriebsausgaben oder Werbungskosten, wobei es auf die Verwendung der angeschafften Gegenstände ankommt (vgl. 2D 6). Soweit (bei Gegenleistungsrenten) oder weil (bei Zuwendungsrenten) die Rente nicht Gegenleistungscharakter hat, kann sie als Betriebsausgabe oder Werbungskosten abgezogen werden, wenn ein Zusammenhang mit Einkünften besteht. Fehlt ein solcher Zusammenhang aber, dann (und nur dann) können Renten und dauernde Lasten nach § 10 Abs. 1 Nr. 1a EStG Sonderausgaben sein, soweit nicht das (vorrangige) Abzugsverbot des § 12 Nrn. 1 und 2 EStG eingreift.

(3) Sind nach den gesetzlichen Bestimmungen Veräußerungserfolge einkommensteuerlich zu erfassen, so muß diese Anordnung unabhängig von den Veräußerungsmodalitäten befolgt werden. Die Art des verabredeten Veräußerungserlöses kann also auf die Steuerpflichtigkeit des Vorgangs keinen Einfluß haben. Ferner muß sichergestellt werden, daß nur die wirklich entstandenen Veräußerungserfolge – diese aber wiederum auch vollständig – der einkommensteuerlichen Behandlung zugeführt werden. Hieraus ergibt sich zunächst die Problematik der Bestimmung des Veräußerungserlöses; werden als Entgelt für die Hingabe von Wirtschaftsgütern oder Wirtschaftsgutkomplexen aleatorische Bezüge verabredet, so entstehen wegen des Wagnisses unzumutbar große Berechnungsschwierigkeiten. – Darüber hinaus ist ein anderer Umstand zu bedenken, der auch bei den nicht wagnisbehafteten Zeitrenten und zeitlich begrenzten wiederkehrenden geldwerten Vorteilen eine Rolle spielt: Der Berechtigte will mit dieser Art der Verabredung seine Versorgung sichern; es ist ihm i. d. R. nicht möglich, die Einkommensteuer auf einen etwa entstehenden Veräußerungsgewinn im Jahr der Veräußerung zu entrichten, da ihm die entsprechenden Finanzmittel fehlen. – Aus diesen Gründen ist eine einkommensteuerliche Behandlung der Veräußerungserfolge geboten, die von der Behandlung bei Übertragungen gegen feste Beträge oder Ratenzahlungen abweicht.

(4) Renten und wiederkehrende geldwerte Vorteile können als laufende Bezüge einkommensteuerlich beim Empfänger nur insoweit interessieren, als sie nicht Veräußerungsentgelt darstellen. Denn der Vorgang der Veräußerung wird für sich behandelt. Die Möglichkeit zur Annahme von Einkünften im Sinne des EStG für die einzelnen Rentenleistungen ist also erst gegeben, wenn und soweit der Veräußerungsvorgang nicht (mehr) betroffen ist. In diesen Fällen bestimmt sich die Zuordnung zu den einzelnen Einkunftsarten nach dem Entstehungsgrund des Rentenversprechens. Infolgedessen können Renten und wiederkehrende geldwerte Vorteile gurndsätzlcih sowohl zu den Gewinneinkunftsarten 1 bis 3 als auch zu den Überschußeinkunftsarten 4 bis 6 gehören. Nur dann (und immer dann), wenn eine dahin weisende Verbindung nicht besteht, fallen sie – nun allein wegen ihres wiederkehrenden Charakters – nach § 22 Nr. 1 EStG unter die 7. Einkunftsart (Sonstige Einkünfte); wenn Satz 2 dieser Vorschrift eingreift, werden diese Bezüge aber nicht beim Empfänger besteuert.

2 J 4 Schema der Rentenbesteuerung

Fragen und Antworten des Einkommensteuerrechts konzentrieren sich für den Verpflichteten auf die Probleme der Bestimmung der Anschaffungskosten und der Abzugsfähigkeit der Zahlungen, für den Berechtigten auf die Probleme der Bestimmung des Veräußerungserfolges und der Zuordnung zu den einzelnen Einkunftsarten.

Da nach der Art der Renten Zeitrenten, Leibrenten und rentenähnliche Leistungen, nach dem Grund der Rentengewährung die Fälle der Gegenleistung (Veräußerung) und die der Zuwendung (Versorgung) zu unterscheiden sind, ergibt sich als Grundlage für die Detailerörterungen die Möglichkeit zu einem systematischen Vorgehen unter Zugrundelegung eines Schemas. Dieses (stark vereinfachte, d. h. Sonderfälle außer acht lassende) Schema ist als herausklappbare Tafel 3 im Anhang wiedergegeben.

Wie zu erkennen ist, stimmen die waagerechten Einteilungen in den V-und in den B-Spalten bei den Gegenleistungsrenten nicht überein. Untereinander sind aber jeweils die drei V-Spalten und die drei B-Spalten gleich strukturiert. Es gibt jeweils drei Unterteilungen bei den Gegenleistungsrenten und zwei Unterteilungen bei den Zuwendungsrenten.

Der Inhalt dieses Schemas wird in den folgenden Teilen derart besprochen, daß zunächst die Behandlung von Zeitrenten beim Verpflichteten (2 J 5), dann die Behandlung von Leibrenten beim Verpflichteten (2 J 6), schließlich die Behandlung dauernder Lasten beim Verpflichteten (2 J 7) jeweils in der Reihenfolge erfolgt, wie sie sich aus der Einteilung in fünf Untergruppen ergibt. Es folgt dann die Behandlung von Zeitrenten beim Berechtigten (2 J 8), die Behandlung von Leibrenten beim Berechtigten (2 J 9) und die Behandlung wiederkehrender geldwerter Vorteile beim Berechtigten (2 J 10).

Innerhalb dieser Gruppierung wird jeweils die vom Schema vorgegebene Einteilung von oben nach unten verfolgt. Die Erörterung der Probleme in den V-Spalten beginnt also mit der Besprechung der „Gegenleistung Betriebsvermögen“, fährt fort mit der „Gegenleistung ertragbringendes Privatvermögen“ und wendet sich dann der „Gegenleistung ertragloses Privatvermögen“ zu, ehe es die „Zuwendung aus betrieblichem Anlaß“ und die „Zu-wendung ohne betrieblichen Anlaß“ bespricht. In den B-Spalten wird zuerst der Fall unter-sucht, in dem die Gegenleistung aus einzelnen Wirtschaftsgütern des Betriebsvermögens besteht, dann der Fall, in dem Betriebsvermögenskomplexe und solche Teile des ertragbringenden Privatvermögens hingegeben worden sind, deren Veräußerung von § 17 EStG erfaßt wird, dann alle anderen Gegenleistungsfälle; im Bereich der Zuwendungsleistungen beginnt die Erörterung mit den Fällen einer Zuwendung aus betrieblichem Anlaß und setzt sich fort für den Fall, in dem der Zuwendung kein betrieblicher Anlaß zugrunde liegt.

In allen zur Erörterung kommenden Fällen wird davon ausgegangen, daß zwischen Verpflichtetem und Berechtigtem keine derartigen verwandtschaftlichen Beziehungen bestehen, daß der eine dem anderen unterhaltsverpflichtet ist; die Besprechung der Besonderheiten, die bei derartigen und bei Verhältnissen auftreten können, die durch die Freiwilligkeit der Zahlungen bzw. der sie begründenden Verpflichtung charakterisiert sind, folgt im Teil 2 J 11. Nicht behandelt werden Spezialfälle (z. B. Schadensersatzrente, im Grundbuch eingetragene Rentenschuld).

2 J 5 Die Behandlung von Zeitrenten beim Verpflichteten

a) Gegenleistung: Betriebsvermögen

Hier werden alle Fälle erfaßt, in denen der zur Zahlung einer Zeitrente Verpflichtete als Gegenleistung Wirtschaftsgüter erworben hat, die bei ihm zum Betriebsvermögen gehören; dabei kann es sich um einzelne Wirtschaftsgüter oder um ganze Wirtschaftsgutkomplexe (Betriebe, Mitunternehmeranteile) handeln.

Da bei Zeitrenten ein Unsicherheitsmoment nicht auftritt, werden die Anschaffungskosten durch den finanzmathematisch errechneten Barwert bestimmt, der nach Auffassung der Finanzverwaltung unter Zugrundelegung eines Zinsfußes von 5,5 % zu berechnen ist, wenn nicht vertraglich ein anderer Satz vereinbart wurde. Die Anschaffungskosten bestehen eben in der (in gleicher Höhe als Betriebsrentenschuld zu passivierenden) Verpflichtung, eine Zeitrente an den Berechtigen zu zahlen. Die in den einzelnen Rentenleistungen enthaltenen (im Zeitverlauf abnehmenden) Zinsanteile sind als Betriebsausgaben abzuziehen, denn die Anschaffung des Wirtschaftsguts gegen die Verpflichtung zur Rentenzahlung ist durch den Betrieb (des Verpflichteten) veranlaßt (§ 4 Abs. 4 EStG).

Beispiel:

V erwirbt zu Jahresbeginn den Betrieb des B gegen Zusage, ihm 12 Jahre lang eine vorschüssige Jahresrente von 10 000 DM zu zahlen. Legt man einen vereinbarten Zinssatz von 8 % zugrunde, so beträgt der finanzmathematische Barwert der Rente (Kapitalwert) im Erwerbszeitpunkt rund 81 400 DM. Mit diesem Betrag setzt V die vom B erworbenen Wirtschaftgüter in der Eröffnungsbilanz seines Betriebes an; den gleichen Betrag passiert er als (Barwert der) Rentenschuld gegenüber B.

Am Ende des ersten Jahres – also nach Zahlung eines ersten Rentenbetrages in Höhe von 10 000 DM – beträgt der finanzmathematische Barwert nur noch rund 77 100 DM; er ist also gegenüber dem Wert am Jahresanfang (Ausgangswert) um 4300 DM gesunken. Die Gesamtrentenzahlung des ersten Jahres in Höhe von 10 000 DM teilt sich dementsprechend in eine erfolgsunwirksame Tilgungsleistung in Höhe von 4300 DM und in eine erfolgswirksame Zinsleistung in Höhe von 5700 DM auf; der letztgenannte Betrag ist als Betriebsausgabe bei der Ermittlung der Einkünfte aus Gewerbebetrieb des V abzuziehen. Im zweiten Jahr beläuft sich die Tilgung auf (77 100 – 72 500 DM =) 4600 DM; der Zinsanteil sinkt dementsprechend auf 5400 DM.

b) Gegenleistung: Ertragbringendes Privatvermögen

Erwirbt der Verpflichtete gegen die Zusage einer Zeitrente Wirtschaftsgüter des ertragbringenden Privatvermögens, so werden die Anschaffungskosten dieser Wirtschaftsgüter ebenfalls aus dem finanzmathematischen Barwert ermittelt. Da der Verpflichtete aber die Gegenstände nicht in einem Betriebsvermögen hält, erscheinen sie nicht in einer Steuerbilanz. Es ist daher für die Abzinsung der in § 13 Abs. 1 BewG genannte Zinssatz von 5,5 % zur Anwendung zu bringen (nicht unstrittig). Die Rentenzahlungen sind in einen Zins- und einen Tilgungsanteil zu zerlegen. Die Zinsanteile stellen Werbungskosten dar.

Beispiel:

V erwirbt von B gegen die Zusage einer 12jährigen vorschüssigen Rente von jährlich 10 000 DM ein Mietwohngrundstück. Unter Anwendung des bewertungsrechtlichen Zinssatzes von 5,5 % betragen die Anschaffungskosten für das Grundstück rund 90 900 DM; soweit dieser Betrag auf das Gebäude entfällt, sind daraus bei V die laufenden Absetzungen für Abnutzung zu berechnen (§ 9 Abs. I Nr. 7 EStG).

Die – insgesamt 29 100 DM betragenenden – Zinsanteile in den zwölf Rentenzahlungsbeträgen sind als Werbungskosten bei den Einkünften aus Vermietung und Verpachtung gem. § 9 Abs. 1 Nr. 1 EStG abzugsfähig. Im ersten Jahr sind dies rd. 4500 DM, im letzten rd. 500 DM.

c) Gegenleistung: Ertragloses Privatvermögen

Wird ein Wirtschaftsgut des ertraglosen Privatvermögens angeschafft, so sind einkommensteuerlich die Anschaffungskosten in der Regel bedeutungslos. Sie sind allenfalls dann – und zwar in Höhe des finanzmathematischen Barwerts unter Zugrundlegung eines Zinssatzes von 5,5 % (strittig) – zu ermitteln, wenn das Objekt innerhalb der Spekulationsfrist wieder veräußert wird oder wenn für das Objekt § 10e EStG (2 E 6) angewendet werden kann. Da die Rechtsprechung im übrigen private Kaufpreiszeitrenten als Raten mit Zinsanteilen ansieht, private Zinsaufwendungen aber weder Betriebsausgaben noch Werbungskosten noch Sonderausgaben sind, bleiben alle Rentenzahlungen steuerlich unbeachtlich. Dies folgt auch aus § 12 Nr. 1 EStG.

Beispiel:

V erwirbt für seine Privatwohnung ein wertvolles Gemälde von B; er verspricht dem B für zehn Jahre eine Rente in Höhe von je 10 000 DM. Die Rentenzahlungen sind bei V nicht abzugsfähig.

d) Zuwendung aus betrieblichem Anlaß

Werden Zuwendungsrenten aus einem Betriebsvermögen und aus betrieblicher Veranlassung gezahlt, so stellen sie nach § 4 Abs. 4 EStG Betriebsausgaben dar, und zwar – mangels aktivierungsfähiger Gegenleistung – in voller Höhe; § 12 Nr. 2 EStG greift nach herrschender Meinung bei betrieblicher Veranlassung nicht Platz.

Beispiel:

Ein Wirtschaftsverband erfährt, daß ein jetzt 50jähriger, freiberuflich tätiger Wissenschaftler arbeitsunfähig geworden ist und bis zum Einsetzen seiner privat abgeschlossenen Altersversorgung (65. Jahr) in großer Not leben wird. Da die Grundlagenforschungen dieses Wissenschaflers für den Wirtschaftszweig von erheblicher Bedeutung gewesen sind, fordert der Verband die ihm angeschlossenen Firmen auf, dem Wissenschaftler regelmäßige monatliche Zahlungen zu leisten. Auch die Firma V ist hiervon angesprochen; sie verpflichtet sich für 15 Jahre zu monatlichen Zahlungen von je 200 DM. Sie passiviert den Kapitalwert der Rente zu Lasten ihres Erfolges und zieht die jährlichen Differenzbeträge zwischen 2400 DM und der Verminderung des Rückstellungsbetrages als laufende Betriebsausgaben ab.

e) Zuwendung ohne betrieblichen Anlaß

Liegt für die Zuwendung einer Rente kein betrieblicher Anlaß vor, so können die Zahlungen keine Betriebsausgaben sein. I. d.R. sind sie auch als Werbungskosten undenkbar, da Zuwendungen nicht der Erwerbung, Sicherung oder Erhaltung von Einnahmen dienen.

Aufgrund der Vorschrift in § 10 Abs. 1 Nr. 1a EStG kann der Verpflichtete sie jedoch (in voller Höhe) als Sonderausgaben berücksichtigen, wenn die Rechtspflicht zur Zahlung besteht, aber nicht freiwillig begründet worden ist und gegenüber dem Berechtigten keine gesetzliche Unterhaltspflicht besteht (§ 12 Nr. 2 EStG).

Beispiel:

V ist durch Testament seines Onkels, der ihn zum Alleinerben eingesetzt hat, dazu verpflichtet worden, dem Freund B des Onkels für die Dauer von zwölf Jahren eine monatliche Rente in Höhe von 500 DM zu zahlen. Die Jahreszahlungen von 6000 DM sind bei V in voller Höhe Sonderausgaben.

2 J 6 Die Behandlung von Leibrenten beim Verpflichteten

a) Gegenleistung: Betriebsvermögen

Wird eine Leibrente als Gegenleistung für ein Wirtschaftsgut des Betriebsvermögens oder ein ganzes Betriebsvermögen oder einen Teilbetrieb oder einen Mitunternehmeranteil gewährt, so sind die Anschaffungskosten durch den Barwert dieser Verpflichtung determiniert; infolge der unbestimmten Laufzeit ist der Barwert aber versicherungsmathematisch und nicht finanzmathematisch – unter Zugrundelegung des objektadäquaten Kalkulationszinsfußes – zu ermitteln.

Zum Anschaffungszeitpunkt (in der Regel = Beginn der Rentenlaufzeit) wird durch diesen versicherungsmathematischen Barwert auch die Höhe des Passivums „Rentenverpflichtung" festgelegt. Der Barwert dieser Verpflichtung ist aber zu jedem weiteren Bilanzstichtag nach versicherungsmathematischen Grundsätzen neu zu berechnen. Da er mit zunehmendem Alter der Person, an deren Leben die Rente geknüpft ist, fortlaufend abnimmt, entstehen in Höhe der Barwertdifferenzen fortlaufend Erträge (Betriebseinnahmen); beim Tod der betreffenden Person ist der Passivposten gänzlich zugunsten der Gewinn- und Verlustrechnung aufzulösen, so daß ein außerordentlicher Ertrag entsteht.

Diesen Erträgen (Betriebseinnahmen) stehen gegenüber die laufenden Rentenzahlungen. Sie sind in voller Höhe Aufwand und, da ihre Entstehung durch den Betrieb veranlaßt ist, Betriebsausgaben.

Beispiel:

V sagt dem B eine Leibrente von jährlich 100 000 DM zu; B überträgt dem V dafür seine mitunternehmerische Beteiligung an einer Personengesellschaft. Vor Ablauf des dritten Rentenjahres stirbt B.

Die versicherungsmathematischen Barwerte mögen betragen:

31. 1. I (Rentenbeginn)	600 000 DM
31.12. I	540 000 DM
31.12. II	495 000 DM
31.12. III	0 DM

Im Jahre I stehen der als Betriebsausgabe zu behandelnden Rentenzahlung in Höhe von 100 000 DM Betriebseinnahmen (Erträge) aus der teilweisen Auflösung des Passivpostens „Rentenverpflichtung gegenüber B" in Höhe von (600 000 – 540 000 DM =) 60 000 DM gegenüber. Es verbleibt ein Aufwandüberschuß von 40 000 DM. Im Jahre II entstehen ein Aufwand von 100 000 DM und ein Ertrag von (540 000 – 495 000 DM) = 45 000 DM, so daß ein Betriebsausgabenüberschuß von 55 000 DM verbleibt. Im Jahre III steht dem Aufwand für die Rente von 100 000 DM ein Ertrag von 495 000 DM (aus der totalen Auflösung des Passivpostens) gegenüber, so daß in diesem Jahr ein Ertragsüberschuß in Höhe von 395 000 DM zu verzeichnen ist.

Den erworbenen Mitunternehmeranteil (der ja das steuerliche Miteigentum an einer großen Zahl von Wirtschaftsgütern repräsentiert) hat V mit den Anschaffungskosten von 600 000 DM zu bewerten; der Betrag ist anteilig auf die einzelnen Wirtschaftsgüter des gemeinsamen Betriebsvermögens (vgl. 2 G 2) zu verteilen. Durch den vorzeitigen (d. h. versicherungsmathematisch noch nicht erwarteten) Tod des B ändert sich daran nichts.

b) Gegenleistung: Ertragbringendes Privatvermögen

Auch beim Erwerb von Wirtschaftsgütern, die zum ertragbringenden Privatvermögen gehören, müssen zunächst die Anschaffungskosten berechnet werden. Hier hat man es aber mit einem nicht bilanzierenden Steuerpflichtigen zu tun. Deshalb gibt die Rechtsprechung dem Verpflichteten ein Berechnungswahlrecht. Er kann die Anschaffungskosten individuell und exakt versicherungsmathematisch berechnen, aber auch die Regeln des Bewertungsgesetztes über die Bewertung lebenslanger Renten zur Anwendung bringen, wie sie § 14 BewG enthält.

Das im Betriebsvermögen angewandte Verfahren der Feststellung von Barwertdifferenzen ist, da es an einer Buchführung fehlt, auf die Behandlung dieser Fälle im Privatvermögen nicht übertragbar. Der Gesetzgeber hat deshalb ein einfacheres Verfahren vorgeschrieben und dabei auf die in § 22 Nr. 1 Satz 3 Buchstabe a EStG tabellarisch angegebenen Ertragsanteile zurückgegriffen: Die Höhe der Werbungskostenanteile der einzelnen Rentenzahlungen ergibt sich nach § 9 Abs. 1 Satz 2 EStG – unverändert über die gesamte Laufzeit – als deren „Ertragsanteil".

Beispiel:

V erwirbt von B ein Mietwohnhaus gegen eine Leibrente von jährlich 20 000 DM. Herr B ist im Erwerbszeitpunkt 60 Jahre alt. Verzichtet man auf die genaue versicherungsmathematische Berechnung, dann lassen sich die Anschaffungskosten nach Anlage 9 zum BewG mit 9,705 x 20 000 DM = 194 100 DM angeben. Sie bilden, soweit sie auf das Gebäude entfallen, die Grundlage für die zukünftigen Absetzungen für Abnutzung, die bei V Werbungskosten sind. Aus der Tabelle in § 22 Nr. 1 EStG ergibt sich entsprechend dem Anfangsalter des B ein Ertragsanteil in Höhe von 29 % der Jahresrente. V kann mithin, da diese Zahlungen mit der Einkunftsart „Vermietung und Verpachtung" in wirtschaftlichem Zusammenhang stehen, solange die Leibrente läuft, jährlich (29 % von 20 000 DM =) 5800 DM als Werbungskosten in dieser Einkunftsart abziehen.

c) Gegenleistung: Ertragloses Privatvermögen

Beim Erwerb eines Gegenstandes des ertraglosen Privatvermögens sind die Anschaffungskosten steuerlich regelmäßig unbeachtlich; sie wären jedoch – z. B. im Falle des § 10e EStG – in Höhe des versicherungsmathematischen Barwerts zu bestimmen. – Nach herrschender Meinung sind die Ertragsanteile der Leibrentenzahlungen als Sonderausgaben abziehbar; der Eingangssatz von § 12 EStG stehe dem nicht entgegen. (Der Fall ist jedoch nicht höchstrichterlich entschieden; in der Literatur wird deshalb auch noch die Ansicht vertreten, der Abzug des Ertragsanteils sei nicht möglich).

Beispiel:

V erwirbt für seinen Privatbesitz von B eine Briefmarkensammlung gegen eine Leibrente von jährlich 15 000 DM. V kann den – vom Alter des Berechtigten abhängigen – Ertragsanteil jeweils als Sonderausgabe abziehen.

d) Zuwendung aus betrieblichem Anlaß

Wird eine Leibrente ohne Gegenleistung aufgrund eines betrieblichen Anlasses aus einem Betriebsvermögen gewährt, so liegen in voller Höhe Betriebsausgaben vor.

Beispiel:

Das ehemalige Mitglied des Beirats einer KG, der nicht Gesellschafter war, ist aus Altersgründen ausgeschieden. In seiner Zeit hat er der Unternehmung oft wertvolle Ratschläge gegeben. Um seine spärlichen Einkünfte im „Ruhestand" aufzubessern, gewährt die KG ihm eine lebenslängliche Versorgungsrente von jährlich 6000 DM. Diese Zahlungen sind Betriebsausgaben der KG.

e) Zuwendung ohne betrieblichen Anlaß

Liegt kein betrieblicher Anlaß vor, dann können die Leibrentenzahlungen weder ganz noch teilweise Betriebsausgaben sein. Auch als Werbungskosten sind sie i. d. R. nicht denkbar, da kein unmittelbarer Zusammenhang derartiger Zuwendungen mit Einnahmen aus den Überschußeinkunftsarten besteht. Nach § 10 Abs. 1 Nr. 1a Satz 2 EStG dürfen in solchen Fällen aber die Ertragsanteile von Zuwendungs-Leibrenten als Sonderausgaben abgezogen werden, soweit nicht § 12 Nr. 2 EStG dem entgegensteht. Bei abgekürzten Leibrenten wird man, um die Abziehbarkeit zu erreichen, in den meisten Fällen eine Mindestlaufzeit von zehn Jahren fordern müssen.

Beispiel:

V ist durch Testament seines Vaters verpflichtet worden, dem (ihm gegenüber nicht gesetzlich unterhaltsberechtigten) B auf Lebenszeit, längstens jedoch für zwölf Jahre, eine monatliche Rente von 500 DM zu zahlen. Wenn B zu Beginn der Rentenlaufzeit das 70. Lebensjahr vollendet hat, kann V den Ertragsanteil in Höhe von 19 % von 6000 DM = 1140 DM jährlich als Sonderausgaben abziehen; der Ertragsanteilssatz ergibt sich aus der Tabelle in § 55 Abs. 2 EStDV.

2 J 7 Die Behandlung dauernder Lasten beim Verpflichteten

a) Gegenleistung: Betriebsvermögen

Wird beim Erwerb eines Wirtschaftsguts des Betriebsvermögens oder eines ganzen Betriebsvermögenskomplexes dem Veräußerer eine rentenähnliche Leistung zugesagt, so stellt der Wert der dauernden Last beim Verpflichteten eine zu passivierende Betriebsschuld dar; ihre Höhe bei Beginn der Laufzeit bestimmt auch die Anschaffungskosten des Wirtschaftsgutes oder Wirtschaftsgutkomplexes.

Je nachdem, ob die dauernde Last auf bestimmte oder auf unbestimmte Zeit eingeräumt wird, sind die Anschaffungskosten finanz- oder versicherungsmathematisch als Barwert der (ggf. geschätzten) jährlichen Geldwerte der zukünftigen Verpflichtungen zu ermitteln. Die Schuld ist an jedem Bilanzstichtag neu zu bewerten. Normalerweise sinkt ihr Wert infolge dauernder Verkürzung der Restlaufzeit von Stichtag zu Stichtag; es entstehen also hieraus fortlaufend Erträge (Betriebseinnahmen). Auf der anderen Seite verursacht die fortlaufende Erfüllung der dauernden Last Aufwendungen. In Ausnahmefällen kann der Wert der Verpflichtung aber auch ansteigen (z. B. dann, wenn die Erhöhung des Geldwertes nicht in Geld bestehender Lasten größer ist als der Effekt aus der Verringerung der Restlaufzeit); dann entstehen in Höhe der notwendigen Zuführungen zu dem Passivposten zusätzliche Betriebsausgaben.

Der hier beschriebene Fall tritt im Wirtschaftsleben besonders häufig bei der Übernahme von Betrieben oder Teilbetrieben gegen eine Umsatz- und/oder Gewinnbeteiligung ein.

Beispiel:

V erwirbt von B dessen Gewerbebetrieb gegen die Verpflichtung, ihm 15 Jahre lang eine 3 %ige Umsatzbeteiligung zu gbewähren. Zu Beginn der Zahlungen wird der zukünftige jährliche Umsatz auf 10 Mio. DM geschätzt. Dementsprechend beträgt der gesamte Anschaffungspreis für das Unternehmen (unter Zugrundlegung eines Zinsfußes von 5,5 %, der von den Parteien als fristadäquater Zinssatz angesehen werden mag) bei nachschüssiger Zahlung 10,038 x 300 000 DM = 3 011 400 DM. Diesen Betrag hat V als Schuld (Rückstellung) gegenüber B zu passivieren und gleichzeitig die Anschaffungskosten auf sämtliche erworbene Wirtschaftsgüter zu verteilen.

Im ersten Jahr wird ein tatsächlicher Umsatz von 10,5 Mio. DM erzielt; V zahlt dementsprechend an B eine Umsatzbeteiligung lin Höhe von 315 000 DM und bucht dieses als Betriebsausgabe. Am Ende des ersten Jahres führt er eine neue Schätzung der voraussichtlichen Umsätze in den folgenden 14 Jahren durch und kommt auf eine Größe von 11 Mio. DM. Er hat dementsprechend die Last gegenüber dem B mit 9,590 x 330 000 DM = 3 164 700 DM anzusetzen. Das bewirkt eine Erhöhung (!) des Passivums gegenüber dem Erstansatz von 3 011 400 DM um 153 300 DM. dieser Zuführungsaufwand ist eine Betriebsausgabe. Da – jedenfalls im Regelfall – die Anschaffungskosten der erworbenen Wirtschaftsgüter davon nicht mehr berührt werden, ist das steuerliche Ergebnis des V im ersten Jahre mit 315 000 DM plus 153 300 DM = 468 300 DM belastet.

Im zweiten Jahr wird das angestrebte Umsatzziel nicht erreicht; der Umsatz beträgt vielmehr nur 8,2 Mio. DM. Infolgedessen zahlt V dem B im zweiten Jahr nur 3 % hiervon = 246 000 DM. Er führt am Ende des zweiten Jahres eine neue Umsatzschätzung (für die folgenden 13 Jahre) durch und kommt auf einen voraussichtlich jährlichen Umsatz von 8 Mio. DM. Das Passivum für die dauernde Last (Umsatzbeteiligung gegenüber B) darf aber infolge der Bewertungsvorschrift in § 6 Abs. 1 Nr. 3 EStG nicht auf 9,117 x 240 000 DM = 2 188 080 DM verringert werden, sondern allenfalls auf den der ursprünglichen Umsatzschätzung von 10 Mio. DM entsprechenden Barwert für 13 Jahre von (9,117 x 300 000 DM); das ist jedoch keine Pflicht. Gehen wir davon aus, daß keine Herabsetzung erfolgt, sondern das Passivum lediglich in Höhe der vorjährigen Umsatzerwartung auf die verbleibende Laufzeit von 13 Jahren abgezinst wird, so erhalten wir einen Bilanzansatz von 9,117 x 330 000 DM = 3 008 610 DM. Den Betriebsausgaben in Höhe von 246 000 DM stehen somit lediglich 156 090 DM durch Verminderung des Passivpostens als Ertrag (Betriebseinnahme) gegenüber.

b) Gegenleistung: Ertragbringendes Privatvermögen

Wird ein Wirtschaftsgut des ertragbringenden Privatvermögens gegen die Zusage wiederkehrender geldwerter Vorteile angeschafft, so ist der Wert der dauernden Last beim Verpflichteten finanzmathematisch (wenn auf bestimmte Zeit begrenzt) oder versicherungsmathematisch (wenn auf Lebenszeit einer Person abgestellt) zu ermitteln. Dabei ist im ersten Fall der Zinssatz von 5,5 % nach § 13 BewG maßgeblich (strittig); im zweiten Fall kann statt der exakten versicherungsmathematischen Berechnung der Barwert auch nach der Tabelle zu § 14 Abs. 1 BewG, also in vereinfachter Weise, ermittelt werden. Damit sind die Anschaffungskosten dieses Wirtschaftsgutes bestimmt.

Es wird darauf verzichtet, von dem Privatmann eine derartige jährlich Neubewertung der Last zu fordern, wie sie im Betriebsvermögen eines bilanzierenden Kaufmanns zumutbar erscheint. Die für Leibrenten angewandte Methode der Ertragsteilsberechnung ist aber ebenfalls unanwendbar (z. B. weil häufig die Bezüge der Höhe nach schwanken). Deshalb wird das folgende Verfahren benutzt: Die Aufwendungen, die dem Verpflichteten durch die Gewährung der geldwerten Vorteile entstehen, sind bis zur Höhe des Barwertes der (ggf. geschätzten) zukünftigen Leistungen, d. h. bis zur Höhe der Anschaffungskosten, steuerlich in voller Höhe unwirksam; sie werden also wie Ratenzahlungen behandelt. Sobald die Leistungen aber darüber hinausgehen, stellen sie in voller Höhe Werbungskosten dar.

Beispiel:

V erwirbt von Frau B ein Mietwohngrundstück für sein Privatvermögen und räumt ihr hierfür ein lebenslanges Beherbergungs- und Beköstigungsrecht in einem seiner Hotels ein. Wird der Wert dieses Rechts auf jährlich 25 000 DM geschätzt und ist B zum Zeitpunkt dieser Vereinbarung 44 Jahre alt, so betragen die Anschaffungskosten des Grundstücks, wenn man auf eine individuelle versicherungsmathematische Berechnung verzichtet, nach Anlage 9 zum BewG 14,739 x 25 000 DM = 368 475 DM. Diesen Betrag legt V insoweit, als er auf das Gebäude entfällt, der Berechnung der Absetzungen für Abnutzung (Werbungskosten der Einkunftsart Vermietung und Verpachtung) zugrunde.

Nimmt man nun an, daß der geldwerte Vorteil der Beherbergung und Beköstigung unverändert mit jährlich 25 000 DM anzusetzen ist, so dauert es knapp 15 Jahre, bis die Anschaffungskosten des Grundstücks durch die Verrechnung mit der dauernden Last „aufgebracht" sind. Vom 16. Jahr ab könnte jedoch V jährlich 25 000 DM so lange als Werbungskosten bei den Einkünften aus Vermietung und Verpachtung abziehen, bis B stirbt; im 15. Jahr ist ein Teilbetrag von 6525 DM abzugsfähig.

Steigen die Werte für den geldwerten Vorteil infolge der allgemeinen Geldentwertung jährlich, so müssen die Berechnungen entsprechend durchgeführt werden. Am Prinzip ändert das nichts.

c) Gegenleistung: Ertragloses Privatvermögen

Wenn ein Wirtschaftsgut des ertraglosen Privatvermögens angeschafft wird, sind die aus der Zusage einer rentenähnlichen Leistung entstehenden dauernden Lasten insoweit als Sonderausgaben abzugsfähig, als die Summe der Werte der einzelnen dauernden Lasten den Wert der Gegenleistung übersteigt. (Bei Anschaffung eines von § 10e EStG betroffenen Objekts sind die Anschaffungskosten in der gleichen Weise wie zu b) zu ermitteln).

Beispiel:

Ein alter Stadtstreicher (B) hat von seiner verstorbenen Tante ein sehr wertvolles Gemälde geerbt. Er veräußert es an einen Kunstliebhaber, jedoch nicht gegen einen Geldbetrag, sondern gegen die Zusicherung, täglich drei Mahlzeiten kostenlos zu erhalten. Der Kunstliebhaber (V) kann die ihm durch die Beköstigung des B entstehenden Aufwendungen als Sonderausgaben abziehen, sobald deren Summe den (gemeinen) Wert des Gemäldes überschreitet.

d) Zuwendung aus betrieblichem Anlaß

Wird eine dauernde Last aus betrieblicher Veranlassung unentgeltlich übernommen, so handelt es sich bei den dadurch eintretenden Aufwendungen um Betriebsausgaben.

Da es nach Auffassung der Rechtsprechung in den Fällen der „Rentenzusage" an (ehemalige) Arbeitnehmer an einem Stammrecht fehlt, sind alle Fälle der Werksrente, Firmenpension, Versorgungszuschuß usw. als dauernde Lasten zu qualifizieren. Auf die Abweichungen (nicht prinzipieller Natur), die sich aus § 6a EStG für einen bilanzierenden Betrieb ergeben, der schon vor Eintritt des Versorgungsfalls, also schon zur Aktivitätszeit, einzelnen oder allen Mitarbeitern Pensionszusagen gegeben hat, sei nur hingewiesen. Eine vertiefte Erörterung ist nicht möglich; das Thema gehört zum Gebiet „Steuerbilanzen".

Beispiel:

Der Empfangschef und der Hausdiener eines bayerischen Hotels treten in den Ruhestand. Der Hotelier verspricht dem Empfangschef eine monatliche „Zusatzpension" von 500 DM und erteilt dem Hausdiener die Genehmigung, bis an sein Lebensende unentgeltlich Bier im Hotel zu trinken. Sowohl die jährliche Zahlung von 6000 DM an den Empfangschef als auch der durch den Bierkonsum des Hausdieners verursachte Aufwand (Verbrauch) stellen beim Hotelier Betriebsausgaben dar.

e) Zuwendung ohne betrieblichen Anlaß

Liegt kein betrieblicher Anlaß vor, so sind die Aufwendungen, die aus der Zusage einer dauernden Last entstehen, dann nach § 10 Abs. 1 Nr. 1a EStG in vollem Umfang Sonderausgaben, wenn die dauernde Last auf Lebenszeit oder mindestens zehn Jahre rechtlich verpflichtend zugesagt ist und § 12 Nr. 2 EStG nicht eingreift.

Beispiel:

V ist durch Testament des T verpflichtet worden, dessen früherer Hausangestellten B nach dem Ausscheiden lebenslang einen Betrag in der Höhe zu zahlen, der zur Instandhaltung und Erneuerung ihrer Kleidung erforderlich ist. Die jährlichen Aufwendungen aus dieser Verpflichtung sind bei V als Sonderausgabe voll abziehbar.

2 J 8 Die Behandlung von Zeitrenten beim Berechtigten

a) Gegenleistung: Einzelne Wirtschaftsgüter des Betriebsvermögens

Für diesen Fall enthält das Schema keine Angaben. Rechtsprechung und Verwaltung gehen davon aus, er sei deshalb praktisch nicht denkbar, weil eine Bedingung für die einkommensteuerliche Annahme der Zeitrente – daß sie nämlich der Versorgung des Berechtigten dienen müsse – nicht erfüllt ist, wenn ein Betriebsinhaber nur ein einzelnes Wirtschaftsgut des Betriebsvermögens veräußert. Sie nehmen deshalb Kaufpreisraten an. Die Raten sind abzuzinsen; die Differenz zwischen dem Barwert des Anspruchs und dem Buchwert des hingegebenen Wirtschaftsguts im Veräußerungszeitpunkt ist laufender betrieblicher Gewinn; die in den einzelnen Zahlungen enthaltenen Zinsanteile sind Betriebseinnahmen. – Diese Überlegungen und die daraus gezogenen Konsequenzen erscheinen (u. a. im Vergleich zur Behandlung von Teilbetriebsveräußerungen gegen Zeitrente und im Vergleich zur Behandlung von Wirtschaftsgutsveräußerungen gegen Leibrenten; vgl. 2 J 9 a) allerdings nicht bedenkenfrei.

b) Gegenleistung: Betriebsvermögenskomplexe und Fälle des § 17 EStG

Wird nicht ein einzelnes Wirtschaftsgut des Betriebsvermögens, sondern ein ganzer Betrieb, ein Teilbetrieb oder ein Mitunternehmeranteil veräußert, so ist eine solche Veräußerung auch gegen eine Zeitrente, also eine zeitlich begrenzte, der Versorgung dienende wiederkehrende Zahlung, möglich. Zugleich ist zu bedenken, daß derartige Veräußerungserfolge unter § 16 EStG fallen (vgl. 2 H 3 und 2 H 5). Der Veräußerungserfolg wird herausgehoben aus den normalen betrieblichen Jahreserfolgen und – im Gewinnfall – nach § 34 EStG ermäßigt besteuert (vgl. 2 H 2). In diesen sowie in den Fällen der Veräußerung von Anteilen, die zu einer wesentlichen Beteiligung gehören (§ 17 EStG; vgl. 2 H 10), muß der Veräußerungserfolg auch ermittelt werden, wenn der Erlös nicht aus einem feststehenden (ggf. in Raten zu zahlenden) Betrag besteht, sondern in der Zusage einer Zeitrente. Dies würde, da bei einer Zeitrente der finanzmathematische Barwert exakt ermittelt werden kann, auch keine Schwierigkeiten bereiten. Die in den leinzelnen Rentenzahlungen enthaltenen Zinsanteile sind i.d.R. Einnahmen aus Kapitalvermögen;

bei Teilbetriebsveräußerungen können sie auch Betriebseinnahmen sein, falls die Rentenforderung im Betriebsvermögen verbleibt.

Abschnitt 139 Abs. 12 EStR räumt dem Berechtigten allerdings – wegen des Versorgungscharakters der Zeitrente und der oft gegebenen Schwierigkeit, die bei Sofortbesteuerung anfallenden Steuerzahlungen zu finanzieren – ein Wahlrecht ein. Er kann auch alle empfangenen Rentenzahlungen zunächst gegen den Buchwert bzw. die Anschaffungskosten des veräußerten Objekts verrechnen, so als handele es sich um Vorgänge ohne Erfolgswirkung. Sobald aber die Summe der laufenden Zahlungen den Buchwert bzw. die Anschaffungskosten übersteigt, gelten die Renten in voller Höhe als nachträgliche Einnahmen (Betriebseinnahmen) der zugehörigen Einkunftsart. Etwaige Freibeträge (z. B. nach § 16 Abs. 4 EStG) sowie eine etwaige Steuersatzermäßigung (nach § 34 Abs. 1 EStG) werden bei dieser Option nicht gewährt.

Beispiel:

B veräußert gegen eine zwanzigjährige, seiner Versorgung dienende Zeitrente von jährlich 50 000 DM seinen Betrieb an V. Der steuerliche Buchwert des Betriebsvermögens beläuft sich im Veräußerungszeitpunkt auf 400 000 DM. Veräußerungskosten fallen nicht an. B übt das Wahlrecht gegen die Sofortbesteuerung aus. – Dann führen die Zahlungen in den ersten acht Jahren (Gesamtempfang 8 x 50 000 DM = 400 000 DM) bei B nicht zu Einkünften im Sinne des EStG; sie werden gegen den Buchwert des Betriebsvermögens „verrechnet". Die Zahlungen, die B in den dann folgendenden zwölf Jahren empfängt, muß er dagegen als Betriebseinnahmen nach §§ 15, 24 Nr.2 EStG ohne Steuersatzvergünstigung der Einkommensteuer unterwerfen.

c) Gegenleistung: Andere Fälle

Wird ertragbringendes Privatvermögen, dessen Veräußerung nicht von § 17 EStG erfaßt wird, oder ertragloses Privatvermögen veräußert, so ist der Veräußerungserfolg – ausgenommen im Fall des Spekulationsgeschäfts (§ 23 EStG) – einkommensteuerlich unbeachtlich; er fällt nicht unter eine Einkunftsart. Die als Gegenleistung empfangenen Zeitrenten sind in einen Tilgungs- und einen Zinsanteil zu zerlegen; der letztgenannte gehört zu den Einkünften aus Kapitalvermögen (§ 20 Abs. 1 Nr. 7 EStG).

Beispiel:

B veräußert ein privates Grundstück, dessen gemeiner Wert 600 000 DM beträgt, außerhalb der Spekulationsfrist gegen eine 20jährige Zeitrente von je 50 000 DM an V. Von den Gesamtzahlungen (20 x 50 000 DM = 1 000 000 DM) entfallen 600 000 DM auf die Tilgung und 400 000 DM auf die Verzinsung. Nach finanzmathematischen Regeln läßt sich der Zinsfuß damit auf rd. 5,5 % bestimmen. Mit der ersten Zahlung des V empfängt also B (5,5 % von 600 000 DM) = 33 000 DM Zinsen (Einnahmen aus Kapitalvermögen) und 17 000 DM steuerlich unbeachtliche Tilgungsleistungen. In den folgenden Jahren verringert sich der Zins- und erhöht sich der Tilgungsanteil fortlaufend.

Für die Fälle des § 23 EStG ist – wegen des hier geltenden Zuflußprinzips – der Veräußerungserfolg erst dann der Besteuerung zu unterwerfen, wenn und sobald die Rentenzahlungssumme die Anschaffungskosten des hingegebenen Objekts übersteigt. Es wird aber auch die Auffassung vertreten, daß die Zinsanteile jeweils sofort als Einnahmen aus Kapitalvermögen zu versteuern sind; auf der Grundlage dieser Auffassung entsteht der Veräußerungserfolg in Höhe der Differenz zwischen der Summe der Tilgungsanteile in den Renten und den Anschaffungskosten des Objekts.

d) Zuwendung aus betrieblichem Anlaß

Erhält eine Person, die zuvor selbständig tätig war (etwa als Mitunternehmer in einem Gewerbetrieb oder als selbständiger Finanzberater), aus betrieblicher Veranlassung, d. h. wegen dieser selbständigen Betätigung, eine Zuwendungsrente, so liegen bei ihr gem. § 24 Nr. 2 EStG nachträgliche Betriebseinnahmen vor. Sie sind in voller Höhe der entsprehenden Gewinneinkunftsart zuzurechnen, aus der sie dem Anlaß nach stammen.

Beispiel:

Ein Rechtsanwalt hat lange Jahre hindurch eine Firma beraten. Durch eine Krankheit wird er arbeitsunfähig und gerät in Not. Eine standesgemäße Versorgung tritt erst nach zwölf Jahren ein.

Die frühere Mandantin des Anwalts sagt ihm im Hinblick auf die in der Vergangenheit empfangenen wertvollen Ratschläge rechtsverbindlich für zwölf Jahre ein jährliches Gnadenhonorar von 10 000 DM zu. Der Rechtsanwalt hat diese Beträge in voller Höhe als nachträgliche Betriebseinnahmen aus freiberuflicher Arbeit anzusetzen (§ 18 Abs. 1 i. V. m. § 24 Nr. 2 EStG).

e) Zuwendung ohne betrieblichen Anlaß

Liegt kein Anlaß vor, der für den Berechtigten eine Zurechnung der empfangenen Rentenzahlungen zu den Einkünften aus den Einkunftsarten 1 bis 3 notwendig macht, so tritt dennoch deshalb Steuerpflicht ein, weil es sich bei den Zuwendungsrenten um wiederkehrende Bezüge im Sinne von § 22 Nr. 1 Satz 1 EStG handelt.

In diesem Zusammenhang ist jedoch § 22 Nr. 1 Satz 2 EStG zu beachten, wodurch eine Wechselwirkung zwischen der Abzugsfähigkeit beim Verpflichteten und der Steuerpflicht beim Berechtigten konstituiert wird. Nur wenn die in 2 J 5 für die gleiche Kategorie beim Verpflichteten genannten Voraussetzungen für den Vollabzug als Sonderausgaben oder die Sonderfälle in § 22 Nr. 1 Satz 2 Halbsatz 2 EStG vorliegen, hat der Berechtigte seinerseits in voller Höhe Einnahmen der 7. Einkunftsart. In anderen Fällen sind die empfangenen Zeitrenten beim Berechtigten nicht steuerpflichtig.

Beispiele:

1) Im Falle des Beispiels zu 2 J 5 e hat B in Höhe der Rentenzahlungen von V Einnahmen aus der Einkunftsart 7.

2) B erhält auf Grund einer notariell verbrieften, aber freiwillig übernommenen Verpflichtung für die Dauer von zehn Jahren von V eine monatliche Rente von 500 DM. Die Jahreszahlungen in Höhe von 6000 DM kann V nicht als Sonderausgaben abziehen; sie sind infolgedessen bei B nicht sonstige Einkünfte.

2 J 9 Die Behandlung von Leibrenten beim Berechtigten

a) Gegenleistung: Einzelne Wirtschaftsgüter des Betriebsvermögens

Wird ein einzelnes Wirtschaftsgut aus einem Betriebsvermögen gegen die Zusage einer Leibrente veräußert, so handelt es sich um einen betrieblichen Vorgang. Es wird gleichsam der empfangene Leibrentenanspruch gegen das hingegebene Wirtschaftsgut getauscht. Der Leibrentenanspruch ist mit dem versicherungsmathematischen Barwert anzusetzen; der Veräußerungserfolg (Gewinn oder Verlust) ergibt sich aus der Differenz zwischen diesem Barwert und dem Buchwert des veräußerten Wirtschaftsguts. Da der Wert der Leibrentenforderung gegen den Verpflichteten (er ist jährlich erneut versicherungsmathematisch festzustellen) i. d. R. fortlaufend sinkt, verursacht dessen Abschreibung Aufwendungen (Betriebsausgaben); der letzte Aufwand dieser Art entsteht beim Ableben der Person, an deren Leib die Rente gebunden ist, denn jetzt wird die Forderung gänzlich ausgebucht. Andererseits ergeben sich während der Laufzeit der Leibrente Betriebseinnahmen in Höhe der jeweils zufließenden Rentenbeträge. (Angesichts der Ungewißheit über die tatsächliche Rentenlaufzeit könnte auch daran gedacht werden, als Forderung zunächst nur den Buchwert des hingegebenen Wirtschaftsguts zu aktivieren, um eine Gewinnrelaisierung zu vermeiden; die Rentenzahlungen wären dann erfolgsneutral dagegen zu buchen, erst bei Übersteigen des Buchwertes entstünde Ertrag.)

Gegenleistungsleibrenten werden bei der Veräußerung einzelner Wirtschaftsgüter des Betriebsvermögens nur selten verabredet. Sie kommen aber gelegentlich bei der Veräußerung größerer Objekte vor.

Beispiel:

Der Betriebsinhaber B veräußert ein Betriebsgrundstück an V. Er läßt sich dafür eine monatliche Rente von 1000 DM für die Lebensdauer des gerade in den Ruhestand getretenen Prokuristen des B, Herrn P, versprechen (und hat auf diese Weise dessen Altersversorgung „gesichert").

Steht das Grundstück im Zeitpunkt der Veräußerung mit 80 000 DM in der Steuerbilanz des B zu Buch und beträgt der versicherungsmathematische Barwert des Leibrentenanspruchs gegenüber V 120 000 DM, so ist dadurch ein Gewinn von 40 000 DM realisiert. Das Grundstück ist aus den Büchern des B ausgeschieden, die Forderung gegenüber V entstanden. Sinkt nun der versicherungsmathematische Barwert des Anspruchs nach einem Jahr auf 111 000 DM, so ist die Forderung um 9000 DM abzuschreiben (Betriebsausgabe). Die dem B zugeflossene Rente von 12 000 DM ist demgegenüber als Betriebseinnahme (Betriebsertrag) zu verbuchen.

b) Gegenleistung: Betriebsvermögenskomplexe und Fälle des § 17 EStG

Für die im Wirtschaftsleben häufig anzutreffenden Fälle einer Veräußerung von ganzen Betrieben, Teilbetrieben, Mitunternehmeranteilen und wesentlichen Beteiligungen gegen Gewährung einer Leibrente besteht, wie in Tafel 3 deutlich gemacht, ein Wahlrecht (Abschnitt 139 Abs. 12 EStR).

Der Berechtigte kann mit der steuerlichen Realisierung warten, bis die Summe der empfangenen Leibrenten den Buchwert des veräußerten Betriebs, Teilbetriebs oder Mitunternehmeranteils bzw. die Anschaffungskosten der veräußerten, zu einer wesentlichen Beteiligung gehörenden Anteile überschreitet. Erst wenn das der Fall ist, gelten die Leibrenten – in voller Höhe – als (nachträgliche) Betriebseinnahmen bzw. Veräußerungserlöse. Für diesen Fall werden weder die Freibeträge der §§ 16 Abs. 4, 17 Abs. 3 EStG noch der ermäßigte Steuersatz nach § 34 EStG gewährt. Stirbt der Berechtigte, bevor die Leibrentenzahlungen den Buchwert bzw. die Anschaffungskosten erreicht haben, so entsteht bei ihm im Jahre des Todes ein Veräußerungsverlust; er ist einkommensteuerlich zu beachten.

Entscheidet sich der Berechtigte dagegen zur Sofortbesteuerung, so hat er den Veräußerungserfolg als Unterschied zwischen dem versicherungsmathematischen (nach Auffassung der Finanzverwaltung: nach den Vorschriften des BewG zu ermittelnden)

Barwert der Rente (Veräußerungserlös), abzüglich der etwaigen Veräußerungskosten, und dem Buchwert des veräußerten Betriebs, Teilbetriebs oder Mitunternehmeranteils bzw. den Anschaffungskosten der veräußerten Anteile nach §§ 16, 17 EStG zu versteuern, soweit die entsprechenden (in diesem Falle wirksam werdenden) Freibeträge überschritten sind; auf einen verbleibenden Veräußerungsgewinn ist der ermäßigte Steuersatz nach § 24 Abs. 1 EStG anzuwenden. Ein Veräußerungsverlust ist selbstverständlich auch hier einkommensteuerlich beachtlich. Bei der Option für diese Alternative sind aber die in den Rentenzahlungen enthaltenen Ertragsanteile von Anfang an Einnahmen, die zur Einkunftsart 7 (sonstige Einkünfte) gehören, es sei denn, bei der Veräußerung eines Teilbetriebs würde der Rentenanspruch weiterhin im Betriebsvermögen des Veräußerers belassen; für diesen Fall stellen die Ertragsanteile Betriebseinnahmen dar.

Beispiel:

B, der zu diesem Zeitpunkt 65 Jahre alt ist, veräußert seinen ganzen Gewerbebetrieb (steuerlicher Buchwert im Veräußerungszeitpunkt: 5 000 000 DM) gegen eine lebenslange Rente von jährlich 700 000 DM an V.

Entscheidet er sich für die erste der beiden genannten Alternativen, so sind die in den folgenden sieben Jahren zufließenden Rentenbeträge von jeweils 700 000 DM bei B einkommensteuerlich unbeachtlich. Erst mit der achten Jahresrente wird der steuerliche Buchwert überstiegen, und zwar um 600 000 DM (8 x 700 000 DM = 5 600 000 DM Leibrentensumme ./. 5 000 000 DM Buchwert); dieser Betrag gehört zu den Einkünften aus Gewerbebetrieb nach §§ 15, 24 EStG und ist normaltariflich (d. h. ohne Anwendung des § 34 EStG) zu versteuern. Vom neunten Jahr ab sind die gesamten Leibrentenzahlungen von jeweils 700 000 DM in dieser Weise als voll steuerpflichtige nachträgliche Betriebseinnahmen zu behandeln.

Entscheidet sich B für die zweitgenannte Alternative (und geht man, weil man einen objektadäquaten Kalkulationszinsfuß von 5,5 % für angemessen hält, von dem Vervielfacher aus Anlage 9 zum BewG aus), so würde sich der versicherungsmathematische Barwert mit 8,332 x 700 000 DM = 5 832 400 DM berechnen. Sind keine Veräußerungskosten entstanden, so ist der Veräußerungsgewinn (832 400 DM) so hoch, daß der Freibetrag nach § 16 Abs. 4 EStG entfällt; er ist deshalb in voller Höhe, jedoch mit dem halben Steuersatz nach § 34 EStG, der Einkommensteuer zu unterwerfen. Vom ersten Jahr an hat B außerdem nach § 22 Nr. 1 Buchstabe a EStG 24 % von 700 000 DM = 168 000 DM jährlich als sontige Einkünfte der Besteuerung zu unterwerfen.

c) Gegenleistung: Andere Fälle

In allen anderen Fällen der Veräußerung ertragbringenden oder ertraglosen Privatvermögens ist der Veräußerungserfolg grundsätzlich steuerlich unbeachtlich.

Weil es sich bei Leibrenten aber um wiederkehrende Bezüge handelt, greift § 22 Nr. 1 EStG ein. Dei Vorschrift bestimmt, (1) daß diese Zuflüsse als Einnahmen in der Einkunftsart „Sonstige Einkünfte", aber (2) nicht voll, sondern nur mit ihrem Ertragsanteil, anzusetzen sind.

In diese Gruppe gehört insbesondere auch die Leibrente, die entgeltlich durch Beitragszahlungen erworben worden ist.

Beispiele:

1) B veräußert sein Einfamilienhaus an V und läßt sich eine lebenslange Rente von jährlich 30 000 DM versprechen. B ist bei Beginn der Rentenzahlungen 50 Jahre alt. Damit ist nach der Tabelle in § 22 Nr. 1 Satz 3 Buchstabe a EStG der Ertragsanteil gleichbleibend mit 41 % des Zuflusses anzusetzen. B muß also jährlich 41 % von 30 000 DM = 12 300 DM als Einnahmen unter den sonstigen Einkünften ansetzen.

2) B hat durch Zahlung von Angestelltenversicherungsbeiträgen den Anspruch auf Angestelltenversicherungsrente erworben. Bei Beginn der Rente hat er das 65. Lebensjahr vollendet. Der Ertragsanteil beträgt 24 %. Alle Angestelltenversicherungsrenten, die dem B zufließen, sind in Höhe von 76 % steuerlich irrelevant und in Höhe von 24 % als wiederkehrende Bezüge anzusetzen. Diese Prozentsätze bleiben unverändert auch bei einem späteren Steigen des Rentenbetrages.

Im Falle des § 23 EStG gilt eine Besonderheit: Da die Ertragsanteile der empfangenen Leibrentenzahlungen von Anfang an als Einnahmen in der 7. Einkunftsart (Wiederkehrende Bezüge) anzusetzen sind, tritt hier ein Veräußerungserfolg erst ein, wenn und sobald die Tilgungsanteile (d. h. die um die Ertragsanteile verminderten Leibrentenzahlungen) die Anschaffungskosten übersteigen (Abschnitt 169 Abs. 7 und 8 EStR).

d) Zuwendung aus betrieblichem Anlaß

Zuwendungsleibrenten aus betrieblichem Anlaß sind beim Berechtigten, genau wie entsprechende Zeitrenten, nachträgliche Betriebseinnahmen in voller Höhe.

Beispiel:

Der Mitunternehmer B einer OHG hat keinen Anspruch auf Abfindung, weil sein Kapitalkonto verbraucht ist. Um dem Ansehen des Betriebes in der Öffentlichkeit nicht zu schaden, gewähren ihm die verbleibenden Mitgesellschafter eine lebenslange Versorgungsrente von jährlich 12 000 DM. B hat in dieser Höhe nachträgliche Betriebseinnahmen, die zu seinen Einkünften aus Gewerbebetrieb gehören, obwohl er nicht mehr Mitunternehmer und damit nicht mehr Gewerbetreibender ist. Dies folgt aus § 24 Nr. 2 EStG; vgl. auch § 15 Abs. 1 Satz 2 EStG.

e) Zuwendung ohne betrieblichen Anlaß

Die Gleichbehandlung der Zuwendungs-Leibrenten mit den Zuwendungs-Zeitrenten endet in den Fällen, in denen der Berechtigte die Zuwendung ohne betriebliche Veranlassung erhält. Denn auf Grund der ausdrücklichen Bestimmung in § 22 Nr. 1 Satz 3 Buchstabe a EStG ist bei Leibrenten eben nur der Ertragsanteil und nicht der volle Betrag als Einnahme anzusetzen. Der Ansatz entfällt ganz, wenn der Verpflichtete keinen Abzug als Sonderausgaben vornehmen konnte, weil die in 2 J 6 für diesen Fall genannten Bedingungen nicht erfüllt sind.

Beispiel:

B erhält auf Grund einer nicht freiwillig begründeten Rechtspflicht auf Lebenszeit von V eine monatliche Rente von 600 DM. War B bei Rentenbeginn 60 Jahre alt, so beträgt der Ertragsanteil 29 % und sind infolgedessen jährlich 2088 DM als Einnahmen in der siebten Einkunftsart anzusetzen.

2 J 10 Die Behandlung wiederkehrender geldwerter Vorteile beim Berechtigten

a) Gegenleistung: Einzelne Wirtschaftsgüter des Betriebsvermögens

Wird ein einzelnes Wirtschaftsgut aus dem Betriebsvermögen gegen wiederkehrende geldwerte Vorteile (z. B. eine Umsatzbeteiligung) veräußert, so ergeben sich häufig Schwierigkeiten bei der Bestimmung des Veräußerungspreises. Die Praxis hilft sich – auch wegen des Vorsichtsprinzips der Bilanzierung – deshalb gewöhnlich damit, daß sie als Forderung an den Verpflichteten zunächst nur den Buchwert des veräußerten Wirtschaftguts ausweist, also eine erfolgsneutrale Umbuchung vornimmt. Alsdann werden gegen diesen Buchwert die laufend eingehenden Leistungen verrechnet; erst nach „Verbrauch" des Buchwerts entstehen in voller Höhe Erträge, die laufende Betriebseinnahmen sind. Wird der Buchwert nicht erreicht, so liegt in Höhe der Differenz ein Verlust vor. (Denkbar wäre auch eine Aktivierung des geldwerten Vorteils in Höhe des Teilwerts des veräußerten Wirtschaftsguts oder eine Behandlung analog der bei Leibrentenverabredungen: finanzmathemaische oder versicherungsmathematische Ermittlung des Barwertes der – ggf. geschätzten – Vorteile und jährliche Neubewertung.)

Beispiel:

B betreibt ein Maschinenbauunternehmen. Er hat eine Spezialmaschine konstruiert, die noch nicht hinsichtlich aller Verwendungsmöglichkeiten erprobt ist. V ist bereit, die Spezialmaschine zu erwerben, wenn als Kaufpreis keine feste Summe, sondern eine Beteiligung an dem Gewinn, der mit dieser Maschine erzielt wird, vereinbart werden kann. Die Spezialmaschine steht bei B im Veräußerungszeitpunkt mit 280 000 DM zu Buch. Die verabredete Gewinnbeteiligung beläuft sich auf 50 % des Gewinns aus dem Verkauf von Erzeugnissen, die auf der Spezialmaschine hergestellt werden.

B bucht den Buchwert der Maschine auf das Konto „Forderung aus Gewinnbeteiligung gegenüber V" um, denn er rechnet damit, daß aus der Gewinnbeteiligung mindestens Einnahmen von 280 000 DM entstehen (andernfalls hätte er die Pflicht zum Ausweis unrealisierter Verluste beachten müssen).

V zahlt nun als Gewinnbeteiligungen während der Nutzungsdauer der Maschine an B

im ersten Jahr	40 000 DM
im zweiten Jahr	100 000 DM
im dritten Jahr	110 000 DM
im vierten Jahr	90 000 DM
im fünften Jahr	70 000 DM

Die Zahlungen der ersten dreiJahre belaufen sich zusammen auf 250 000 DM; sie vermindern den Buchwert der Forderung gegenüber V auf 30 000 DM. Von den Eingängen des vierten Jahres (90 000 DM} sind bereits 60 000 DM Ertrag (Betriebseinnahmen); das gleiche gilt für den vollen Zufluß des fünften Jahres (70 000 DM).

b) Gegenleistung: Betriebsvermögenskomplexe und Fälle des § 17 EStG

In der Literatur wird angenommen, daß auch für diesen Fall das bereits in den Teilen 2 J 8b und 12 J 9b beschriebene Wahlrecht besteht: Der Berechtigte kann sich also für die Sofortbesteuerung entscheiden und den Veräußerungserfolg aus dem finanzmathematischen (wiederkehrende geldwerte Vorteile auf bestimmte Zeit) bzw. versicherungsmathematischen (wiederkehrende geldwerte Vorteile auf Lebenszeit) Barwert der – erforderlichenfalls geschätzten – zukünftigen Vorteile errechnen und ihn unter Ausnutzung etwaiger Freibeträge der (nach § 34 Abs. 1 EStG) ermäßigten Einkommensteuer unterwerfen. Die jährlich zu errechnenden Differenzen zwischen den empfangenen Zahlungen bzw. Vorteilen und den Verminderungen des Barwerts sind dann Einnahmen aus Kapitalvermögen.

Übt er diese Option nicht aus, so ist abzuwarten, bis die empfangenen Leistungen den Buchwert bzw. die Anschaffungskosten des veräußerten Objekts übersteigen. Erst dann liegen – dann allerdings in voller Höhe und ohne etwaige Begünstigungen nach § 34 EStG – laufende (nachträgliche) Bezüge aus der in Frage kommenden Einkunftsart vor.

Beispiel:

B veräußert einen Teilbetrieb gegen eine Umsatzbeteiligung. Im Zeitpunkt der Veräußerung hatte der Teilbetrieb einen steuerlichen Buchwert von 600 000 DM. In den ersten drei Jahren erhält B von V insgesamt 570 000 DM Umsatzbeteiligungen, die er – bei Option gegen eine Sofortversteuerung –noch nicht zu versteuern hat. Im vierten Jahr empfängt er 200 000 DM. Hiervon sind 170 000 DM nach §§ 15, 24 EStG als laufender Gewinn zu erfassen, desgleichen alle späteren Zahlungen.

c) Gegenleistung: Andere Fälle

Wird ertragbringendes Privatvermögen außerhalb des Anwendungsbereichs des § 17 EStG oder wird ertragloses Privatvermögen veräußert, so ist ein etwaiger Veräußerungserfolg, soweit er keinen Spekulationsgewinn darstellt, einkommensteuerlich ohne Bedeutung, weil er nicht unter eine der Einkunftsarten fällt. Aus diesem Grunde kann wegen der Wiederkehr der Vorteile § 22 Nr. 1 EStG eingreifen. Ob in diesem Falle die geldwerten Vorteile solange nicht zu versteuern sind, wie sie den gemeinen Wert des hingegebenen Wirtschaftsguts (der im Veräußerungszeitpunkt geschätzt werden muß, in der Regel mit dem Barwert der Erträge) nicht übersteigen, ist umstritten. Hier wird diese – mit der Behandlung beim Verpflichteten harmonierende – Auffassung vertreten.

Beispiel:

B veräußert seine private Briefmarkensammlung an V und erhält dafür von V das notarielle Versprechen, ihm auf Lebenszeit Unterhalt (einschl. etwaiger Krankheitskosten) zu gewähren. Die Unterhalts- und Krankheitskosten belaufen sich

im Jahr I auf	18 000 DM
im Jahr II auf	18 000 DM
im Jahr III auf	18 900 DM
im Jahr IV auf	19 800 DM
im Jahr V auf	21 600 DM
im Jahr VI auf	21 600 DM
im Jahr VII auf	18 900 DM

Beträgt der gemeine Wert der Briefmarkensammlung im Zeitpunkt der Veräußerung 75 000 DM, so ist die Tatsache der Unterhaltsgewährung für B bis einschließlich Jahr IV steuerlich unbeachtlich; denn am Ende dieses Jahres betragen die summierten wiederkehrenden geldwerten Vorteile erst 74 700 DM. Im fünften Jahr sind von 21 600 DM nach Abzug der restlichen 300 DM aber 21 300 DM zu versteuern, im sechsten und siebten Jahr jeweils die vollen obengenannten Beträge.

Für die Fälle des § 23 EStG ist der Veräußerungserfolg der Besteuerung zu unterwerfen. Wegen des hier maßgebenden Zuflußprinzip gilt dies jedoch erst, wenn und sobald die Summe der wiederkehrenden Vorteile die Anschaffungskosten des veräußerten Objekts übersteigt.

d) Zuwendung aus betrieblichem Anlaß

Erhält jemand Zuwendungen in Form wiederkehrender geldwerter Vorteile aus betrieblicher Veranlassung, also im Zusammenhang mit einer früheren Betätigung, die von den Einkunftsarten 1 bis 3 erfaßt wurde, ohne dafür eine unmittelbare Gegenleistung zu erbringen, so handelt es sich dabei (in voller Höhe) um nachträgliche Betriebseinnahmen.

Beispiel:
Die Firma V zahlt dem selbständigen Erfinder B auf Grund einer im Vergleichswege zustandegekommenen notariellen Verpflichtung einen „Umsatzbonus“ von 1 ‰ aus den Umsätzen mit einem Erzeugnis, an dessen Entwicklung B mit Ideen beteiligt war. Diese Einnahmen sind bei B – der sich seit einigen Jahren zur Ruhe gesetzt hat – nachträgliche Betriebseinnahmen aus der Einkunftsart 3, und zwar in voller Höhe.

e) Zuwendung ohne betrieblichen Anlaß

Nach der Rechtsprechung werden die Werksrenten und Firmenpensionen an ehemalige Arbeitnehmer nicht als Renten, sondern (beim Verpflichteten) als dauernde Lasten angesehen; sie sind deshalb an dieser Stelle abzuhandeln. Sie gehören beim Berechtigten als Einnahmen zu den Einkünften aus nichtselbständiger Arbeit (vgl. auch § 19 Abs. 1 Nr. 2 und Abs. 2 EStG).

Liegt kein Bezug zu Einkunftsarten aus früheren Tätigkeiten des Berechtigten vor, so sind die wiederkehrenden geldwerten Vorteile in voller Höhe Einnahmen in der Einkunftsart 7, wenn der Verpflichtete sie als Sonderausgabe abziehen kann.

Beispiele:

1) B erhält von dem Unternehmen, dem er jahrelang als Prokurist diente, eine Werkspension in Höhe von monatlich 800 DM. Es handelt sich dabei um Einnahmen aus nichtselbständiger Arbeit.

2) B erhält von V, zu dem keine gesetzliche Unterhaltsverpflichtung besteht, auf Grund eines Testaments des X eine lebenslange monatliche Zuwendung in bedarfsabhängiger (wechselnder) Höhe. B hat Einnahmen in der Einkunftsart „Sonstige Einkünfte“.

2 J 11 Besonderheiten bei Renten zwischen unterhaltsberechtigten Personen sowie bei freiwilligen Renten

In den vorstehenden Ausführungen ist stets davon ausgegangen worden, daß zwischen dem Berechtigten und dem Verpflichteten keine so nahen verwandtschaftlichen Beziehungen bestehen, daß die eine Person der anderen gegenüber unterhaltsverpflichtet ist. Nach bürgerlichem Recht (§§ 1601 ff. BGB) sind insbesondere Verwandte in gerade Linie (§ 1589 BGB) einander unterhaltsverpflichtet (Großeltern, Eltern, Kinder, Enkelkinder). Außerdem wurde im Bereich der Gegenleistungsrenten stets Abgewogenheit von Leistung und Gegenleistung nach kaufmännischen Gesichtspunkten angenommen.

Nun bestimmt die Vorschrift in § 12 Nr. 2 EStG, daß weder bei den einzelnen Einkunftsarten noch vom Gesamtbetrag der Einkünfte freiwillige Zuwendungen (also Zuwendungen ohne rechtliche Zahlungsverpflichtung), Zuwendungen auf Grund einer freiwillig begründeten Rechtspflicht und Zuwendungen an eine gegenüber dem Verpflichteten oder seinem Ehegatten gesetzlich unterhaltsberechtigte Person oder deren Ehegatten, auch wenn diese Zuwendungen auf einer besonderen Vereinbarung beruhen, abgezogen werden dürfen.

Die Vorschrift spricht aber nur von Zuwendungen. Damit sind nach der vorherrschenden Auffassung Renten und rentenähnliche Leistungen gemeint, denen keine oder doch nur eine nicht ins Gewicht fallende Gegenleistung gegenübersteht. Zwischen unterhaltsberechtigten Personen sind aber auch Gegenleistungsrenten denkbar. Die verwandtschaftlichen (Versorgungs-) und kommerziellen (Veräußerungs-)Gesichtspunkte können bei solchen Beziehungen auch zusammentreffen. Namentlich dieses Zusammentreffen kann Probleme aufwerfen. Nach der gegenwärtigen Rechtslage ist ihre Lösung wie folgt zu skizzieren (vgl. auch Abschnitt 123 Abs. 3 EStR);

(1) Wird die Rente oder rentenähnliche Leistung trotz der zwischen den Beteiligten bestehenden Unterhaltsverpflichtung nach den im Wirtschaftsleben üblichen Grundsätzen der Äquivalenz zwischen Leistung und Gegenleistung ausgerichtet und bemessen, so liegt keine Zuwendungs-, sondern eine Gegenleistungsrente vor. In diesem Fall ist die Tatsache der bestehenden Unterhaltsverpflichtung unbeachtlich.

Beispiel:

Der Vater überträgt seinen einzelkaufmännischen Betrieb auf seinen Sohn. Der Wert des Betriebes wird nach betriebswirtschaftlichen Regeln auf 500 000 DM geschätzt. Als Gegenleistung verspricht der Sohn dem Vater eine lebenslange Rente, deren versicherungsmathematischer Barwert 500 000 DM betragen soll; unter Zugrundelegung der Sterbetafeln und des Lebensalters des Vaters errechnet ein Versicherungsmathematiker daraus die vom Sohn jährlich zu erbringenden Rentenleistungen. – Die steuerliche Beurteilung dieses Falles erfolgt nach den Grundsätzen, die auch für Gegenleistungsleibrenten fremder Berechtigter und Verpflichteter gelten.

(2) Gewährt eine unterhaltsverpflichtete Person einer unterhaltsberechtigten Person eine Rente oder rentenähnliche Leistung in erster Linie aus Versorgungsgründen – Anhaltspunkt: der Wert des übertragenen Vermögens erreicht schon bei überschläglicher Berechnung nicht wenigstens die Hälfte des Wertes der Rentenverpflichtung –, so darf der Verpflichtete gem. § 12 Nr. 2 EStG diese Rentenzahlungen bei der Einkommensermittlung nicht abziehen; die Rente gilt in voller Höhe als Zuwendungsrente. Infolge der Wechselwirkung aus § 22 Nr. 1 Satz 2 EStG braucht der Berechtigte sie aber dann auch nicht als sonstige Einkünfte zu versteuern.

Beispiel:

Die alternde Mutter überträgt ihrer Tochter das von ihr bisher betriebene Lebensmittelgeschäft, dessen Wert nach betriebswirtschaftlichen Grundsätzen mit etwa 20 000 DM anzusetzen wäre. Die Tochter sagt der Mutter bei dieser Gelegenheit zu, sie lebenslang zu beherbergen, zu beköstigen und mit einem angemessenen Taschengeld zu versorgen. Der Gesamtwert dieser geldwerten Vorteile wird auf jährlich 16 000 DM geschätzt; auf Grund des Lebensalters der Mutter würde der versicherungsmathematisch errechnete Barwert dieses Zuwendungsversprechens 120 000 DM betragen. – Die steuerliche Beurteilung dieses Falles führt zu dem Ergebnis, daß die Mutter der Tochter das Lebensmittelgeschäft unentgeltlich übertragen hat (vgl. 2 H 8). Die Tochter kann den Wert der dauernden Lasten einkommensteuerlich nicht abziehen, die Mutter hat daraus keine steuerpflichtigen Einnahmen.

(3) Wird vom Berechtigten eine Gegenleistung erbracht, die weder – wie im Fall (2) – offensichtlich unangemessen (also nur scheinbar), noch – wie im Fall (1) – der Rente streng äquivalent ist, dann steht zwar der Versorgungscharakter im Vordergrund. Die verwandtschaftliche Versorgung wird aber nicht ohne Bezug auf die Gegenleistung gewährt, sondern im Hinblick auf diese. Übersteigt (bei überschläglicher Berechnung) der Wert des übertragenen Vermögens die Hälfte des Wertes der Rentenverpflichtung, so wird in diesen Fällen § 12 Nr. 2 EStG ebenfalls nicht angewendet; andererseits findet keine Verrechnung mit der Gegenleistung statt. Das hat folgende Konsequenzen: Der Verpflichtete darf eine Zeitrente oder eine dauernde Last voll, eine Leibrente mit dem Ertragsanteil als Sonderausgabe abziehen; der Berechtigte muß eine Zeitrente oder wiederkehrende

geldwerte Vorteile voll, eine Leibrente mit deren Ertragsanteil als Einnahmen in der Einkunftsart „Sonstige Einkünfte" ansetzen.

Beispiel:

Eltern, die gemeinsam ein Geschäft betrieben haben, dessen gegenwärtiger Gesamtwert 100 000 DM beträgt, wollen sich zur Ruhe setzen. Sie benötigen zur standesgemäßen Versorgung jährliche Bezüge von 20 000 DM. Sohn und Schwiegertochter übernehmen das Geschäft und sagen den Eltern eine jährliche Versorgungsrente von 20 000 DM zu. Nach versicherungsmathematischen Regeln möge sich auf Grund des Alters der ausscheidenden Eheleute ein versicherungsmathematischer Barwert des Rentenversprechend in Höhe von 180 000 DM ergeben. – In diesem Falle gilt die Übertragung des Betriebs der Eltern auf Sohn und Schwiegertochter zwar als unentgeltliche Übertragung (2 H 8). Sohn und Schwiegertochter können jedoch den Ertragsanteil der jährlichen Leibrentenzahlungen als Sonderausgaben abziehen; die Eltern müssen diesen Ertragsanteil als Einnahmen in der Einkunftsart 7 ansetzen.

Sinngemäß die gleichen Regeln gelten für die Fälle, in denen Renten als freiwillige „Zuwendungen" oder als „Zuwendungen" auf Grund einer freiwillig begründeten Rechtspflicht gezahlt und empfangen wurden, denn auch hier sind Mischungen zwischen Versorgung und Gegenleistung nicht selten.

Literatur zum Teil 2 J:

1. Die Kommentierung zu §§ 5, 9, 10 und 22 EStG.
2. Rose, Gerd/Stegmann, Heinrich, Degressive Leibrenten, WPg 1956, 148. – Rose, Gerd/Stegmann, Heinrich, Progressive Leibrenten, WPg 1958, 91. – Laux, Siegfried, Die Einkommensbesteuerung der Renten in wirtschaftskritischer Sicht, , Diss. rer. pol., Saarbrücken 1958. – Jansen, Rudolf/Wrede, Friedrich, Renten, Raten, dauernde Lasten, Herne/Berlin. – Sauerland, Heinz/Wendt, Wilhelm/Schmidt, Arnold/Schulz, Burghard, Rentenbesteuerung, Achim/Bremen. – Meyer, Walter/Richter, Heinz, Einkommensteuerrechtliche Auswirkung von Wertsicherungsvereinbarungen bei Renten und Raten, StBp 1969, 29. – Seithel, Rolf, Einkommensteuerliche Abgrenzung zwischen Leibrente und dauernder Last, FR 1969, 119. – Harwardt, Herbert, Die steuerliche Behandlung der Leibrenten und (anderen) dauernden Lasten, DStZ 1969, 135. – Rosenau, Heinz, Die Wertsicherungsklausel in rechtlicher und steuerrechtlicher Sicht, DB 1969, Beil. Nr. 18. – Harwardt, H., Die betriebliche Veräußerungsrente beim Rentenverpflichteten bei der Gewinnermittlung nach § 4 Abs. 3 EStG (mit Teilvergleichen gegenüber §§ 4 Abs. 1 und 5 EStG), FR 1972, 173. – Rose, Gerd, Verachtet mir die Zinsfuß' nicht!, Zinssatzfragen in der Steuerpraxis, StbJb 1973/74, 301. – Höfer, Reinhold, Gesetz zur Verbesserung der betrieblichen Altersversorgung, Kommentar (Steuerrechtlicher Teil), München. – Horschitz, Harald/Zimmermann, Reimar, Betriebliche und außerbetriebliche Renten, Raten und sonstige wiederkehrende Leistungen, Ludwigshafen. – Friele, Klaus/Spiegels, Willi, Ertragsteuerliche Behandlung von Kaufpreisraten bei den Einkünften i. S. des § 2 Abs. 1 Nr. 5 bis 7 EStG, DStR 1978, 395. – Paus, Bernhard, Betriebliche Versorgungsrenten an ausscheidende Gesellschafter, BB 1978, 1157. – Biergans, Enno, Raten, Renten, andere wiederkehrende Zahlungen in der Einkommensteuer, München/Wien. – Kleineidam, Hans-Jochen, Ausgewählte steuerliche Probleme bei der Beendigung unternehmerischer Betätigung, StbJb 1979/80, 357. – Wollny, Paul, Ausgewählte Fragen der Besteuerung wiederkehrender Bezüge, BB 1980, 306. – Johne, Dietmar/Wittmann, Franz, Zum Wahlrecht bei der Betriebsveräußerung gegen Leibrente – Sofortversteuerung oder Aussetzung der Versteuerung? –, DB 1980, 704. – Schult, Eberhard, Vorteile der Übertragung von Mitunternehmeranteilen auf Angehörige gegen Leibrente, DB 1981, 5. – Schindler, Joachim, Das Zinsfußproblem bei einer Betriebsveräußerung gegen Leibrente, DB 1981, 334. – Schoor, Walter, Wertverrechnung bei privaten Veräußerungsgeschäften gegen dauernde Last, FR 1982, 81. – Michels, Rolf, Steuerliche Wahlrechte, Wiesbaden. – Schreiber, Rudolf, Außerbetriebliche Versorgungsrenten und deren Änderbarkeit gemäß § 323 ZPO, DB 1982, 977. – Schreyer, Michaele, Die Ertragsanteilsbesteuerung von Renten – eine Modifikation des Steuertarifs?, StuW 1983, 136. – Richter, Heinz, Rentenzahlungen bei Spekulationsgeschäften, DStZ 1983, 515. – Welter, Reinhard, Wiederkehrende Leistungen im Zivilrecht und Steuerrecht, Berlin. – Puhl, Erhard. Die Einkommensbesteuerung von Renten unter besonderer Berücksichtigung der Renten aus der gesetzlichen Rentenversicherung, DB 1984, Beilage 9. – Walkhoff, Bernhard, Ausgabenabzug bei Kaufpreisrenten und Kaufpreisraten mit Wertsicherungsklauseln, DB 1984, 1216. – Stephan, Rudolf, Die Behandlung von Altenteilsleistungen nach dem BFH-Urteil vom 28. 7. 1983 und dessen Anwendung

durch die Finanzverwaltung, DB 1984, 2534. – Ritzrow, Manfred, Betriebliche Veräußerungsrenten, betriebliche und private Versorgungsrenten, StBp 1985, 153. – Bader, Franz-Josef/Lammsfuß, Franz/Rinne, Ulf, Die Besteuerung der Renten, Bonn. – Richter, Handbuch der Rentenbesteuerung, Köln. – Richter, Heinz, Zum Abzugsverbot für laufende Zuwendungen an gesetzlich unterhaltsberechtigte Personen trotz Gegenleistung, FR 1986, 202. – Stephan, Rudolf, Die Wertverrechnung bei privaten dauernden Lasten, DB 1986, 450. – Fischer, Lothar, Renten und dauernde Lasten – § 323 ZPO als taugliches Abgrenzungskriterium?, DB 1988, 982. – Mödder/Stollenwerk/Rödder/Söffing, Kaufpreisraten, Renten und rentenähnliche Leistungen im Einkommensteuerecht, SteuerStud 1989, 353, 389, 433 und 1990, 18, 60, 91. – Kalmes, Herbert, Private Grundstückskaufpreisraten und Einkünfte aus Kapitalvermögen, BB 1991, 1609. – Niepoth, Daniela, Neuordnung von Renten und rentenähnlichen Leistungen anhand des Anschaffungskostenbegriffs unter Einbeziehung des Beschlusses des Großen Senats vom 5. 7. 1990 GrS 4–6/89, DB 1991, 249. – Loritz, Karl-Georg, Wiederkehrende Bezüge, insbesondere Renten und dauernde Lasten, StVj 1991, 1991, 195. – Wismeth, Siegfried, Die steuerliche Abzugsfähigkeit von wiederkehrenden Leistungen, die auf einem Vermächtnis beruhen, DStR 1991, 1340.

2 K Das zu versteuernde Einkommen

2 K 1 Überblick

Das „zu versteuernde Einkommen", die Bemessungsgrundlage für die tarifliche Einkommensteuer, wird im § 2 Abs. 5 EStG definiert als „das Einkommen, vermindert um den Kinderfreibetrag nach § 32 Abs. 6, den Haushaltsfreibetrag nach § 32 Abs. 7, den Tariffreibetrag nach § 32 Abs. 8 und um die sonstigen vom Einkommen abzuziehenden Beträge". Bei dieser Definition fällt auf, daß die vom Einkommen abzuziehenden Posten im Gesetz nicht abschließend genannt sind, sondern außer den in § 32 EStG aufgeführten Freibeträgen noch „sonstige Beträge" umfassen.

Auch der Schluß, zwischen den Größen „Einkommen" und „zu versteuerndes Einkommen" könnten nur Abzugsposten existieren, so daß das zu versteuernde Einkommen nur gleich dem Einkommen oder kleiner als das Einkommen sein kann, ist nicht zutreffend. So ordnet § 10a Abs. 2 EStG beispielsweise eine Hinzurechnung zum Einkommen an. Auf derartige Ausnahmefälle wird aber wegen ihres sehr speziellen Charakters nicht weiter eingegangen.

2 K 2 Freibeträge nach § 32 EStG

a) Kinderfreibetrag

Für jedes Kind des Steuerpflichtigen gewährt § 32 Abs. 6 EStG einen Kinderfreibetrag von 1512 DM; bei Zusammenveranlagung von Ehegatten (2 A 5) beläuft er sich auf 3024 DM.

Den Begriff „Kind" im Sinne dieser Vorschrift definiert § 32 Abs. 1 EStG; in den Absätzen 2 bis 5 wird im einzelnen die „Berücksichtigungsfähigkeit" eines Kindes geregelt.

Berücksichtigt werden nur unbeschränkt einkommensteuerpflichtige (§ 32 Abs. 2 EStG) Kinder,

- die zu Beginn des Veranlagungszeitraums das 18. Lebensjahr noch nicht vollendet haben (§ 32 Abs. 3 EStG),

- die das 18., aber noch nicht das 27. Lebensjahr vollendet haben, wenn sie z. B. für einen Beruf ausgebildet werden, den gesetzlichen Grundwehrdienst oder Zivildienst leisten, Entwicklungshelfer sind, ein freiwilliges soziales Jahr absolvieren oder wegen körperlicher, geistiger oder seelischer Behinderung außerstande sind, sich selbst zu unterhalten (§ 32 Abs. 4 EStG),
- die das 27. Lebensjahr vollendet haben und wegen körperlicher, geistiger oder seelischer Behinderung außerstande sind, sich selbst zu unterhalten (§ 32 Abs. 5 EStG).

b) Haushaltsfreibetrag

Steuerpflichtige, die einzeln nach dem Grundtarif verlangt werden, erhalten gem. § 32 Abs. 7 EStG einen Haushaltsfreibetrag von 5616 DM, wenn sie im Veranlagungszeitraum mindestens ein Kind haben.

c) Tariffreibetrag

Für Steuerpflichtige, die im sog. „Beitrittsgebiet", d. h. den fünf zur ehemaligen DDR gehörenden neuen Bundesländern, wohnen, gewährt § 32 Abs. 8 EStG einen befristeten Tariffreibetrag. Er beträgt 600 DM bei Einzel- und 1200 DM bei Zusammenveranlagungen.

2 K 3 Sonstige vom Einkommen abzuziehende Beträge

Zu den sonstigen vom Einkommen abzuziehenden Beträgen rechnen vor allem die nach Maßgabe der Vorschriften in §§ 46 Abs. 3 EStG, 70 EStDV freibleibenden Beträge.

Nach § 46 Abs. 3 EStG ist bei der Veranlagung „ein Betrag in Höhe der Einkünfte, von denen der Steuerabzug vom Arbeitslohn nicht vorgenommen worden ist, vom Einkommen abzuziehen, wenn diese Einkünfte insgesamt nicht mehr als 800 DM betragen". Voraussetzung für die Gewährung dieses Freibetrags und der sich anschließenden Freigrenze aus § 46 Abs. 5 EStG (§ 70 EStDV) ist aber u. a., daß eine Veranlagung zur Einkommensteuer durchgeführt wird, obwohl das Einkommen unter 27 000 DM (bei Ehegatten: 54 000 DM) liegt.

Literatur zum Teil 2 K:

1. Die Kommentierungen zu § 32 EStG und den weiteren im Text genannten Vorschriften.
2. Braumdicker, Gotthard, Die einkommensteuerrechtliche Zuordnung von Kindern bei sog. nicht intakten Ehen, DStZ 1982, 358. – Ross, Hartmut, Die Berücksichtigung von Kindern im Steuerrecht, Wiesbaden

2 L Festsetzung und Zahlung der Einkommensteuer

2 L 1 Die Ermittlung der festzusetzenden Einkommensteuer

Nach § 25 EStG ist die gemäß § 36 Abs. 1 EStG mit Ablauf des Veranlagungszeitraums entstehende Einkommensteuer zu „veranlagen". Als Veranlagung bezeichnet man das Verfahren, in dem die zu zahlende Einkommensteuer festgesetzt wird (vgl. 18 A und 18 D 1 im Vierten Buch).

Die „festzusetzende Einkommensteuer" ergibt sich gemäß § 2 Abs. 6 EStG aus der „tariflichen Einkommensteuer" nach Abzug der Steuerermäßigungen aus Abschnitt V des EStG und aus Bestimmungen anderer Gesetze (vgl. dazu 2 A 4 und Tafel 1).

Die Steuerermäßigung bei ausländischen Einkünften ist in § 34c EStG geregelt. Das Grundprinzip (vgl. 24 A 3 im Fünften Buch) ist dies: Wer als unbeschränkt Steuerpflichtiger mit fremdstaatlichen Einkünften sowohl zur deutschen wie auch zur fremdstaatlichen Einkommensteuer herangezogen wird, darf „die festgesetzte und gezahlte und keinem Ermäßigungsanspruch mehr unterliegende ausländische Steuer auf die deutsche Einkommensteuer" anrechnen, „die auf die Einkünfte aus diesem Staat entfällt". Auf Antrag erfolgt statt dieser Anrechnung der Abzug der ausländischen Steuer „bei der Ermittlung des Gesamtbetrags der Einkünfte" (vgl. 24 A 5). Schließlich kommt in bestimmten Fällen auch eine Pauschalierung in Betracht (vgl. 24 A 4).

§ 35 EStG regelt die Fälle einer Steuerermäßigung bei Belastung mit Erbschaftsteuer: Auf Antrag wird „die um sonstige Steuerermäßigungen gekürzte tarifliche Einkommensteuer" auf Einkünfte, die in den letzten fünf Veranlagungszeiträumen „als Erwerb von Todes wegen der Erbschaftsteuer unterlegen haben", um einen von der Höhe der Erbschaftsteuer abhängigen Prozentsatz gekürzt, soweit die Erbschaftsteuer nicht als dauernde Last nach § 10 Abs. 1 Nr. 1a EStG abgezogen werden kann (vgl. 16 G im Dritten Buch).

§§ 34e, 34f und 34g EStG sehen Steuerermäßigungen bei Einkünften aus Land- und Forstwirtschaft, bei Steuerpflichtigen mit mehreren Kindern, die § 7b bzw. § 10e EStG in Anspruch nehmen, sowie bei Mitgliedsbeiträgen und Spenden an politische Parteien und an unabhängige Wählervereinigungen (§ 10b Abs. 2 EStG) vor.

Eine weitere Steuerermäßigung enthält Artikel IV des Berlinförderungsgesetzes (§§ 21 bis 27 BerlinFG). Danach ermäßigt sich u. a. die auf Einkünfte aus Berlin (West) entfallende Einkommensteuer, wenn bestimmte Bedingungen erfüllt sind.

Nicht in allen Fällen, in denen eine Einkommensteuer festzusetzen ist, findet eine Veranlagung statt. Übersteigt das Einkommen nicht 27 000 DM bzw. (bei Zusammenveranlagung) 54 000 DM und sind darin Einkünfte aus nichtselbständiger Arbeit enthalten, so entfällt häufig eine Veranlagung nach § 46 EStG.

Die im Einkommensteuerbescheid angegebene (veranlagte) Einkommensteuer ist regelmäßig nicht dem Betrag gleich, der tatsächlich vom Steuerpflichtigen noch zu entrichten ist. Normalerweise ist der zu entrichtende Betrag kleiner; es kann im Bescheid auch eine

Rückerstattung angekündigt werden. Die Ursache für dieses Abweichen liegt in § 36 Abs. 2 EStG, wonach auf die Einkommensteuer bestimmte, bereits vorher geleistete Beträge angerechnet werden. Dabei handelt es sich im wesentlichen um einbehaltene Lohnsteuer, einbehaltene Kapitalertragsteuer und geleistete Vorauszahlungen auf die Einkommensteuer sowie um die anzurechnende Körperschaftsteuer aus Einnahmen im Sinne des § 20 Abs. 1 Nr. 1 und 2 EStG.

Literatur:

1. Die Kommentierungen zu §§ 25, 34c, 34e, 34f, 34g, 35, 36, 46, 46a EStG, zum Berlinförderungsgesetz und zum Lohnsteuerrecht.
2. Klotz, Werner, Milderung der Doppelbelastung durch Einkommensteuer und Erbschaftsteuer im Einkommensteuergesetz, DStZ 1974, 347. – Merten, Henning, Zur Einkommensteuerermäßigung bei Belastung mit Erbschaftsteuer nach § 35 EStG, FR 1975, 595. – Sontheimer, Jürgen, Das Zusammentreffen mehrerer tariflichen Begünstigungen, BB 1986, 916. – Rödder, Thomas, Der Abbau der Tarifpräferenzen des Berlinförderungsgesetzes, BB 1991, 1753.

2 L 2 Die Lohnsteuer

Bei den Einkünften aus nichtselbständiger Arbeit erfolgt regelmäßig ein „Steuerabzug vom Arbeitslohn" (vgl. auch Teil 2 B 4). Die näheren Einzelheiten sind im zweiten Abschnitt des VI. Teils des EStG (§§ 38–42 f) und in der LStDV geregelt; diese Vorschriften werden durch die umfangreichen LStR ergänzt.

Das Lohnsteuerverfahren läßt sich kurz so skizzieren: Begibt sich jemand in ein Dienstverhältnis oder bezieht er Einnahmen aus einem früheren Dienstverhältnis oder Einnahmen als Rechtsnachfolger einer nichtselbständig tätigen Person, so hat er demjenigen, der die Bezüge zahlt (in der Regel also dem Arbeitgeber), eine von der Gemeindebehörde ausgeschriebene Lohnsteuerkarte vorzulegen. Diese Karte enthält die für den Steuerabzug vom Arbeitslohn wichtigen Merkmale; insbesondere gibt sie dem Arbeitgeber an, zu welcher „Steuerklasse" (I bis VI) der Lohnempfänger gehört. Der Arbeitgeber berechnet unter Berücksichtigung der auf der Steuerkarte enthaltenen Angaben mit Hilfe der Lohnsteuertabellen (die es für die verschiedensten Lohnzahlungszeiträume gibt) die Lohnsteuer und behält sie vom Bruttolohn ein. Es gibt jeweils „allgemeine" und „besondere" Lohnsteuertabellen; die zweitgenannten sind insbesondere auf die Bezüge von Beamten anzuwenden; diesen steht nur eine verminderte Vorsorgepauschale (vgl. 2 E 5) zu. Die einbehaltenen Beträge führt er für Rechnung des Arbeitnehmers an das Finanzamt ab; dem Arbeitnehmer zahlt er nur den Nettolohn aus, quittiert ihm aber die abgeführte Lohnsteuer sowohl in den jeweiligen Lohn- bzw. Gehaltsabrechnungen als auch am Jahresende durch eine entsprechende Bescheinigung auf der Lohnsteuerkarte. (In bestimmten Fällen ist – abweichend von Vorstehendem – auch eine Lohnsteuerpauschalierung möglich; vgl. §§ 40, 40a und 40b EStG).

Da die Lohnsteuer keine selbständige Steuer, sondern nur eine besondere Erhebungsform der Einkommensteuer ist, entsprechen die Lohnsteuertabellen grundsätzlich der Einkommensteuertabelle. Jedoch sind bei der Aufstellung der Lohnsteuertabellen der Arbeitnehmer-Pauschbetrag, der Sonderausgaben-Pauschbetrag, die Vorsorgepauschale, der Kinderfreibetrag und der Haushaltsfreibetrag bereits berücksichtigt.

Grundsätzlich wird auch die Lohnsteuer für das Kalenderjahr erhoben. Stellt sich deshalb am Ende eines Jahres heraus, daß die Jahres-Lohnsteuerschuld geringer als die Summe der in den einzelnen Lohnzahlungszeiträumen einbehaltenen Lohnsteuerbeträge ist (was aufgrund der Progression des Tarifs insbesondere bei schwankenden Bezügen möglich ist), so findet ein Lohnsteuer-Jahresausgleich statt, den in der Regel der Arbeitgeber, in einigen Fällen das Finanzamt, durchzuführen hat. In diesem Verfahren wird dem Lohnsteuerpflichtigen ein etwa überzahlter Betrag erstattet (Vgl. dazu §§ 42 bis 42b EStG).

Wenn eine Einkommensteuerveranlagung nicht aufgrund der Vorschriften in § 46 EStG unterbleibt, muß sie durchgeführt werden. Bei der Berechnung der Einkünfte aus nichtselbständiger Arbeit sind hier aber alle lohnsteuerlichen Regelungen unverändert zu beachten. Die durch den Lohnsteuerabzug einbehaltenen Beträge werden nach § 36 Abs. 2 Nr. 2 EStG auf die Einkommensteuer angerechnet; die Lohnsteuer wird also zutreffend wie eine Vorauszahlung auf die Einkommensteuer behandelt.

Literatur:

1. Die Kommentierung zu §§ 38 ff. EStG und zum Lohnsteuerrecht.
2. Mertens, Joachim, Das Lohnsteuerverfahren, StuW 1970, Sp. 109. – Lang, Joachim, Das neue Lohnsteuerrecht, StuW 1975, 113. – Selchert, Friedrich W., Die Lohnsteuer in der betriebswirtschaftlichen Steuerpolitik, ZfB 1978, 1. –Giloy, Jörg, Rechtswirkungen des Lohnsteuer-Jahresausgleichs, DStZ 1978, 407. – Meincke, Jens Peter, Lohnsteuer bei unerlaubter Arbeitnehmerüberlassung, StuW 1980, 235. – Gail, Winfried, Die zunehmende Verfremdung der Lohnsteuer zu einer neuen Unternehmenssteuer, StbJb 1980/81, 289. – Schick, Walter, Steuerschuld und Steuerhaftung im Lohnsteuerverfahren, BB 1983, 1041. – Kruse, Heinrich Wilhelm, Zur Pauschalierung und Übernahme der Lohnsteuer durch den Arbeitgeber, FR 1985, 1. – Einig, E., Der Freibetrag auf der Lohnsteuerkarte – ein Mittel gegen vermeidbare Zinsverluste, Inf. 1985, 125. – Giloy, Jörg, Zur Pauschalierung der Lohnsteuer, BB 1985, 923. –Stolterfoht, Joachim N. (Hrsg.), Grundfragen des Lohnsteuerrechts, Köln. – Trzaskalik, Christoph, Die Lohnsteuer-Pauschalierung, DB 1990, 1203. – Drenseck, Walter, Verfassungswidrige Benachteiligung von Arbeitnehmern im Lohnsteuerabzugsverfahren, StuW 1991, 232.

2 L 3 Die Kapitalertragsteuern

Eine weitere Abzugssteuer ist die Kapitalertragsteuer. Sie kommt in zwei Unterarten vor, die sich durch die Höhe des Satzes (25 % oder 30 %) und die Behandlung bei der Veranlagung unterscheiden.
Geregelt sind die Fragen der Kapitalertragsteuer in den §§ 43–45b EStG. Danach hat der Schuldner bestimmter Kapitalerträge (z. B. der Schuldner von Dividenden) für Rechnung des Gläubigers (z. B. des Aktionärs) bei der Auszahlung des Kapitalertrags einen Steuerabzug vorzunehmen und den einbehaltenen Betrag an das Finanzamt abzuführen. Der Abzug ist unabhängig davon vorzunehmen, im Rahmen welcher Einkunftsart dem Gläubiger diese Erträge zufließen (vgl. dazu 2 C 1).

Die normale Kapitalertragsteuer in Höhe von 25 % der dem Empfänger zustehenden Beträge wird vor allem erhoben von Erträgen aus Beteiligungen an einer Kapitalgesellschaft (Dividenden) ohne die anzurechnende oder zu vergütende Körperschaftsteuer (vgl. 2 B 5, 3 A 2), und aus der Beteiligung als (typischer) stiller Gesellschafter bzw. aus partiarischen Darlehen. Diese Kapitalertragsteuer ist uneingeschränkt als Vorauszahlung des Ertragsbeziehers anzusehen und bei unbeschränkter Steuerpflicht auf seine Einkommensteuer anzurechnen.

Kapitalertragsbeziehern, bei denen (z. B. wegen nur geringen Einkommens neben lohnsteuerpflichtigen Bezügen) voraussichtlich keine Einkommensteuerveranlagung in Betracht kommt, kann eine sog. „NV-Bescheinigung“ (§ 44a Abs. 2 EStG) ausgestellt werden; in diesen Fällen wird vom Kapitalertragsteuerabzug abgesehen (§ 44a Abs. 1 EStG) oder die Kapitalertragsteuer erstattet (§ 44 b Abs. 1 EStG).

Einige Empfänger von Kapitalerträgen (z. B. gemeinnützige Körperschaften) haben ebenfalls Anspruch auf Nichterhebung bzw. Erstattung der vollen Kapitalertragsteuer; anderen (z. B. steuerbefreiten Berufsverbänden) wird die Hälfte erstattet (§§ 44a Abs. 4, 44c EStG).

Bestimmte, in § 43 Abs. 1 Nr. 5 EStG genannte Zinsen unterliegen gem. § 43a Abs. 1 Nr. 2 EStG einem Kapitalertragsteuerabzug von 30 %. Es handelt sich dabei um Zinsen aus Wertpapieren, deren Absatz der Gesetzgeber in den Jahren 1952 bis 1954 für besonders förderungswürdig gehalten hat (Kapitalmarktförderung). Bei diesen Kapitalerträgen ist gem. § 45 b EStG die Einkommensteuer durch den Steuerabzug abgegolten; sie werden also nicht in die Veranlagung einbezogen.

Literatur:

1. Die Kommentierungen zu §§ 43 bis 45b EStG sowie zu § 46a EStG.
2. Die Literaturangaben zu 2 B 5 und 3 C 2.
3. Scholtz, Rolf-Detlev, Die Erhebung der Kapitalertragsteuer nach neuem Recht, FR 1977, 53. – Schaumburg, Heide, Die Neuregelung der Kapitalertragsteuer, DB 1977, 1524.

2 L 4 Anrechnung oder Vergütung der Körperschaftsteuer

Nach dem geltenden Körperschaftsteuer-Anrechnungs-System – eine nähere Erläuterung findet sich in den Teilen 3 A 3 und 3 C 2 – soll die von Kapitalgesellschaften bzw. anderen steuerpflichtigen Körperschaften entrichtete Körperschaftsteuer insoweit den Anteilseignern gutgebracht werden, als sie auf empfangene Ausschüttungen entfällt. Diese Körprschaftsteuer beträgt immer 9/16 = 56,25 % der Einnahmen im Sinne des § 20 Abs. 1 Nr. 1 oder 2 EStG und gehört gem. § 20 Abs. 1 Nr. 3 EStG selbst zu den Einkünften aus Kapitalvermögen (vgl. 2 B 5).

Normalerweise erfolgt die Erstattung im Wege der Anrechnung gem. § 36 Abs. 2 Nr. 3 EStG; die Einkommensteuerschuld desjenigen, der die Gewinn- oder Liquidationsausschüttung empfangen hat, wird in Höhe des Anrechnungsbetrages gemindert, und zwar unabhängig von der tatsächlichen Entrichtung der Körperschaftsteuer durch die ausschüttende Körperschaft.

Ist – z. B. bei Kleinaktionären – damit zu rechnen, daß eine Veranlagung zur Einkommensteuer nicht erfolgen wird, so tritt auf Antrag unter Vorlage einer sog. „NV-Bescheinigung“ (§ 36 b Abs. 2 EStG) an die Stelle der Anrechnung eine Vergütung der anrechenbaren Körperschaftsteuer (§§ 36b bis 36e EStG). Der Betrag von 9/16 der Dividenden usw. wird dem betreffenden Steuerpflichtigen dann ausgezahlt; zuständig hierfür ist das Bundesamt für Finanzen. Die Vergütung erfolgt oft über Sammelanträge durch das jeweils beauftragte Kreditinstiut.

Literatur:

1. Die Kommentierungen zu §§ 36, 36a, 36b, 36c, 36d und 36e EStG.
2. Widmann, Siegfried, Körperschaftsteuer-Anrechnung und Verfahrensrecht, FR 1989, 224.

2 L 5 Vorauszahlungen, Abschlußzahlung, Erstattung

Auf die am Ende des Jahres entstehende Einkommensteuer haben die Steuerpflichtigen vierteljährlich Vorauszahlungen zu leisten (§ 37 EStG). Ihre Höhe bemißt sich grundsätzlich nach der bei der letzten Veranlagung festgestellten Steuer, also nach einer Vergangenheitsgröße. Die Vorauszahlungen können aber der für den laufenden oder zurückliegenden Veranlagungszeitraum voraussichtlich sich ergebenden Steuer angepaßt werden. Sie werden mit einem Vorauszahlungsbescheid eingefordert, der gewöhnlich als Teil des Einkommensteuer-Bescheids ausgebildet ist (vgl. 18 D 1 im Vierten Buch).

Für die Festsetzung und Erhöhung einer Vorauszahlung setzt § 37 Abs. 5 EStG Mindestbeträge fest.

Aus der Institution der Vorauszahlungen wird erkennbar, daß die Einkommensteuer dem Prinzip nach bereits im Zeitraum der Entstehung des Einkommens und nicht erst nach endgültiger Feststellung zu entrichten ist.

Ist die Einkommensteuer durch Veranlagung festgestellt worden, so wird auf sie der Betrag der für den Veranlagungszeitraum entrichteten Vorauszahlungen, der durch Lohn- oder Kapitalertragsteuerabzug einbehaltenen Beträge (2 L 2, 2 L 3) und der anzurechnenden Körperschaftsteuer (2 L 4) angerechnet (§ 36 Abs. 2 EStG).

Ergibt sich nach Abzug aller Anrechnungsbeträge, daß noch eine restliche Einkommensteuer (die sog. Abschlußzahlung) verbleibt, so ist sie innerhalb eines Monats nach Bekanntgabe des Steuerbescheids zu entrichten. Waren dagegen die Anrechnungsbeträge (Vorauszahlungen, Steuereinbehalte und Körperschaftsteueranrechnung) größer als die festgesetzte Schuld, so ergibt sich ein Erstattungsanspruch in Höhe des Unterschiedsbetrages; dieser wird dem Steuerpflichtigen zurückgezahlt (§ 36 Abs. 4 EStG).

Literatur:

Die Kommentierungen zu §§ 36 und 37 EStG.

2 M Kindergeld und Erziehungsgeld

Die durch das Vorhandensein von Kindern entstehende Belastung des Steuerpflichtigen wird derzeit sowohl durch Abzüge von der Einkommensteuerbemessungsgrundlage (sogenannte Kinderfreibeträge; vgl. 2 K 2) berücksichtigt als auch durch ein Kindergeld gemildert. Aus dem Bundeskindergeldgesetz erhalten die anspruchsberechtigten Personen für das erste Kind 50 DM, für das zweite Kind 100 DM, für das dritte Kind 220 DM und für alle weiteren Kinder je 240 DM monatlich durch die Arbeitsämter (bei Angehörigen des öffentlichen Dienstes: durch den Dienstherrn) gezahlt; bei Überschreiten bestimmter Jahreseinkommensgrenzen ermäßigen sich die Beträge für das zweite Kind bis auf 70 DM und für jedes weitere Kind bis auf 140 DM, bei Unterschreiten des Grundfreibetrages (vgl. 2 A 4) erhöhen sie sich um Zuschläge. Ein Anspruch besteht für die Kinder, die das

16. Lebensjahr noch nicht vollendet haben, immer, für ältere (in der Regel bis zur Vollendung des 27. Lebensjahres), wenn sie sich z. B. in Schul- oder Berufsausbildung befinden (vgl. § 2 Bundeskindergeldgesetz). Anspruchsberechtigt können auch alleinstehende Kinder sein.

Nach dem Bundeserziehungsgeldgesetz haben Kinder betreuende und erziehende Eltern Anspruch auf ein monatliches Erziehungsgeld bis zur Vollendung des ersten Lebensjahres des Kindes. Dieses Erziehungsgeld beträgt für die ersten sechs Lebensmonate 600 DM monatlich, danach wird es ggf. – bei höheren Einkommen – gemindert.

Die Leistungen nach dem Bundeskindergeldgesetz und dem Bundeserziehungsgeldgesetz sind nach § 3 Nr. 24 und Nr. 67 EStG einkommensteuerfrei.

Literatur:

1. Die Kommentierung zum Bundeskindergeldgesetz und zum Bundeserziehungsgeldgesetz.
2. Büttner, Josef, Das Kindergeld, Stuttgart/Berlin/Köln/Mainz. – Krebs, H., Das Bundeskindergeldgesetz, NWB Fach 27, 1673. – Dziadkowski, Dieter, Kindergeld und Besteuerung nach der Leistungsfähigkeit, BB 1981, Beilage 9. –Malten, Bernd, Kindbedingte Erleichterungen im Steuerrecht, nach dem Budneskindergeldgesetz, dem Spar- und Wohnungsbau-Prämiengesetz, dem Dritten Vermögensbildungsgesetz und dem Berlinförderungsgesetz, DB 1981, Beilage 13. – Becker, Jochen, Die Wechselwirkungen zwischen Einkommensteuer- (EStG) und Bundeskindergeldgesetz (BKGG), FR 1986, 193.

2 N Die Kirchensteuern

Religionsgemeinschaften, die den Status einer Körperschaft des öffentlichen Rechts haben (so die römisch-katholische, die alt-katholische, die evangelische-lutherische, die evangelisch-reformierte Kirche und die jüdischen Kultusgemeinden), haben nach Maßgabe der entsprechenden Landesgesetze die Berechtigung, Kirchensteuern von den natürlichen Personen zu erheben.

Es gibt Kirchensteuern vom Einkommen, vom Vermögen, vom Grundbesitz, vom landwirtschaftlichen Einheitswert und daneben in manchen Gemeinden das sog. „Kirchgeld". Mit Ausnahme des Kirchgeldes werden die Kirchesteuern von den Finanzämtern festgesetzt und eingezogen.

Derzeit beträgt die Kirchensteuer vom Einkommen in den meisten Teilen des Bundesgebiets 9 % der nach Maßgabe des § 51a EStG um Kinderabzugsbeträge verminderten Einkommensteuer; es kommen aber auch abweichende Sätze (in Bayern z. B. 8 %) vor. Bei sehr hohen Einkommen kann die Kirchensteuer auch auf einen Prozentsatz des Einkommens (statt der Einkommensteuer) begrenzt werden („Kirchensteuerkappung"). Bei Personen, die einer kirchensteuererhebenden Religionsgemeinschaft angehören, ist die Kirchensteuer also als zusätzliche Einkommensteuer anzusehen. Dabei ist jedoch zu berücksichtigen, daß die Kirchensteuer nach § 10 Abs. 1 Nr. 4 EStG in der im Veranlagungszeitraum entrichteten Höhe voll abzugsfähige Sonderausgabe ist (vgl. 2 E 3); dadurch tritt eine Ermäßigung der effektiven Kirchensteuerbelastung ein, die mit wachsendem Einkommen wegen der ansteigenden Progression relativ zunimmt.

Literatur:

Engelhardt, Hanns, Die Kirchensteuer in der Bundesrepublik Deutschland, Bad Homburg v. d. H./Zürich. – Rasenack, Christian, Zum Abzugsverfahren bei der Kirchenlohnsteuer, BB 1968, 539, – Marré, Heiner/Hoffakker, Paul, Das Kirchensteuerrecht im Land Nordrhein-Westfalen, Kommentar, Münster – Dieckmann, Karl, Kirchensteuerberechnung zusammenveranlagter Ehegatten bei Kirchenaustritten im Laufe des Veranlagungszeitraums, FR 1972, 317. – Rose, Gerd, Die Steuerbelastung der Unternehmung, Grundzüge der Teilsteuerrechnung, Wiesbade 1973, 71-76. – Streck, Michael, Kirchensteuerpflicht durch Kirchensteuerzahlung, FR 1976, 452. – Giloy, Jörg, Kirchensteuer bei Pauschalierung der Lohnsteuer, BB 1978, 1056. – Friebe, Siegfried, Kirchensteuer in der Bundesrepublik Deutschland, DStZ 1980, 465. – Graupner, Hellmut, Kirchensteuer als Unternehmenssteuer eigener Art?, DB 1984, 687. – Kirchhof, Paul, Die Einkommensteuer als Maßstab für die Kirchensteuer, DStZ 1986, 25. – Wagner, Klaus I., Zur Kirchensteuer bei Pauschalierung der Lohnsteuer, FR 1990, 97.

3 Die Körperschaftsteuer

3 A Überblick

3 A 1 Die persönliche Steuerpflicht

Die zweite große Ertragsteuer, die Körperschaftsteuer, ist ebenfalls in juristischer Sicht als „Personensteuer“ ausgestaltet. Dementsprechend beginnt das Körperschaftsteuergesetz (KStG) mit der Bestimmung der persönlichen Steuerpflicht. In gleicher Weise wie im EStG (vgl. 2 A 1) wird zwischen einer unbeschränkten (§ 1 KStG) und einer beschränkten (§ 2 KStG) Steuerpflicht unterschieden. Zur Abgrenzung von der Einkommensteuerpflicht gibt § 3 KStG nähere Anweisungen.

Unbeschränkt körperschaftsteuerpflichtig sind insbesondere die Kapitalgesellschaften (AG, KGaA, GmbH), die Erwerbs- und Wirtschaftsgenossenschaften, die Versicherungsvereine auf Gegenseitigkeit, die sonstigen juristischen Personen des privaten Rechts, aber auch die nicht rechtsfähigen Vereine, Anstalten, Stiftungen und anderen Zweckvermögen sowie die „Betriebe gewerblicher Art von juristischen Personen des öffentlichen Rechts", das sind die nicht hoheitliche Gewalt ausübenden Einrichtungen von Bund, Ländern und Gemeinden, „die einer nachhaltigen wirtschaftlichen Tätigkeit zur Erzielung von Einnahmen außerhalb der Land- und Forstwirtschaft dienen und die sich innerhalb der Gesamtbetätigung der juristischen Person wirtschaftlich herausheben“ (§ 4 Abs. 1 KStG). Die unbeschränkte Körperschaftsteuerpflicht tritt ein, wenn diese Gebilde ihren Sitz oder ihre Geschäftsleitung (§§ 10, 11 AO) im Inland haben. Die unbeschränkte Körperschaftsteuerpflicht erstreckt sich auf sämtliche Einkünfte der Körperschaft (§ 1 Abs. 2 KStG).

Beschränkt körperschaftsteuerpflichtig sind die vorstehend bezeichneten Körperschaften, Personenvereinigungen und Vermögensmassen, wenn sie weder ihre Geschäftsleitung noch ihren Sitz im Inland haben. Die beschränkte Körperschaftsteuerpflicht ergreift hier nur inländische Einkünfte (§ 2 KStG). Näheres zur beschränkten Körperschaftsteuerpflicht findet sich im Teil 22 C im Fünften Buch.

Für bestimmte Körperschaften sprechen §§ 5 und 6 KStG persönliche Befreiungen aus. Diese erstrecken sich jedoch nicht auf die inländischen Einkünfte, die dem (Kapitalertrag-)Steuerabzug unterliegen (§ 5 Abs. 2 Nr. 1 KStG).

Die persönliche Steuerpflicht beginnt regelmäßig mit der Gründung des körperschaftsteuerpflichtigen Gebildes, bei Kapitalgesellschaften also mit dem Abschluß des Gesellschaftsvertrages bzw. der Satzung; sie endet mit der Liquidation oder Umwandlung (vgl. 3 H).

3 A 2 Bemessungsgrundlagen und Tarife

Die Hauptbemessungsgrundlage für die Körperschaftsteuer ist gem. § 7 KStG das zu versteuernde Einkommen (im folgenden kurz: Einkommen). Der im Regelfall auf dieses Einkommen anzuwendende Steuersatz (ohne den für 1991 und 1992 zu erhebenden

Solidaritätszuschlag, vgl. Teil 6) beläuft sich gem. § 23 Abs. 1 KStG auf 50 %, so jedenfalls für alle Kapitalgesellschaften sowie Erwerbs- und Wirtschaftsgenossenschaften; zur Anwendung des abweichenden Körperschaftsteuersatzes von 46 % vgl. § 23 Abs. 2 KStG.

Die aus der Hauptbemessungsgrundlage „Einkommen" errechnete 50 %ige Körperschaftsteuer kann sich jedoch gem. § 23 Abs. 5 KStG dann noch vermindern oder erhöhen, wenn unbeschränkt steuerpflichtige Kapitalgesellschaften Gewinnausschüttungen vornehmen. Für diesen Fall ist nämlich gem. § 27 Abs. 1 KStG stets eine „Ausschüttungsbelastung" herzustellen. Deren Bemessungsgrundlage ist die Brutto-Gewinnausschüttung, also der ausgeschüttete Gewinn *vor* Abzug der Körperschaftsteuer. Der auf diese Bemessungsgrundlage anzuwendende Steuersatz beträgt 36 %.

Das Zusammenwirken dieser beiden, das Einkommen einerseits, die Gewinnausschüttungen andererseits treffenden Körperschaftsteuern bedarf noch näherer Erläuterungen. Sie werden weiter unten gegeben. An dieser Stelle kann lediglich – stark vereinfachend – gesagt werden: Tätigt eine Kapitalgesellschaft keine Gewinnausschüttungen, so beträgt ihre Körperschaftsteuer für das betreffende Jahr 50 % ihres Einkommens. Wenn ihr Einkommen dem ausschüttbaren Brutto-Gewinn entspricht und das, was nach der Körperschaftsteuer von diesem Brutto-Gewinn verbleibt, auch tatsächlich zur Ausschüttung gelangt, ermäßigt sich die Körperschaftsteuer für dieses Jahr auf 36 %. Bei Abweichungen zwischen Einkommen und Ausschüttungen können sich Verminderungen oder Erhöhungen ergeben, wie die folgenden beiden Beispiele zeigen.

Beispiele:

1) Das zu versteuernde Einkommen einer Kapitalgesellschaft beträgt 1 Mio DM, die Brutto-Gewinnausschüttungen stellen sich für das gleiche Jahr auf 300 000 DM. Die Körperschaftsteuer errechnet sich wie folgt:

Tarifmäßige Körperschaftsteuer 50 % von 1 Mio DM =		500 000 DM
Minderung der Körperschaftsteuer wegen der Ausschüttungen 14 % von 300 000 DM=		– 42 000 DM
Festzusetzende Körperschaftsteuer		458 000 DM
Die Kontrollrechnung zeigt, daß der zu Ausschüttungen verwendete Teil des Einkommens	300 000 DM	
einer 36%igen, der restliche Teil	700 000 DM	
einer 50%igen Körperschaftsteuer unterworfen worden ist:		
36 % von 300 000 DM =		108 000 DM
50 % von 700 000 DM =		350 000 DM
	1 000 000 DM	458 000 DM

2) Das zu versteuernde Einkommen einer Kapitalgesellschaft beträgt 100 000 DM, ihre Brutto-Gewinnausschüttungen belaufen sich für das gleiche Jahr auf 300 000 DM. Die Körperschaftsteuer errechnet sich so:

Tarifmäßige Körperschaftsteuer 50 % von 100 000 DM =		50 000 DM
Erhöhung der Körperschaftsteuer		
+ 36 % von 200 000 DM =	72 000 DM	
./. 14 % von 100 000 DM =	14 000 DM	58 000 DM
Festzusetzende Körperschaftsteuer		108 000 DM

Dies entspricht, wie unmittelbar ersichtlich, der vom Gesetz gewollten 36%igen Belastung der gesamten Brutto-Ausschüttungen (300 000 DM).

Das vorstehend Gesagte liefert, um es zu wiederholen, nur ein allererstes, stärkstens vereinfachtes Besteuerungsbild. Es muß deshalb durch die späteren Ausführungen modifiziert werden.

3 A 3 Die Anrechnung der Körperschaftsteuer bei den Anteilseignern

Bei den unbeschränkt steuerpflichtigen Gesellschaftern einer Kapitalgesellschaft wird die (36 % der Brutto-Ausschüttung betragende) Körperschaftsteuer auf ihre individuelle Einkommensteuer oder Körperschaftsteuer angerechnet, d. h. sie wird ihnen in einer – technisch an späterer Stelle (3 C 2) näher beschriebenen Weise – gutgebracht. Die Kernvorschrift hierzu findet sich in § 36 Abs. 2 Nr. 3 EStG (§ 49 Abs. 1 KStG). Das Ziel dieser Maßnahme besteht darin, letztlich die Gewinne einer Kapitalgesellschaft endgültig nur bei ihren Anteilseignern mit der nach deren individuellen Verhältnissen sich ergebenden Einkommensteuer zu belasten. Nur solange die Gewinne der Kapitalgesellschaften noch nicht durch Zufluß der Ausschüttungen Einkommen beim Anteilseigner geworden sind, soll die Körperschaftsteuer erhoben werden. (Natürlich wäre dieses Ziel auch ohne die Spaltung des Tarifs – 50 %/36 % – erreichbar gewesen; der Gesetzgeber hatte jedoch Gründe dafür, zunächst stets eine Ausschüttungsbelastung von 36 % herzustellen und dann diese zur Anrechnung zu bringen).

Ein einführendes Beispiel soll die Wirkungsweise des Anrechnungsverfahrens noch einmal verdeutlichen.

Beispiel:

An einer Kapitalgesellschaft sind drei Gesellschafter zu gleichen Teilen beteiligt. Die Einkünfte des ersten (A) unterliegen einer durchschnittlichen Einkommensteuerbelastung nach Empfang der Ausschüttung von 30 %, die des zweiten (B) von 50 %, die des dritten (C) von 53 %. Die Kapitalgesellschaft tätigt eine Brutto-Gewinnausschüttung von 300 000 DM. Unter bewußter Vernachlässigung der – lediglich durchlaufenden –Kapitalertragsteuer (2 L 3) ergibt sich folgende Rechnung:

Brutto-Gewinnausschüttung der Kapitalgesellschaft	300 000 DM
./. 36 % Ausschüttungsbelastung	108 000 DM
Netto-Gewinnausschüttung (Barzufluß bei den Gesellschaftern)	192 000 DM
+ Körperschaftsteueranrechnung (indirekter Zufluß bei den Gesellschaftern)	108 000 DM
Einkünfte der Gesellschafter aus der Ausschüttung	300 000 DM

	A DM	B DM	C DM
Einkünfte bei den einzelnen Gesellschaftern	100 000	100 000	100 000
./. individuelle Einkommensteuer	30 000	50 000	53 000
Nettoverbleib nach Versteuerung	70 000	50 000	47 000

3 A 4 Darstellungsplan

Mit diesem allergröbsten Überblick ist lediglich ein erster Einstieg in die schwierige Materie des Körperschaftsteuerrechts vollzogen. Wie kompliziert die Materie tatsächlich in der Realität ist, macht ein Blick auf das vereinfachte (!) Schema der Körperschaftsteuer-Ermittlung für Kapitalgesellschaften im Normalfall (Tafel 4 im Anhang) deutlich.

Die weitere Darstellung folgt diesem Schema und beschränkt sich ausschließlich auf die Erörterung der Gegebenheiten bei einer Kapitalgesellschaft (AG, KGaA, GmbH). Für diese Steuerpflichtigen wird zunächst die Hauptbemessungsgrundlage „Körperschaftsteuerliches Einkommen vor Verlustabzug" im einzelnen erläutert (3 B); danach werden die Besteuerung des Einkommens und das Anrechnungsverfahren besprochen, wozu insbesondere das Prinzip der Herstellung der Ausschüttungsbelastung gehört (3 C). Die Herstellung der Ausschüttungsbelastung ist, wie die Tafel 4 in ihrer rechten Hälfte zeigt, nur möglich, wenn man das „verwendbare Eigenkapital" der Kapitalgesellschaft kennt; mit den Funktionen, der Berechnung und der Fortschreibung des verwendbaren Eigenkapitals beschäftigten sich die Teile 3 D und 3 E. Die bis dahin ausgesparte Behandlung von Verlusten folgt im Teil 3 F, ehe die abschließenden Teile die mehr technischen Einzelheiten der Körperschaftsteuerveranlagung (3 G) sowie die Eigenarten der Besteuerung schwindender Kapitalgesellschaften (3 H) behandeln und schließlich eine betriebswirtschaftliche Charakterisierung der Körperschaftsteuer (3 J) vornehmen.

Damit bei der Durcharbeitung der einzelnen Teile der Gesamtzusammenhang im Auge bleibt, empfiehlt es sich, das Schema in der Tafel 4 auszuklappen.

Literatur zum Teil A:

1. Die einführenden Kommentierungen zum KStG sowie die Kommentierungen zu §§ 20 und 36 EStG.
2. Thiel, Rudolf, Wegweiser durch den Irrgarten der körperschaftsteuerlichen Anrechnungsvorschriften, DB 1976, 1495. – Herzig, Norbert, Funktionsweise des körperschaftsteuerlichen Anrechnungsverfahrens auf der Gesellschaftsebene – Überblick und Analyse, FR 1976, 441. – Freericks, Wolfgang, Zur Reform der Körprschaftsteuer: Grund züge des Anrechnungsverfahrens, AG 1976, 253. – Pezzer, Heinz-Jürgen, Die Entlastung ausgeschütteter Gewinne von der Körperschaftsteuer nach dem Körperschaftsteuergesetz 1977 (Anrechnungsverfahren), StuW 1976, 311. – Krause, Bernd, Die steuerlich optimale Rechtsform mittelständischer Unternehmungen nach der Körperschaftsteuerreform, DB 1977, 505. – Hofbauer, Max A., Der Einfluß der Körperschaftsteuerreform auf die Wahl der Unternehmensform, DStR 1977, 331, 371, – Greif, Martin, Die wirtschaftlichen Auswirkungen des Anrechnungsverfahrens bei der Körperschaftsteuer, Stuttgart/Wiesbaden. – Eggesiecker, Fritz, Das Körperschaftsteuersystem ist gar nicht so kompliziert, GmbH-Rdsch 1977, 202. – Dötsch, Ewald, Das körperschaftsteuerliche Anrechnungsverfahren, DB 1978, 265. – Greif/Münzer/Krebs, Körperschaftsteuer – Eine systematische Darstellung des neuen Rechts, Stuttgart/Wiesbaden. – Troll, Max, Besteuerung von Verein, Stiftung und Körperschaft des öffentlichen Rechts, München. – Bastert/Gräfer, Körperschaftsteuer, Eine Einführung für Wirtschaftswissenschaftler, Stuttgart/Berlin/Köln/Mainz. – Piltz, Dieter, Zur Besteuerung der Betriebe gewerblicher Art von juristischen Personen des öffentlichen Rechts, FR 1980, 34. – Schuhmann, Helmut, Vorgesellschaft, Gründungsgesellschaft, unechte Vorgesellschaft im Steuerrecht, GmbHR 1981, 196. – Döllerer, Georg, Die Anrechnung der Körperschaftsteuer bei Beteiligung einer Personenhandelsgesellschaft an einer Kapitalgesellschaft, in: Festschrift für Walter Stimpel, Berlin/New York 1985, 729. – Laule, Gerhard, Die Körperschaftsteuerfreiheit für Hoheitsbetriebe – wann dient ein Betrieb der Ausübung öffentlicher Gewalt?, DStZ 1988, 182. – Wassermeyer, Franz, Rund um die Anrechnung der Körperschaftsteuer, GmbHR 1989, 423. – Wassermeyer, Wolf, Die Vorgesellschaft im Körperschaftsteuerrecht, DStR 1991, 734.

3 B Das körperschaftsteuerliche Einkommen vor Verlustabzug

3 B 1 Der Einkommensbegriff des KStG

Das KStG bezeichnet seine Hauptbemessungsgrundlage als „zu versteuerndes Einkommen" (§ 7 Abs. 1 KStG). Für die hier ausschließlich betrachteten Normalfälle bei Kapitalgesellschaften ist dies gem. § 7 Abs. 2 KStG mit dem „Einkommen" des betreffenden Jahres (§ 7 Abs. 3 KStG) identisch.

Der körperschaftsteuerliche Einkommensbegriff ist sowohl vom ökonomischen Einkommensbegriff als auch vom Einkommensbegriff des Einkommensteuerrechts (2 A 2) verschieden. Denn für Kapitalgesellschaften existiert nicht die Palette der sieben Einkunftsarten; sie haben vielmehr stets Einkünfte aus Gewerbetrieb (§ 8 Abs. 2 KStG). In Ermangelung einer Privatsphäre sind bei ihnen auch keine Sonderausgaben möglich. Infolgedessen läßt sich das körperschaftsteuerliche Einkommen in einer ersten, stark vergröbernden Darstellung mit dem Steuerbilanzergebnis der Kapitalgesellschaft gleichsetzen: körperschaftsteuerliches Einkommen (§§ 7 Abs. 2, 8 Abs. 1 KStG) = Einkünfte aus Gewerbetrieb (§§ 8 Abs. 2 KStG, 2 Abs. 1 Nr. 2 EStG) = Gewinn (§ 2 Abs. 2 Nr. 1 EStG) = aus der Handelsbilanz abgeleitetes Steuerbilanzergebnis (§ 5 Abs. 1 EStG), korrigiert (z. B. nach § 5 Abs. 6 EStG) um nicht abziehbare Betriebsausgaben und steuerfreie Erträge.

Da das korrigierte Steuerbilanzergebnis jedoch in vielfältiger Weise durch die in Tafel 4 (Anhang) aufgeführten Zurechnungen und Kürzungen verändert wird, erweist sich das körperschaftsteuerliche Einkommen als nicht begrifflich definierte, sondern rein additiv bestimmte Größe; man kann sie auch als modifiziertes Steuerbilanzergebnis unter Berücksichtigung etwaiger Verlustabzüge charakterisieren.

Die wichtigsten Modifikationen des Steuerbilanzergebnisses sind im Schema der Anlage 4 in der linken Spalte angegeben und in bestimmter Weise zusammengefaßt. Es handelt sich dabei zunächst um die Vorgänge aus dem Bereich des Verhältnisses zwischen Kapitalgesellschaft und Gesellschaftern, die das Steuerbilanzergebnis (positiv oder negativ) erfolgswirksam beeinflußt haben; sie sind zu eliminieren, weil das KStG einen von den Gesellschafterbeziehungen unbeeinflußten Erfolg der Kapitalgesellschaft besteuern will. Sodann sind bestimmte Aufwendungen, die das Steuerbilanzergebnis gemindert haben, hinzuzurechnen und bestimmte Erträge, die es erhöht haben, wieder abzuziehen. Bei den Aufwendungen muß es sich aber um Betriebsausgaben, bei den Erträgen um Betriebseinnahmen handeln, da eine Kapitalgesellschaft eben nur eine betriebliche Sphäre hat (nicht unbestritten!). Bei Kommanditgesellschaften auf Aktien (§ 278 Abs. 1 AktG) sind ferner die Gewinnanteile der persönlich haftenden Gesellschafter abzuziehen. Nach dieser Korrektur ergibt sich das Einkommen vor Verlustabzug, nach Abzug vortrags- oder rücktragsfähiger Verluste das Einkommen.

Ob das Einkommen (ganz oder teilweise) an die Gesellschafter verteilt wird oder nicht, ist gem. § 8 Abs. 3 Satz 1 KStG für seine Berechnung ohne Bedeutung; lediglich die Höhe der festzusetzenden Körperschaftsteuer wird regelmäßig auch vom Umfang der Ausschüttungen beeinflußt (vgl. 3 A 2).

Literatur:

Die Kommentierungen zu §§ 7 und 8 KStG.

3 B 2 Das Steuerbilanz-Ergebnis und die Erfolgskorrekturen aus anwendbaren einkommensteuerlichen Vorschriften

Das Steuerbilanzergebnis einer Kapitalgesellschaft für das betreffende Wirtschaftsjahr (§ 7 Abs. 3 und 4 KStG) wird aus ihrem Handelsbilanzergebnis (§ 5 Abs. 1 EStG) unter Beachtung der bilanzsteuerrechtlichen Spezialvorschriften (§ 5 Abs. 2 bis 6 EStG und die dort genannten Verweise) abgeleitet. Insoweit gelten alle zum Bereich der „Steuerbilanz" gehörenden Regeln für Kapitalgesellschaften ebenso wie für Einzelgewerbetreibende (vgl. auch § 8 Abs. 1 KStG). In vielen Fällen stellen Kapitalgesellschaften außer ihren Handelsbilanzen (nebst Gewinn- und Verlustrechnungen) eigene Steuerbilanzen (nebst steuerlichen Gewinn- und Verlustrechnungen) auf; dann wird das Steuerbilanzergebnis (der steuerliche Periodenerfolg) diesen Rechnungen unmittelbar entnommen, so daß Ableitungen aus dem Handelsbilanzergebnis formal unnötig sind. Der in der Steuerbilanz ermittelte Erfolg kann positiv, negativ oder null sein; sein Vorzeichen kann von dem des Handelsbilanzergebnisses abweichen.

Ist die Kapitalgesellschaft beispielsweise an einer Mitunternehmergemeinschaft (OHG, KG, atypische stille Gesellschaft) beteiligt, dann sind nach den in 2 G 2 genannten Grundsätzen im Steuerbilanzergebnis nicht die handelsbilanzmäßig verbuchten Erfolge (Gewinne oder Verluste) aus diesen Beteiligungen zu erfassen, sondern die steuerlichen Erfolgsanteile für die betreffenden Zeiträume, wie sie sich aus der einheitlichen Gewinnfeststellung für die Personengesellschaft (§ 180 AO) ergeben.

Der Jahreserfolg läßt sich sowohl aus einem Reinvermögensvergleich zu zwei Stichtagen als auch unmittelbar aus einer Erfolgsrechnung (periodifizierte Betriebseinnahmen minus periodifizierte Betriebsausgaben) ermitteln (vgl. 2 D 4). In beiden Fällen müssen die Gewinn- bzw. Vermögensverwendungsvorgänge eleiminiert werden; das Ergebnis der Vermögensvergleichsrechnung ist also um Gewinnausschüttungen (Entnahmen) und Kapitalzuführungen (Einlagen), das Ergebnis der Erfolgsrechnung um erfolgswirksam ausgewiesene Kapitalveränderungen zu korrigieren.

Beispiele:

1) Das Eigenkapital einer Aktiengesellschaft möge an zwei aufeinanderfolgenden Bilanzstichtagen folgende Höhe und Zusammensetzung aufweisen:

	31. 12. I DM	31. 12. II DM
Grundkapital (Gezeichnetes Kapital)	15 000 000	15 000 000
Gesetzliche Rücklage	2 500 000	2 500 000
Andere Gewinnrücklagen (aufgestockt aus dem Jahreserfolg)	2 000 000	2 500 000
Bilanzgewinn	400 000	100 000
Eigenkapital (Reinvermögen)	19 900 000	20 100 000

Aus dem unkorrigierten Reinvermögensvergleich würde sich ein Gewinn in Höhe von 200 000 DM wie folgt ergeben:

	DM
Reinvermögen 31. 12. II	20 100 000
abzüglich Reinvermögen 31. 12. I	19 900 000
Reinvermögensmehrung	200 000

Wenn nun die Aktiengesellschaft dieses Beispiels im Jahre II den gesamten Bilanzgewinn des Jahresabschlusses zum 31. 12. I in Höhe von 400 000 DM an ihre Aktionäre als Dividende ausgeschüttet hat, ist das Ergebnis des Reinvermögensvergleichs eben insoweit nicht betrieblich bedingt, sondern durch Vermögensübertragungen an die Unternehmenseigner beeinflußt, die einen ähnlichen Charakter wie die in § 4 Abs. 1 EStG genannten Entanhmen haben. Infolgedessen beträgt das Ergebnis tatsächlich:

	DM
Reinvermögen 31. 12. II gegenüber 31. 12. I	200 000
+ Gewinnausschüttungen im Jahre II	400 000
Gewinn des Jahres II	600 000

Es ist zu bemerken, daß die zum 31. 12. II erfolgte Dotierung der Gewinnrücklagen (Aufstockung um 500 000 DM) zu Lasten des Jahreserfolges bei der Vermögensvergleichsrechnung ohne besondere Vorkehrungen richtig berücksichtigt worden ist.

2) In gleicher Weise wie Ausschüttungen sind – mit umgekehrten Vorzeichen – Kapitalerhöhungen zu eliminieren. Es soll angenommen werden, daß das Grundkapital unserer Beispiels-AG durch Kapitalerhöhung (Ausgabe neuer Aktien) am 31. 12. III auf 20 000 000 DM gestiegen ist.

	31. 12. II DM	31. 12. III DM
Grundkapital (Gezeichnetes Kapital)	15 000 000	20 000 000
Gesetzliche Rücklage	2 500 000	2 500 000
Andere Gewinnrücklagen	2 500 000	2 500 000
Bilanzgewinn	100 000	900 000
Eigenkapital (Reinvermögen)	20 100 000	25 900 000

Gewinnausschüttungen sollen im Jahre III nicht vorgenommen worden sein. Dann ergibt sich der maßgebende Erfolg des Jahres III aus dem Vermögensvergleich wie nachstehend.

	DM
Reinvermögen 31. 12. III	25 900 000
abzüglich Reinvermögen 31. 12. III	20 100 000
Reinvermögensmehrung	5 800 000
abzügl. Kapitalerhöhung durch Gesellschaftereinlagen	5 000 000
Gewinn des Jahres III	800 000

Das bilanzmäßige Eigenkapital von Kapitalgesellschaften unterteilt sich in Nominalkapital (Grundkapital bei AG, Stammkapital bei GmbH), in Rücklagen und in den Bilanzgewinn bzw. Bilanzverlust (zusammengesetzt aus Gewinn- bzw. Verlustvortrag und Jahresüberschuß bzw. -fehlbetrag). Die Summe (im Verlustfall: der Saldo) aus allen diesen Posten stellt das Reinvermögen (Betriebsvermögen) dar.

Außer den zum Eigenkapital gehörenden Rücklagen weisen die Bilanzen häufig sog. „steuerfreie Rücklagen" aus, z. B. Preissteigerungsrücklagen, Rücklagen nach § 6b EStG, Rücklagen nach dem Entwicklungsländer-Steuergesetz (Sonderposten mit Rückanlagenanteil gem. § 247 Abs. 3 HGB). Bei diesen Rücklagen handelt es sich aber – bilanzsteuerlich (nicht betriebswirtschaftlich) gesehen – in der Wirkung um Rückstellungen (Fremdkapital) und nicht um Eigenkapital. Denn „steuerfreie Rücklagen" werden zu Lasten der Gewinn- und Verlustrechnung gebildet, so daß Betriebsausgaben entstehen, und zugunsten der Gewinn- und Verlustrechnung aufgelöst, so daß Betriebseinnahmen zu verzeichnen sind.

Auch Bildungen und Auflösungen echter, zum Eigenkapital gehörender (d. h. nicht „steuerfreier") Rücklagen vollziehen sich häufig über die Gewinn- und Verlustrechnung. Bei Aktiengesellschaften schlagen sich diese Vorgänge in den „Entnahmen aus Kapital- oder Gewinn-Rücklagen" und „Einstellungen in Gewinnrücklagen" – aber nach der Position „Jahresüberschuß" – nieder; erst nach Berücksichtigung dieser Positionen ergibt sich der Bilanzgewinn oder Bilanzverlust (§ 158 Abs. 1 Nrn. 2,3 und 4 AktG). Wird das steuerliche Ergebnis aus der Gewinn- und Verlustrechnung abgeleitet, so muß auf Neutralisation derartiger Eigenkapitalveränderungen geachtet werden. Gleiches gilt für Gewinn- oder Verlustvorträge aus dem Vorjahr, die in der Gewinn- und Verlustrechnung erscheinen, sowie für etwaige Erträge, die aus einer Herabsetzung des Nominalkapitals zugunsten der Gewinn- und Verlustrechnung (also ohne Auszahlungen an die Gesellschafter) erfolgt sind.

Beispiel:

Man könnte sich die Gewinn- und Verlustrechnung des Jahres II nach den im vorstehenden Beispiel 1) angenommenen Gegebenheiten (Gewinn des Jahres I wird im Jahre II voll ausgeschüttet, aus dem Gewinn des Jahre II werden 500 000 DM in die freie Rücklage eingestellt) wie folgt vorstellen:

Erträge	30 000 000 DM	
Aufwendungen	29 400 000 DM	
Jahresüberschuß (§ 275 Abs. 2 Nr. 20 HGB)		600 000 DM
abzügl. Einstellung in Gewinnrücklagen (§ 158 Abs. 1 Nr. 4 AktG)	500 000 DM	
Bilanzgewinn (§ 158 Abs. 1 Nr. 5 AktG)	100 000 DM	

Handelt es sich bei den Erträgen und Aufwendungen um solche der steuerlichen Gewinn- und Verlustrechnung, so wird in diesem Fall das Steuerbilanzergebnis durch den Jahresüberschuß und nicht durch den Bilanzgewinn dargestellt. Geht man vom Bilanzgewinn aus, so ist der durch die Einstellung in Gewinnrücklagen entstandene Kürzungsposten hinzurechnen. (Umgekehrt wäre zu verfahren, wenn der Bilanzgewinn positiv durch eine Entnahme aus der Kapitalrücklage oder den Gewinnrücklagen beeinflußt worden ist.)

Aus den für die Gewinnermittlung maßgebenden Vorschriften resultieren nun außerdem regelmäßig Erfolgskorrekturen durch die Nichtabziehbarkeit bestimmter Betriebsausgaben und die Steuerfreiheit bestimmter Betriebserträge; Beispiele enthalten § 4 Abs. 5 und § 3 Nr. 66 EStG. Derartige Korrekturen sind auch bei der Ermittlung des körperschaftsteuerlichen Einkommens zu beachten (§ 8 Abs. 1 KStG, Abschnitt 26 KStR). Das kann selbstverständlich auch zu einer „Umkehrung" des Erfolges führen; aus einem Verlust in der Steuerbilanz wird ein Gewinn und umgekehrt.

Beispiele:

	DM	DM
Steuerbilanzerfolge	– 100 000	+ 100 000
+ Nicht abziehbare Aufwendungen für teure Werbegeschenke (§ 4 Abs. 5 Nr. 1 EStG)	+200 000	+ 40 000
./. Steuerfreie Erträge aus Investitionszulagen gem. § 19 (Abs. 9) Berlin FG	– 60 000	– 150 000
Steuerlicher Gewinn/Verlust	+ 40 000	– 10 000

Literatur:

1. Die Kommentierungen zu § 8 KStG und zu den §§ 4 bis 7 EStG.
2. Die im Anhang angegebene Literatur zur „Steuerbilanzen".

3 B 3 Erfolgswirksame Gesellschafter-Einlagen

Verstärken Gesellschafter einer Kapitalgesellschaft das Eigenkapital ihrer Gesellschaft, indem sie aus ihrem Vermögen Einlagen in die Kapitalgesellschaft leisten, so erhöht sich dadurch zwar das Reinvermögen der Kapitalgesellschaft; diese Reinvermögenserhöhung hat aber mit dem betrieblichen Erfolg der Unternehmung nichts zu tun.

Dieser Umstand ist auch für die körperschaftsteuerliche Einkommensermittlung der Kapitalgesellschaften zu beachten. Es sind dabei verschiedene Fälle zu unterscheiden.

Soweit Einlagen unmittelbar zugunsten des Nennkapital- oder eines Rücklagen-Kontos vorgenommen worden sind, berühren sie die Gewinn- und Verlustrechnung nicht; solche Einlagen sind in der Ausgangsgröße „Steuerbilanzergebnis" nicht enthalten.

Einlagen können aber auch offen oder verdeckt (also unter einer anderen Bezeichnung) als erfolgswirksame „Zuschüsse zugunsten der Gewinn- und Verlustrechnung" vereinnahmt worden sein. In solchen Fällen stellt sich die Frage, ob dieser Ertrag bei der Ermittlung des Einkommens vom Steuerbilanzergebnis gekürzt werden soll oder nicht. Sie wird unterschiedlich beantwortet.

Die herrschende Meinung betrachtet offene Zuwendungen (Zuschüsse) als Einlagen im Sinne des § 4 Abs. 1 Satz 5 EStG und unterstellt die Anwendbarkeit dieser Vorschrift auf die körperschaftsteuerliche Einkommensermittlung; infolgedessen muß das Steuerbilanzergebnis um die erfolgswirksam gebuchten Zuwendungserträge (Zuschüsse) gekürzt werden.

Verdeckte Zuwendungen (Beispiel: Ein Gesellschafter gewährt seiner Kapitalgesellschaft einen Kredit zu außerordentlich günstigen Bedingungen, so daß in der Gesellschaft ein zu geringer Zinsaufwand und damit ein vergleichsweise zu hoher Erfolg entsteht) werden dagegen nach dem gegenwärtigen Rechtsverständnis nur dann in der gleichen Weise wie offene behandelt, wenn

- entweder (materielle oder immaterielle) Vermögensgegenstände selbst (also nicht nur Nutzungen) zu günstig an die Kapitalgesellschaft übertragen werden
- oder bei einer Nutzungsüberlassung ein dauernder Verlust beim Gesellschafter eintritt
- oder die Gestaltung zu willkürlich schwankenden Gewinnverlagerungen führt.

In den anderen Fällen gilt der Grundsatz: Gesellschafter können ihrer Kapitalgesellschaft auch Vorteile zuwenden, die sie Fremden nicht gewähren würden. Der dadurch bei der Gesellschaft entstehende Ertrag (auch in Form eines Minderaufwands) ist normal zu besteuernder Gewinn und nicht als „Einlage“ bei der Einkommensermittlung zu kürzen.

Literatur:

1. Die Kommentierung zu § 8 KStG.
2. Reuter, Hans-Peter, Zur Besteuerung verbundener Unternehmen StbJb 1973/74, 162. – Röhrkasten, Burkhard, Die Gewinnauswirkungen der Sacheinlage in Kapitalgesellschaften, BB 1974, 825. – Hundertmark, Dedo/Herms, Volkmar, Die verdeckte Nutzungseinlage im Ertragsteuerrecht, BB 1976, 80. – Hußmann, Peter, Verdeckte Einlagen im Körperschaftsteuer- und Gesellschaftsteuerrecht, Diss. rer. pol. Erlangen-Nürnberg 1976. – Meilicke, Heinz/Meilicke, Wienand, Nutzungsüberlassung an Gegenständen als offene oder verdeckte Einlage bei Kapitalgesellschaften in Handels-, Bilanz- und Steuerrecht, DB 1977, 927. – Otto, Bertram, Der Einlage- und Entnahme-Begriff in der bei Kapitalgesellschaften anzuwendenden Gewinnermittlungsvorschrift, DB 1979, 30, 131, 183. – Groh, Manfred, Nutzungseinlagen im Handels- und Steuerrecht, BB 1982, 133. – Wassermeyer, Franz, Einlagen in Kapital- und Personengesellschaften und ihre ertragsteuerliche Behandlung, StbJb 1985/86, 213. – Schneeloch, Dieter, Verdeckte Vorteilszuwendungen an Kapitalgesellschaften, BB 1987, 481. – Fichtelmann, Helmar, Bürgschaften des Gesellschafters einer Kapitalgesellschaft als verdeckte Einlage?, GmbHR 1988, 72. – Knobbe-Keuk, Brigitte, Die verdeckte Einlage von wesentlichen Beteiligungen , in: Herzig (Hrsg.), Betriebswirtschaftliche Steuerlehre und Steuerberatung (Festschrift für Gerd Rose), Wiesbaden 1991, 153.

3 B 4 Satzungspflichtaufwendungen

Nach § 10 Nr. 1 KStG sind bei der körperschaftsteuerlichen Einkommensermittlung nicht abzugsfähig „die Aufwendungen für die Erfüllung von Zwecken des Steuerpflichtigen, die durch Stiftungsgeschäft, Satzung oder sonstige Verfassung vorgeschrieben sind“.

Für die meisten Kapitalgesellschaften hat die Vorschrift lediglich deklaratorische Bedeutung. Denn der Gesellschaftszweck der meisten Kapitalgesellschaften besteht in der Gewinnerzielung für die Gesellschafter; die „Aufwendungen“, die darunter fallen, stellen aber ohnehin Einkommensverwendung dar und sind mithin schon nach § 8 Abs. 3 Satz 1 KStG unbeachtlich. Die Vorschrift gewinnt daher in diesem Bereich nur für jene seltenen Fälle Relevanz, in denen die Satzung etwa vorschreibt, den Gewinn ganz oder teilweise zur Dotierung einer gemeinnützigen Einrichtung o. ä. zu verwenden; § 10 Nr. 1 KStG stellt sicher, daß erst die nach der Versteuerung verbleibenden Gewinne diesem Zweck zugeführt werden können.

Von den Aufwendungen für die Erfüllung von Satzungszwecken sind die Aufwendungen für den „Gegenstand des Unternehmens“ zu unterscheiden. Die letztgenannten fallen nicht unter § 10 Nr. 1 KStG, sondern sind, soweit nicht eine Beschränkung aufgrund anderer Vorschriften eingreift, abzugsfähige Betriebsausgaben (§ 4 Abs. 4 EStG).

Literatur:

Die Kommentierungen zu § 10 KStG.

3 B 5 Verdeckte Gewinnausschüttungen

a) Inhalt des § 8 Abs. 3 Satz 2 KStG

§ 8 Abs. 3 Satz 2 KStG ordnet an, daß bei der Ermittlung des Einkommens auch „verdeckte Gewinnausschüttungen" berücksichtigt werden müssen. Eine Legaldefinition dieses Begriffs wird nicht gegeben. Die Rechtsprechung hat aber herausgearbeitet, daß es sich bei verdeckten Gewinnausschüttungen um Gewinnverwendungen handelt, die *erfolgswirksam* behandelt worden sind, also das Steuerbilanzergebnis der Kapitalgesellschaft negativ beeinflußt haben. § 8 Abs. 3 Satz 2 KStG besagt also: Ist bei einer Kapitalgesellschaft eine – durch das Verhältnis zu ihren Gesellschaftern veranlaßte – Vermögensminderung eingetreten oder eine Vermögensmehrung verhindert worden und hat sich dieser Umstand auf die Höhe ihres Einkommens ausgewirkt, ohne daß eine offene Gewinnausschüttung vorliegt, so ist diese „verdeckte Gewinnausschüttung" dem Einkommen der Kapitalgesellschaft hinzurechnen. Die verdeckte Gewinnausschüttung braucht nicht notwendigerweise mit einer Bereicherung des Gesellschafters zu korrespondieren, weder sachlich noch betragsmäßig noch zeitlich. Im Regelfall liegt jedoch ein Vermögensvorteil vor, den die Gesellschafter außerhalb der gesellschaftsrechtlichen Gewinnverteilung von ihrer Kapitalgesellschaft erhalten haben. Bei beherrschenden Gesellschaftern ist aber eine verdeckte Gewinnausschüttung auch schon dann anzunehmen, wenn es an eine klaren und von vornherein abgeschlossenen Vereinbarung darüber fehlt, ob und in welcher Höhe für deren Leistungen an die Kapitalgesellschaft ein Entgelt gezahlt werden soll.

Aufwendungen, die durch die Zuführung der verdeckten Gewinnausschüttung an den Gesellschafter ausgelöst werden, sind nicht als Betriebsausgaben abzugsfähig.

b) Kriterien für verdeckte Gewinnausschüttungen in den Hauptfällen

Aus der Begriffsbestimmung lassen sich zwei Kriterien für die Annahme verdeckter Gewinnausschüttungen in den Hauptfällen gleichzeitiger Vermögensminderungen bei der Gesellschaft und Vermögensmehrungen bei einem oder mehreren Gesellschaftern ableiten:

(1) Es muß sich um eine Erfolgsminderung bei der Kapitalgesellschaft handeln.

(2) Es muß sich um einen Vorteil handeln, der Gesellschaftern der Kapitalgesellschaft als Frucht ihrer Beteiligung, d. h. „mit Rücksicht auf das Gesellschaftsverhältnis", zugute kommt.

Die Möglichkeit zu (und die besondere Problematik von) verdeckten Gewinnausschüttungen ergibt sich daraus, daß Kapitalgesellschaften als selbständige Rechts- und Steuerrechtsgebilde neben ihren Gesellschaftern stehen, trotz der wirtschaftlichen Verbindung juristisch also ein Eigen-leben führen. Aus diesem Grunde können die Gesellschafter einer Kapitalgesellschaft zu ihrer Unternehmung nicht nur Beziehungen gesellschaftsrechtlicher Natur, sondern auch schuld- und sachenrechtlicher Natur anknüpfen. Aus der Überlagerung (Vermischung) dieser beiden Naturen entstehen die Hauptfälle verdeckter Gewinnausschüttungen.

Wenn nun zwischen Gesellschaft und Gesellschaftern ein Leistungsaustausch stattfindet, bei dem Leistung und Gegenleistung einander entsprechen, so bleibt dieser Vorgang außerhalb des Gesellschafter-Gesellschaft-Verhältnisses. Besteht aber ein Mißverhältnis zwischen Leistung und Gegenleistung zugunsten des Gesellschafters, erfährt der Gesellschafter also auf Kosten der Gesellschaft eine Bereicherung, dann liegt der Ursprung hierfür im Gesellschaftsverhältnis, und es handelt sich insoweit um eine (verdeckte) Gewinnausschüttung.

Entscheidend kommt es also auf das Mißverhältnis an. Um ein solches festzustellen, bedarf es einer Maßgröße. Die Rechtsprechung hat sie in dem Betrag gefunden, den ein ordentlicher und gewissenhafter Geschäftsführer der Kapitalgesellschaft einem fremden Dritten (= Nichtgesellschafter) für die gleiche Leistung gewährt hätte. Immer dann, wenn ein ordentlicher und gewissenhafter Geschäftsleiter einem Nichtgesellschafter die strittigen Vorteile nicht oder nicht in dieser Höhe gewährt hätte, ist eine verdeckte Gewinnausschüttung anzunehmen. Die Rechtsprechung hat außerdem stets dann verdeckte Gewinnausschüttungen angenommen, wenn ein (allein oder mit anderen) beherrschender Gesellschafter Vergütungen für Leistungen erhält und deren Höhe nicht von vornherein klar und eindeutig festgelegt war; insoweit werden – zur Einschränkung von Abgrenzungsproblemen – erhöhte Verdeutlichungspflichten konstituiert.

Verdeckte Gewinnausschüttungen sind selbstverständlich nicht davon abhängig, ob in dem betreffenden Veranlagungszeitraum die Kapitalgesellschaft tatsächlich (vor oder nach Berücksichtigung dieser Hinzurechnung) einen Gewinn erzielt hat; es muß lediglich eine Erfolgsminderung eingetreten sein, die nicht durch den Betrieb, sondern durch das Gesellschaftsverhältnis veranlaßt ist.

Es ist auch nicht erforderlich, daß der unmittelbare Empfänger des Vorteils selbst Gesellschafter ist. Es können vielmehr auch Nichtgesellschafter unmittelbare Empfänger verdeckter Gewinnausschüttungen sein, wenn die Vorteilszuwendung an sie auf Veranlassung oder zugunsten eines Gesellschafters erfolgt, dem die verdeckte Gewinnausschüttung zugerechnet werden muß.

c) Verdeckte Gewinnausschüttung und Steuerumgehung

Verdeckte Gewinnausschüttungen liegen stets dann vor, wenn eine Kapitalgesellschaft zu Lasten ihres Erfolges einem Gesellschafter mit Rücksicht auf das Gesellschaftsverhältnis Vorteile zuwendet, die sie einem Nichtgesellschafter nicht einräumen würde. Aber das Wort „verdeckt" hat nicht den Beigeschmack des Versteckten, Heimlichen, Verbotenen, Anrüchtigen, Strafbaren; es steht lediglich im Gegensatz zu „offen". Verdeckte Gewinnausschüttungen sind eine besondere, neben der offenen Gewinnausschüttung bestehende Form von Gewinnzuwendungen an Gesellschafter; es ist Kapitalgesellschaften steuerlich jederzeit gestattet, zwischen diesen Formen zu wählen. In der Vornahme einer verdeckten Gewinnausschüttung liegt kein Mißbrauch von Formen und Gestaltungsmöglichkeiten des bürgerlichen Rechts; die Vorschrift des § 42 AO (vgl. 17 C 3 im Vierten Buch) ist also regelmäßig unanwendbar (und ja auch im Hinblick auf § 8 Abs. 3 Satz 2 KStG unnötig).

Der Vorstand bzw. die Geschäftsführung einer steuerpflichtigen Kapitalgesellschaft muß verdeckte Gewinnausschüttungen allerdings deklarieren und die Erfolgsschmälerung, die dadurch eingetreten ist, dem Steuerbilanzergebnis hinzurechnen. Geschieht dies nicht, so macht der Verantwortliche sich ggf. einer Steuerhinterziehung schuldig. (Das ist aber keine spezielle Eigenart nicht deklarierter verdeckter Gewinnausschüttungen; wenn eine Kapitalgesellschaft etwa die Anschaffungskosten für ein Gebäude unberechtigterweise als Aufwand verbucht, statt sie zu aktivieren, macht sich der Verantwortliche ebenfalls strafbar.)

d) Formen von verdeckten Gewinnausschüttungen

Es sind zahlreiche Formen verdeckter Gewinnausschüttungen denkbar; die Beispiele in Abschn. 31 KStR sind keineswegs erschöpfend.

Man kann folgende Gruppen bilden:

(1) *Dienstverhältnisse:* Ein Gesellschafter oder eine ihm nahestehende Person (z. B. ein Familienangehöriger) ist als Angestellter der Gesellschaft tätig und erhält eine vergleichsweise insgesamt zu hohe Vergütung. Der die Angemessenheitsgrenze übersteigende Teilbetrag, als Aufwand unter den Personalkosten enthalten, stellt eine verdeckte Gewinnausschüttung dar. – Bei der Feststellung der Angemessenheit kommt es sowohl auf die vorweg getroffenen Abreden an (es muß überhaupt ein Dienstvertrag vorliegen, denn ein Gesellschafter ist nicht zwangsläufig gegen Entgelt für seine Gesellschaft tätig) als auch auf die Höhe der Gesamtausstattung (außer dem Gehalt müssen Sondervergütungen – wie Tantiemen – und der Wert der Pensionszusagen berücksichtigt werden).

(2) *Darlehensverhältnisse:* Der Gesellschafter kann an seine Gesellschaft Darlehen zu einem unangemessen hohen Zins, die Gesellschaft kann an den Gesellschafter Darlehen zu einem unangemessen niedrigen Zins gewähren. Darlehen können von der Gesellschaft an den Gesellschafter nur zum Schein, d. h. ohne Rückzahlungsabsicht, gegeben sein. Gesellschafter geben ihrer Gesellschaft zinspflichtige Darlehen, die nach ihrer Funktion Eigenkapital ersetzen. – Im ersten Fall ist der überhöhte Teil der Zinsaufwendungen, der das Steuerbilanzergebnis der Kapitalgesellschaft geschmälert hat, verdeckte Gewinnausschüttung. Im zweiten Fall sind die Zinserträge der Kapitalgesellschaft zu niedrig ausgewiesen worden; diese Ertragsposition muß also zum Zweck der richtigen Besteuerung erhöht werden. Im dritten Fall entstehen durch die Abschreibung der Darlehensforderungen an die Gesellschafter Aufwendungen, die als verdeckte Gewinnausschüttungen dem Steuerbilanzergebnis wieder hinzuzurechnen sind. In vierten Fall liegt sog. verdecktes Nennkapital vor; die auf das Gesellschaftsdarlehen gezahlten Zinsen werden deshalb als verdeckte Gewinnausschüttungen behandelt.

(3) *Miet- und Pachtverhältnisse:* Die Gesellschafter vermieten oder verpachten Gegenstände an die Gesellschaft gegen einen unangemessenen hohen Miet- oder Pachtzins, oder die Gesellschaft vermietet bzw. verpachtet Gegenstände an die Gesellschafter zu unangemessen günstigen Bedingungen. – Im ersten Fall ist ein Teil der Miet- oder Pachtaufwendungen als verdeckte Gewinnausschüttung anzusehen und dem Ergebnis hinzuzurechnen.

Im zweiten Fall liegen unzulässige Ertragskürzungen vor; es ist also zu fingieren, daß eine angemessene Miet- oder Pachtsumme vereinnahmt (und der Differenzbetrag als Gewinnausschüttung wieder verausgabt) worden ist.

(4) *Lieferungsverhältnisse:* Liefern Gesellschafter an ihre Kapitalgesellschaft Gegenstände (auch Wertpapiere) gegen einen unangemessen hohen Preis oder liefert die Kapitalgesellschaft an ihre Gesellschafter Gegenstände zu einem zu niedrigen Preis, so liegen in Höhe der Differenzbeträge verdeckte Gewinnausschüttungen vor; sie sind deshalb dem Steuerbilanzergebnis hinzuzurechen.

(5) *Beratungsverhältnisse:* Honoriert die Kapitalgesellschaft eine Beratung durch Gesellschafter unangemessen hoch, so ist der Aufwand in Höhe der Differenz zwischen dem gezahlten und dem angemessenen Honorarbetrag verdeckte Gewinnausschüttung. Erbringt die Kapitalgesellschaft gegenüber ihrem Gesellschafter Beratungsleistungen und läßt sie sich dafür ein zu geringes Honorar zahlen, so ist die Vereinnahmung eines angemessenen Honorars (und damit in Höhe der Differenz eine verdeckte Gewinnausschüttung) zu unterstellen.

(6) *Rechtsverzichte:* Hier sind zahlreiche Fälle denkbar. Stehen z. B. der Gesellschaft Schadensersatzansprüche gegenüber dem Gesellschafter zu und macht sie sie nicht geltend, so ist in Höhe des Anspruchswerts eine verdeckte Gewinnausschüttung anzunehmen. Läßt sich der Gesellschafter etwa durch Dritte (z. B. den Steuerberater der Gesellschaft) persönlich beraten, ohne der Kapitalgesellschaft die entstehenden Aufwendungen zu erstatten, so ist insoweit verdeckte Gewinnausschüttung anzunehmen. Schließlich kann auch in einer Betätigung des beherrschenden Gesellschafters auf dem geschäftlich oder beruflich gleichartigen Markt eine verdeckte Gewinnausschüttung gesehen werden, wenn keine ausdrückliche Befreiung vom Wettbewerbsverbot erfolgt ist (Abschn. 31 Abs. 8 KStR).

e) Die Behandlung der verdeckten Gewinnausschüttung bei Gesellschaft und Gesellschafter

Soweit durch verdeckte Gewinnausschüttungen das steuerliche Ergebnis der Kapitalgesellschaft gemindert worden ist, muß diese Minderung durch Zurechnung ausgeglichen werden.

Die Zurechnung erfolgt grundsätzlich unabhängig von der Behandlung des entsprechenden Vorgangs beim begünstigten Gesellschafter. Bei diesem liegen in der Regel allerdings „sonstige Bezüge" nach § 20 Abs. 1 Nr. 1 Satz 2 EStG und damit, wenn nicht gem. § 20 Abs. 3 EStG eine andere Einkunftsart vorrangig ist, Einkünfte aus Kapitalvermögen vor (vgl. 2 B 5 und 2 C 1). Infolgedessen muß nach § 20 Abs. 1 Nr. 3 EStG ein Zuschlag für die anzurechnende oder zu vergütende Körperschaftsteuer erfolgen. Denn verdeckte Gewinnausschüttungen werden im Anrechnungsverfahren (vgl. 3 A 3) grundsätzlich wie offene, ordnungsgemäß beschlossene Ausschüttungen (Dividenden) behandelt (vgl. auch 3 C 3 und 3 E 4).

Da die Anrechnung gem. § 36 Abs. 2 Nr. 3 Satz 3 EStG „unabhängig von der Entrichtung der Körperschaftsteuer" erfolgt und stets „9/16 der Einnahmen" beträgt (§ 36 Abs. 2 Nr. 3

Satz 1 EStG), spielt insoweit die Tatsache keine komplizierende Rolle, daß sich die Korrektur des Steuerbilanzergebnisses bei der Kapitalgesellschaft aus § 8 Abs. 3 Satz 2 KStG und der Betrag der sonstigen Bezüge nach § 20 Abs. 1 Nr. 1 EStG beim Gesellschafter weder betragsmäßig noch in der zeitlichen Zuordnung decken müssen.

Beispiel:

Eine GmbH kauft von ihrem beherrschenden Gesellschafter im Januar eines Jahres ein gebrauchtes Kraftfahrzeug zu einem Preis, der um 3000 DM über dem üblichen Endpreis am Abgabeort des § 8 Abs. 2 EStG, jedoch nur um 2000 DM über dem Preis liegt, den ein ordentlicher und gewissenhafter Geschäftsführer aufwenden müßte, wenn er auch andere als die örtlichen Gebrauchtwagenmärkte einbezieht. Die Restnutzungsdauer des Kraftfahrzeuges beläuft sich auf zwei Jahre, die GmbH schreibt den (um 2000 DM überhöhten) Anschaffungspreis mithin am Ende des Anschaffungsjahres zur Hälfte und am Ende des folgenden Jahres mit der zweiten Hälfte ab. Geht man davon aus, daß der Teilwert am Ende des ersten Jahres nicht unter dem (aus den überhöhten Anschaffungskosten und der darauf basierenden Abschreibung resultierenden) Buchwert liegt, so entsteht eine zeitliche und sachliche Divergenz: Beim Gesellschafter ist im Januar des Jahres eine verdeckte Gewinnausschüttung in Höhe von 3000 DM als Einnahme nach § 20 Abs. 1 Nr. 1 EStG anzusetzen (dazu kommt dann noch 9/16 Körperschaftsteueranrechnung nach § 20 Abs. 1 Nr. 3 EStG); bei der Gesellschaft ist im Anschaffungsjahr und im folgenden Jahr je eine Zurechnung von 1000 DM (überhöhte Abschreibung) nach § 8 Abs. 3 Satz 2 KStG vorzunehmen.

Literatur:

1. Die Kommentierungen zu § 8 KStG und zu § 20 EStG.
2. Lange, Joachim, Verdeckte Gewinnausschüttungen, Herne/Berlin. – Spitaler, Armin/Niemann, Ursula, Die Angemessenheit der Bezüge geschäftsführender Gesellschafter einer GmbH, Köln. – Rose, Gerd, Verachtet mir die Zinsfüß' nicht!, Zinssatzfragen in der Steuerpraxis, StbJb 1973/74, 301. – Lohmeyer, Heinz, Steuerzuwiderhandlungen durch verdeckte Gewinnausschüttungen?, DStZ (A) 1975, 36. – Barth, Kuno, Verdeckte Gewinnausschüttungen, die keine sind, BB 1977, 636. – Thiel, Rudolf, Die Neutralisierung der dem Empfänger der verdeckten Gewinnausschüttung zu Lasten der Kapitalgesellschaft erwachsenden Bereicherung, FR 1977, 267. – Wischet, Ernst, Zur Beseitigung der durch eine verdeckte Gewinnausschüttung bewirkten Vermögensumverteilung bei den Gesellschaftern, DB 1979, 22, 287. – Kühnel, Holger, Vermögensänderungen im Gefolge der Aufdeckung verdeckter Gewinnausschüttungen nach dem neuen Körperschaftsteuerrecht, WPg 1980, 218. – Schuhmann, Helmut, ABC der verdeckten Gewinnausschüttung, Wiesbaden/Stuttgart. – Brezing, Klaus, Überlegungen zum Zufluß, Abfluß und Rückfluß verdeckter Gewinnausschüttungen, StbJb 1983/84, 215. – Classen, Andrea, Minderung der Einkünfte durch Rückzahlung verdeckter Gewinnausschüttungen?, BB 1984, 327. – Lang, Joachim Besteuerung verdeckter Gewinnausschüttungen bei verbundenen Unternehmen, FR 1984, 631. – John, Gerd, Bemerkungen zum Rechtsinstitut der verdeckten Gewinnausschüttung, ZfbF 1984, 432. – Ebert, Armin, Die Besteuerung von verdeckten Gewinnausschüttungen bei der Gesellschaft und beim Anteilseigner, BB 1984, 1221. – Schulze, Karlheinz, Zur Frage des Zuflusses von verdeckten Gewinnausschüttungen, BB 1985, 1324. – Becker, Helmut, Der ordentliche Geschäftsleiter – wachsender Einfluß oder abklingende Bedeutung?, StbJb 1985/86, 381. – Schulze-Osterloh, Joachim, Die verdeckte Gewinnausschüttung bei der GmbH als kompetenzrechtliches Problem, in: Festschrift für Walter Stimpel, Berlin/New York 1985, 487. – Pezzer, Heinz-Jürgen, Die verdeckte Gewinnausschüttung im Körperschaftsteuerrecht, Köln. – Wassermeyer, Franz, Die Auswirkungen der verdeckten Gewinnausschüttung auf die Steuerbilanz, DStR 1987, 484. – ders., Einige grundsätzliche Überlegungen zur verdeckten Gewinnausschüttung, DB 1987, 1113. – Schneeloch, Dieter, Verdecktes Nennkapital, DStR 1987, 458. – Klemm, Georg, Die verdeckte Gewinnausschüttung im Körperschaftsteuerrecht, DStR 1988, 484. – Wassermeyer, Franz, Zur neuen Definition der verdeckten Gewinnausschüttung, GmbHR 1989, 298. – Wassermeyer, Franz, Verdeckte Gewinnausschüttungen auch durch Nicht-Kapitalgesellschaften?, FR 1990, 1. – Tillmann, Bert, Wettbewerbsverbot des Gesellschafter-Geschäftsführers einer GmbH, GmbHR 1991, 26. – Wassermeyer, Franz, Verdeckte Gewinnausschüttungen im Zusammenhang mit Gesellschafter-Gechäftsführern, DStR 1991, 1065. – Schulze zur Wiesche, Dieter, Geschäftsführervergütung und verdeckte Gewinnausschüttung, GmbHR 1991, 113, 170. – Schneider, Helmut, Wettbewerbsverbot und verdeckte Gewinnausschüttung, BB 1991, 1681. – Tries, Hermann-Josef, Verdeckte Gewinnausschüttungen im GmbH-Recht, Köln. – Niemann, Ursula, Zu einkommensteuerlichen und körperschaftsteuerlichen Konseuquenzen der Nebentätigkeit des Geschäftsführers einer GmbH, in: Herzig (Hrsg.), Betriebswirtschaftliche Steuerlehre und Steuerberatung (Festschrift für Gerd Rose), Wiesbaden 1991, 387

3 B 6 Nichtabziehbare Steueraufwendungen

Bei der Ermittlung des Einkommens von Kapitalgesellschaften dürfen gem. § 10 Nr. 2 KStG die im folgenden genannten Aufwendungen, die das Steuerbilanzergebnis negativ beeinflußt haben, nicht abgezogen werden. Sie sind m. a. W. dem Steuerbilanzergebnis wieder hinzuzurechnen.

a) Körperschaftsteuer und Solidaritätszuschlag

Es handelt sich bei der Körperschaftsteuer um die „Steuer von Einkommen" der Kapitalgesellschaft. Ihr Abzug ist aus Tarifgründen untersagt. Würde man nämlich den Abzug zulassen, so müßte zur Erreichung eines gleich hohen Steueraufkommens ein entsprechend höherer Steuersatz – 50/50 = 100 % – gewählt werden. Die Nichtabzugsfähigkeit der Körperschaftsteueraufwendungen von der Bemessungsgrundlage hat entsprechende „Schattenwirkungen" zur Folge (vgl. dazu Teil 3 J). Gleiches gilt für den zur Körperschaftsteuer als Ergänzungsabgabe für 1991 und 1992 erhobenen Solidaritätszuschlag (siehe Teil 6).

b) Vermögensteuer

Da die Vermögensteuer ebenfalls eine „Personensteuer" ist (vgl. 13 A 1), darf sie – wie im Bereich der Einkommensteuer (§ 12 Nr. 3 EStG) – auch bei der körperschaftsteuerlichen Einkommensermittlung nicht abgezogen werden. Der durch sie entstandene Aufwand erhöht also das Einkommen – und damit (als „Schattenwirkung") auch wieder die ihrerseits nichtabziehbare Körperschaftsteuer (vgl. Teil 3 J).

c) Umsatzsteuer für den Eigenverbrauch

Auch der Abzug der für den Eigenverbrauch entstehenden Umsatzsteuer ist untersagt. Nach der neueren im Umsatzsteuerrecht geltenden Auffassung über den Eigenverbrauch, der sog. Reallakttheorie (vgl. 10 J), kann eine Kapitalgesellschaft Eigenverbrauch in Form der Gegenstandsentnahme sowie der Entnahme sonstiger Leistungen dadurch verwirklichen, daß sie einen zu ihrem Unternehmensvermögen gehörenden Gegenstand endgültig aus diesem Bereich herausnimmt oder eine entsprechende sonstige Leistung erbringt; insbesondere aber ist bei Kapitalgesellschaften der Eigenverbrauchstatbestand der Tätigung nichtabzugsfähiger Betriebsausgaben i. S. von § 4 Abs. 5 EStG möglich.

Die Umsatzsteuer für den Eigenverbrauch ist ein Aufwendung, die den Gewinn der Kapitalgesellschaft mindert, zufolge § 10 Nr. 2 KStG aber bei der Einkommensermittlung wieder hinzugerechnet werden muß. Deshalb sind die Konsequenzen denen bei der Vermögensteuer gleich: Es entsteht für diese Aufwendung Körperschaftsteuer, die ihrerseits nichtabziehbar ist; auch wird eine entsprechende „Schattenwirkung" aus gelöst (vgl. Teil 3 J).

d) Ausländische Steuern vom Einkommen oder Vermögen

Das Abzugsverbot in § 10 Nr. 2 KStG erstreckt sich nicht nur auf inländische, sondern auch auf vergleichbare ausländische Abgaben. Muß eine unbeschränkt steuerpflichtige Kapitalgesellschaft (z. B. deshalb, weil sie im Ausland Einkünfte erzielt hat, die der ausländischen Steuerhoheit unterliegen) ausländische Körperschaftsteuern entrichten, so sind die ihr daraus entstehenden Aufwendungen nicht abzugsfähig, sie erhöhen also die Steuerbemessungsgrundlage für die inländische Körperschaftsteuer. Entsprechendes gilt für ausländische Vermögensteuern. Zur Vermeidung oder Milderung der auf diese Weise eintretenden Doppelbesteuerungen vgl. Teil 24 im Fünften Buch.

e) Steuerliche Nebenleistungen

Der zweite Halbsatz von § 10 Nr. 2 KStG ordnet auch die Nichtabziehbarkeit der Aufwendungen für die auf die vorstehenden Steuern entfallenden Nebenleistungen an. Dabei handelt es sich gem. § 3 Abs. 3 AO um Verspätungszuschläge, Säumniszuschläge, Zwangsgelder und Kosten; von den ebenfalls dort genannten Zinsen auf Steuerforderungen sind aber lediglich die Hinterziehungszinsen (§ 235 AO) von der Nichtabziehbarkeit betroffen, da die Nachforderungszinsen (§ 233a AO), die Stundungszinsen (§ 234 AO) und die Aussetzungszinsen (§ 237 AO) auch insoweit abzugsfähig sind, als sie auf nichtabziehbare Steuern entfallen.

Literatur:

1. Die Kommentierungen zu § 10 KStG.
2. Rose, Gerd, Sustanzbesteuerung nach der Körperschaftsteuerreform, FR 1976, 389. – Rose, Gerd, Zur Unternehmungs-Substanzsteuerbelastung ab 1978, FR 1977, 537. – Wagner, W., Zum „Schatteneffekt“ der Vermögensteuer bei Kapitalgesellschaften, FR 1978, 480. – Siegel, Theodor, Die Konsequenzen der Nichtabziehbarkeit der Vermögensteuer beim körperschaftsteuerlichen Einkommen. Zur Berechtigung der Begriffe Schattenwirkung und Definitiv-Körperschaftsteuer beim KStG 1977, GmbH-Rdsch 1979, 91.

3 B 7 Nichtabziehbare Geldstrafen

§ 10 Nr. 3 KStG gebietet die Hinzurechnung aller einer Kapitalgesellschaft entstandenen Aufwendungen zum Einkommen, die „in einem Strafverfahren festgesetzte Geldstrafen, sonstige Rechtsfolgen vermögensrechtlicher Art, bei denen der Strafcharakter überwiegt, und Leistungen zur Erfüllung von Auflagen oder Weisungen“ sind, „soweit die Auflagen oder Weisungen nicht lediglich der Wiedergutmachung des durch die Tat verursachten Schadens dienen“.

Für Geldbußen, Ordnungsgelder und Verwarnungsgelder gilt ebenfalls ein Abzugsverbot. Dieses ist in § 4 Abs. 5 Nr. 8 EStG ausgesprochen, greift also bereits bei der Gewinnermittlung der Körperschaft (§ 8 Abs. 1 KStG) und nicht, wie § 10 Nr. 3 KStG, erst bei der Ermittlung des Einkommens (vgl. im übrigen auch die Parellelvorschrift des § 12 Nr. 4 EStG).

Literatur:

1. Die Kommentierung zu § 10 KStG sowie §§ 4 und 12 EStG.
2. Roland, Detlef, Das Abzugsverbot für Geldbußen und Geldstrafen im Einkommen- und Körperschaftsteuergesetz, RWP, SG 5.2-771 (Nov. 1984).

3 B 8 Nichtabziehbare Spenden

Nach Maßgabe der Vorschriften in § 9 Nr. 3 KStG dürfen bei der Ermittlung des Einkommens Spenden für bestimmte (z. B. mildtätige oder wissenschaftliche) Zwecke, unter bestimmten Bedingungen (u. a. Vorlage einer Spendenbescheinigung) und in bestimmter Höhe (z. B. 5 % des Einkommens) als Aufwendungen abgezogen werden; dies gilt natürlich nur, soweit es sich bei diesen Spenden nicht bereits ohnehin um Betriebsausgaben handelt. Spenden, die wegen ihres Charakters, wegen Nichterfüllung der Bedingungen oder wegen Überschreitens der Höchstgrenzen diesen Voraussetzungen nicht genügen, sind nicht abziehbar und müssen dem Steuerbilanzergebnis hinzugerechnet werden.

Zur Ermittlung der abzugsfähigen Höchstbeträge wird bei den Körperschaftsteuerberechnungen gewöhnlich eine Zurechnung sämtlicher Spenden vorgenommen; erst danach findet eine Kürzung um die abziehbaren Spenden statt.

Literatur:

1. Die Kommentierungen zu § 9 KStG.

3 B 9 Nichtabziehbare Hälfte der Aufsichtsratsvergütungen

Die Vorschrift in § 10 Nr. 4 KStG verbietet den Abzug der „Hälfte der Vergütungen jeder Art, die an Mitglieder des Aufsichtsrats, Verwaltungsrats, Grubenvorstands oder andere mit der Überwachung der Geschäftsführung beauftragte Personen gewährt werden". Soweit solche Vergütungen als Aufwendungen das Steuerbilanzergebnis gemindert haben, sind also 50 % davon wieder hinzuzurechnen.

Die Rechtsprechung hat herausgearbeitet, daß die Vorschrift weit auszulegen ist und sich auf alle irgendwie mit der Überwachungstätigkeit im weitesten Sinne zusammenhängenden Aufwendungen für die Vergütung von – wie immer bezeichneten – Aufsichtsgremien einer Kapitalgesellschaft erstreckt, soweit es sich nicht um einen reinen Auslagenersatz (z. B. Reisekosten) handelt.

Literatur:

1. Die Kommentierungen zu § 10 KStG.
2. Rose, Gerd, Aufsichtsratsvergütungen und Körperschaftsteuer, GmbHR 1964, 31. – Risse, Heinz, Aufsichtsratsvergütungen und Körperschaftsteuer, FR 1968, 360. – Friauf, K.H., Zur Frage der Nichtabzugsfähigkeit von Aufsichtsratsvergütungen im Körperschaftsteuerrecht, StuW 1973, 97.

3 B 10 Steuerfreie Erträge

Da das Einkommen von Kapitalgesellschaften gem. § 8 Abs. 1 KStG grundsätzlich unter Anwendung der einkommensteuerrechtlichen Vorschriften zu ermitteln ist, gelten alle übertragbaren Befreiungsvorschriften des EStG auch für die körperschaftsteuerliche Einkommensermittlung. Darüber hinaus enthalten auch Vorschriften anderer Gesetze sowie gelegentlich Doppelbesteuerungsabkommen (vgl. dazu speziell 28 C 3 im Fünften Buch) Regelungen dahingehend, daß bestimmte Erträge körperschaftsteuerfrei vereinnahmt werden können; diese sind dann vom Steuerbilanzergebnis, welches sie erhöht haben, wieder abzuziehen (vgl. 3 B 2).

Bezieht sich die Befreiung auf Einnahmen, so ist das Abzugsverbot des § 3c EStG für die im unmittelbaren Zusammenhang mit diesen Einnahmen anfallenden Aufwendungen zu beachten. Darüber hinaus ist für den Bereich des internationalen körperschaftsteuerlichen Schachtelprivilegs (= Außerachtlassung aus ausländischen Beteiligungen stammender Gewinnanteile bei der inländischen Einkommensermittlung aufgrund eines Doppelbesteuerungsabkommens oder des § 26 Abs. 2 und 3 KStG) das Verbot zu beachten, sog. ausschüttungsbedingte Teilwertabschreibungen einkommenswirksam abzuziehen (§ 26 Abs. 8 KStG).

In Höhe des Freibetrages nach § 16 Abs. 4 EStG liegt eine sachliche Ertragsbefreiung vor, die außerhalb des Steuerbilanzergebnisses zu berücksichtigen ist.

Eine Spezialvorschrift enthält ferner § 8 Abs. 6 KStG für die von einem Körperschaftsteuerpflichtigen vereinnahmten „Gewinne aus Anteilen an einem nicht steuerbefreiten Betrieb gewerblicher Art einer juristischen Person des öffentlichen Rechts"; derartige Gewinne sind bei der Ermittlung außer Ansatz zu lassen.

Literatur:

1. Die Kommentierungen zu § 8 KStG.
2. Müller-Dott, Johannes, P., Über die Notwendigkeit eines körperschaftsteuerlichen Schachtelprivilegs, BB 1977, 1267. – Merkert, Hubert, Plädoyer für ein Schachtelprivileg im neuen Körperschaftsteuerrecht, DB 1977, 1819. –Brezing, Klaus, Die Behandlung steuerfreier Einnahmen (Einkünfte) einer Kapitalgesellschaft nach der Körperschaftsteuerreform, AG 1979, 244. – Herzig, Norbert/Hötzel, Oliver, Ausschüttungsbedingte Teilwertabschreibungen, DB 1988, 2265.

3 B 11 Erträge aus nichtabziehbaren Aufwendungen

Aus der Nichtverausgabung oder Rückerstattung von Aufwendungen, die unter 3 B 6, 3 B 7, 3 B 8 oder 3 B 9 genannt sind, können Erträge entstehen.

Beispiele:

1) Im Jahre I sind Vermögensteueraufwendungen von insgesamt 80 000 DM als nichtabziehbare Steuern dem Steuerbilanzergebnis hinzugerechnet worden. Eine Betriebsprüfung im Jahre III kommt zu dem Ergebnis, daß nur 75 000 DM Vermögensteuer für das Jahr I geschuldet werden. Die betreffende Kapitalgesellschaft vereinnahmt 5000 DM als außerordentlichen (periodenfremden) Ertrag aus der Erstattung einer ehemaligen nichtabziehbaren Steueraufwendung.

2) Wegen einer nach dem Recht des ausländischen Staates strafbaren Handlung ihrer ausländischen Niederlassung ist von einem ausländischen Gericht gegen eine deutsche Kapitalgesellschaft eine Geldstrafe von 2 Mio DM festgesetzt worden. Die Kapitalgesellschaft hat diesen Betrag im Jahre I als Aufwand gebucht; dieser Aufwand war nach § 10 Nr. 3 KStG bei der Einkommensermittlung nicht abziehbar. Die Kapitalgesellschaft hat gegen das Strafurteil Revision eingelegt und obsiegt im Jahre IV. Sie kann dementsprechend in diesem Jahr 2 Mio DM als außerordentlichen (periodenfremden) Ertrag zugunsten der Gewinn- und Verlustrechnung vereinnahmen.

Derartige Erträge sind bei der Einkommensermittlung im Jahre ihrer Erfolgswirkung steuerfrei zu lassen, d. h. vom Steuerbilanzergebnis zu kürzen.

Die hier beschriebene Handhabung darf nicht auf „rückgängig gemachte“ verdeckte Gewinnauschüttungen (3 B 5) angewendet werden. Verwaltung und Rechtsprechung sehen in einer solchen Rückgängigmachung vielmehr einen neuen Geschäftsvorfall, den sie als gesellschaftliche Einlage (3 B 3) qualifizieren.

Literatur:

Die Kommentierungen zu § 10 KStG.

3 B 12 Gewinnanteile der persönlich haftenden Gesellschafter von Kommanditgesellschaften auf Aktien

Die KGaA ist eine Kapitalgesellschaft (§ 278 Abs. 1 AktG) und deshalb nach § 1 Abs. 1 Nr. 1 KStG körperschaftsteuerpflichtig. Sie muß infolgedessen ihr Einkommen ermitteln und der Körperschaftsteuer unterwerfen.

Die persönlich haftenden Gesellschafter (Komplementäre) einer KGaA haben aber mit ihren Ge-winnanteilen wie Gesellschafter einer „normalen“ KG Einkünfte aus Gewerbebetrieb (vgl. 2 B 2).

Das das Gesetz die Zweifacherfassung durch Körperschaftsteuer und Einkommensteuer (mit Aunrechnungsverfahren) auf den eigentlichen Kapitalgesellschafts-Teil der KGaA und die dazugehörigen Gesellschafter (Kommanditaktionäre) beschränken will, ordnet es in § 9 Nr. 2 KStG eine Kürzung des Steuerbilanzergebnisses um die (handelsrechtlichen) Gewinnanteile der persönlich haftenden Gesellschafter an. Es erstreckt diese Regelung auch auf die Beträge, die den Komplementären als Vergütung für die Geschäftsführung gewährt worden sind; diese Beträge sind aber Aufwendungen und haben infolgedessen ohnehin bereits das Steuerbilanzergebnis gemindert.

Literatur:

1. Die Kommentierungen zu § 9 KStG.
2. Elschenbroich, Manfred, Die Kommanditgesellschaft auf Aktien, Diss. rer. pol. Köln 1956. –Hundertmark, Dedo, Die Kommanditgesellschaft auf Aktien, BB 1968, 1285. – Menzel, Arno H., Die Besteuerung der Entgelte der Kommanditgesellschaft auf Aktien (KGaA) an ihren persönlich haftenden Gesellschafter, StuW 1971, 204. – Schlütter, Egon, Handelsrechtliche und steuerrechtliche Behandlung der Gewinnanteile der Komplementäre einer Kommanditgesellschaft auf Aktien, StuW 1978, 295. – Bacher, Hanns, Die Stellung des persönlich haftenden Gesellschafters einer Kommanditgesellschaft auf Aktien (KGaA) im Steuerrecht, DB 1985, 2117.

3 C Die Besteuerung des Einkommens und das Anrechnungsverfahren

3 C 1 Die Tarifbelastung bei der Kapitalgesellschaft

Wie oben (3 A 2) ausgeführt worden ist, beträgt gem. § 23 Abs. 1 KStG der tarifliche Körperschaftsteuersatz für Kapitalgesellschaften 50 % des zu versteuernden Einkommens. Die Erörterungen im Teil 3 B haben aber deutlich gemacht, daß dieses körperschaftsteuerliche Einkommen eine „Kunstgröße" ist, die in aller Regel nicht mit der tatsächlich für den Veranlagungszeitraum bei der Kapitalgesellschaft eingetretenen Reinvermögensmehrung, also ihrem Gewinn, übereinstimmt. So werden zunächst, wie gezeigt, bestimmte Aufwendungen, die das Vermögen effektiv gemindert haben, für „nichtabzugsfähig" erklärt und als Teil des Einkommens besteuert. Ferner kann man die tatsächliche Vermehrung des Eigenkapitals durch die echten Erfolgsbeiträge des Veranlagungszeitraums in mehrere Elemente zerlegen, die unterschiedlich hoch besteuert werden. Neben den Ergebnisteilen, die einer Tarifbelastung von 50 % unterliegen und infolgedessen das Eigenkapital nur mit 50 % verstärken, gibt es auch, wie gezeigt, steuerfreie Erträge (3 B 10); für diese entsteht eine Tarifbelastung von 0 %, sie verstärken das Eigenkapital – ungemindert um Körperschaftsteuer – mithin um 100 %. Ferner können Teile des Einkommens aufgrund von Vorschriften außerhalb des KStG einer niedrigeren Körperschaftsteuerbelastung unterliegen. So ordnet § 21 BerlinFG beispielsweise an, daß sich die tarifliche Körperschaftsteuer bei Kapitalgesellschaften, die in Berlin (West) ansässig sind, ermäßigt, soweit sie auf Westberliner Einkünfte entällt. Für diese Westberliner Einkünfte beträgt die Tarifbelastung also weniger als 50 %. Die Körperschaftsteuer kann sich ferner z. B. nach §§ 16, 17 BerlinFG bei der Hingabe von Darlehen nach Berlin (West) ermäßigen.

Zu einer niedrigeren Tarifbelastung von Einkommensteilen kann es schließlich auch durch Anrechnungen ausländischer Körperschaftsteuern kommen, wie sie § 26 KStG in verschiedenster Weise vorsieht (vgl. dazu 24 C 2 im Fünften Buch).

Beispiel:

Eine inländische Kapitalgesellschaft bezieht ausländische Einkünfte in Höhe von (brutto) 100 000 DM. Die ausländische Körperschaftsteuer möge voll anrechenbar sein und 28 571 DM betragen haben. Infolge der Anrechnung dieser ausländischen auf die inländische (50%ige) Körperschaftsteuer reduziert sich die Tarifbelastung mit inländischer Körperschaftsteuer auf (50 000–28 571 =) 21 429 DM. Bezieht man diesen Betrag auf den Einkommensteil „ausländische Einkünfte abzüglich anrechenbarer ausländischer Steuer" (§ 31 Abs. 1 Nr. 3 KStG; vgl. auch Abschn. 86 Abs. 5 KStR), also auf (100 000–28 571 =) 71 429 DM, so beträgt die Tarifbelastung 30 %.

Im Ergebnis ist also – für spätere Erörterungen sehr wichtig – an dieser Stelle festzuhalten, daß der in § 23 Abs. 1 KStG genannte Steuersatz von 50 % für die Besteuerung des Einkommens einer Kapitalgesellschaft nicht zugleich in jedem Fall die Höhe der „Tarifbelastung" angibt. Es ist vielmehr häufig so, daß die Vermögensmehrungen (Eigenkapitalmehrungen) der Kapitalgesellschaft nicht unterschiedslos mit dem gleichen Satz belegt worden sind. Man muß deshalb ggf. die einzelnen Einkommensteile getrennt betrachten und dann deren Tarifbelastung jeweils gesondert feststellen. Die mit dem Anrechnungsverfahren verbundene „Herstellung der Ausschüttungsbelastung" (§§ 23 Abs. 5, 27 Abs. 1 KStG) ist ohne diese Differenzierung nicht durchführbar.
Vor dem 1. 1. 1990 betrug der Normal-Steuersatz 56 %. Die davon betroffenen Einkommensteile sind nur mit 44 % in das Eigenkapital eingegangen. Dieser Umstand ist für eine bis Ende 1994 geltende Übergangszeit noch beachtlich (§ 54 Abs. 10 KStG; vgl. auch 3 C 3, 3 D 3, 3 E).

Literatur:

1. Die Kommentierungen zu §§ 23 und 27 KJStG sowie zu § 21 BerlinFG.
2. Bacher, Hanns, Belastungsfaktoren im neuen Körperschaftsteuerrecht, BB 1977, 1093. – Telkamp, Heinz-

Jürgen, Die Auswirkungen lder Körperschaftsteuerreform auf die Besteuerung international tätiger Unternehmungen, FR 1977, 285, 313. – Schröder, Detlef, Die Körperschaftsteuerpräferenz nach dem Berlinförderungsgesetz, FR 1978, 4. – Reuter, Hans-Peter, Auswirkungen der Körperschaftsteuerreform auf die Rendite steuerbefreiter ausländischer Schachtelbeteiligungen deutscher Kapitalgesellschaften, DStR 1978, 66. – Manke, Klaus, Auswirkungen der Körperschaftsteuerreform auf das Außensteuerrecht, StbJb 1977/78, 269. – Haase, Klaus Dittmar, Zur Körperschaftsteuerbelastung nichtabziehbarer Aufwendungen, BB 1981, 203.

3 C 2 Das Anrechnungsverfahren

Die Gesamtregelungen des EStG und des KStG, die unter dem Begriff „Anrechnungsverfahren" zusammengefaßt werden, bezwecken, wie bereits ausgeführt (3 A 3), eine Anrechnung der von der Kapitalgesellschaft gezahlten Körperschaftsteuer auf die Einkommensteuer bzw. Körperschaftsteuer der Anteilseigner, die entsprechende Ausschüttungen empfangen haben. Die bei der Kapitalgesellschaft erhobene „Ausschüttungs-Körperschaftsteuer" wird im Bereich des Gesellschafters zu einer „Anrechnungs-Körperschaftsteuer".

Konsequenz dieser Anrechnung ist selbstverständlich, daß die Anrechnungs-Körperschaftsteuer bei dem Anrechnungsberechtigten zu den Einkünften gehört (vgl. das Beispiel in 3 A 3). Die Anrechnungs-Körperschaftsteuer stellt also beim Anteilseigner einen Teil der Einkünfte aus Kapitalvermögen (§ 20 Abs. 1 Nr. 3 EStG) bzw. im Falle der Subsidarität (§ 20 Abs. 3 EStG; vgl. 2 C 1) der maßgebenden Haupt-Einkunftsart (z. B. aus Gewerbebetrieb) dar.

Um nun in der Sphäre der Anteilseigner nicht mit den verschiedenen tatsächlich eingetretenen, unterschiedlich hohen Tarifbelastungen (vgl. 3 C 1) operieren zu müssen (was praktisch zu einem Chaos führen würde), legt das Körperschaftsteuergesetz großen Wert darauf, für alle (Brutto-)Ausschüttungen eine einheitliche (36%ige) Körperschaftsteuer zu erheben. Denn nur in diesem Fall ist es möglich, bei den Gesellschaftern ohne Rekurs auf die Verhältnisse bei der Kapitalgesellschaft eine Anrechnung (und Zurechnung) in Höhe eben dieser 36 % durchzuführen.

Der Körperschaftsteuersatz von 36 % bezieht sich auf die Brutto-Ausschüttungen, das sind die Ausschüttungen vor Körperschaftsteuerabzug (§ 27 Abs. 1 KStG) und – natürlich – vor Abzug der für Rechnung des Anteilseigners einbehaltenen 25%igen Kapitalertragsteuer (vgl. dazu 2 L 3). Den Gesellschaftern fließen aber nur (100 – 36 =) 64 % dieser Brutto-Dividende zu, das ist die sog. Bar-Dividende oder (so in Anlage 4 bezeichnet) die „tatsächliche Gewinnausschüttung". (Rechnet man hiervon noch die Kapitalertragsteuer ab, die 25 % der Bar-Dividende = 16 % der Brutto-Dividende beträgt, so erhält man den als Netto-Dividende bezeichneten Betrag von 48 %, den der Anteilseigner effektiv auf seinen Dividendencoupon ausgezahlt bekommt. Für die weiteren Betrachtungen ist diese Größe aber nicht relevant). Bezogen auf diese tatsächliche Gewinnausschüttung beträgt die Anrechnungskörperschaftsteuer 36/64 = 56,25 %. Weil eben immer eine 36%ige Ausschüttungs-Körperschaftsteuer bei der Kapitalgesellschaft erhoben wird, kann auch § 36 Abs. 2 Nr. 3 EStG ohne weitere Einschränkungen die Anrechnung von 9/16 der empfangenen Bar-Dividenden auf die Einkommensteuer des Gesellschafters anordnen.

Das Anrechnungsverfahren selbst ist technisch relativ unkompliziert; es hat wirtschaftlich große Ähnlichkeit mit dem Verfahren des Steuerabzugs der Kapitalertragsteuer (vgl. 2 L 3).

Rechtlich bestehen jedoch Unterschiede: Während die Kapitalertragsteuer für Rechnung des Anteilseigners einbehalten wird, ist die Ausschüttungs-Körperschaftsteuer eine Schuld der Kapitalgesellschaft. Deshalb ist auch der Anrechnungsanspruch des eine Gewinnausschüttung empfangenden Anteilseigners regelmäßig (Ausnahme: § 36a EStG) nicht an die tatsächliche Entrichtung der Ausschüttungs-Körperschaftsteuer durch die Kapitalgesellschaft geknüpft. Die „Anrechnung“ wird außerdem in bestimmten Fällen durch eine effektive „Vergütung“ ersetzt.

Abbildung 4 skizziert die drei Hauptfälle einer Anrechnung bzw. Vergütung der Körperschaftsteuer auf Gewinnausschüttungen (z. v. E. = zu versteuerndes Einkomen, ESt = Einkommensteuer, KSt = Körperschaftsteuer). Die für Rechnung des Anteilseigners einzubehaltende Kapitalertragsteuer bleibt bewußt unberücksichtigt, um das Bild nicht unnötig zu verkomplizieren.

Eine Kapitalgesellschaft möge drei Gruppen von Gesellschaftern haben – alle sind natürliche (unbeschränkt steuerpflichtige) Personen: A, B und C. Sie schüttet eine Dividende aus.

Diese führt bei allen drei Personengruppen zu Einnahmen aus Kapitalvermögen gem. § 20 Abs. 1 Nr. 1 EStG (vgl. 2 B 5) oder, falls bei einer der Personen die Beteiligung im Betriebsvermögen gehalten wird, wegen § 20 Abs. 3 EStG – ohne daß dies hier relevante Änderungen bewirken würde – zu Einnahmen der entsprechenden Einkunftsart, z. B. aus Gewerbebetrieb (vgl. 2 C 1).

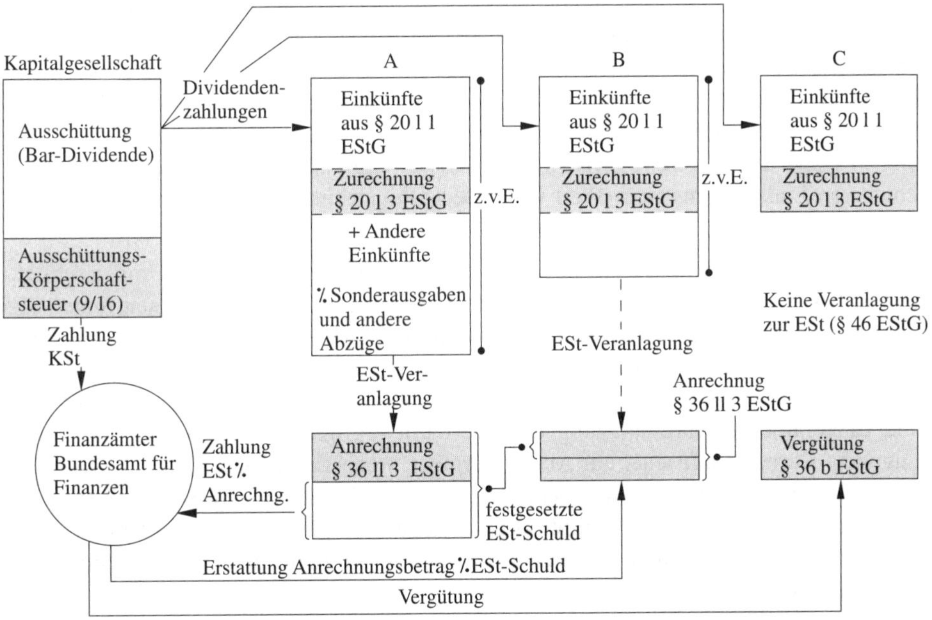

Abbildung 4

Die Gesellschafter aller drei Gesellschaftergruppen haben zusätzlich zu der empfangenen Ausschüttung (Bar-Dividende) den ihnen zustehenden Körperschaftsteuer-Anrechnungs- oder Vergütungszuschlag von 9/16 der Bar-Dividende als weitere Einnahmen aus Kapitalvermögen gem. § 20 Abs. 1 Nr. 3 EStG (bei Anwendung des § 20 Abs. 3 EStG ggf. Zurechnung zu einer anderen Einkunftsart) anzusetzen. Ihre einkommensteuerlich relevanten Einnahmen aus der Gewinnausschüttung der Kapitalgesellschaft sind also der Brutto-Ausschüttung der Kapitalgesellschaft gleich; denn die Kapitalgesellschaft hat 9/16 der Bar-Dividenden als Ausschüttungs-Körperschaftsteuer gezahlt oder zu zahlen, und die Anrechnung bzw. Vergütung beträgt ebenfalls 9/16 der Bar-Dividende.

Aus der Sphäre der Kapitalgesellschaft ist also die Bar-Dividende an die drei Gesellschaftergruppen A, B und C und die darauf entfallende Ausschüttungs-Körperschaftsteuer an das Finanzamt abgeflossen. Dies symbolisieren die entsprechenden Pfeile, die zugleich die tatsächlichen Zuflüsse bei Gruppe A, B und C und den Anspruch des Finanzamtes verdeutlichen.

Die Gesellschafter der *Gruppe A* mögen nun in dem Zuflußjahr noch hohe andere Einkünfte und damit ein zu versteuerndes Einkommen (z. v. E.) haben, das zu einer festzusetzenden Einkommensteuerschuld führt, die über den 9/16-Zurechnungsbetrag nach § 20 Abs. 1 Nr. 3 EStG hinausgeht. Diese Gesellschafter haben einen Anrechnungsanspruch nach § 36 Abs. 2 Nr. 3 EStG in Höhe der ihnen zugerechneten Körperschaftsteuer von 9/16 der empfangenen Netto-Ausschüttungen. Infolgedessen zahlen sie an ihr Finanzamt nur den Differenzbetrag zwischen festgesetzter Einkommensteuerschuld und Anrechnung (Pfeil von Spalte A zum Kreis „Finanzämter, Bundesamt für Finanzen").

Die Gesellschafter der *Gruppe B* mögen zwar auch noch andere Einkünfte als die Dividenden haben. Unter Berücksichtigung der Sonderausgaben usw. verbleibt jedoch bei ihnen ein zu versteuernder Einkommensbetrag, der zu einer Einkommensteuerfestsetzung führt, die geringer ist als der Körperschaftsteuer-Anrechnungsanspruch gem. § 36 Abs. 2 Nr. 3 EStG. Diese Gesellschafter erhalten von ihrem Finanzamt eine tatsächliche Erstattung in Höhe der Differenz zwischen der Körperschaftsteuer-Anrechnung und der geschuldeten Einkommensteuer (Pfeil vom Kreis „Finanzämter, Bundesamt für Finanzen" zur Spalte B).

Die steuerlichen Verhältnisse der Gesellschafter, die zur *Gruppe C* gehören, sollen schließlich so beschaffen sein, daß keine Veranlagung zur Einkommensteuer stattfindet. (Es handelt sich bei ihnen z. B. um Arbeitnehmer mit lohnsteuerpflichtigen Einkünften unterhalb der in § 46 Abs. 1 EStG genannten Grenze, bei denen die Voraussetzungen nach § 46 Abs. 2 EStG nicht gegeben sind.) Diesen Anteilseignern wird – ohne den Umweg über eine Einkommensteuerveranlagung und die darin erfolgende Anrechnung und Erstattung – die Körperschaftsteuer auf Antrag vergütet, wenn sie die in § 36 b ff. EStG geforderten Nachweise erbringen. Sie erhalten also 9/16 der Bar-Dividende unmittelbar ausgezahlt; für die – oft über Kreditinstitute abgewickelte – Vergütung ist aber nicht ihr Finanzamt, sondern das Bundesamt für Finanzen zuständig (Pfeil aus dem Kreis „Finanzämter, Bundesamt für Finanzen" zur Spalte C).

Mit dem Anrechnung- und Vergütungsverfahren ist die Kapitalgesellschaft, die den Gewinn ausschüttet, lediglich insoweit befaßt, als sie nach § 44 KStG ihren Anteilseignern auf Verlangen eine Bescheinigung auszustellen hat, die u. a. den Betrag der anrechenbaren bzw. zu vergütenden Körperschaftsteuer ausweist.

An dieser Stelle sei kurz erwähnt, daß es Ausnahmen vom Anrechnungsprinzip gibt. Eine Ausnahme ist personenbezogen: Das Anrechnungsverfahren gilt für beschränkt Steuerpflichtige grundsätzlich nicht (vgl. § 50 Abs. 5 Satz 2 EStG); diese Personen erhalten nur in bestimmten Fällen den Körperschaftsteuer-Erhöhungsbetrag vergütet (§§ 36e EStG, 52 KStG). Auf diesen Fall (sowie den ähnlich gelagerten des § 40 Abs. 1 Nr. 2 KStG) wird im folgenden nicht weiter eingegangen. Eine objektive Sonderstellung nehmen ferner die Wiederausschüttungen ehemaliger Einlagen der Gesellschafter ein; in bezug auf diese findet keine Zurechnung, Anrechnung und Herstellung der Ausschüttungsbelastung statt (§§ 20 Abs. 1 Nr. 1 Satz 3, 36 Abs. 2 Nr. 3 Satz 1 EStG, 40 Satz 1 Nr. 1 KStG).

Literatur:

1. Die Kommentierungen zu §§ 20, 36, 36a, 36e, 50 EStG, 40, 52 KStG.
2. Meyer-Arndt, Lüder, Veränderungen an der Substanz der Anteilsrechte – Neuralgische Punkte des Anrechnungsverfahrens StbJb 1976/77, 349. – Richter, Heinz, Die Besteuerung der ausgeschütteten (Körperschafts-Gewinne bei den Anteilseignern – Anrechnungs- und Vergütungsfragen –, DStR 1977, 81. – Herzig, Norbert, Systemfehler im Anrechnungsverfahren bei fehlender wertmäßiger und zeitlicher Kongruenz von Ausschüttungen auf Gesellschafts- und Gesellschafterebene?, FR 1977, 405. – Büschgen, Hans E., Beurteilung von Anteilen an Kapitalgesellschaften und Körperschaftsteuerreform, WPg 1978, 13. – Raupach, Arndt, Die Systematik der Grundvorschriften des körperschaftsteuerlichen Anrechnungsverfahren (§§ 20, 36 EStG, §§ 27, 41, 43 KStG), FR 1978, 576. – Glade, Anton, Die Auswirkungen von Kapitalveränderungen einer GmbH auf die Körperschaftsteueranrechnung, GmbH-Rdsch 1983, 173. – Selchert, Friedrich W., Körperschaftsteueranrechnung bei Anteilen im Betriebsvermögen einer Mitunternehmergemeinschaft, BB 1984, 888. – Meilicke, Wienand, Zivilrechtliche Probleme des körperschaftsteuerlichen Anrechnungsverfahrens, in: Zivil-, Steuer- und Unternehmensrecht, Berlin/Heidelberg 1985, 94.

3 C 3 Das Prinzip der Herstellung der Ausschüttungsbelastung

Die Vermögensmehrungen, die bei einer Kapitalgesellschaft im Laufe eines Veranlagungszeitraumes eingetreten sind, können, wie im Teil 3 C 1 herausgestellt, unterschiedlich hoch mit inländischer Körperschaftsteuer (§ 27 Abs. 2 KStG) belastet sein, also eine unterschiedliche „Tarifbelastung" (§ 27 Abs. 1 KStG) erfahren haben. Diese Tarifbelastung kann von 56 % (Körperschaftsteuer-Normalsatz bis 1989) bis 0 % (Steuerfreiheit) reichen.

Die in § 27 Abs. 1 KStG vorgeschriebene Herstellung der Ausschüttungsbelastung in Höhe von 36 % lder Brutto-Gewinnausschüttungen kann infolgedessen auch, wie dem unteren Teil der Tafel 4 zu entnehmen ist, sowohl zu Ermäßigungen wie zu Erhöhungen wie zu Nichtveränderungen der Körperschaftsteuer führen, die die Kapitalgesellschaft zu entrichten hat (§ 23 Abs. 5 KStG). Die Körperschaftsteuer ermäßigt sich, wenn die Tarifbelastung über 36 % liegt. Beträgt die Körperschaftsteuer im einfachsten Fall 50 %, so vermindert sie sich um 14 Prozentpunkte auf 36 %. (Diesen einfachsten Fall allein hatte der Teil 3 A 2 im Auge). Würde die tatsächliche Tarifbelstung der für die Ausschüttung vorgesehenen Beträge gerade 36 % ausmachen, so würde weder eine Erhöhung noch eine Ermäßigung der Körperschaftsteuer eintreten. Die Körperschaftsteuer wäre dagegen zu erhöhen, wenn die Tarifbelastung unter 36 % liegt. Der Extremfall in dieser Richtung ist die Ausschüttung aus steuerfreien (also mit einer Tarifbelastung von 0 % belegten) Erträgen.

Literatur:

1. Die Kommentierungen zu § 27 KStG.
2. Mayer-Wegelin, Eberhard, Die Körperschaftsteuer-Erhöhung – ein neuer Begriff, BB 1976, 1599. – Meyer-Arndt, L., Die Belastungsdifferenz als Zentralbegriff des § 27 Abs. 1 KStG, DB 1977, 1017. – Schlarb, Eberhard, Die verfassungsrechtliche Einordnung der ausschüttungsbedingten Körperschaftsteuer-Minderung oder -Erhöhung, DB 1983, 2000. – Dötsch, Ewald, Gewinnausschüttungen von Kapitalgesellschaften, DB 1986, 2041.

3 D Das verwendbare Eigenkapital

3 D 1 Die Funktionen des verwendbaren Eigenkapitals

Das in 3 C 3 beschriebene Prinzip der Herstellung der Ausschüttungsbelastung wäre in einfacher Form zu verwirklichen, wenn man immer nur das Einkommen eines bestimmten Veranlagungszeitraums und die für diesen Veranlagungszeitraum vorgenommenen Ausschüttungen zu berücksichtigen hätte, also intertemporale Abweichungen zwischen Einkommensentstehung und Ausschüttungen für irrelevant erklärte. Bei Geltung eines solchen Prinzips wäre aber die vollständige Anrechnung der Körperschaftsteuer der Kapitalgesellschaft auf die Einkommensteuer bzw. Körperschaftsteuer der Anteilseigner natürlich nicht gewährleistet, sobald die Kapitalgesellschaft – aus welchen Gründen auch immer – Thesaurierungen vornimmt, also keine Vollausschüttungspolitik betreibt. Das System soll aber unabhängig von den zeitlichen Verschiebungen zwischen Einkommensentstehung und Gewinnausschüttung über die gesamte Lebenszeit der Kapitalgesellschaft und alle darin liegenden Veranlagungsperioden für die gewünschte Belastung sorgen. Für den einfachsten Fall heißt dies: Die von der Kapitalgesellschaft zu entrichtende Körperschaftsteuer soll zunächst 50 % ihres Einkommens betragen, sich jedoch dann – und zwar *nur dann* und *erst dann* – auf 36 % ermäßigen, wenn und soweit Ausschüttungen an die Gesellschafter erfolgen.

In Berücksichtigung des Umstandes, daß das Einkommen einer Kapitalgesellschaft aber eben nicht nur von den tatsächlich entstandenen (Steuerbilanz-)Erfolgen, sondern auch von den Zurechnungen (z. B. nichtabzugsfähiger Aufwendungen) und Kürzungen (z. B. steuerfreier Erträge) beeinflußt wird, sowie der Tatsache, daß manche Einkommensteile, z. B. infolge der Anrechnung ausländischer Steuern auf die inländische Körperschaftsteuer oder wegen im BerlinFG vorgeschriebener Steuerermäßigungen, nicht der ungemilderten (50%igen), sondern einer ermäßigten inländischen Tarifbelastung unterliegen, ergibt sich die Notwendigkeit, eine Puffer- und Transformationseinrichtung zu schaffen, die für den intertemporalen wie den belastungsmäßigen Ausgleich sorgt. die unterschiedlich belasteten Einkommensteile und die Ausschüttungen müssen festgehalten bzw. dokumentiert werden. Diese Funktionen übernimmt das „verwendbare Eigenkapital", eine zum Schluß jedes Wirtschaftsjahres zu ermittelnde, aufzugliedernde und fortzuschreibende Bestandsgröße, deren wesentliche Elemente nach § 47 KStG jeweils im Zuge der Körperschaftsteuerveranlagung gesondert festgestellt werden müssen.

Im verwendbaren Eigenkapital werden also (1) die unterschiedlich mit Körperschaftsteuer belasteten Eigenkapitalteile getrennt ausgewiesen und (2) die Gewinnausschüttungen zum Zwecke der Herstellung der Ausschüttungsbelastung mit diesen Teilen konfrontiert.

Ein einfaches Beispiel soll die Wirkungsweise verdeutlichen.

Beispiel:

Eine GmbH hat bis zum 31. 12. 1976 (Ende des alten Körperschaftsteuersystems) offene, nach dem alten KStG versteuerte Rücklagen in Höhe von 100 000 DM angesammelt. In den zehn folgenden Jahren ihres Bestehens erzielt sie Gewinne, die – um das Beispiel einfach zu halten, sei angenommen, daß nichtabziehbare Aufwendungen (mit Ausnahme der Körperschaftsteuer) und steuerfreie Erträge nicht anfallen – mit ihrem körperschaftssteuerpflichtigen Einkommen übereinstimmen und voll thesauriert werden. Diese Einkommen sollen der 56%igen Körperschaftsteuer unterlegen haben. Die Gesamtgewinne vor Abzug der Körperschaftsteuer (im vereinfachten Beispiel = Einkommen) haben in diesem Zehnjahreszeitraum 1 000 000 DM ausgemacht; nach Abzug der Körperschaftsteuer von 560 000 DM verblieben 440 000 DM im Eigenkapital. In den Jahren 1987 bis 1989 entstehen keine Gewinne (und damit – im vereinfachten Beispiel – auch weder Einkommen noch Körperschaftsteuer). 1990 wird ein Gewinn vor Abzug der Körperschaftsteuer (= Einkommen) von 200 000 DM erzielt; nach Abzug der nun 50%igen Körperschaftsteuer gehen 100 000 DM ins Eigenkapital der GmbH ein. Die GmbH schüttet nun zum 31. 12. 1990 alle thesaurierten Gewinne an die Gesellschafter aus.

Eine systemgerechte Körperschaftsteuerermittlung wäre ohne die Kenntnis der früheren Körperschaftsteuerbelastung der ausgeschütteten Beträge nicht möglich. Nennt das „verwendbare Eigenkapital" aber 440 000 DM als „mit 56 % Körperschaftsteuer belastet", 100 000 DM als „mit 50 % Körperschaftsteuer belastet" und weitere 100 000 DM (Altrücklagen) als „nicht mit neuer Körperschaftsteuer belastet", so ist nun die Ausschüttungsbelastung leicht herzustellen: Die GmbH erhält zunächst die (560 000 – 360 000 =) 200 000 DM Körperschaftsteuer zurück, die sie auf die Thesaurierungen von 1977–1986 „zuviel" entrichtet hatte; sie kann dann also aus diesen Neurücklagen (440 000 + 200 000 =) 640 000 DM an ihre Gesellschafter auskehren. Aus dem Gewinn des Jahres 1990 hat sie (100 000 – 72 000 =) 28 000 DM „überzahlt", so daß sie hieraus 128 000 DM ausschütten kann. Andererseits muß sie 36 000 DM auf die noch nicht nach neuem Recht versteuerten, aber nunmehr ausgeschütteten Altrücklagen (bis 1976) zahlen, so daß aus diesem Bereich nur 64 000 DM zur Verfügung stehen. Die bei den Gesellschaftern eingehenden Gewinnausschüttungen in Höhe von (640 000 + 128 000 + 64 000 =) 832 000 DM haben nun ohne Ausnahme der gesetzmäßigen Anrechnungs-Körperschaftsteuer von 9/16 dieser Ausschüttungen = 468 000 DM unterlegen, so daß die Anrechnung korrekt durchgeführt werden kann (§§ 20 Abs. 1 Nr. 1 und 3, 36 Abs. 2 Nr. 3 EStG). Tatsächlicher Ausschüttungsbetrag (832 000 DM) und Anrechnungs-Körperschaftsteuer (468 000 DM) ergeben zusammen den Brutto-Ausschüttungsbetrag von 1 300 000 DM, der die formelle Bemessungsgrundlage für die 36%ige Ausschüttungsbelastung darstellt.

3 D 2 Die Ableitung des verwendbaren Eigenkapitals aus der Steuerbilanz

Wie aus § 29 KStG hervorgeht, ist das verwendbare Eigenkapital ein Teil des gesamten Eigenkapitals, das in der Steuerbilanz als Betriebs(rein-)vermögen ausgewiesen ist. Und zwar soll es sich um den Teil des Eigenkapitals handeln, der das Nennkapital (Grundkapital, Stammkapital) der Kapitalgesellschaft übersteigt.

Die Steuerbilanz ist die Gegenüberstellung des Aktiv-Betriebsvermögens einer Kapitalgesellschaft und ihrer Schulden, Rückstellungen, steuerfreien Rücklagen, passiven Posten der Rechnungsabgrenzung, wie sie auf der Passivseite ausgewiesen werden (vgl. 3 B 2). Im Regelfall – und davon gehen auch die folgenden Ausführungen aus – übersteigt das aktive Betriebsvermögen die letztgenannten Passivpositionen, so daß ein Reinvermögen ausgewiesen wird. Wenn man von diesem Reinvermögen das Nennkapital abzieht, würde das verwendbare Eigenkapital übrigbleiben.

Diese einfache Ableitung wird jedoch durch § 29 KStG in dreifacher Weise modifiziert:

(1) Das Reinvermögen ist nicht aus der (endgültigen) Steuerbilanz zum Schluß des Wirtschaftsjahres zu ermitteln, die auch die (endgültigen) Körperschaftsteuerverpflichtungen für dieses Wirtschaftsjahr berücksichtigt. Das körperschaftsteuerlich maßgebende Eigenkapital ist vielmehr aus einer – von Rudolf Thiel so bezeichneten – „Steuer-Vorbilanz" abzuleiten, in der die Minderungen oder Erhöhungen der Körperschaftsteuer, wie sie im Zuge der Herstellung der Ausschüttungsbelastung nach § 27 KStG entstehen, noch nicht berücksichtigt sein dürfen. M. a. W.: Die Steuer-Vorbilanz nimmt lediglich die tarifmäßige (noch nicht von den Ausschüttungen beeinflußte) Körperschaftsteuerschuld der Kapitalgesellschaft zur Kenntnis.

Beispiel:

Eine GmbH weist in ihrer vorläufigen Steuerbilanz zum Ende des Jahres ein Reinvermögen von 3 Mio DM aus; sie hat jedoch darin ihre voraussichtliche Körperschaftsteuerschuld für dieses Jahr noch nicht berücksichtigt. Ihr körperschaftsteuerpflichtiges Einkommen beläuft sich auf 1 Mio DM; sie beabsichtigt, Gewinnausschüttungen für dieses Jahr in Höhe von (brutto) 200 000 DM vorzunehmen. In der endgültigen Steuerbilanz der GmbH ist (ebenso wie in ihrer Handelsbilanz) eine Körperschaftsteuerrückstellung von (500 000 – 28 000 =) 472 000 DM zu passivieren. Die Körperschaftsteuer für dieses Jahr wird nämlich 36 % von 200 000 DM und 50 % von 800 000 DM betragen. In der für die Berechnung des Eigenkapitals maßgebenden Steuer-Vorbilanz muß jedoch eine Körperschaftsteuer von 500 000 DM zum Abzug kommen, wie sie ohne Herstellung der Ausschüttungsbelastung entstanden wäre; dementsprechend beträgt das Eigenkapital, das hiernach maßgebend ist, (3 000 000 – 500 000 =) 2 500 000 DM; es liegt um (14 % von 200 000 DM =) 28 000 DM unter dem tatsächlichen Eigenkapital.

(2) Diese Steuer-Vorbilanz ist dann nochmals zu modifizieren, wenn die Kapitalgesellschaft in dem Wirtschaftsjahr, welches durch die Bilanz abgeschlossen wird, „andere Ausschüttungen" i. S. v. §§ 27 Abs. 3 Satz 2, 28 Abs. 2 Satz 2 KStG vorgenommen hat. Aus der dies anordnenden Vorschrift des § 29 Abs. 1 KStG geht ebenso wie aus den genannten beiden anderen Paragraphen hervor, daß „andere Ausschüttungen" alle diejenigen Ausschüttungen sind, „die nicht auf einem den gesellschaftsrechtlichen Vorschriften entsprechenden Gewinnverteilungsbeschluß für ein abgelaufenes Wirtschaftsjahr beruhen". „Andere Ausschüttungen" sind also (a) offene, aber nicht ordnungsgemäß beschlossene Gewinnausschüttungen, (b) verdeckte Gewinnausschüttungen und (c) ordnungsgemäß beschlossene Vorabausschüttungen (letztere nur bei einer GmbH möglich).

Beispiel:

Wenn die Kapitalgesellschaft des vorgenannten Beispiels im laufenden Wirtschaftsjahr 100 000 DM verdeckte Gewinnausschüttungen an ihren Hauptgesellschafter vorgenommen hätte, so müßte sie diese 100 000 DM dem vorhandenen Eigenkapital der Steuer-Vorbilanz hinzurechnen. Die modifizierte Steuer-Vorbilanz würde dann also ein (fiktives) Gesamt-Eigenkapital von 2 600 000 DM ausweisen.

(3) Bei der Aufteilung des Eigenkapitals in das „verwendbare Eigenkapital" und das „übrige Eigenkapital" (§ 29 Abs. 2 Satz 1 KStG) ist gem. § 29 Abs. 3 KStG aus dem – vom Nennkapital repräsentierten – „übrigen Eigenkapital" (§ 29 Abs. 2 Satz 2 KStG) der Betrag abzuziehen, der durch Kapitalerhöhung aus Gesellschaftsmitteln entstanden ist, soweit die dazu verwendete Rücklage nach dem 31. 12. 1976 (Zeitpunkt des Systemwechsels) gebildet worden ist; dieser Teil des Nennkapitals gehört dann zum „verwendbaren Eigenkapital" (§ 29 Abs. 3 KStG). Vgl. dazu auch die Regelung in § 41 Abs. 3 KStG.

Beispiel:

Das Stammkapital einer GmbH, die im Jahre 1978 gegründet worden ist, beträgt am relevanten Bilanzstichtag 1 Mio DM.

Es ist entstanden aus

– Gründungskapital 1978	500 000 DM
– Kapitalerhöhung durch weitere Einlagen der Gesellschafter 1980	300 000 DM
– Kapitalerhöhung durch Umwandlung von Rücklagen (Kapitalerhöhung aus Gesellschaftsmitteln) im Jahre 1985	200 000 DM
	1 000 000 DM

Zum „übrigen Eigenkapital" gehört bei dieser Sachlage nicht der gesamte Stammkapitalbetrag von 1 Mio DM, sondern nur ein Teil von 800 000 DM. Der zuletzt aufgeführte Teilbetrag von 200 000 DM stellt, weil aus sog. Neurücklagen entstanden, „verwendbares Eigenkapital" dar.

3 D 3 Die Gliederung des verwendbaren Eigenkapitals

Nach § 30 Abs. 1 KStG ist das verwendbare Eigenkapital „zum Schluß jedes Wirtschaftsjahrs entsprechend seiner Tarifbelastung zu gliedern". Die Gliederung umfaßt derzeit bis zu vier Haupt-Teilbeträge. Bei einer Kapitalgesellschaft, für die der Normal-Tarifsatz (§ 23 Abs. 1 KStG) maßgebend ist, werden diese vier Haupt-Teilbeträge im fachlichen Sprachgebrauch kurz als EK 56, EK 50, EK 36 und EK 0 bezeichnet.

EK 56 ist der Teil des verwendbaren Eigenkapitals, der bis Ende 1989 der ungemilderten Körperschaftsteuer von 56 % unterlegen hat, EK 50 der Teil, der ab 1990 voll besteuert worden ist, EK 36 der Teil, der mit 36 % belastet wurde, und EK 0 der Teil des Eigenkapitals, der aus Vermögensmehrungen entstanden ist, die nicht der Körperschaftsteuer unterlegen haben. Dabei ist zu beachten: Eine „Tarifbelastung" im Sinne der Einordnungsvorschriften kann ausschließlich durch *inländische* Körperschaftsteuer *neuen* (also ab 1. 1. 1977 geltenden) Rechts entstehen (§ 27 Abs. 2 KStG). Verwendbares Eigenkapital, das bei seiner Entstehung (durch Thesaurierung) mit Körperschaftsteuer *alten* Rechts belastet worden ist, gehört deshalb ebenso in den Teilbetrag EK 0 wie eine Vermögensmehrung, die lediglich durch eine ausländische Körperschaftsteuer gemindert worden ist.

Der Teilbetrag EK 0 des verwendbaren Eigenkapitals ist nun gem. § 30 Abs. 2 KStG noch einmal zu unterteilen, und zwar in maximal vier Positionen, für die sich die Kurzbezeichnungen EK 01, EK 02, EK 03 und EK 04 entwickelt haben. Die dazugehörigen Schlagworte lauten „Ausland", „Sonstiges", „Altkapital" und „Einlagen". Im einzelnen bedeuten

- EK 01 = Ausland = ab 1977 aus steuerfreien ausländischen Einkünften entstandene Kapitalteile.
- EK 02 = Sonstiges = nicht der Körperschaftsteuer unterworfene Vermögensmehrungen, soweit nicht zu EK 01, EK 03 und EK 04 gehörend.
- EK 03 = Altkapital = bis zum Ende des letzten Wirtschaftsjahres vor dem Systemwechsel (= 1. 1. 1977) entstandenes verwendbares Eigenkaptial.
- EK 04 = Einlagen = Einlagen, die die Anteilseigner der Kapitalgesellschaft in Wirtschaftsjahren ab 1977 außerhalb von Nennkapitalerhöhungen zugeführt haben.

Die nachstehende Abbildung 5 skizziert noch einmal zusammengefaßt die Ableitung und Gliederung des verwendbaren Eigenkapitals. Sie ist zweckmäßigerweise von links nach rechts zu lesen.

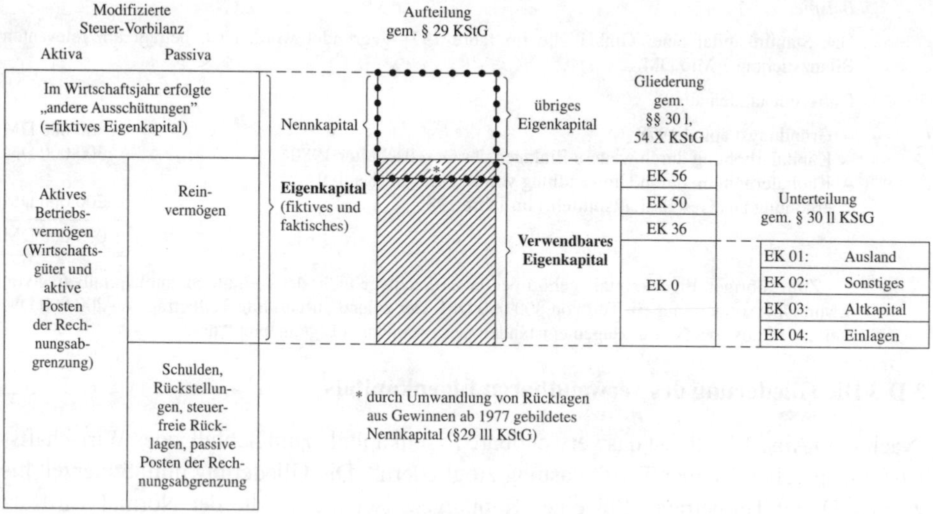

Abbildung 5

Aus der modifizierten Steuer-Vorbilanz ergibt sich das (fiktive und faktische) Eigenkapital. Es muß in übriges und verwendbares Eigenkapital unterteilt werden; das übrige Eigenkapital entspricht dem Nennkapital, soweit dieses nicht aus der Umwandlung von Neurücklagen entstanden ist (3 D 2). Das verwendbare Eigenkapital ist nach § 30 Abs. 1 und 2 KStG in insgesamt (maximal) sieben Positionen zu gliedern: EK 56, EK 50, EK 36, EK 01, EK 02, EK 03, EK 04.

Literatur:

1. Die Kommentierungen zu §§ 27 bis 43 KStG.
2. Maas, Ernst, Auswirkungen der ertragsteuerlichen Vergünstigungen nach dem Berlin-Förderungsgesetz auf das verwendbare Eigenkapital nach dem Körperschaftsteuergesetz 1977, BB 1977, 36. – Herzig, Norbert, Das verwendbare Eigenkapital – eine zentrale Größe des körperschaftsteuerlichen Anrechnungsverfahrens, BFuP 1977, 326. – Raupach, Arndt, Problematik des verwendbaren Eigenkapitals, StbJb 1979/80, 423. – Rabald, Bernd, Die Änderungen der §§ 27–29 KStG durch das sog. Steuerentlastungsgesetz 1984, WPg 1984, 290. – Herzig, Norbert, Körperschaftsteuerguthaben oder verwendbares Eigenkapital, Überlegungen zur Vereinfachung des körperschaftsteuerlichen Anrechnungsverfahren, GmbH-Rdsch 1985, 37. – Mayer-Wegelin, Eberhard, Das verwendbare Eigenkapital: Eine Zwangsjacke für körperschaftsteuerpflichtige Unternehmen, DB 1985, 1758.

3 E Die Fortschreibung des verwendbaren Eigenkapitals

3 E 1 Grundzüge

Die einzelnen Teilbeträge des verwendbaren Eigenkapitals sind nach § 30 Abs. 1 Satz 2 KStG „jeweils aus der Gliederung für das vorangegangene Wirtschaftsjahr abzuleiten", d. h. sie sind aus der erstmaligen oder vorangehenden Basis-Gliederung fortzuschreiben. Dabei muß selbstverständlich die Gesamtsumme der einzelnen Teilbeträge des verwendbaren Eigenkapitals, die auf diese Weise „dynamisch" ermittelt worden sind, mit dem „statisch" festgestellten, aus der Steuerbilanz abgeleiteten Gesamtbetrag (3 D 2) übereinstimmen.

Fortschreibung heißt also, daß, ausgehend vom letzten (Vorjahres-)Stand, die Veränderungen festzuhalten sind, die durch Zugänge und Abgänge eintreten. Zugänge entstehen durch körperschaftsteuerpflichtige Einkommensteile, soweit diese tatsächliche Vermögensmehrungen beinhalten, und durch nicht der Körperschaftsteuer unterworfene Vermögensmehrungen (z. B. steuerfreie Erträge, Einlagen); Abgänge erfolgen durch Ausschüttungen sowie durch die Teile des körperschaftsteuerlichen Einkommens, die nichtabzugsfähige Aufwendungen sind. In manchen Fällen hat sich eine Saldierung eingebürgert.

Für den (hier ausschließlich betrachteten) Normalfall ergeben sich die Regelungen über Entstehung und Fortschreibung der einzelnen Teilbeträge des verwendbaren Eigenkapitals aus §§ 28 bis 35 KStG; Regelungen für Spezialfälle enthalten darüberhinaus §§ 38 und 41 KStG.

Mit der nachstehenden Abbildung 6 wird versucht, diese Anordnungen in übersichtlicher Form darzustellen und zugleich eine Grundlage für die nachfolgenden Einzelerörterungen zu schaffen.

	EK 56	EK 50	EK 36	EK 01	EK 02	EK 03	EK 04
(1) Vor 1977 entstandenes verwendbares Eigenkapital						+	
(2) Zwischen 1977 und 1989 entstandenes, ungemildert besteuertes Eigenkapital	+						
(3) Neues verwendbares Eigenkapital aus Gesellschaftereinlagen							+
(4) Steuerfreie Erträge: Inländische Ausländische				 +	+ 		
(5) Neues Einkommen: Ungemildert belastet Ermäßigt belastet		+ +	 +	 +	 +		
(6) Inländische Körperschaftsteuer: Ungemildert Ermäßigt		 ./. ./.	 ./.				
(7) Ausländische (Körperschaft-)Steuer		./.	./.	./.			
(8) Körperschaftsteuer-Änderungen	+	+		./.	./.	./.	
(9) Sonstige nicht abziehbare Aufwendungen für Wirtschaftsjahre ab 1977 für Wirtschaftsjahre vor 1977		 ./. →	 ./. 			 ./.	
(10) Erträge aus nicht abziehbaren Aufwendungen für Wirtschaftsjahre ab 1977 für Wirtschaftsjahre vor 1977	 +	 +	 +			 +	
(11) Verluste					./.		
(12) Verlustabzüge: aus Verlusten ab 1977 aus Verlusten vor 1977					+ 	 +	
(13) Offene und verdeckte Gewinnausschüttungen	./. →	./. →	./. →	./. →	./. →	./. →	./.

Abbildung 6

3 E 2 Die Einordnung der Zugänge nach ihrer Tarifbelastung

Die – in der Abbildung 6 (3 E 1) mit einem Pluszeichen versehenen – Zugänge (Vermögensmehrungen) bzw. Altbestände sind im einzelnen nach der Körperschaftsteuerbelastung zu sortieren, die durch sie ausgelöst worden ist, die sie also erfahren haben.

Das vor 1977 entstandene verwendbare Eigenkapital hat bisher keiner inländischen Körperschaftsteuer neuen Rechts unterlegen (§ 27 Abs. 2 KStG) und ist deshalb als nicht belastet in EK 03 einzureihen. Zwischen 1977 und 1989 – also in der Zeit, während der derKörperschaftsteuer-Normalsatz 56 % betrug – entstandenes, ungemildert belastetes Einkommen war in EK 56 einzuordnen und bleibt dort, soweit nicht bis dahin durch Ausschüttungen verbraucht, bis Ende 1994; danach wird ein etwaiger Restbestand auf EK 50 und EK 02 verteilt (§ 54 Abs. 10 KStG). Entsteht neues verwendbares Eigenkapital aus

Gesellschaftereinlagen und sind diese nicht Teil des körperschaftsteuerpflichtigen Einkommens (vgl. 3 B 3), so erfolgt die Einordnung als nicht belastet in EK 04. Steuerfreie Erträge, also Vermögensmehrungen, die der Körperschaftsteuer nicht unterlegen haben , sind in EK 01 (wenn aus ausländischen Quellen stammend) bzw. EK 02 (wenn aus inländischen Quellen stammend) einzusortieren.

Unproblematisch ist auch die Einordnung der Vermögensmehrungen, die durch neues steuerpflichtiges, ungemildert mit 50 % erfaßtes Einkommen entstehen. Das Einkommen selbst ist, gekürzt um eben diese Körperschaftsteuer, in EK 50 einzustellen (vgl. § 30 Abs. 1 Satz 3 Nr. 1 und § 31 Abs. 1 Nr. 2 KStG.)

Bei einer ermäßigten, also unterhalb von 50 % liegenden Belastung ist dagegen (ausgenommen die Berlin-Ermäßigung, für die § 27 BerlinFG eine Spezialvorschrift enthält) die Einordnung nach § 32 KStG vorzunehmen. Die Bruttobeträge abzüglich der diese kürzenden Körperschaftsteuerbelastungen sind nämlich aufzuteilen auf EK 50 und EK 36 oder auf EK 36 und EK 01 oder auf EK 36 und EK 02 – es sei denn, die Körperschaftsteuer dieser ermäßigt belasteten Einkommensteile mache zufällig genau 36 % aus; für diesen Fall erfolgt natürlich keine Aufteilung, sondern die ungeteilte Einstellung in EK 36.

Die Verteilung ermäßigt, aber eben nicht mit genau 36 % besteuerter Einkommensteile (vgl. auch 3 C 1) folgt nun dem Prinzip, keine größere Anzahl unterschiedlicher Teilbeträge des verwendbaren Eigenkapitals (z. B. EK 49 oder EK 31) zur Entstehung zu bringen. Die entsprechenden ermäßigt besteuerten Eigenkapitalteile werden deshalb nur jeweils zwei EK-Postionen zugeteilt (vgl. dazu auch Abschn. 87 KStR mit teilweise verkürzten Berechnungsformeln). Ist der effektive (gegenüber dem ungemilderten: ermäßigte) Steuersatz S_{eff}, mit dem die Bemessungsgrundlage (der Bruttobetrag) B tatsächlich belastet ist, höher als 36 %, so ergeben sich aus der Aufteilung zwei Teilbeträge EK 50 und EK 36; liegt der effektive Steuersatz S_{eff} unterhalb von 36 %, so ergeben sich zwei Teilbeträge EK 36 und EK 01 bzw. EK 02.

Die erforderlichen Berechnungen ergeben sich für den ersten Fall (S_{eff} größer als 36 % und kleiner als 50 %) aus der Aufteilung des Bruttobetrages B auf die beiden Brutto-Teilbeträge T 50 und T 36 sowie aus der Tatsache, daß die effektive Steuerbelastung des Bruttobetrages B der nach der Aufteilung sich ergebenden Steuerbelastung gleich sein muß. Aus den Ansätzen

$B = T\,50 + T\,36$

$S_{eff}\,B = 0{,}50 \cdot T\,50 + 0{,}36 \cdot T\,36$

folgt zunächst nach Einsetzen und Auflösen für die Brutto-Teilbeträge

$$T\,50 \;= \left(\frac{100}{14}\,S_{eff} - \frac{36}{14}\right) B$$

$$T\,36 \;= \left(\frac{50}{14} - \frac{100}{14}\,S_{eff}\right) B$$

Durch Multiplikation mit (1 – 0,50) bzw. (1 – 0,36) ergeben sich hieraus die EK-Größen:

$$EK\,50 = 0{,}5 \cdot T\,50 = \left(\frac{50}{14}S_{eff} - \frac{18}{14}\right) B$$

$$EK\,36 = 0{,}64 \cdot T\,36 = \left(\frac{32}{14} - \frac{64}{14}S_{eff}\right) B$$

Beispiel:

Die Tarifbelastung beträgt effektiv 40 %. Der Brutto-Gesamtbetrag B beläuft sich auf 100 000 DM. Dann ist EK 50 anzusetzen mit

$$\left(\frac{50}{14} \cdot 0{,}4 - \frac{18}{14}\right) 100\,000\text{ DM} = \frac{2}{14} \cdot 100\,000\text{ DM} = 14\,286\text{ DM}$$

und EK 36 mit

$$\left(\frac{32}{14} - \frac{64}{14} \cdot 0{,}4\right) 100\,000\text{ DM} = \frac{6{,}4}{14} \cdot 100\,000\text{ DM} = 45\,714\text{ DM.}$$

Eine Probe bestätigt das Ergebnis: Das verwendbare Eigenkapital ist bei einer 40%igen effektiven Körperschaftsteuerbelastung des Bruttobetrages von 100 000 DM um 60 000 DM angewachsen. Ohne die Einordnungsregeln wäre es als EK 40 auszuweisen. Nach dem Ergebnis der Berechnung ergibt sich der gleiche Betrag in derAufteilung

EK 50 =	14 286 DM
EK 36 =	45 714 DM
	60 000 DM

Für den zweiten Fall (S_{eff} ist kleiner als 36 %) wird die Aufteilung abgeleitet aus den Bedingungen

$B \;= T\,36 + T\,0$

$S_{eff} = 0{,}36 \cdot T\,36.$

Daraus folgt für

$$T\,36 = \frac{S_{eff}}{0{,}36}\;B.$$

Das bei einer 36%igen Belastung aus einem Bruttobetrag T 36 resultierende EK 36 ist dann

$$\begin{aligned} EK\ 36 &= 0{,}64 \cdot T\ 36 \\ &= \frac{16}{9} \cdot S_{eff} B. \end{aligned}$$

Der danach nicht für die Einordnung in EK 36 verbrauchte Teilbetrag T 0 ist in EK 0 einzustellen.

EK 0 = B – T 36.

Beispiel:

Der effektive Steuersatz beläuft sich auf 30 %, der Brutto-Gesamtbetrag B auf 100 000 DM. Dann ist der Teilbetrag T 36 mit 0,3 B : 0,36 = 0,8333 B = 83 333 DM anzusetzen und der Teilbetrag T 0 mit 16 667 DM.

Daraus folgt für

$EK\ 36 = \frac{16}{9} \cdot 0{,}3 \cdot 100\,000$ DM =	53 333 DM
und für EK 0	16 667 DM
Die Summe von	70 000 DM

entspricht der tatsächlich nach einer 30%igen Steuerbelastung von B eingetretenen Mehrung des verwendbaren Eigenkapitals; ohne Aufteilung hätte diese Mehrung in ein „EK 30" eingestellt werden müssen.

Sollten Erträge aus nichtabziehbaren Aufwendungen (3 B 11) im Einkommen enthalten sein, so erfolgt ihrer Zuordnung in die Positionen EK 50 und EK 36 aus der seinerzeitigen Behandlung der nichtabziehbaren Aufwendungen (vgl. 3 E 3): Waren sie bei EK 50 abgezogen worden, so erfolgt nun eine Hinzurechnung der Erträge zu dieser Position; Entsprechendes gilt für EK 56, EK 36 und EK 03.

Die Besprechung der Zugänge aus Verlustabzügen erfolgt an späterer Stelle (3 F 3).

3 E 3 Die Behandlung der nichtabziehbaren Aufwendungen

Wie im Teil 3 B im einzelnen gezeigt wurde, besteht das körperschaftsteuerpflichtige Einkommen nicht nur aus tatsächlichen Vermögensmehrungen (Steuerbilanzergebnis), sondern auch aus nichtabziehbaren Aufwendungen. Neben der Körperschaftsteuer handelt es sich dabei vor allem um Vermögensteuer, Umsatzsteuer auf den Eigenverbrauch, Geldstrafen etc., bestimmte Spenden sowie die Hälfte der Aufwendungen für Aufsichtsratsvergütungen, in 1991 und 1992 auch noch um den Solidaritätszuschlag (vgl. Tab. 6).

Für die Körperschaftsteuer ist die Zuordnung gem. § 31 Abs. 1 Nrn. 2 und 3 KStG bereits bei den Zugängen besprochen worden. (Auf die Anordnung in § 31Abs. 1 Nr. 1 KStG wird in 3 E 4 eingegangen). Die Körperschaftsteuer ist unmittelbar von den Einkommensteilen abzuziehen, durch die sie ausgelöst wird.

Die „sonstigen nichtabziehbaren Ausgaben“, die ja zunächst als Teil des Einkommens mit in den Zugängen enthalten sind, werden nach § 31 Abs. 1 Nr. 4, Abs. 2 und Abs. 3 KStG wie folgt behandelt: Handelt es sich um nichtabziehbare Ausgaben für Wirtschaftsjahre vor 1977, so erfolgt eine Kürzung vom Teilbetrag EK 03 (§ 31 Abs. 3 KStG). Handelt es sich um nichtabziehbare Aufwendungen für Wirtschaftsjahre ab 1977, so müssen sie zunächst in vollem Umfang von EK 50 gekürzt werden (§ 31 Abs. 1 Nr. 4 KStG). Nur soweit die vorhandene EK 50-Position für einen solchen Abzug nicht ausreicht, ist der überschießende Betrag von EK 36 zu kürzen (§ 31 Abs. 2 Satz 1 KStG). Soweit schließlich auch diese Position nicht genügend Volumen für den Abzug des (Rest-)Betrages aufweist, werden die verbleibenden nichtabziehbaren Aufwendungen in eine negative „Warteposition“ (die in der Abbildung 6 nicht eingezeichnet ist) aufgenommen; diese muß dann in den folgenden Veranlagungszeiträumen wieder in der Reihenfolge verrechnet werden: zuerst EK 50 ausschöpfen, danach EK 36; ein etwaiger Rest verbleibt in der „Warteposition“.

3 E 4 Die Abgänge durch Gewinnausschüttungen

Für die sachliche Zuordnung der Gewinnausschüttungen zu den Teilbeträgen des verwendbaren Eigenkapitals stellt § 28 Abs. 3 und 4 KStG die (in Abbildung 6 durch Pfeile gekennzeichnete) Grundregel auf: Die Gewinnausschüttungen sind jeweils im höchstmöglichen Umfang von dem Teilbetrag des verwendbaren Eigenkapitals abzuziehen, der die höchste Belastung aufweist; es ist also zuerst EK 56, nach dessen Erschöpfung EK 50, nach dessen Erschöpfung EK 36, nach dessen Erschöpfung – in dieser Reihenfolge – EK 01, EK 02, EK 03 und schließlich EK 04 in Anspruch zu nehmen. (Sollte die Gewinnausschüttung alle positiven EK-Positionen übersteigen, so ist nach § 35 Abs. 2 KStG ein negativer Teilbetrag bei EK 02 zu bilden.)

Zu beachten ist, daß es für die Zuordnung der Gewinnauschüttungen zu den einzelnen EK-Positionen nicht auf die (gewöhnlich auch fehlenden bzw. nicht feststellbaren) tatsächlichen Beziehungen zwischen Ausschüttungen und Eigenkapitalteilen ankommt, sondern daß § 28 Abs. 3 KStG eine Verwendungs*fiktion* festlegt.

Eine Körperschaftsteuerminderung, die durch die „Herstellung der Ausschüttungsbelastung“ (3 C 3) eintritt, ist dabei gem. § 28 Abs. 4 Satz 1 KStG „als für die Ausschüttung verwendet“ anzusehen (in der Abbildung 6 durch ein + gekennzeichnet). Eine Körperschaftsteuererhöhung, wie sie bei Ausschüttungen aus EK 01, EK 02 und EK 03 eintritt, wirkt als entsprechende Vorab-Minderung dieser Positionen (§ 31 Abs. 1 Nr. 1 KStG); dies ist durch entsprechende Minuszeichen in der Abbildung 6 verdeutlicht worden.

Werden EK 56 oder/und EK 50, EK 01, EK 02 und EK 03 durch die Gewinnausschüttungen berührt, so muß in jedem Fall *vor* dem Abzug der Gewinnausschüttungsbeträge die Körperschaftsteueränderung (Minderung oder Erhöhung), wie sie sich aus dem Rechenschritt „Herstellung der Ausschüttungsbelastung“ ergibt, bei den betreffenden Eigenkapitalpositionen berücksichtigt werden, um eine richtige Fortschreibung zu gewährleisten und das zutreffende Ausschüttungspotential berechnen zu können.

3 E 5 Das Ausschüttungspotential im verwendbaren Eigenkapital

Für alle Fälle der Gewinnausschüttung ist grundsätzlich nach § 27 Abs. 1 KStG die Ausschüttungsbelastung herzustellen (3 C 3). Ausgenommen hiervon sind lediglich Ausschüttungen, für die – unter Berücksichtigung der Reihenfolgefiktion des § 28 Abs. 3 KStG! – EK 04 als verwendet gilt (§ 40 Satz 1 Nr. 1 KStG).

Die Ausschüttungsbelastung beträgt stets 36 % der Brutto-Gewinnausschüttungen, also der ausgeschütteten Gewinne vor Abzug der Körperschaftsteuer. Damit ist die Ableitung der Bemessungsgrundlage „Brutto-Gewinnausschüttungen" aus den tatsächlichen Gewinnausschüttungen (der sog. Bardividende) eindeutig: Die tatsächlich vorgenommenen Gewinnausschüttungen erfahren einen Zuschlag in Höhe von 36/64 = 9/16 = 56,25 %, der eben genau der Körperschaftsteuer entspricht.

Beispiel:

Eine Kapitalgesellschaft beschließt eine Gewinnausschüttung an ihre Gesellschafter in Höhe von 80 000 DM. Die Umrechnung auf den Brutto-Betrag ergibt:

Tatsächliche Gewinnausschüttung	80 000 DM
+ Zuschlag (9/16 hiervon)	45 000 DM
Brutto-Gewinnausschüttung	125 000 DM

Die Ausschüttungsbelastung beträgt 36 % der Brutto-Gewinnausschüttung von 125 000 DM, mithin, dem vorgenommenen Zuschlag entsprechend, 45 000 DM.

Weil der Ausschüttungs-Körperschaftsteuersatz (36 %) um 14 Prozentpunkte unter dem Normal-Körperschaftsteuersatz (50 %) liegt, wird in den meisten Fällen die Ausschüttungsbelastung durch eine Minderung der tarifmäßigen (ungemilderten) Körperschaftsteuer erreicht. Es können jedoch auch Fälle eintreten, in denen die Herstellung der Ausschüttungsbelastung zu einer Erhöhung der Körperschaftsteuer führt, oder solche, in denen weder eine Minderung noch eine Erhöhung erforderlich ist. Ob und in welcher Weise die Herstellung der Ausschüttungsbelastung zu einer Erhöhung oder Minderung der tarifmäßigen Körperschaftsteuer führt, hängt allein von der Zuordnung der Gewinnausschüttungen zu den einzelnen Teilbeträgen des verwendbaren Eigenkapitals ab. Soweit für Gewinnausschüttungen EK 56 oder EK 50 als verwendet gilt, tritt eine Minderung ein; soweit EK 36 oder EK 04 als verwendet gelten, ergeben sich keine Konsequenzen; soweit EK 01, EK 02 oder/und EK 03 als verwendet gelten oder überhaupt kein verwendbares Eigenkapital mehr zur Verfügung steht (§ 35 KStG), ist die Körperschaftsteuer zu erhöhen.

Den einzelnen Teilbeträgen des verwendbaren Eigenkapitals ist infolgedessen ein jeweils unterschiedlich hohes „Ausschüttungspotential" eigen.

Der aus ungemildert besteuertem Einkommen zwischen 1977 und 1989 entstandene Teilbetrag EK 56 enthält aufgrund der Tatsache, daß eine Körperschaftsteuerminderung von 20 Prozentpunkten (= 20/64 = 5/16 = 31,25 % der tatsächlichen Ausschüttung bzw. 20/44 = 5/11 = 45,4545 % des vorhandenen EK 56) gegenüber der bereits eingetretenen 56%igen Vorbelastung bewirkt wird, ein Ausschüttungspotential von 64/44 = 16/11 = 145,4545 % seines Nominalbetrages.

Der aus ungemildert besteuertem Einkommen ab 1990 entstandene Teilbetrag EK 50 enthält aufgrund der Tatsache, daß eine Körperschaftsteuerminderung von 14 Prozentpunkten (= 14/64 = 21,875 % der tatsächlichen Ausschüttung bzw. 14/50 = 28 % des vorhandenen EK 50) gegenüber der bereits eingetretenen 50%igen Vorbelastung bewirkt wird, ein Ausschüttungspotential von 64/50 = 128 % seines Nominalbetrages.

Beispiel:

Der Teilbetrag EK 50 des verwendbaren Eigenkapitals beläuft sich auf 50 000 DM. Er resultiert damit aus einem steuerpflichtigen Einkommen von 100 000 DM, von dem 50 % Körperschaftsteuer abgezogen wurden. Das Ausschüttungspotential beträgt jedoch nicht 50 000 DM, sondern 64 000 DM, weil durch die Ausschüttung eine Minderung der Körperschaftsteuer um 14/64 der tatsächlichen Ausschüttung bzw. 14/50 des EK 50-Betrages eintritt. Diese Minderung beläuft sich bei einer Maximalausschüttung auf 21,875 % von 64 000 DM bzw. 28 % von 50 000 DM = 14 000 DM, so daß nach Herstellung der Ausschüttungsbelastung 50 000 DM + 14 000 DM = 64 000 DM zur Verfügung stehen, das sind 128 % von 50 000 DM.

Teilbeträge des verwendbaren Eigenkapitals EK 36 geben selbstverständlich genau in Höhe ihres Nennbetrags das Ausschüttungspotential an. Denn hier ist die Ausschüttungsbelastung in Höhe von 36 % der Bruttobeträge (56,25 % der Nettobeträge) ja bereits realisiert.

Beispiel:

Beträgt der Teilbetrag EK 36 des verwendbaren Eigenkapitals 64 000 DM, so ist er entanden aus einer Vermögensmehrung von 100 000 DM, von der 36 % = 36 000 DM Körperschaftsteuer zum Abzug kamen. Infolgedessen können hieraus tatsächliche Ausschüttungen in Höhe von 64 000 DM vorgenommen werden. Das Auschüttungspotential beträgt 100 %.

Teilbeträge des verwendbaren Eigenkapitals EK 04 repräsentieren ebenfalls ein Ausschüttungspotential in voller Höhe. Zwar sind die diesem Eigenkapital zugeführten Beträge überhaupt nicht mit Körperschaftsteuer belastet worden; Ausschüttungen, für die diese Teilbeträge als verwendet gelten, sind jedoch von der Herstellung der Ausschüttungsbelastung ausgenommen.

Beispiel:

Die Gesellschafter einer Kapitalgesellschaft haben der Kapitalgesellschaft nach dem 1. 1. 1977 Einlagen zugeführt, die sich in Rücklagen als EK 04 niedergeschlagen haben. Gilt für eine Ausschüttung dieser Teil des verwendbaren Eigenkapitals als verwendet (man beachte die Verwendungsfiktion des § 28 Abs. 3 KStG: EK 04 kann erst in Anspruch genommen werden, wenn alle übrigen Teile des verwendbaren Eigenkapitals bereits aufgezehrt sind!), so ist keine Ausschüttungsbelastung herzustellen, mithin steht der volle Betrag zur Verfügung.

Teilbeträge des verwendbaren Eigenkapitals EK 01, EK 02 und EK 03 repräsentieren dagegen ein vermindertes Ausschüttungspotential von 64/100 = 16/25 = 64 %, weil Ausschüttungen, die diesem Teilbetrag zugerechnet werden müssen, eine Körperschaftsteuererhöhung von 36/64 = 9/16 = 56,25 % der Ausschüttungen zur Folge haben. Diese Erhöhung der Körperschaftsteuer mindert deshalb das für Ausschüttungen zur Verfügung stehende verwendbare Eigenkapital.

Beispiel:

Aus einem verwendbaren Eigenkapital des Teilbetrages EK 03 (Altkapital) in Höhe von 100 000 DM kann nur eine tatsächliche Ausschüttung in Höhe von 64 000 DM vorgenommen werden, weil ihre Vornahme zunächst eine Körperschaftsteuererhöhung von 36/64 = 9/16 des Ausschüttungsbetrages, das sind 36 000 DM, auslöst.

3 E 6 Die zeitliche Zuordnung der Gewinnausschüttungen

Die Zuordnung der Gewinnausschüttungen hat nicht nur eine sachliche, sondern auch eine zeitliche Dimension, und zwar in zweifacher Hinsicht: Es muß geregelt werden, die Körperschaftsteuer welchen Jahres sich durch die Herstellung der Ausschüttungsbelastung erhöht oder vermindert, und es bedarf einer Regelung, wie die Zuordnung bei der Fortschreibung des verwendbaren Eigenkapitals erfolgen soll. Die entsprechenden Anordnungen sind in §§ 27 Abs. 3 und 28 Abs. 2 KStG getroffen worden.

Die zeitliche Zuordnung zur Körperschaftsteuer*festsetzung* regelt § 27 Abs. 3 KStG so, daß (offene) Gewinnausschüttungen, die den gesellschaftsrechtlichen Vorschriften entsprechen, auf das Wirtschaftsjahr zurückwirken, *für das* die Ausschüttung erfolgt; die „anderen Ausschüttungen" (z. B. Vorabausschüttungen oder verdeckte Gewinnausschüttungen) sollen dagegen dem Wirtschaftsjahr zugeordnet werden, *in dem* die Ausschüttung tatsächlich erfolgt.

Für die zeitliche Zuordnung bei der *Fortschreibung* des verwendbaren Eigenkapitals wird ebenso nach § 28 Abs. 2 KStG eine Rückbeziehung auf den Jahres*anfangs*stand nur für offene, den gesellschaftsrechtlichen Vorschriften entsprechende Gewinnausschüttungen vorgenommen; die „anderen Ausschüttungen" sind dagegen mit dem verwendbaren Eigenkapital zum Ende des Ausschüttungsjahres zu verrechnen. (Dies ist auch der Grund für die in 3 D 2 unter (2) beschriebene Modifizierung des „Eigenkapitals" der Steuer-Vorbilanz.)

Beispiele:

(1) Eine Familien-GmbH weist für das Jahr I einen Gewinn von 1 000 000 DM aus. Die Gesellschafterversammlung dieser GmbH faßt ihren Beschluß für die Gewinnverwendung aber unter Mißachtung der Ordnungsvorschrift in § 42 a Abs. 2 GmbHG erst im Sommer des Jahres III: Es sollen 200 000 DM an die Gesellschafter ausgeschüttet werden. Der Beschluß wird sofort realisiert. Die sich hieraus errechnende Brutto-Gewinnausschüttung in Höhe von 312 500 DM ist bei der Körperschaftsteuerveranlagung für das Jahr I durch Herstellung der Ausschüttungsbelastung zu berücksichtigen; die vermögensmäßigen Auswirkungen der Ausschüttung und der damit ggf. verbundenen Körperschaftsteueränderung sind jedoch bei der Fortschreibung des verwendbaren Eigenkapitals auf den 31. 12 . des Jahres II, und zwar als erste „Buchung" im Jahre III, zu berücksichtigen.

(2) Im Jahre II wird eine verdeckte Gewinnausschüttung in Höhe von (netto) 50 000 DM vorgenommen. Sie ist bei der Einkommensermittlung für das Jahr II zu berücksichtigen, dem Eigenkapital am Ende des Jahres II zuzurechnen und mit den Teilbeträgen des verwendbaren Eigenkapitals zu verrechnen, das sich nach dieser Aufstockung zum 31. 12. des Jahres II ergeben hat.

3 E 7 Ein zusammenfassendes Beispiel zur Fortschreibung des verwendbaren Eigenkapitals

Das verwendbare Eigenkapital einer inländischen AG beträgt am 31. 12. des Jahres I 6 700 000 DM. Es setzt sich wie folgt zusammen: EK 50 = 2 500 000 DM, EK 36 = 200 000 DM, EK 01 = 400 000 DM, EK 03 = 3 600 000 DM, Im Geschäftsjahr (= Kalenderjahr) II erzielt die AG *vor* Berücksichtigung des Aufwands aus inländischer und ausländischer Körperschaftsteuer einen Jahresüberschuß von 4 000 000 DM. Unter den Erträgen, die hierzu beigetragen haben, befinden sich Auslandseinkünfte in Höhe von

240 000 DM; die anrechenbare ausländische Körperschaftsteuer, die hiervon zu entrichten ist, beläuft sich auf 40 %. Unter den Aufwendungen der Gewinn- und Verlustrechnung des Jahres II befinden sich Vermögensteueraufwendungen (70 000 DM), Aufsichtsratsvergütungen (80 000 DM) und nichtabzugsfähige Betriebsausgaben für ein Gästehaus (190 000 DM).

Im Frühjahr des Jahres II sind aufgrund eines ordnungsgemäßen Beschlusses der Hauptversammlung für das Jahr I Dividenden in Höhe von 3 500 000 DM an dieAktionäre ausgeschüttet worden; die AG hat davon, wie vorgeschrieben, 875 000 DM Kapitalertragsteuer einbehalten und abgeführt. Für das Geschäftsjahr II ist eine Dividende von 1 800 000 DM im Frühjahr III beschlossen worden.

Gefragt wird nach Höhe und Zusammensetzung des verwendbaren Eigenkapitals am 31. 12. II.

Zunächst muß die Tarifbelastung mit Körperschaftsteuer und damit der endgültige Zugang zum verwendbaren Eigenkapital für das Jahr II ermittelt werden. Dazu ist es erforderlich, das körperschaftsteuerliche Einkommen für dieses Jahr zu errechnen. Es ergibt sich gem. § 8 KStG wie folgt:

Jahresüberschuß vor Körperschaftsteueraufwand (damit ist zugleich die Hinzurechnungsvorschrift in § 10 Nr. 2 KStG hinsichtlich der – erst später als Aufwand zu buchenden – in- und ausländischen Körperschaftsteuer befolgt)	4 000 000 DM
+ nichtabziehbare Gästehausaufwendungen (§ 4 Abs. 5 Nr. 3 EStG)	190 000 DM
+ Vermögensteueraufwendungen (§ 10 Nr. 2 KStG)	70 000 DM
+ Hälfte der Aufsichtsratsvergütungen (§ 10 Nr. 4 KStG)	40 000 DM
Einkommen (= zu versteuerndes Einkommen) gem. §§ 7 Abs. 2, 8 KStG	4 300 000 DM
Hiervon entfallen auf Auslandseinkünfte	240 000 DM
und auf Inlandseinkünfte	4 060 000 DM
	4 300 000 DM

Die Körperschaftsteuer-Tarifbelastung der Inlandseinkünfte beträgt gem. § 23 Abs. 1 KStG 50 % von 4 060 000 DM = 2 030 000 DM.

Die Tarifbelastung der Auslandseinkünfte mit inländischer Körperschaftsteuer (vgl. § 27 Abs. l2 KStG) errechnet sich wie folgt:

50 % Körperschaftsteuer von 240 000 DM	120 000 DM
./. anrechenbare ausländische Körperschaftsteuer (§ 26 Abs. 1 KStG)	96 000 DM
Belastung mit inländischer Körperschaftsteuer	24 000 DM

Ausländische Einkünfte	240 000 DM
./. ausländische Körperschaftsteuer (40 %)	96 000 DM
Bemessungsgrundlage für die Berechnung der Tarifbelastung (Abschn. 86 Abs. 5 KStR)	144 000 DM

$$\text{Tarifbelastung:} \quad \frac{24\,000 \times 100}{144\,000} = 16{,}6667\,\%.$$

Die gesamte inländische Körperschaftsteuer für das Jahr II vor den Änderungen aufgrund von Gewinnausschüttungen, wie sie für die Ermittlung des verwendbaren Eigenkapitals benötigt wird, beträgt damit (2 030 000 + 24 000 =) 2 054 000 DM.

Bei der Fortschreibung des verwendbaren Eigenkapitals vom 31. 12. I zum 31. 12 II ist nun wie folgt vorzugehen:

(1) Zunächst sind die Abgänge aufgrund der offenen Gewinnausschüttung für I sowie die dadurch ggf. bewirkten Körperschaftsteuer-Änderungen zu berücksichtigen (§ 28 Abs. 2 Satz 1 KStG).

(2) Danach sind die Mehrungen und (anderen) Minderungen des verwendbaren Eigenkapitals im Jahre II zu erfassen.

(3) Schließlich ist der durch Fortschreibung ermittelte Bestand des verwendbaren Eigenkapitals am Ende des Jahres II mit dem aus einer Kontroll-Staffelrechnung hervorgehenden zu vergleichen.

Nicht zu beachten sind die *für* das Jahr II beschlossenen Gewinnausschüttungen sowie die dadurch ggf. verursachten Körperschaftsteuer-Änderungen (§ 28 Abs. 2 Satz I KStG); sie werden erst im Jahre III gegen das verwendbare Eigenkapital verrechnet, das sich am 31. 12. II ergeben hat. (In der folgenden Gliederungsfortschreibung werden sie, wie auch in den amtlichen Formularen, „nachrichtlich" erfaßt.)

Ebenfalls unberücksichtigt zu lassen ist auch die von den Gewinnausschüttungen für I entrichtete Kapitalertragsteuer; diese Steuer wird ja lediglich für Rechnung der Aktionäre einbehalten und abgeführt (§§ 43 ff. EStG).

Um nun die Fortschreibung durchführen zu können, ist vorab die Aufteilung für den aus den ausländischen Einkünften stammenden Einkommensteil durchzuführen, der nur eine gegenüber dem Normalsatz (50 %) ermäßigte Belastung (16,6667 %) mit Körperschaftsteuer erfahren hat. Die Aufteilung hat gem. § 32 Abs. 2 Nr. 1 KStG auf EK 36 und EK 01 zu erfolgen. (Zur Berechnung vgl. die Formeln in 3 E 2 sowie in Abschn. 87 Abs. 2 KStR.) Der Zugang zum verwendbaren Eigen-kapital aus dem ausländischen Einkommensteil beträgt insgesamt 144 000 DM ./. 24 000 DM = 120 000 DM. (Vgl. auch Abschn. 88a Abs. 1 Nr. 2 KStR.) Davon entfallen

auf EK 36	42 667 DM
auf EK 01	77 333 DM
	120 000 DM

Nach alledem ergibt sich folgende Fortschreibungstabelle:

		EK 50	EK 36	EK 01	EK 03	Summe
	DM	DM	DM	DM	DM	DM
Stand 31. 12. I		2 500 00	200 000	400 000	3 600 000	6 700 000
./. offene Gewinnausschüttung in II für I	3 500 000					
./. KSt-Minderung 28 % von 2 500 000 DM	700 000					
	2 800 000					
Entnahme aus EK 50	– 2 500 000	– 2 500 000				
	300 000					
Entnahme aus EK 36	– 200 000		– 200 000			
	100 000					
Entnahme aus EK 01	– 100 000			– 100 000		
	0					
./. KSt-Erhöhung 9/16 von 100 000 DM				– 56 250		
Zwischenstand		0	0	243 750	3 600 000	3 843 750
+ Zugänge aus Einkommen II inländische Einkünfte	4 060 000					
./. inländische KSt	2 030 000	+ 2 030 000				
ausländische Einkünfte	240 000					
./. ausländische KSt	96 000					
./: inländische KSt	24 000					
	(120 000)		+ 42 667	+ 77 333		
./. sonstige nichtabziehbare Aufwendungen		- 300 000				
Stand 31. 12. I		1 730 000	42 667	321 083	3 600 000	5 693 750*)
Nachrichtlich:						
./. offene Gewinnausschüttungg für II	1 800 000					
./. KSt-Minderung 21,875 % von 1 800 000 DM	393 750					
	1 406 250					
Entnahme aus EK 50	– 1 406 250	– 1 406 250				
	0	323 750	42 667	321 083	3 600 000	4 287 500

*) Kontroll-Staffelrechnung

Stand des verwendbaren Eigenkapitals am 31. 12. I	6 700 000 DM
./. in II durchgeführte offene Gewinnausschüttung	– 3 500 000 DM
+ Körperschaftsteuer-Minderung daraus	+ 700 000 DM
./. Körperschaftsteuer-Erhöhung daraus	– 56 250 DM
+ Jahresüberschuß vor Körperschaftsteuer II	+ 4 000 000 DM
./. inländische Körperschaftsteuer (vor Berücksichtigung von Minderungen und Erhöhungen wegen der Gewinnausschüttungen) für II	– 2 054 000 DM
./. ausländische Körperschaftsteuer für II	– 96 000 DM
Stand des verwendbaren Eigenkapitals am 31. 12. II	5 693 750 DM

Literatur zum Teil 3 E:

1. Die Kommentierungen zu §§ 27 bis 43 KStG.
2. Die Literaturangaben zum Teil 3 D.
3. Herzig, Norbert, Die Zuordnung von Ausschüttungen zum verwendbaren Eigenkapital und die Interessen der Anteilseigner, Probleme und Gestaltungsmöglichkeiten, FR 1977, 129, 162. – Hintzen, Lothar, Zulässigkeit des „Schüttaus-Holzurück-Verfahrens" bei Reinvestition als Eigenkapital im Rahmen der neuen Körperschaftsteuer, BB 1977, 1247. – Schneider, Dieter, Lohnt sich eine „Schütt-aus-Hol-zurück-Politik" nach der Körperschaftsteuerreform?, ZfbF-Kontaktstudium 1977, 155. – Reuter, Hans-Peter, Vereinnahmung noch

nicht ausgeschütteter Dividenden nach der Körperschaftsteuerreform, BB 1978, 83. – Herzig, Norbert, Anteilsrotation bei laufender Geschäftstätigkeit. Steuerfreiheit von Gewinnausschüttungen durch Kombination von Veräußerungs- und Ausschüttungsvorgängen, BB 1981, 109. – Selchert, Friedrich W., Rückstellungen für unbelastetes verwendbares Eigenkapital, BB 1982, 407. – Kerssenbrock, Otto-Ferdinand Graf, Die Verwendungsfiktion des § 28 Abs. 3 KStG, DB 1987, 1658. –Weirich, Klaus, Neue Formeln für die Eigenkapitalaufteilung ab 1990 bei einer Tarifbelastung von mehr als 36 %, DB 1989, 454.

3 F Die Behandlung von Verlusten

3 F 1 Der Verlustabzug

Ausdem Schema der Körperschaftsteuerermittlung (Tafel 4 im Anhang) und den dazugehörigen Erläuterungen ergibt sich, daß das „Einkommen vor Verlustabzug" nicht nur ein positives, sondern auch ein negatives Vorzeichen haben kann, und zwar unabhängig vom Vorzeichen der Ausgangsgröße „Steuerbilanz-Ergebnis". Mithin kann auch im Bereich der Körperschaftsteuer ein Verlust entstehen.

Für ihn ist – da ja bei Kapitalgesellschaften gem. § 8 Abs. 2 KStG nur eine einzige Einkunftsart besteht – ein Verlustausgleich (2 F 1) nicht möglich.

Jedoch gilt gem. § 8 Abs. 1 KStG die Vorschrift des § 10d EStG auch im Bereich des Körperschaftsteuerrechts. Infolgedessen sind die im Teil 2 F 2 für den Verlustabzug (Verlustvortrag und Verlustrücktrag) bei der Einkommensteuer genannten Grundsätze auch hier anwendbar: Der Verlust ist bis zu einem Betrag von insgesamt 10 Mio. DM vom Einkommen der beiden Vorjahre abzuziehen, und zwar zuerst vom am weitesten zurückliegenden. Die auf diese Weise nicht zum Ausgleich gekommenen Verluste sind in den folgenden Veranlagungszeiträumen – jeweils bei erstmöglicher Gelegenheit – vom Einkommen abzuziehen.

Das Eigenarten des körperschaftsteuerlichen Anrechnungsverfahrens führen allerdings zu der in § 8 Abs. 5 KStG normierten Sonderregelung, derzufolge der Verlustrücktrag – im Rahmen der sonst unverändert geltenden Maximalhöhe – nur vorzunehmen ist, „soweit im Abzugsjahr das Einkommen den ausgeschütteten Gewinn übersteigt, der sich vor Abzug der Körperschaftsteuer ergibt und für den die Ausschüttungsbelastung nach § 27 herzustellen ist".

Beispiel:

Im Jahr I beläuft sich das Einkommen einer neugegründeten Kapitalgesellschaft auf 5 000 000 DM. Die Gsellschaft hat für dieses Jahr eine Netto-Gewinnausschüttung von 1 280 000 DM beschlossen und ausgeführt. Der ausgeschüttete Gewinn vor Abzug der Körperschaftsteuer (also die Brutto-Gewinnausschüttung) beläuft sich bei dieser Sachlage auf 2 000 000 DM (= 100/64 = 25116 = 156,25 % der Netto-Ausschüttung). Im Jahr II hat die Kapitalgesellschaft einen steuerlichen Verlust in Höhe von 4 000 000 DM erlitten. Wegen der Vorschrift des § 8 Abs. 5 KStG sind hiervon (5 000 000 – 2 000 000 =) 3 000 000 DM im Wege des Verlustrücktrages vom Einkommen des Jahres I abzuziehen; der restliche Verlust von 1 000 000 DM ist auf die Jahre III ff. vorzutragen.

Kapitalgesellschaften haben eine eigene Rechtspersönlichkeit, führen also zivilrechtlich wie steuerlich ein von ihren Anteilseignern unabhängiges Eigenleben. Das körperschaftsteuerliche Verlustabzugsrecht steht somit der juristischen Person zu. Durch § 8 Abs. 4

KStG ist jedoch für den körperschaftsteuerlichen Verlustabzug die besondere Voraussetzung eingeführt worden, daß die Körperschaft, die den Verlustabzug vornehmen will, „nicht nur rechtlich, sondern auch wirtschaftlich mit der Körperschaft identisch ist, die den Verlust erlitten hat." Damit will der Gesetzgeber den Verlustabzug beim sog. „Mantelkauf" verhindern. Er verneint deshalb die „wirtschaftliche Identität" insbesondere dann, „wenn mehr als drei Viertel der Anteile an einer Kapitalgesellschaft übertragen werden und die Gesellschaft danach ihren Geschäftsbetrieb mit überwiegend neuem Betriebsvermögen wieder aufnimmt." Für den Ausgleich des Verlustes vom Beginn des Wirtschaftsjahres bis zum Zeitpunkt der Anteilsübertragung gilt das gleiche.

3 F 2 Auswirkungen von Verlusten und Verlustabzügen im verwendbaren Eigenkapital

Verlust bedeutet Vermögensminderung. Diese effektive Vermögensminderung muß im Verlustentstehungsjahr deshalb auch eine Verminderung des Gesamtbetrages des verwendbaren Eigenkapitals zur Folge haben. Die Frage, bei welcher EK-Position die Minderung anzusetzen ist, wird von § 33 Abs. 1 KStG dahin beantwortet, daß die Verluste im Verlustentstehungsjahr von der Position EK 02 abzuziehen sind; in vielen Fällen wird sich dadurch für diese ein negativer Betrag ergeben.

Im Verlustanrechnungsjahr, also in dem Jahr, in dem der Verlust (oder ein Teil davon) durch Rücktrag oder Vortrag eine Minderung des Einkommens dieses Jahres bewirkt, verwandelt sich eine ursprünglich körperschaftsteuerbelastete Vermögensmehrung (Einkommen) in eine steuerfreie Vermögensmehrung. Daher ist der im Verlustentstehungsjahr durchgeführte Abzug bei EK 02 in den Verlustanrechnungsjahren durch Hinzurechnungen bei eben diesem EK 02 auszugleichen (§ 33 Abs. 2 Satz 1 KStG).

Die dadurch eintretende Körperschaftsteuerminderung führt nun zwar bereits für das Abzugsjahr zu einer Vermögensmehrung. Diese kann aber erst in der Steuerbilanz des Verlustentstehungsjahres aktiviert werden. Erst in diesem Jahr erhöht der Körperschaftsteuererstattungsanspruch das Reinvermögen; er ist gem. Abschn. 89 Abs. 3 KStR beim EK 02 anzusetzen, wo er im Abzugsjahr ja auch abgezogen wird.

In den Fällen des Verlustrücktrags ändert sich also gem. § 33 Abs. 2 Satz 1 KStG die Zusammensetzung des verwendbaren Eigenkapitals: Aus belastetem verwendbarem Eigenkapital wird unbelastetes verwendbares Eigenkapital. Sind nun für dieses Verlustrücktragsjahr Gewinnausschüttungen zu berücksichtigen, ist also die Ausschüttungsbelastung herzustellen, so müßte u. U. eine Neuberechnung im Hinblick auf § 28 Abs. 3 KStG erfolgen. Dies will das Gesetz aber nicht. Es ordnet mit § 33 Abs. 3 KStG vielmehr ausdrücklich an, daß für die beschriebenen Fälle „die Teilbeträge des Eigenkapitals in der Höhe als für die Ausschüttung verwendet (gelten), in der sie ohne den Rücktrag als verwendet gegolten hätten".

3 F 3 Ein zusammenfassendes Beispiel zur Behandlung von Verlusten

Die inländische AG des Beispiels in 3 E 7 erleidet im Jahr III einen Verlust in Höhe von 250 000 DM. Die nichtabziehbaren Aufwendungen betragen in diesem Jahr 50 000 DM. Damit beläuft sich ihr (negatives) zu versteuerndes Einkommen III auf 200 000 DM (steuerlicher Verlust). Im Jahr I hat die AG kein positives Einkommen erzielt, so daß nur der Verlustrücktrag in das Jahr II in Frage kommt. Er ist auch gem § 8 Abs. 5 KStG in voller Höhe möglich, denn das Einkommen der AG für II beträgt

	4 300 000 DM;
die Brutto-Gewinnausschüttungen für dieses Jahr (25/16 von 1 800 000 DM)	2 812 500 DM
sind geringer um	1 487 500 DM.

Zunächst ist die Konsequenz aus dem Rücktrag, daß sich das zu versteuernde Einkommen der AG für II um 200 000 DM auf 4 100 000 DM vermindert und die tarifmäßige Körperschaftsteuer entsprechend um (50 % von 200 000 =) 100 000 DM verringert. Der aus der Verringerung resultierende Ertrag kann allerdings das Vermögen der AG erst im Jahre III erhöhen.

Unter Berücksichtigung des § 33 KStG ändert sich die Fortschreibung des verwendbaren Eigenkapitals für das Jahr II in folgender Weise:

	DM	EK 50 DM	EK 36 DM	EK 01 DM	EK 02 DM	EK 03 DM	Summe
Zwischenstand nach der Verrechnung der offenen Gewinnausschüttung für I		0	0	243 750	0	3 600 000	3 843 750
Zugänge aus Einkommen des Jahres III							
Inländische Einkünfte bisher	4 060 000						
./. Verlustrücktrag aus III	200 000				+ 200 000		
Inländische Einkünfte nach Rücktrag	3 860 000						
./: inländische KSt	1 930 000	+ 1 930 000					
KSt-Erstattungsanspruch III wegen Verlustrücktrag					– 100 000		
Ausländische Einkünfte ./. KSt (wie bisher)			+ 42 667	+ 77 333			
Sonstige nichtabziehbare Aufwendungen		– 300 000					
Stand 31. 12. II nach Verlustrücktrag		1 630 000	42 667	321 083	100 000	3 600 000	5 693 750

	DM	EK 50 DM	EK 36 DM	EK 01 DM	EK 02 DM	EK 03 DM	Summe
Für das Verlustjahr III ergibt sich danach							
Stand 31. 12. II		1 630 000	42 667	321 083	100 000	3 600 000	5 693 750
./. offene Gewinnausschüttung für II	1 800 000						
./. KSt-Minderung	393 750						
	1 406 250						
Entnahme aus EK 50	– 1 406 250	– 1 406 250					
	0						
Verlust III					– 200 000		
KSt-Erstattungsanspruch aus Verlustrücktrag					+ 100 000		
Sonstige nichtabzugsfähige Aufwendungen		– 50 000					
		173 750	42 667	321 083	0	3 600 000	4 317 500 *)

***) Kontroll-Staffelrechnung**

Verwendbares Eigenkapital am 31. 12. II	5 693 750 DM
./. offene Gewinnausschüttungen in III	– 1 800 000 DM
+ KSt-Minderung daraus	+ 393 750 DM
./. Verlust III	– 250 000 DM
+ KSt-Ersparnis aus Verlustrücktrag	+ 100 000 DM
Stand 31. 12. III	4 137 500 DM

Literatur:

1. Die Kommentierungen zu § 10d EStG sowie §§ 8 und 33 KStG.
2. Die zu 2 F genannte Literatur.
3. Pezzer, Heinz-Jürgen, Körperschaftsteuerbescheid und Feststellung des verwendbaren Eigenkapitals im Falle des Verlustrücktrags, DB 1979, 134. – Courage, Norbert/Hutmacher, Peter, Die Problematik der Begrenzung des Verlustrücktrags im Körperschaftsteuergesetz 1977 bei Körperschaften im Anrechnungsverfahren, BB 1981, 902. – Pinggera, Dietmar, Die Benachteiligung von Verlusten im Körperschaftsteuerrecht, BB 1981, 1205. – Herzig, Norbert, Verluste im körperschaftsteuerlichen Anrechnungsverfahren, StbJb 1982/83, 141. – Bink, Anton, Schwierigkeiten beim körperschaftsteuerlichen Verlustrücktrag, GmbHR 1985, 95. – Dötsch Ewald, Die Anwendung der Vorschriften des § 8 Abs. 4 und des § 33 Abs. 3 KStG beim zweijährigen Verlustrücktrag, DB 1986, 63. – Reiß, Wolfram, Der zweijährige Verlustrücktrag gem. § 8 Abs. 4, § 33 Abs. 2, Abs. 3 KStG, DB 1987, 451. – Orth, Manfred, Steuerbescheide für Verlustentstehungs- und Verlustabzugsjahre von Körperschaften – Bindungswirkungen, Änderung und Anfechtbarkeit, FR 1988, 317.

3 G Festsetzung, Veranlagung und Entrichtung der Körperschaftsteuer

3 G 1 Die Ermittlung der festzusetzenden Körperschaftsteuer

Wie der untere Teil der Tafel 4 verdeutlicht, resultiert die festzusetzende Körperschaftsteuer (1.) aus der tarifmäßigen Körperschaftsteuer und (2.) aus Minderungen und Erhöhungen. Die tarifmäßige Körperschaftsteuer ergibt sich aus dem Einkommen des Veranlagungszeitraums und dem dazugehörigen Tarif (i. d. R. 50 %; zu Einzelheiten siehe 3 C 1). Minderungen und Erhöhungen der Körperschaftsteuer können aus vorgenommenen Ausschüttungen entstehen (§§ 23 Abs. 5, 27 Abs. 1 KStG), für die stets – es sei denn, sie würden dem EK 04 zuzurechnen sein – eine 36%ige Ausschüttungsbelastung herzustellen ist (vgl. 3 C 3).

Minderungen und Erhöhungen der Körperschaftsteuer können nebeneinander erfolgen, beispielsweise dann, wenn ein Teil der Auschüttungen dem EK 50 zugeordnet werden kann (Konsequenz: Minderung der Körperschaftsteuer), ein weiterer Teil aber aus z. B. EK 01 entnommen werden muß (Konsequenz: Erhöhung der Körperschaftsteuer).

Bei offenen, den gesellschaftsrechtlichen Vorschriften entsprechenden Gewinnausschüttungen werden die Minderungen und Erhöhungen auf das Wirtschaftsjahr bezogen, für das die Ausschüttung erfolgt. Sie bewirken also „rückwirkend" eine Körperschaftsteueränderung (§ 27 Abs. 3 Satz 1 KStG). Bei „anderen Ausschüttungen" treten die Wirkungen bei der Veranlagung für den Veranlagungszeitraum ein, in dem sie vorgenommen werden (§ 27 Abs. 3 Satz 2 KStG).

Aus der Tatsache, daß auch Verminderungen der Körperschaftsteuer eintreten können, wenn mangels Einkommens im Veranlagungszeitraum überhaupt keine Körperschaftsteuer-Tarifbelastung entsteht (oder diese geringer als die Körperschaftsteuerminderung ist), folgt zwangsläufig die Möglichkeit, daß die festzusetzende Körperschaftsteuer ein Negativbetrag wird, d. h. daß eine Körperschaftsteuererstattung erfolgen muß.

Beispiel:

1) Eine Kapitalgesellschaft erzielt in einem Veranlagungszeitraum ein körperschaftsteuerliches Einkommen in Höhe von 200 000 DM. Sie nimmt für das betreffende Wirtschaftsjahr eine Ausschüttung in Höhe von 40 000 DM vor. Ihr steht u. a. verwendbares Eigenkapital des Teilbetrages EK 50 in Höhe von 500 000 DM zur Verfügung. Tarifmäßige und festzusetzende Körperschaftsteuer errechnen sich wie folgt:

Tarifmäßige Körperschaftsteuer: 50 % des Einkommens von 200 000 DM =	100 000 DM
./. Minderung um 14/64 = 21, 875 % der tatsächlichen Gewinnausschüttungen von 40 000 DM (14 % der Bruttoausschüttungen von 62 500 DM)	8 750 DM
Festzusetzende Körperschaftsteuer	91 250 DM

2) Das vorstehende Beispiel 1 soll lediglich dahingehend abgewandelt werden, daß die Kapitalgesellschaft für das betreffende Wirtschaftsjahr eine Gewinnausschüttung in Höhe von 500 000 DM beschließt.

Tarifmäßige Körperschaftsteuer (w. o.)	100 000 DM
./. Minderung um 21, 875 % von 500 000 DM (= 14 % von 781 250 DM)	109 375 DM
Festzusetzende Körperschaftsteuererstattung	– 9 375 DM

3) Eine Kapitalgesellschaft hat keinen Gewinn erzielt. Aus der Hinzurechnung nichtabziehbarer Aufwendungen entsteht jedoch für den betreffenden Veranlagungszeitraum ein Einkommen in Höhe von 100 000 DM. Verwendbares Eigenkapital EK 50 und EK 36 ist nicht vorhanden, jedoch EK 03 in Höhe von 200 00 DM. Die Kapitalgesellschaft schüttet für das betreffende Wirtschaftsjahr 40 000 DM aus.

Tarifmäßige Körperschaftsteuer (50 % von 100 000 DM)	50 000 DM
+ Erhöhung der Körperschaftsteuer um 36/64 = 9/16 = 56, 25 % von 40 000 DM (oder 36 % von 62 500 DM)	22 500 DM
Festzusetzende Körperschaftsteuer	72 500 DM

3 G 2 Die Veranlagung und Entrichtung der Körperschaftsteuer

Auf die Veranlagung sowie die Anrechnung, Entrichtung und Vergütung der Körperschaftsteuer sind gem. § 49 Abs. 1 KStG die für die Einkommensteuer geltenden Vorschriften entsprechend anzuwenden (vgl. 2 L). Die Körperschaftsteuerpflichtigen haben also eine Körperschaftsteuererklärung abzugeben. Das Finanzamt setzt die Körperschaftsteuer bzw. Körperschaftsteuererstattung fest (3 G 1) und rechnet darauf schließlich die folgenden Leistungen an, die die Kapitalgesellschaft erbracht hat oder die für ihre Rechnung erbracht worden sind:

- die Vorauszahlungen auf die Körperschaftsteuer des Veranlagungszeitraumes:
- die durch Abzug einbehaltenen Kapitalertragsteuern, soweit es sich nicht um „Kuponsteuern" handelt (mit deren Entrichtung die gesamte Körperschaftsteuer für die entsprechenden Zinserträge abgegolten ist);
- die anzurechnende Körperschaftsteuer (aus Ausschüttungen, die die zu veranlagende Kapitalgesellschaft von anderen Kapitalgesellschaften erhalten hat);
- die anzurechnenden festgesetzten und gezahlten ausländischen Körperschaftsteuern (§ 26 Abs. 1 KStG; vgl. dazu 24 A 3 im Fünften Buch).

Nach Abzug der Anrechnungsbeträge ergibt sich in der Regel entweder eine Pflicht zur Abschlußzahlung oder ein Anspruch auf Erstattung überzahlter Beträge.

3 G 3 Gesonderte Feststellungen von Besteuerungsgrundlagen für die Körperschaftsteuer

Im Zusammenhang mit der Körperschaftsteuererklärung haben die Steuerpflichtigen auch Angaben über das verwendbare Eigenkapital zu machen (§ 49 Abs. 2 KStG). Aufgrund dieser Angaben werden gem. § 47 Abs. 1 KStG gesonderte Feststellungen von Besteuerungsgrundlagen (vgl. 18 D 2 im Vierten Buch) durchgeführt. Diese betreffen die Zusammensetzung des verwendbaren Eigenkapitals incl. der im Nennkapital enthaltenen, aus der Umwandlung von Neurücklagen entstandenen Teile (§ 29 Abs. 3 KStG). Die Feststellung erfolgt zum Ende eines jeden Wirtschaftsjahres, und der Feststellungsbescheid ist Grundlagenbescheid für den Körperschaftsteuerbescheid. Zugleich ist aber nach § 47 Abs. 2 KStG auch der Körperschaftsteuerbescheid insoweit Grundlagenbescheid für den Feststellungsbescheid, als er die Höhe des Einkommens oder der Tarifbelastung betrifft und damit quantitativ und/oder qualitativ die Zusammensetzung des verwendbaren Eigenkapitals beeinflußt.

Beispiel:

Im Beispiel zu 3 F 3 führt der Verlustrücktrag aus III in II zu einer Änderung des Einkommens und der Tarifbelastung für II im Körperschaftsteuerbescheid für dieses Jahr (§§ 10d Satz 2 EStG, 8 Abs. 1 KStG). Damit ändert sich ein Grundlagenbescheid (Körperschaftsteuerbescheid II) (§ 47 Abs. 2 KStG) für den Feststellungsbescheid nach § 47 Abs. 1 Nr. 1 KStG für II; die Teilbeträge des verwendbaren Eigenkapitals sind anders zusammengesetzt als zuvor. Dieser Feststellungsbescheid ist als Grundlagenbescheid aber zugleich maßgebend für das Jahr III, weil davon die Körperschaftsteuerveranlagung III abhängt.

Literatur:

1. Die Kommentierungen zu §§ 47–52 KStG.
2. Dötsch, Ewald, Der Körperschaftsteuerbescheid als Grundlagenbescheid, DB 1989, 1516.

3 H Die Besteuerung schwindender Kapitalgesellschaften

3 H 1 Auflösung und Liquidation

§ 11 KStG trifft die notwendigen Anordnungen für die Besteuerung des sog. „Abwicklungsgewinns“ einer aufgelösten Kapitalgesellschaft. Danach ist auch dieser Gewinn durch Vermögensvergleich zu ermitteln; dem steuerlichen Vermögen am Schluß des der Auflösung vorangegangenen Wirtschaftsjahres (Abwicklungs-Anfangsvermögen) wird als Abwicklungs-Endvermögen aber „das zur Verteilung kommende Vermögen, vermindert um die steuerfreien Vermögensmehrungen, die dem Steuerpflichtigen in dem Abwicklungszeitraum zugeflossen sind“, gegenübergestellt. Im übrigen gelten für die Gewinn- und Einkommensermittlung in diesem Zeitraum alle auch sonst maßgebenden Vorschriften. Aus praktischen Gründen wird allerdings der Körperschaftsteuerveranlagung bei in Abwicklung befindlichen Kapitalgesellschaften ein verlängerter Besteuerungszeitraum zugrundegelegt; er ist begrenzt durch den Schluß des der Auflösung vorangegangenen Wirtschaftsjahres einerseits, das Ende der Abwicklung andererseits. Der verlängerte Besteuerungszeitraum soll drei Jahre nicht übersteigen.

Das Anrechnungsverfahren wird von der Liquidation nicht betroffen; es gilt körperschaftsteuerlich wie einkommensteuerlich bis zur Beendigung der Gesellschaft. Zwar empfangen die Gesellschafter einer aufgelösten Kapitalgesellschaft für den Abwicklungszeitraum keine Gewinnausschüttungen mehr; ihre Bezüge gehören aber nach § 20 Abs. 1 Nr. 2 EStG zu den Einkünften aus Kapitalvermögen (im Falle der Subsidarität gilt § 20 Abs. 3 EStG), und zwar insoweit, als für diese Bezüge verwendbares Eigenkapital (mit Ausnahme von EK 04) als verwendet gilt. Insoweit ist für diese „sonstigen Leistungen" (§ 41 Abs. 1 und 2 KStG) auch die Ausschüttungsbelastung in der Kapitalgesellschaft herzustellen (3 C 3). Für einen Sonderfall, nämlich den des Vorhandenseins negativer Teilbeträge im EK 0, hat der Gesetzgeber in § 41 Abs. 4 KStG eine eigene Verrechnungsfiktion normiert. Die Verrechnung dieses negativen Teilbetrags muß zunächst gegen das Nennkapital, dann mit positiven Teilen im EK 0, dann mit EK 36 und schließlich erst mit EK 50 erfolgen. Nicht geregelt ist die Reihenfolge innerhalb des EK 0.

Literatur:

1. Die Kommentierungen zu § 11 KStG.
2. Felix, Günther/Streck, Michael, Liquidationsüberlegungen auf der Schwelle zum Körperschaftsteuerreformgesetz, BB 1976, 923. – Herzig, Norbert, Körperschaftsteuerliche Defininitivbelastung im Liquidationsfall. Zugleich Einführung des Leg-ein-Hol-zurück-Verfahrens, BB 1979, 173. – Herzig, Norbert, Das Leg-ein-Hol-zurück-Verfahren bei der Liquidation von Kapitalgesellschaften, BFuP 1979, 325. – Herzig, Norbert, Körperschaftsteuerliche Zweifachbelastung von Liquidationsraten auf der Gesellschaftsebene?, DB 1979, 1007.

3 H 2 Ausscheiden aus der unbeschränkten Steuerpflicht

Kapitalgesellschaften sind solange unbeschränkt steuerpflichtig, wie sie ihren Sitz oder ihre Geschäftsleitung im Inland haben (3 A 1).

Scheiden sie durch Verlegung von Sitz und/oder Geschäftsleitung in das Ausland aus der unbeschränkten Steuerpflicht aus, so greift ebenfalls eine „Abschluß-Besteuerung" ein. Ihr unterliegt der sog. „Auswanderungsgewinn" (vgl. 22 C im Fünften Buch).

Der Auswanderungsgewinn wird gem. § 12 KStG nach den Regeln des § 11 KStG ermittelt. Nur tritt hier an die Stelle des bei der Liquidation zur Verteilung kommenden Vermögens der gemeine Wert (vgl. 12 E 2 im Dritten Buch) des vorhandenen, aus der unbeschränkten Steuerpflicht ausscheidenden Vermögens. Es wird also eine Versilberung aller Vermögensgegenstände der Kapitalgesellschaft zu diesem Zeitpunkt fingiert.

Literatur:

1. Die Kommentierungen zu § 12 KStG.
2. Die Literaturangaben zu 22 C.
3. Dötsch, Ewald, Körperschaftsteuerliche Behandlung der Verlegung des Sitzes bzw. der Geschäftsleitung einer Kapitalgesellschaft über die Grenze, DB 1989, 2296. – Knobbe-Keuk, Brigitte, Der Wechsel von der beschränkten zur unbeschränkten Körperschaftsteuerpflicht und vice versa, StuW 1990, 372.

3 H 3 Umwandlung in eine Personenunternehmung

Beim Übergang des Vermögens einer Kapitalgesellschaft auf eine Personengesellschaft oder auf eine einzelne natürliche Person im Wege der Gesamtrechtsnachfolge gelten die Vorschriften im Zweiten Teil des UmwStG (§§ 3 bis 13). Die untergehende Kapitalgesellschaft hat eine steuerliche Schlußbilanz zu erstellen und darin die ausweisfähigen Wirtschaftsgüter mit dem Teilwert anzusetzen. Der auf diese Weise errechnete „Übertragungsgewinn" wird jedoch nicht der Körperschaftsteuer unterworfen. Die Vermögensfeststellung mit Hilfe der genannten steuerlichen Schlußbilanz gewinnt vielmehr Bedeutung erst in der Sphäre der übernehmenden Gesellschafter bzw. des übernehmenden einzigen Gesellschafters. Hier wird nämlich in Höhe der Differenz zwischen dem empfangenen Vermögen (bewertet nach der steuerlichen Schlußbilanz der umgewandelten Kapitalgesellschaft) und dem Buchwert der Anteile ein „Übernahmegewinn" festgestellt. Dieser „Übernahmegewinn" und die gesamte auf den Teilbeträgen des verwendbaren Eigenkapitals der übertragenden Kapitalgesellschaft lastende Körperschaftsteuer werden bei den Gesellschaftern der übernehmenden Personengesellschaft bzw. bei der übernehmenden natürlichen Einzelperson als Einkünfte zur Besteuerung herangezogen, so als hätten sie in dieser Höhe eine Ausschüttung empfangen; die zugerechnete Körperschaftsteuer wird selbstverständlich auf die Einkommensteuer oder Körperschaftsteuer der Gesellschafter der übernehmenden Personengesellschaft bzw. die Einkommensteuer der übernehmenden natürlichen Einzelperson angerechnet. Bleibt trotz dieser Anrechnung noch eine Einkommen- oder Körperschaftsteuerschuld, so kann diese auf Antrag für bis zu maximal zehn Jahre – bei regelmäßiger Tilgung in Teilbeträgen – zinslos gestundet werden.

Literatur:

1. Die Kommentierungen zum Zweiten Teil des UmwStG.
2. Schulze zur Wiesche, Dieter, Das Umwandlungssteuergesetz 1977, GmbH-Rdsch 1976, 210. – Jünger, Paul, Das Einführungsgesetz zum Körperschaftsteuergesetz 1977, DB 1976, 2370. – Loos, Gerold, Umwandlung von Kapitalgesellschaften auf Personengesellschaften oder natürliche Personen, BB 1977, 1139. – Sarrazin, Viktor, Das Umwandlungssteuergesetz 11977, FR 1977, 365. – Luckey, Günter, Steuerliche Gewinnrealisierung bei Umwandlung von Unternehmungen und Übertragung einzelner Wirtschaftsgüter, Wiesbaden. – Luckey, Günter, Gewinnrealisierung bei Unternehmungsumwandlung und bei Übertragung einzelner Wirtschaftsgüter. Zugleich ein Beitrag zu Prinzipienfragen der steuerlichen Gewinnrealisierung, StuW 1979, 129. – Ketterl, Hans, Steuerpolitische Gestaltungsspielräume im Umwandlungssteuergesetz, Thun/Frankfurt am Main. – Michels, Rolf, Steuerliche Wahlrechte, Wiesbaden.

3 H 4 Verschmelzung mit anderen Kapitalgesellschaften

Überträgt eine unbeschränkt steuerpflichtige Kapitalgesellschaft ihr Vermögen im Wege der Gesamtrechtsnachfolge durch Verschmelzung auf eine andere unbeschränkt steuerpflichtige Kapitalgesellschaft, so findet das Vermögen der untergehenden Unternehmung als Teil eines steuerlich gleich behandelten Vermögens seine Fortsetzung. Darauf nimmt der Dritte Teil des UmwStG (§§ 14 bis 16) Rücksicht. Die Verschmelzungspartner können nach § 14 UmwStG wählen, ob sie eine „Schluß-Besteuerung" durchführen und dieser die Differenz zwischen Gegenleistungs- bzw. Teilwerten und Buchwerten der untergehenden Kapitalgesellschaft unterwerfen wollen oder ob sie eine sog. „Buchwertverknüpfung" vorziehen. Wird der Antrag nach § 14 Abs. 2 UmwStG im letztgenannten Sinne gestellt, so erfolgt keine Realisierung der stillen Reserven in der untergehenden Kapitalgesellschaft; das Vermögen geht vielmehr zu Buchwerten auf die übernehmende Kapitalgesellschaft über.

In jedem Fall sind gem. § 38 KStG die Eigenkapitalteile der übertragenden Kapitalgesellschaft den entsprechenden Teilbeträgen der übernehmenden Kapitalgesellschaft hinzurechnen, so daß auch das darin befindliche Ausschüttungspotential erhalten bleibt.

Literatur:

1. Die Kommentierungen zum Dritten Teil des UmwStG und zu § 38 KStG.
2. Loos, Gerold, Die Umwandlung einer Kapitalgesellschaft nach dem Umwandlungssteuergesetz 1977, BB 1977, 337.

3 J Betriebswirtschaftliche Charakterisierung der Körperschaftsteuer

Wenn man die von einer Kapitalgesellschaft zu entrichtende Körperschaftsteuer betriebswirtschaftlich klassifizieren will, so muß man vor allem zwei Dinge berücksichtigen:

- Das zu versteuernde Einkommen einer Kapitalgesellschaft stimmt in aller Regel nicht mit ihrem tatsächlichen (d. h. ausgewiesenen oder ausschüttbaren) Gewinn überein, sondern enthält Elemente, die keinen Erfolg (keinen Vermögenszuwachs) darstellen (z. B. nichtabziehbare, dem Gewinn zuzurechnende Aufwendungen).
- In der wirtschaftlichen Praxis erfolgen die – eine Minderung oder Erhöhung der

Körperschaftsteuer bewirkenden – Gewinnausschüttungen der Kapitalgesellschaft durchaus nicht immer für das Gewinnentstehungsjahr; sie fallen vielmehr zeitlich verschoben an.

Betriebswirtschaftlich gesehen besteht mithin die Körperschaftsteuer aus drei Arten. Es gibt

(1) eine „Definitiv-Körperschaftsteuer", die endgültiger Aufwand in der Kapitalgesellschaft ist und bei den Anteilseignern nicht angerechnet wird,

(2) eine „Anrechnungs-Körperschaftsteuer", die zwar Aufwand der Kapitalgesellschaft darstellt und solcher bleibt, bei den Anteilseignern aber einen Anspruch gegenüber ihrem Finanzamt (bzw. dem Bundesamt für Finanzen) zur Entstehung bringt , und

(3) eine „Interims-Körperschaftsteuer", die nur vorübergehend Aufwand bei der Kapitalgesellschaft ist und nicht bei den Anteilseigenern angerechnet, sondern zur tatsächlichen Gewinnausschüttung an diese wird.

Die Definitiv-Körperschaftsteuer entsteht aus der nominal 50%igen Belastung der Teile der gesetzlichen Bemessungsgrundlage „zu versteuerndes Einkommen", die tatsächlich keinen Erfolg der Kapitalgesellschaft darstellen, sondern nur durch steuerliche Artefakte gebildet werden. Dazu gehören in erster Linie die steuerlich nicht abziehbaren Betriebsausgaben, wie dies z. B. bestimmte Werbeaufwendungen (§ 4 Abs. 5 Nr. 1 EStG) oder die Vermögensteueraufwendungen (§ 10 Nr. 2 KStG) sind. Die Definitiv-Steuer beträgt nicht etwa 50 %, sondern 50/50 = 100 % der betreffenden Einkommensteile, durch die sie verursacht wird. Denn bei ihrer Berechnung muß ja die Tatsache der Nichtabzugsfähigkeit der Körperschaftsteuer von ihrer eigenen Bemessungsgrundlage bedacht werden.

Beispiel:

Die Gewinn- und Verlustrechnung einer Kapitalgesellschaft für ein bestimmtes Wirtschaftsjahr weist *vor* Einbuchung des Körperschaftsteueraufwands aus:

	DM	DM
Steuerpflichtige Erträge		1 000 000
./. steuerlich abziehbare Betriebsausgaben	800 000	
steuerlich nichtabziehbare Betriebsausgaben (z. B. Vermögensteuer)	60 000	860 000
Gewinn vor Körperschaftsteuerabzug		140 000

Wenn nun die Körperschaftsteuer (die selbst eine nichtsabzugsfähige Betriebsausgabe ist) errechnet werden soll, so muß zunächst die Definitivsteuer von 100 % von 60 000 DM als Aufwand abgezogen werden.

Von der o. a. Ausgangsgröße	140 000 DM
verbleibt nach der Kürzung um	60 000 DM
ein Gewinn (nach Abzug der Definitiv-Körperschaftsteuer, jedoch vor Abzug der Anrechnungs- und/oder Interimskörperschaftsteuer) in Höhe von	80 000 DM

(Zur Kontrolle: Die Besteuerungsgrundlage der Definitivsteuer beträgt:
60 000 DM + 60 000 DM = 120 000 DM. Daraus ergibt sich unter Anwendung des Nominalsatzes von 50 % wieder der Steuerbetrag von 60 000 DM).

Wenn nun die Kapitalgesellschaft dieses Beispiels alles, was ihr danach verbleibt, an ihre Gesellschafter sofort ausschüttet, tritt zu der Definitiv-Körperschaftsteuer lediglich noch die Anrechnungs-Körperschaftsteuer hinzu.

Beispiel:

Bei einem Gewinn (nach Abzug der Definitiv-Körperschaftsteuer, jedoch vor Abzug der Anrechnungs-Körperschaftsteuer) in Höhe von	80 000 DM
ergibt sich bei dessen Vollausschüttung eine Anrechnungs-Körperschaftsteuer in Höhe von 36 %	28 800 DM
Ausschüttbar ist dann ein Netto-Betrag von	51 200 DM

(Deutlich sichtbar wird: Der Netto-Anrechnungskörperschaftsteuersatz beträgt nicht 36 %, sondern 36/64 = 9/16 = 56,25 % der Netto-Bemessungsgrundlage „tatsächliche Ausschüttungen". 56,25 % von 51 200 DM sind 28 800 DM.)

Das KStG will nun sicherstellen, daß die Anrechnungs-Körperschaftsteuer mit ihrem ermäßigten Satz von 36 % (56,25 %) *nur dann* an die Stelle der normalen Körperschaftsteuer zum Tarifsatz von 50 % (100 %) tritt, *wenn* die Gewinne der Kapitalgesellschaft auch tatsächlich in die Hände der Anteilseigner gelangen und bei diesen einkommensteuerpflichtig werden. Die Ermäßigung soll dementsprechend auch *erst dann* wirksam werden, wenn die Ausschüttungen erfolgen.

Aus diesem Grunde wird immer dann, wenn eine Kapitalgesellschaft nicht jeweils den in einer Periode entstandenen Gewinn vollständig an ihre Anteilseigner ausschüttet, vorübergehend (unter Umständen aber durchaus für sehr lange Zeit, ggf. bis zur Liquidation) eine Körperschaftsteuer erhoben, die (auf den Bruttogewinn bezogen) zusätzlich 14 % ausmacht.

Beispiel:

Wenn die Kapitalgesellschaft des vorstehenden Beispiels keine Gewinnausschüttung für das betreffende Wirtschaftsjahr vornimmt, ist auf den Gewinn (vor Anrechnungssteuer) von	80 000 DM
statt der 36%igen Körperschaftsteuer (28 800 DM) eine 50%ige Körperschaftsteuer von	40 000 DM
zu erheben, so daß die Gesellschaft für das Jahr nur einen Gewinn ausweist von	40 000 DM

(Die Differenz von 11 200 DM entspricht genau 14 % von 80 000 DM.)

Diese 14%ige Steuer auf thesaurierte Gewinne ist aber (im Regelfall) kein endgültig verlorener Aufwand, sondern repräsentiert eine bedingte Forderung gegenüber dem Finanzamt auf Körperschaftsteuerminderung in der Periode, in der die Ausschüttung erfolgt, also „nachgeholt" wird.

Beispiel:

Die in den beiden vorangehenden Beispielen behandelte Kapitalgesellschaft soll im folgenden Jahr gerade mit einem ausgeglichenen Ergebnis abschließen und auch keine nichtabziehbaren Aufwendungen tätigen. Dann entsteht keine Körperschaftsteuer. Entschließt sich die Kapitalgesellschaft aber, ihren Gewinnvortrag von 40 000 DM und die Interims-Steuer darauf an ihre Anteilseigner ausschütten, so erstattet ihr das Finanzamt die w. o. errechneten Differenzsteuer von 11 200 DM, so daß nunmehr für die Dividende 51 200 DM zur Verfügung stehen; das ist der gleiche Betrag wie im ersten Beispiel.

Aus diesen Zusammenhängen wird klar, daß auch die „Interims-Körperschaftsteuer" zunächst Aufwand bei der Kapitalgesellschaft wird. Die Kapitalgesellschaft schuldet sie im Augenblick uneingeschränkt, jedoch quasi unter der auflösenden Bedingung einer späteren Erstattung. Da die „Interims-Körperschaftsteuer" bei einer „Nachholung" der bereits früher möglich gewesenen Ausschüttungen nicht etwa an die Gesellschafter der Kapitalgesellschaft, sondern an die Gesellschaft selbst fällt, wird sie in deren Sphäre, später isoliert gesehen, zu einem Ertrag; im Regelfall führt dieser Ertrag aber in Verrechnung mit der laufenden tarifmäßigen Körperschaftsteuer, die er mindert, lediglich zu einer Aufwandskürzung.

Literatur:

Herzig, Norbert, Auswirkungen der Körperschaftsteuerreform auf das System der Teilsteuerrechnung, StuW 1977, 143. – Wöhe, Günter, Betriebswirtschaftliche Auswirkungen der Körperschaftsteuerreform, DBW 1977, 25. – Büschgen, Hans E., Zur Auswirkung der Körperschaftsteuerreform auf die Finanzierung der Unternehmen, BFuP 1977, 291. – Götzke, Wolfgang/Sieben, Günter (Hrsg.), Betriebswirtschaftliche Auswirkungen der Körperschaftsteuerreform, GEBERA-Schriften Band 2, Köln. – Schneider, Dieter, „Kapitalkosten", Selbstfinanzierung und Dividendensätze nach der Körperschaftsteuerreform, ZfbF-Kontaktstudium 1977, 137. – Hax, Herbert, Zur Bedeutung der Körperschaftsteuerreform von 1977 für die Dividendenpolitik von Aktiengesellschaften, ZfbF 1979, 322. – Schreiner, Rupert/Hönik, Renate, Auswirkungen der Körperschaftsteuerreform auf die Rechnungslegung. Körperschaftsteuer und Beteiligungen an Kapitalgesellschaften, BB 1979, 102. – Bareis, Hans Peter, Grundzüge und betriebswirtschaftliche Auswirkungen der körperschaftsteuerlichen Berlinvergünstigungen, GmbHR 1979, 19. – Haase, Klaus Dittmar, Zur Körperschaftsteuerbelastung nichtabziehbarer Aufwendungen, BB 1981, 203.

4 Die Gewerbeertragsteuer

4 A Überblick

4 A 1 Der Steuergegenstand der Gewerbesteuer

Die Gewerbesteuer gehört zu den sog. Realsteuern, deren Aufkommen nach Artikel 106 Abs. 6 GG den Gemeinden zusteht; Bund und Länder sind daran jedoch durch eine Umlage beteiligt.

Bei den Realsteuern steht nicht eine Person, sondern ein Gegenstand im Mittelpunkt des Interesses. Steuergegenstand der Gewerbesteuer ist nach § 2 Abs. 1 GewStG „jeder stehende Gewerbebetrieb, soweit er im Inland betrieben wird“. Die inländische Betätigung von Reisegewerbebetrieben wird nach § 35a GewStG ebenfalls zur Gewerbesteuer herangezogen.

Gewerbebetriebe sind gewerbliche Unternehmen. Man unterscheidet

a) Gewerbebetriebe kraft Betätigung,
b) Gewerbebetriebe kraft Rechtsform,
c) Gewerbebetriebe kraft wirtschaftlichen Geschäftsbetriebs.

Nach § 3 GewStG sind bestimmte Gewerbebetriebe von der Gewerbesteuer befreit, z. B. die Deutsche Bundesbahn, rechtsfähige Pensionskassen und kleinere Hochsee- und Küstenfischereibetriebe. Außerdem enthält § 2a GewStG Sondervorschriften über die gewerbesteuerliche Behandlung von Arbeitsgemeinschaften.

a) Gewerbebetriebe kraft Betätigung

Nach § 15 Abs. 2 EStG ist jede selbständige, nachhaltige, mit Gewinnabsicht (und sei es im Nebenzweck) unternommene Betätigung, die sich als Beteiligung am allgemeinen wirtschaftlichen Verkehr darstellt, als Gewerbebetrieb anzusehen, wenn es sich dabei nicht um die Ausübung der Land- und Forstwirtschaft oder um die Ausübung selbständiger Arbeit (insbesondere die Ausübung eines freien Berufes) oder die Betätigung im Rahmen einer privaten Vermögenverwaltung – dies folgt aus § 14 AO – handelt (vgl. dazu auch die Abschnitte 8 bis 15 GewStR). Diese so charakterisierten Gewerbebetriebe werden im fachlichen Sprachgebrauch „Gewerbebetriebe kraft Betätigung“ genannt. Regelmäßig ist mit der bei der Einkommensteuerveranlagung getroffenen Feststellung, daß eine Person Einkünfte aus der Einkunftsart 2 (vgl. 2 B 2) erzielt, zugleich das Vorliegen eines Gewerbebetriebes im Sinne des GewStG konstatiert, wenn diese Einkünfte wenigstens teilweise aus einer inländischen Betriebsstätte resultieren.

b) Gewerbebetriebe kraft Rechtsform

Nach § 2 Abs. 2 GewStG „gilt stets und in vollem Umfang“ als Gewerbebetrieb auch die Tätigkeit der Kapitalgesellschaften (vgl. 3 A 1), der Erwerbs- und Wirtschaftsgenossenschaften und der Versicherungsvereine auf Gegenseitigkeit. Diese Formulierung ist aber irreführend. Denn die Kapitalgesellschaften, Genossenschaften und Versicherungsvereine auf Gegenseitigkeit sind zwar ohne Rücksicht auf die Art ihrer Tätigkeit gewerbesteuerpflichtig (also z. B. auch dann, wenn sie als Steuerberatungsgesellschaft freiberufliche Leistungen erbringen); bei ihnen ist aber die Voraussetzung der Selbständigkeit zu prüfen (§ 2 Abs. 2 Satz 2 GewStG; vgl. dazu auch Teil 5).

Aus § 15 Abs. 3 EStG ergeben sich ferner für die Betriebe von Personengesellschaften zwei Besonderheiten: (1) Wenn eine Personengesellschaft sich überhaupt mit Einkünfteerzielungsabsicht gewerblich im Sinne von § 15 Abs. 1 Nr. 1 EStG betätigt (auch in relativ geringem Umfang), gilt sie „in vollem Umfang" als Gewerbebetrieb (sog. „gewerblich infizierte Personengesellschaft"). (2) Eine „gewerblich geprägte Personengesellschaft" (§ 15 Abs. 3 Nr. 2 EStG) ist ohne Rücksicht auf ihre tatsächliche Betätigung als Gewerbebetrieb anzusehen.

c) Gewerbebetriebe kraft wirtschaftlichen Geschäftsbetriebs

Diejenigen juristischen Personen des privaten Rechts, die nicht Kapitalgesellschaften, Genossenschaften oder Versicherungsvereine auf Gegenseitigkeit sind, und die nichtrechtsfähigen Vereine unterliegen nach § 2 Abs. 3 GewStG insoweit der Gewerbesteuer, als sie einen wirtschaftlichen Geschäftsbetrieb im Sinn des § 14 AO (mit Ausnahme der Land- und Forstwirtschaft) unterhalten; Gewinnerzielungsabsicht ist nicht erforderlich. Der wirtschaftliche Geschäftsbetrieb dieser Rechtsgebilde wird also wie eine eigene gewerbliche Unternehmung behandelt und muß hinsichtlich der gewerbesteuerlichen Betrachtung aus dem Gesamtgebilde isoliert werden. Die Gewerbesteuerpflicht beschränkt sich auf den wirtschaftlichen Geschäftsbetrieb der genannten Gebilde.

Beispiel:

Ein geselliger Verein gibt Speisen und Getränke gegen Entgelt an seine Mitglieder ab; diese Tätigkeit wird wie der – gewerbliche – Betrieb einer Gastwirtschaft behandelt.

Literatur:

1. Die Kommentierungen zu §§ 1 bis 3 GewStG.
2. Die zu 2 B 2 und 3 A genannte Literatur.
3. Fettel, Johannes, Der Gewerbetrieb als Objekt der Besteuerung bei der Gewerbesteuer, in: Zur Besteuerung der Unternehmung, Festschrift für Peter Scherpf, Berlin, 123. – Thoma, Gerd, Wer ist gewerblich tätig im Sinne des Einkommen- und Gewerbesteuerrechts?, BB 1968, 1239. – Schmidt-Sagody, Landwirtschaftliche Betriebe als Personengesellschaften und ihre gewerbesteuerliche Beurteilung, Inf. 1971, 111. – Fella, Günter, Beginn und Beendigung der Gewerbesteuerpflicht, BB 1977, 287. – Weber, Hans-Dieter, Der Gewerbebetrieb im Ertragsteuerrecht, Ein Abgrenzungsversuch zur Vermögensverwaltung aus der Sicht der betriebswirtschaftlichen Steuerlehre, Berlin. – Schnädter, Helmut, Zur Gewerbesteuerpflicht der Gewerbebetriebe kraft Rechtsform, FR 1985, 403. – Wendt, Rudolf, Zur Vereinbarkeit der Gewerbesteuer mit dem Gleichheitssatz und dem Prinzip der Besteuerung nach der Leistungsfähigkeit, BB 1987, 1257

4 A 2 Die Betriebsstätte

Die Gewerbebetriebe unterliegen der Gewerbesteuer nur, soweit sie im Inland betrieben werden. Das ist nach § 2 Abs. 1 Satz 3 GewStG der Fall, wenn sie hier eine Betriebsstätte unterhalten. Berechtigt zur Erhebung der Gewerbesteuer (hebeberechtigt) sind jeweils die

Gemeinden, in der eine oder mehrere Betriebsstätten des Gewerbebetriebes unterhalten werden (§ 4 GewStG).

Der Begriff der Betriebsstätte ist danach für das GewStG sehr wichtig. Nach § 12 AO ist Betriebsstätte „jede feste Geschäftseinrichtung oder Anlage, die der Tätigkeit eines Unternehmens dient". Insbesondere sind danach Betriebsstätten das Büro der Geschäftsleitung, Zweig-niederlassungen, Fabriken, Warenlager, Ein- und Verkaufstellen.

Gehören zu einem Gewerbebetrieb mehrere Betriebsstätten, so ist zunächst zu unterscheiden, ob es sich um inländische oder ausländische Betriebsstätten (vgl. dazu 21 D 5 im Fünften Buch) handelt. Die Besteuerungsgrundlagen, die auf ausländische Betriebsstätten entfallen, sind aus den Besteuerungsgrundlagen gänzlich auszuscheiden (vgl. dazu 4 B 12 und 24 C 3). Befinden sich die inländischen Betriebsstätten in mehreren Gemeinden oder erstreckt sich eine inländische Betriebsstätte über mehrere Gemeinden, so wird eine Aufteilung der Besteuerungsgrundlagen auf die verschiedenen hebeberechtigten Gemeinden notwendig. Das geschieht im Wege der „Zerlegung" (vgl. dazu Teil 4 D 2).

Inländische Betriebsstätten von ausländischen Unternehmen unterliegen oft auf Grund von Doppelbesteuerungsabkommen (vgl. Teil 24 D 2 im Fünften Buch) oder wegen § 2 Abs. 6 GewStG nicht der Gewerbesteuer.

Literatur:

1. Die Kommentierungen zu §§ 2 und 4 GewStG und zu § 12 AO.
2. Koenig, Zum Begriff der Betriebsstätte, DStZ (A) 1950, 125. – Hoven, Josef ,Die Betriebsstätte im Gewerbesteuerrecht, Deutsche Gemeindesteuer-Zeitung 1959, 146. – Moezer, Hansjoachim, Die Zerlegung des einheitlichen Gewerbesteuermeßbetrages, BB 1959, 952 (Abschn. II: Der Begriff der Betriebsstätte). – Hog, Kurt, Zur Besteuerung von Einkünften bei der Errichtung von Anlagen im Ausland, StBp 1968, 97.

4 A 3 Mehrheit von Betrieben

Steuergegenstand der Gewerbesteuer (4 A 1) ist nicht eine Person oder ein Einkommen oder ein Vermögen dieser Person, sondern ein Gewerbebetrieb mit seinen inländischen Betriebsstätten. Aus diesem Umstand folgen die Regeln für die Behandlung solcher Fälle, in denen ein Gewerbetreibender mehrere gewerbliche Betriebe unterhält: Handelt es sich bei diesen mehreren Betrieben um eine wirtschaftliche Einheit, so bilden sie einen Steuergegenstand; ist das nicht der Fall, so sind mehrere Steuergegenstände vorhanden.

Bei der Beurteilung der damit aufgeworfenen Fragen kommt es nach Abschn. 19 GewStR auf die Verkehrsauffassung und die Betriebsverhältnisse an. Gleichartige, sachlich (insbesondere wirtschaftlich, finanziell oder organisatorisch) innerlich zusammenhängende Betriebe sind als Einheit zu betrachten (Beispiel: Wurstwarenfabrik und Wurstwaren-Einzelhandelsbetrieb). Andernfalls bestehen mehrere gewerbesteuerpflichtige Betriebe (Beispiel: Wurstwarenfabrik und Buchhandlung). Ob die einzelnen Betriebe in derselben Gemeinde oder in verschiedenen Gemeinden liegen, ist ohne Bedeutung.

Die vorstehenden Grundsätze gelten nur für Gewerbebetriebe von Einzelpersonen. Die gewerbliche Tätigkeit von Mitunternehmergemeinschaften (Personengesellschaften) und Kapitalgesellschaften gilt *immer* als jeweils *einheitlicher* Gewerbebetrieb, auch wenn hier die verschiedensten Geschäftszweige zusammengefaßt sind (Beispiel: Eine Aktiengesellschaft betreibt in verschiedenen Betrieben Spielzeugfabrikation, Sprengstoffherstellung und Verlagsgeschäfte).

Literatur:

1. Die Kommentierungen zu § 2 GewStG.
2. Horn, Wilhelm, Mehrere Betriebe eines Unternehmers als selbständige Gewerbebetriebe, BB 1984, 134. – Schumacher, Richard, Mehrheit von Gewerbebetrieben einer natürlichen Person im Gewerbesteuerrecht, StuW 1987, 111.

4 A 4 Der Steuerschuldner der Gewerbesteuer

Von der sachlichen Steuerpflicht (dem Gegenstand der Besteuerung) ist die persönliche Steuerpflicht zu trennen. Diese hat im Gewerbesteuerrecht inhaltlich den Charakter der Steuerschuldnerschaft. Es wird also festgelegt, wer die sich aufgrund der sachlichen Steuerpflicht ergebende Gewerbesteuer zu entrichten hat.

Steuerschuldner ist nach § 5 Abs. 1 GewStG der Unternehmer, für dessen Rechnung das Gewerbe betrieben wird. Das kann ein Einzelgewerbetreibender oder eine juristische Person (insbesondere eine Kapitalgesellschaft) sein. Wird das Gewerbe von einer Personengesellschaft betrieben, so ist diese Steuerschuldner (§ 5 Abs. 1 Satz 3 GewStG).

Literatur :

1. Die Kommentierungen zu § 5 GewStG.
2. Fella, Günter, Entstehen und Erlöschen der Steuerpflicht bei der Gewerbesteuer, StWa 1977 S. 65. – Woltmann, Albrecht, Das Ende der Gewerbesteuerpflicht des Einzelunternehmens, DB 1987, 2008.

4 A 5 Die Gewerbesteuerarten

Als Besteuerungsgrundlagen für die Gewerbesteuer setzt § 6 GewStG den Gewerbeertrag und das Gewerbekapital fest.

Die Gewerbesteuer nach dem Gewerbeertrag und dem Gewerbekapital ist eine einheitliche Steuer. Sie geht jedoch von zwei verschiedenen Bemessungsgrundlagen aus und wird alsdann nur gemeinsam festgesetzt und erhoben. Weil dies so ist, lassen sich die Steuer nach dem Gewerbeertrag (Gewerbeertragsteuer) und die Steuer nach dem Gewerbekapital (Gewerbekapitalsteuer) auch völlig getrennt ermitteln und besprechen. Die Gewerbeertragsteuer gehört zu den Ertragsteuern (vgl. Teil 1), die Gewerbekapitalsteuer gehört zu den Substanzsteuern (vgl. Teil 1). Deshalb konzentrieren sich die Darstellungen in diesem Buch auf die Behandlung der Gewerbeertragsteuer; zur Gewerbekapitalsteuer wird auf Teil 15 im Dritten Buch verwiesen.

4 A 6 Schema der Gewerbeertragsteuer-Ermittlung

Die als ausklappbare Tafel 5 (im Anhang) enthaltene schematische Darstellung soll den Aufbau der Gewerbesteuer, insbesondere den Aufbau der Gewerbeertragsteuer, verdeutlichen. Die Zusammensetzung des am Schluß des Schemas aufgeführten Gewerbekapitals wird nicht im einzelnen dargestellt: diese Darstellung gehört in den Erörterungsbereich des Dritten Buches (vgl. Teil 15 und die dazugehörige Tafel 8).

Die schematische Darstellung macht deutlich, daß die Gewerbesteuer trotz ihrer einheitlichen Ermittlung und Festsetzung mathematisch als schlichte Addition zweier verschiedener Steuern gewertet werden kann.

Im folgenden Teil 4 B werden die einzelnen Komponenten, die den Gewerbeertrag ausmachen, näher erläutert. Dabei findet eine gemeinsame Besprechung der im Schema mit einem, zwei oder drei Sternchen bezeichneten Positionen statt, die sich sowohl unter den Zurechnungen als auch unter den Kürzungen finden.

4 B Der Gewerbeertrag

4 B 1 Ausgangsgröße: Gewerblicher Gewinn (Verlust)

§ 7 GewStG definiert den Gewerbeertrag als den um Hinzurechnungen und Kürzungen modifizierten Erfolg (Gewinn oder Verlust) aus dem Gewerbebetrieb, wie er sich nach den Vorschriften des Einkommensteuergesetzes (bei einzelkaufmännischen Gewerbebetrieben oder solchen von Personengesellschaften) oder des Körperschaftsteuergesetzes (bei Kapitalgesellschaften und anderen juristischen Personen) ergibt. Diese Anordnung besagt nicht, daß der Gewinn des Gewerbebetriebes so, wie er sich aus der Einkommensteuer- oder Körperschaftsteuerveranlagung ergibt, stets ungeprüft und unverändert als Ausgangsgröße für die Berechnung des Gewerbeertrages übernommen werden muß. Die Regelung will nur sicherstellen, daß bei der Ermittlung des Gewebeertrags die einkommensteuerlichen bzw. körperschaftsteuerlichen Gewinnermittlungsvorschriften beachtet werden. Dabei ist zu berücksichtigen, daß die Größe „Gewinn (Verlust) aus dem Gewerbebetrieb" bei Kapitalgesellschaften nicht etwa das Steuerbilanzergebnis (vgl. 3 B 2), sondern das „Einkommen vor Verlustabzug" ist.

Des weiteren ist beachtlich, daß als Ausgangsgröße bei natürlichen Personen und Personengesellschaften nur der aus dem laufenden Gewerbebetrieb entstehende Erfolg in Betracht kommt. Die Einkünfte aus Gewerbebetrieb, die sich nach § 16 EStG als außerordentliche Gewinne aus der Veräußerung oder Aufgabe von Betrieben, Teilbetrieben oder Mitunternehmeranteilen ergeben (vgl. Teil 2 H), gehören bei diesen Steuerpflichtigen – mit Ausnahme des Gewinns aus der Veräußerung einer im Betriebsvermögen befindlichen 100 %igen Kapitalgesellschaftsbeteiligung – nicht zur Ausgangsgröße für die Berechnung des Gewerbeertrages (vgl. Abschnitte 39–46 GewStR). Die nach § 17 EStG zu Einkünften aus Gewerbebetrieb erklärten Erfolge aus der Veräußerung wesentlicher Beteiligungen (2 H 10) fallen gar nicht in einem stehenden Gewerbebetrieb an.

Die Ausgangsgröße für die Berechnung des Gewerbeertrags stellt sich also dar

- bei einzelkaufmännisch betriebenen Gewerbebetrieben:
  als Gewinn aus Gewerbebetrieb nach § 15 Abs. 1 Satz 1 Nr. 1 EStG;
- bei Mitunternehmergemeinschaften:
  als Summe der sich nach § 15 Abs. 1 Satz 1 Nr. 2 EStG für die Mitunternehmer ergebenden Einkünfte aus Gewerbebetrieb;
- bei Kapitalgesellschaften und anderen gewerblichen Körperschaften: als das körper-

schaftsteuerliche Einkommen vor Verlustabzug (3 B 1); geringfügige Modifikationen enthält Abschn. 41 GewStR.

Die Ausgangsgröße kann positiv (Gewinn) oder negativ (Verlust) sein. Mit dem Vorzeichen der Ausgangsgröße ist aber, wie das Schema im Anhang deutlich macht, das Vorzeichen für die Endgröße „Gewerbeertrag vor Verlustabzug" nicht determiniert. Das Vorzeichen des Gewerbeertrags hängt nämlich auch von der Höhe der Hinzurechnungen und Kürzungen ab.

Literatur:

1. Die Kommentierungen zu § 7 GewStG.
2. Die Literatur zu „Steuerbilanzen" (im Anhang).
3. Müller-Dott, Johannes Peter, Geändertes Körperschaftsteuersystem erhöht den Gewerbeertrag, BB 1976, 1552. – Knobbe-Keuk, Brigitte, Die gesellschaftsvertragliche Gewinnverteilung und die Gewerbesteuerbelastung bei Personengesellschaften, StuW 1985, 382. – Unvericht, Willi, Gewerbeertrag und Gewerbekapital der atypisch stillenden Gesellschaft, DStR 1987, 413.

4 B 2 Dauerschuldzinsen

a) Begriff

Die für die Praxis wichtigste Hinzurechnungsvorschrift enthält § 8 Nr. 1 GewStG. Sie ordnet an, daß bestimmte „Entgelte", die bei der Ermittlung der Ausgangsgröße als Betriebsausgaben abgezogen worden sind, bei der Ermittlung des Gewerbeertrags zur Hälfte wieder hinzugerechnet werden müssen. Betroffen sind die Entgelte (Zinsen, gewinnabhängige Vergütungen für Darlehensüberlassung, Damnum etc.) für solche Schulden, „die wirtschaftlich mit der Gründung oder dem Erwerb des Betriebs (Teilbetriebs) oder eines Anteils am Betrieb oder mit einer Erweiterung oder Verbesserung des Betriebs zusammenhängen oder der nicht nur vorübergehenden Verstärkung des Betriebskapitals dienen".

Da die in dieser gesetzlichen Aufzählung genannten Vorgänge „Gründung, Erwerb, Erweiterung und Verbesserung des Betriebs" i. d. R. eine langfristige Finanzierung erfordern, betrifft die Vorschrift, die die „nicht nur vorübergehende Verstärkung des Betriebskapitals" als umfassendes Tatbestandsmerkmal nennt, solche Entgelte, die für nicht nur vorübergehend eingegangene Verbindlichkeiten aufgewendet werden. Schulden dieser Art werden im fachlichen Sprachgebrauch (vgl. auch § 35c Nr. 2 Buchst. e GewStG und § 19 GewStDV) als „Dauerschulden", die Entgelte für derartige Dauerschulden dementsprechend als „Dauerschuldzinsen" bezeichnet. Rechtsprechung und Finanzverwaltung dehnen den Anwendungsbereich der Vorschrift teilweise aus (vgl. dazu die Abschnitte 47, 48, 50, 51 GewStR).

Dauerschuldzinsen sind alle Entgelte für die Nutzung des als Dauerschuld aufgenommenen Fremdkapitals des Gewerbebetriebes. Auf die Bezeichnung kommt es nicht an; entscheidend ist der sachliche Inhalt der Leistung. So gehören zu den Entgelten in diesem Sinne auch die Provisionen, die als laufende Sondervergütung neben den eigentlichen Zinsen für einen Kredit vereinbart sind, dagegen aber nicht Kreditprovisionen für nicht in

Anspruch genommene Kredite, Umsatzprovisionen für besondere Leistungen einer Bank, Geldbeschaffungskosten, Depotgebühren.

Das Schwergewicht der sich aus § 8 Nr. 1 GewStG ergebenden Problematik liegt in der Frage, ob die interessierenden Entgelte für eine Dauerschuld oder für eine nicht als solche zu charakterisierende Verbindlichkeit gezahlt worden sind. Die folgenden Darstellungen (b–g) skizzieren die Antwort darauf. Auf die besonderen Verhältnisse bei Kreditinstituten und die seltenen Fälle einer nur kurzfristigen Finanzierung von Betriebsgründungen, -erwerben, -er-weiterungen oder -verbesserungen wird nicht eingegangen.

b) Grundsätzliches zur Bestimmung des Dauerschuldcharakters einer Verbindlickeit

Bei Prüfung der Frage, ob eine Verbindlichkeit Dauerschuldeigenschaft hat, sind drei Grundsätze zu beachten:

- Der Grundsatz der objektiven Betrachtung.
- Der Grundsatz der Einzelbetrachtung.
- Der Grundsatz der isolierten Betrachtung.

Die sachverhaltlichen Gegebenheiten sind objektiv zu beurteilen. Es kommt also nicht darauf an, welchen Willen Schuldner oder Gläubiger in bezug auf die Entstehung oder Beibehaltung einer Schuld subjektiv gehabt haben oder haben. Auch sind die rechtlich fixierten Abmachungen der Parteien, wenn sie von den tatsächlichen Gegebenheiten abweichen, ohne Bedeutung. (Beispiel: Die nach dem Darlehensvertrag zwischen Gläubiger und Schuldner bestehende tägliche Kündigungsmöglichkeit eines Kredits ist ohne Belang, wenn die Kreditvaluta mit Zustimmung des Gläubigers zu langfristigen Engagements verwendet worden ist, aus denen sich der Schuldner keinesfalls kurzfristig lösen kann.)

Jede betriebliche Schuld ist ferner einzeln auf ihren Dauerschuldcharakter zu untersuchen. Es ist nicht zulässig, mehrere Kreditverpflichtungen eines Schuldners gegenüber verschiedenen Kreditgebern als eine Einheit anzusehen; eine Zusammenfassung ist selbst bei Verbindlichkeiten, die nur gegenüber einem einzigen Gläubiger bestehen, regelmäßig nicht gestattet, wenn sich diese Schulden in ihren Bedingungen (Laufzeit, Zinssatz, Sicherung) voneinander unterscheiden.

Schließlich ist – jedenfalls generell – der Passivbetrag ohne Berücksichtigung etwa vorhandener Aktivwerte zu würdigen. Es ist also z. B. gleichgültig, ob die durch den Kredit erlangten Gegenwerte am Stichtag noch vorhanden sind oder ob der Betrieb über ausreichende flüssige Mittel verfügt, um die Schuld abzudecken.

c) Gruppen von Dauerschulden

Dauerschulden sind die für eine gewisse, nicht nur kurze Zeit eingegangenen bzw. bestehenden Verbindlichkeiten. Das Zeitelement spielt also eine bedeutende Rolle. Verbindlichkeiten mit einer Laufzeit von weniger als zwölf Monaten haben keinen Dauerschuldcharakter; sie nennt man „vorübergehend eingegangene Verbindlichkeiten“.

Bei den Schulden mit einer über zwölf Monate dauernden Laufzeit unterscheidet man solche mit ursprünglichem Dauerschuldcharakter (geborene Dauerschulden) und solche, die erst durch Hinzutreten weiterer Bedingungen zu Dauerschulden werden (Zeitmoment-Dauerschulden).

Ausnahmsweise sind – ungeachtet der Dauer ihrer Inanspruchnahme – durchlaufende Kredite keine Dauerschulden. Durchlaufende Kredite werden aber nur dann als solche anerkannt, wenn die Verwendung der Darlehensvaluta zu einem außerhalb des Betriebs des Darlehensdurchleiters liegenden Zweck erfolgt und der Darlehensdurchleiter sich auf die Weitervermittlung sowie etwaige Verwaltung des Kredits beschränkt, aus dessen Durchleitung er keinen Nutzen zieht.

d) Geborene Dauerschulden

Schulden, die nicht zum laufenden Geschäftsverkehr gehören, sondern aus außerordentlichen Finanzierungsakten stammen, sind dann geborene Dauerschulden, wenn zwischen Schuldaufnahme und Schuldtilgung eine Laufzeit von mehr als zwölf Monaten liegt. Hierzu gehören insbesondere die Anleihen, Hypotheken- und Grundschuldkredite, Schuldscheindarlehen und die längerfristigen Bankkredite.

Geborene Dauerschulden sind von ihrer Entstehung bis zu ihrer Rückzahlung Dauerschulden; es kommt dabei weder am Anfang noch am Ende der Laufzeit auf das Zeitmoment an.

Beispiel:

Eine am 5. April des Jahres I aufgenommene Hypothekenschuld ist am 5. April des Jahres VII zurückzuhalen. Sie ist sowohl (schon) im Jahre I als auch (noch) im Jahre VII Dauerschuld, so daß auch die für die Zeit vom 5. 4. bis 31. 12. I und für die Zeit vom 1. 1. bis 4. 4. VII entrichteten Zinsen Dauerschduldzinsen sind.

e) Zeitmoment-Dauerschulden

Schulden, die zum laufenden Geschäftsverkehr gehören, sind ihrer Natur nach keine Dauerschulden. Hierzu gehören die typischerweise vorübergehend eingegangenen Verbindlichkeiten aus Warenlieferungen und Leistungen, die normalen Wechselschulden und die Bankkredite, die zur Bezahlung von Warenschulden oder Löhnen aufgenomme werden. Es ist bei diesen vorübergehend eingegangenen Verbindlichkeiten jedoch noch eine Unterscheidung zu treffen zwischen solchen, bei denen einwandfrei ein enger wirtschaftlicher Zusammenhang mit regelmäßig wiederkehrenden laufenden Geschäftsvorfällen feststellbar ist, und solchen, bei denen eine derartige Feststellung nicht getroffen werden kann.

Steht eine Verbindlichkeit mit bestimmten laufenden Geschäftsvorfällen (z. B. mit einem Ausfuhrgeschäft) in einwandfrei feststellbarem unmittelbarem Zusammenhang, so liegt – auch bei länger als zwölfmonatiger Inanspruchnahme – eine Dauerschuld nicht vor, wenn sie in der nach Art des Geschäftsvorfalls üblichen Zeitspanne zurückgezahlt wird.

Beispiel:

Der Gewerbetreibende A hat Ende Februar des Jahres I Forderungen aus Warenlieferungen und Leistungen gegenüber folgenden Kunden:

Kunde B	10 000 DM
Kunde C	8 800 DM
Kunde D	24 300 DM
	43 100 DM

Seine Hausbank ist bereit, diese Außenstände gegen stille Zession der drei Forderungen zu kreditieren. A verwendet den Kredit in Höhe von 43 100 DM zur Bezahlung fälliger Löhne.

Die Forderungen gegenüber B und D in Höhe von zusammen 34 300 DM gehen im April und Mai des Jahres I ein. Damit verringert sich auch die Schuld des A gegenüber seiner Bank auf den Forderungsbetrag gegenüber C in Höhe von 8800 DM. C zahlt trotz wiederholter Mahnungen erst im März des Jahres II; bis dahin bleibt A mit 8800 DM gegenüber seiner Hausbank verschuldet.

Der Bankkredit ist zu keinem Zeitpunkt Dauerschuld; die Zinsen, die A dafür entrichtet, stellen keine Dauerschuldzinsen dar.

Vorübergehend eingegangene Verbindlichkeiten ohne einen einwandfrei feststellbaren engen wirtschaftlichen Zusammenhang mit regelmäßig wiederkehrenden laufenden Geschäftsvorfällen könne aber ihrenCharakter als laufende Schulden verlieren, wenn das Zeitmoment für eine Dauerschuld spricht, wenn und soweit deren Valuta also dem Betrieb tatsächlich länger als zwölf Monate zur Verfügung steht.

Zu diesen Zeitmoment-Dauerschulden gehören insbesondere die Bankkredite, die „zur Finanzierung der Wareneinkäufe" oder „zur Finanzierung der Außenstände" in Anspruch genommend werden, ohne daß ein unmittelbarer Zusammenhang zwischen Geschäft und Kreditaufnahme dergestalt hergestellt wird, daß die einzelnen Einkaufs- oder Debitorenkredite bei Weiterverkauf der Waren bzw. Eingang der Forderungen sofort getilgt werden.

Auch Steuerschulden, die ihrer Natur nach grundsätzlich laufende Verbindlichkeiten darstellen, können zu Zeitmoment-Dauerschulden werden, wenn sie nicht innerhalb von zwölf Monaten nach der Zahlungsaufforderung im Steuerbescheid getilgt sind; dabei kommt es nicht darauf an, aus welchem Grunde die Zahlung verspätet erfolgt (Stundung, Unvermögen zur Zahlung). Bei einer Aussetzung der Vollziehung (vgl. 18 E 2 im Vierten Buch) entsteht aber keine Dauerschuld (Abschn. 47 Abs. 7 Nr. 3 Satz 4 GewStR).

f) Kontokorrent-Schulden

Zeitmoment-Dauerschulden entstehen insbesondere im Kontokorrentverkehr mit Lieferanten oder Banken. Derartige Verbindlichkeiten zeichnen sich durch einen wechselnden Kontostand aus. Bei der Beurteilung des Zeitmoments anläßlich der Prüfung der Frage, ob eine Dauerschuld vorliegt, spielt der Kredit-Bodensatz (der „Mindestbetrag der Schuld im Wirtschaftsjahr") die entscheidende Rolle. Nur in Höhe dieses Mindestbetrages, der die zeitlichen Voraussetzungen erfüllt, kann eine Dauerschuld vorliegen (vgl. Abschn. 47 Abs. 8 GewStR).

Mindestbetrag der Schuld ist der niedrigste Schuldenstand während des Wirtschaftsjahres, um dessen Gewerbeertragsermittlung es geht. Hat dieser niedrigste Schuldenstand nur während einer sehr kurzen Zeit (nach Abschn. 47 Abs. 8: bis zu sieben Tagen; nach der Rechtsprechung: weniger als zwei bis drei Wochen) bestanden, so wird der nächst höhere, diese Mindestzeit überschreitende Schuldenstand zugrunde gelegt. Von ihm ist der Betrag der Dauerschuldzinsen nach dem durchschnittlichen Zinssatz abzuleiten.

Beispiel:

Am 1. 1. des Jahres I hatte ein Gewerbebetrieb den Kontokorrentkreditrahmen bei der Hausbank in Höhe von 100 000 DM in Anspruch genommen. Die Inanspruchnahme schwankte im Jahre I zwischen 50 000 DM und 150 000 DM. Der niedrigste Stand von 50 000DM wurde nur an zwei Tagen erreicht. Aber für drei aufeinanderfolgende Wochen gab es keine über 60 000 DM hinausgehende Inanspruchnahme: Als Dauerschuld sind in diesem Wirtschaftsjahr 60 000 DM anzusehen; betrug der durchschnittliche Zinssatz 8 %, so sind 8 % von 60 000DM = 4800 DM Dauerschuldzinsen im Sinne des § 8 Nr. 1 GewStG.

Wird der Kontokorrentkredit im Laufe des Wirtschaftsjahres für den erwähnten Mindestzeitraum bzw. die nach Verwaltungsauffassung erforderliche Mindestzahl von Tagen vollständig abgebaut und ergibt sich gegebenenfalls sogar ein Guthaben, so entfällt für dieses Jahr gänzlich die Möglichkeit, den Kredit als Zeitmoment-Dauerschuld anzusehen; sämtliche für ihn aufgewendeten Zinsen fallen dann nicht unter die Hinzurechnungspflicht.

g) Rückstellungen als Dauerschulden

Die Grundsätze für die Beurteilung von Verbindlichkeiten als Dauerschulden gelten auch für Rückstellungen. Es kommt dabei auf den Charakter der zugrunde liegenden (wahrscheinlichen) Schuld an. Da Rückstellungen jedoch in der Regel keinen Zinsaufwand verursachen, sind sie bei der Berechnung des Gewerbeertrags gewöhnlich bedeutungslos.

Die Rückstellungen für Pensionsverpflichtungen (§ 6a EStG) verursachen allerdings Zinsaufwand. Dieser Aufwand fällt jedoch nicht unter die Regelung in § 8 Nr. 1 GewStG, sondern wäre unter dem Aspekt des § 8 Nr. 2 GewStG zu prüfen; er wird deshalb nicht hinzugerechnet (vgl. dazu 4 B 3).

Literatur:

1. Die Kommentierungen zu §§ 8 und 12 GewStG.
2. Rose, Gerd, Durchlaufende Kredite bei der Gewerbesteuer, DB 1964, 127. – Merkert, Hubert, Streitbefangene Steuerschulden als Dauerschulden, BB 1968, 1112. – Birkholz, H., ABC der gewerbesteuerlichen Dauerschulden, DB 1969, Beil. Nr. 19. – Schmidt-Troschke, Gerhard, Disagio bei Anleihen kein Dauerschuldzins, BB 1970, 1046. – Friauf, Karl Heinrich, Die Refinanzierungsmittel der Pfandkredit-Unternehmen in der Gewerbesteuer – Ein Beitrag zum Problem der Dauerschulden, FR 1971, 3, 42. – Ders., Die Hinzurechnung von Dauerschulden bei Kreditinstituten und der allgemeine Gleichheitssatz, StuW 1971 18. – Pauli, Josef, Zum Begriff des „durchlaufenden Kredits“ im Gewerbesteuerrecht, DB 1971, 836. – Wihtol, Arved, Dauerschulden auch bei kurzer Laufzeit, FR 1972, 309. – Rose, Gerd/Telkamp, Heinz-Jürgen, Kurzfristige Verbindlichkeiten als gewerbesteuerliche Dauerschulden?, StuW 1976, 135. – Felix, Günther/Streck, Michael, Dauerschulden des Leasinggebers bei Mobilien-Leasing, BB 1979, 583. – Popp, Michael, Kurzfristige Verbindlichkeiten als „Dauerschulden“, DB 1977, 2069. – Beck, Hans-Joachim, Kurzfristige Verbindlichkeiten als Dauerschulden i. S. des § 8 Nr. 1 GewStG, DStR 1978, 14. – Ott, Horst, Sind Kontokorrentkredite von Banken gewerbesteuerliche Dauerschulden beim Schuldner? –, BB 1978, 750. – Slomma, Hans, Dauer-

schulden und Dauerschuldzinsen bei Kreditlaufzeiten unter 12 Monaten?, BB 1978, 1009. – Reichel, Christian, Verbindlichkeiten im Zusammenhang mit dem Erwerb von Anlagevermögen. – Schulden ohne Dauer = Dauerschulden? –, DB 1978, 2145. – Lohmar, Gerd, Gewerbesteuerliche Dauerschulden auch bei kurzfristiger Laufzeit?, DB 1980, 807. – Zitzelsberger, Haribert, Die Hinzurechnung von Dauerschuldzinsen und Dauerschulden bei der Gewerbesteuer, DB 1983, 2709. – Vögele, Alexander, Zins-Swapverträge und die Vermeidung von gewerbesteuerlichen Dauerschulden, DB 1987, 1060. – Gosch, Dietmar, Zum Beginn und Ende von Dauerschulden, FR 1989, 267.

4 B 3 Renten und dauernde Lasten bestimmter Entstehungsgründe

Rentenverpflichtungen oder Verpflichtungen zur Erbringung dauernder Lasten sind ihrer Natur nach geborene Dauerschulden. Sie wären deshalb, wenn es die besondere Vorschrift in § 8 Nr. 2 GewStG nicht gäbe, unter § 8 Nr. 1 GewStG zu erfassen; die erfolgswirksamen Zahlungen, die aus diesen Verpflichtungen resultieren, würden der Hinzurechnungspflicht als Dauerschuldzinsen unterliegen. § 8 Nr. 2 GewStG ist jedoch lex specialis zu § 8 Nr. 1 GewStG; seine Regelungen gehen deshalb den allgemeinen Vorschriften über Dauerschuldzinsen vor.

§ 8 Nr. 2 GewStG ordnet die volle (nicht nur hälftige) Hinzurechnung solcher Renten und dauernden Lasten zur Ausgangsgröße an, „die wirtschaftlich mit der Gründung oder dem Erwerb des Betriebs (Teilbetriebs) oder eines Anteils am Betrieb zusammenhängen". Eine Hinzurechnung erfolgt nach dem Eingangssatz in § 8 GewStG nur, soweit die Beträge bei der Ermittlung der Ausgangsgröße als Betriebsausgabe erfolgsmindernd abgesetzt worden sind.

Es ist also zunächst festzustellen, welche Beträge als Renten und dauernde Lasten zu Lasten der (steuerlichen) Gewinn- und Verlustrechnung erfaßt worden sind. Aus der Erörterung in Teil 2 J ist bekannt (vgl. Tafel 3 im Anhang), daß es Umstände gibt, unter denen Renten und rentenähnliche Leistungen voll den Erfolg eines Betriebes geschmälert haben (z. B. Zuwendungsrenten aus betrieblichem Anlaß).

In der Regel jedoch enthält jede Rentenzahlung erfolgswirksame (d. h. zu Lasten der Gewinn- und Verlustrechnung gebuchte) und erfolgsunwirksame (d. h. gegen ein Passivkonto gebuchte) Elemente. Erfolgswirksam sind bei Zeitrenten die Zinsanteile, bei Leibrenten daneben Risikobestandteile, bei dauernden Lasten ggf. auch noch Auswirkungen von Geldwertschwankungen oder Schätzungskorrekturen. Diese Bestandteile gehen in die Gewinn- und Verlustrechnung ein; allein auf diese erstreckt sich die Hinzurechnungsvorschrift in § 8 Nr. 2 GewStG.

Beispiel:

Die Verpflichtung zur Zahlung einer zehnjährigen Rente im Jahreswert von 1000 DM hat unter Zugrundelegung eines Zinssatzes von 5,5 % anfangs einen Kapitalwert von 7952 DM. Nach Ablauf eines Jahres beträgt der Kapitalwert der dann noch zu erbringenden neun Zahlungen nur 7335 DM. Er hat sich also um 617 DM verringert. Innerhalb des Jahres, das zwischen diesen beiden Zeitpunkten liegt, wurden Zahlungen von insgesamt 1000 DM geleistet. Daraus ergibt sich ein Zinsaufwand von (1000 – 617 =) 383 DM, der das Ergebnis belastet.

§ 8 Nr. 2 GewStG schränkt aber die Hinzurechnungspflicht für die Erfolgsbestandteile aus Renten und dauernden Lasten ein. Eine Hinzurechnung erfolgt nämlich nur dann, wenn die folgenden beiden Bedingungen kumulativ erfüllt sind:

(1) Die Verpflichtungen hängen wirtschaftlich mit der Gründung oder dem Erwerb des Betriebes oder eines Teilbetriebs oder eines Anteils am Betrieb zusammen.

(2) Der Empfänger der Renten oder rentenähnlichen Leistungen ist insoweit kein inländischer Gewerbetreibender.

Die erstgenannte Bedingung ist erfüllt, wenn die Verpflichtungen bei der Gründung des Betriebs, beim Erwerb des Betriebs oder beim Erwerb eines Teilbetriebs entstanden sind; dieser Fall tritt insbesondere ein, wenn ein Betrieb oder Teilbetrieb „auf Rentenbasis", also gegen die Zusage einer zeitlich begrenzten oder lebenslangen Rente erworben wird (vgl. dazu Teile 2 J 5 bis 7). Da die Mitunternehmerschaft in einer Personengesellschaft einkommensteuerlich wie ein fiktiver einzelkaufmännischer Betrieb behandelt wird, fallen darunter auch alle Rentenverpflichtungen, die der Mitunternehmer eines Gewerbebetriebs beim Erwerb des Mitunternehmeranteils eingegangen ist (vgl. dazu auch Teil 2 G 2). – Nicht zu den unter (1) fallenden Verpflichtungen gehören dagegen die Rentenverbindlichkeiten, deren Valuta zur Erweiterung oder Verbesserung des Betriebs oder ganz allgemein der Stärkung der (Fremd-)Kapitalbasis gedient hat. Pensionszahlungen an Arbeitnehmer und Aufwendungen aus der Auffüllung von Pensionsrückstellungen für Arbeitnehmer des Betriebs sind keine nach § 8 Nr. 2 GewStG hinzurechnungspflichtigen Renten.

Ist der Rentenberechtigte bzw. der Empfänger wiederkehrender geldwerter Vorteile selbst ein inländischer Gewerbetreibender, so gehören die Einnahmen zu seinen Betriebserträgen und damit zu seinem Gewinn aus Gewerbebetrieb (vgl. 2 J 8 bis 10). Sie sind damit auch Teil der Ausgangsgröße für die Berechnung des Gewerbeertrags und unterliegen so der Gewerbeertragsteuer beim Empfänger. Für diese Fälle spricht § 8 Nr. 2 Satz 2 GewStG beim Verpflichteten ein Hinzurechnungsverbot aus.

Beispiel:

Der Gewerbetreibende B veräußert einen Teilbetrieb an den Gewerbetreibenden V gegen eine Zeitrente. Der Rentenanspruch ist als Forderung im Betriebsvermögen des B enthalten, die Zinselemente in den Rentenzahlungen sind bei B erfolgswirksame Erträge und unterliegen der Steuer nach dem Gewerbeertrag. V braucht die bei ihm erfolgswirksamen Teile der Rentenzahlungen deshalb seiner Ausgangsgröße zum Zweck der Ermittlung des Gewerbeertrags nicht hinzurechnen.

Literatur:

1. Die Kommentierungen zu §§ 8 und 12 GewStG.
2. Lenski, E., Zum Begriff des Anteils am Betrieb i. S. des § 8 Ziff. 2 GewStG, GmbHR 1966, 150. Zirkel, Fritz, Erbbauzinsen als dauernde Last nach § 8 Ziff. 2 GewStG, StWa 1966, 24. – Heissmann, Ernst, Die betrieblichen Ruhegeld-Verpflichtungen, Köln. – Institut „Finanzen und Steuern", Brief 167, Zur gewerbesteuerrechtlichen Hinzurechnung von Renten und dauernden Lasten – Keine Hinzurechnung von Betriebspensionen –, Bonn 1977. – Röder, Klaus, Betriebsrente und Gewerbesteuer, StBp 1977, 102.

4 B 4 Gewinnanteile stiller Gesellschafter

Die Hinzurechnungspflicht nach § 8 Nr. 3 GewStG ist an das kumulative Vorliegen der folgenden beiden Voraussetzungen gebunden:

(1) Es muß sich um ein typisches stilles Gesellschaftsverhältnis handeln.

(2) Der Empfänger der Gewinnanteile darf die Beteiligung nicht in einem inländischen gewerblichen Betriebsvermögen halten.

Hat der Unternehmer (z. B. Einzelkaufmann, GmbH) eines Gewerbebetriebes einen stillen Gesellschafter aufgenommen, so mußte er diese stille Beteiligung in der Form von Gewinnanteilen bedienen. Diese Gewinnanteile erscheinen in seiner handelsrechtlichen Gewinn- und Verlustrechnung als Aufwendungen. Steuerlich ist aber zwischen der typischen und der atypischen stillen Beteiligung zu unterscheiden (vgl. 2 G 2).

Liegt eine atypische stille Gesellschaft vor, so gilt sie als Mitunternehmerschaft. Der Gewinnanteil des „Stillen“ gehört dann nach § 15 Abs. 1 Satz 1 Nr. 2 EStG zu dessen einkommensteuerlichem Gewinn aus Gewerbebetrieb. Gewerbesteuerpflichtig ist die Mitunternehmergemeinschaft (4 A 1). Ausgangsgröße für die Berechnung des Gewerbeertrags ist die Summe der sich für die Mitunternehmer ergebenden Einkünfte aus Gewerbebetrieb (4 B 1). Der Gewinnanteil des stillen Gesellschafters ist in diesem Falle also schon in der Ausgangsgröße enthalten; er hat den gewerblichen Gewinn nicht vermindert.

Die Gewinnanteile des typischen stillen Gesellschafters aber sind bei dem gewerblichen Unternehmer, in dessen Vermögen der „Stille“ seine Einlage geleistet hat, auch steuerlich Betriebsausgaben. (Nur) diese Gewinnanteile werden von der Hinzurechnungsvorschrift in § 8 Nr. 3 GewStG erfaßt. Das Gesetz subsumiert diese Gewinnanteile nun nicht unter die Vorschrift des § 8 Nr. 1 GewStG (was sachlich möglich gewesen wäre, da es sich doch bei der Einlage um eine Dauerschuld handelt), sondern hat eine eigene Vorschrift geschaffen. Sie enthält gegenüber der Dauerschuldvorschrift eine Benachteiligung: Es wird der volle Betrag und nicht nur die Hälfte hinzugerechnet. Es besteht aber auch eine Vergünstigung: Die Hinzurechnung entfällt nämlich, wenn der Empfänger (also der stille Gesellschafter) mit den Gewinnanteilen in seinem Gewerbebetrieb zur Steuer nach dem Gewerbeertrag heranzuziehen ist.

Beispiele:

1.) Die inländische GmbH A ist als typischer stiller Gesellschafter am Handelsgewerbe des Kaufmanns B beteiligt. Da die A-GmbH einen Gewerbebetrieb kraft Rechtsform (4 A 1) unterhält, unterliegen auch die ihr zufließenden Gewinnanteile aus der stillen Beteiligung am Unternehmen des B der Gewerbesteuer; sie sind Teile der Ausgangsgröße (4 B 1). Bei B entfällt aus diesem Grunde die Hinzurechnung nach § 8 Nr. 3 GewStG.

2.) Der Privatmann C beteiligt sich in typischer Form still am Handelsgewerbe des Kaufmanns D. Die Gewinnanteile sind bei C Einkünfte aus Kapitalvermögen (2 B 5). Bei D handelt es sich insoweit um Betriebsausgaben, die seinen einkommensteuerlichen Gewinn und damit die Ausgangsgröße für die Berechnung des Gewerbeertrags mindern. Sie sind dieser Ausgangsgröße nun wieder hinzuzurechnen.

Die (typische) stille Beteiligung und das partiarische Darlehen müssen deshalb – was im Einzelfall schwierig sein kann – voneinander unterschieden werden, weil die gewinnabhängigen Vergütungen aus einem partiarischen Darlehen nach § 8 N r 1 (Entgelte) für Dauerschulden) nicht nach § 8 Nr. 3 GewStG der Hinzurechnungspflicht unterliegen.

Ist der (typische) stille Gesellschafter auch am Verlust beteiligt, so erzielt der Unternehmer insoweit einen Ertrag. Dieser Ertrag ist umgekehrt analog wie ein aus der Gewinn-Beteiligung resultierender Aufwand zu behandeln (Abschn. 53 Abs. 2 GewStR).

Literatur:

1. Die Kommentierungen zu §§ 8 und 12 GewStG.
2. Schuwardt, Günter, Gewerbesteuer bei der Unterbeteiligung, BB 1962, 554. – Düchting, A., Zur Hinzurechnung nach § 8 Ziff. 3 GewStG bei gesellschaftsähnlichen Dauerarbeitsverhältnissen, DB 1964, 563. – Skuhr, Reinhold, Stille Gesellschaften und gesellschaftsähnliche Verhältnisse im Sinne des § 8 Ziff. 3 GewStG, DStZ (A) 1964, 148. – Böttcher, Conrad/Kramer, Gottfried, Die Behandlung der stillen Gesellschaft bei der Gewerbesteuer, DB 1965, 1535. – Speich, Günter, Zweifelsfragen durch die Neufassung des § 8 Ziff. 3 GewStG. FR 1965, 59. – Schmidt, Erich, Gewinnanteile stiller Gesellschafter nach § 8 Ziff. 3 GewStGSt-Wa 1966, 25. – Schmidt, Christian, Gewerbesteuerliche Diskriminierung der typisch stillen Gesellschaft durch das Haushaltsbegleitgesetz 1983, DB 1984, 424.

4 B 5 Bezüge persönlich haftender Gesellschafter einer KGaA

Die Kommanditgesellschaft auf Aktien ist handelsrechtlich eine Kapitalgesellschaft (vgl. §§ 278 bis 290 AktG). Ertragsteuerlich ist sie ein Zwittergebilde und wird faktisch in ein Unternehmen der persönlich haftenden Gesellschafter (Personalgesellschaftsteil) und ein Unternehmen der Kommanditaktionäre (Kapitalgesellschaftsteil) aufgespalten. Das geschieht in der Weise, daß bei der Ermittlung des körperschaftsteuerlichen Einkommens der KGaA die Gewinnanteile und sonstigen Bezüge, die die Komplementäre erhalten, nach § 9 Nr. 2 KStG ausgeschieden und damit von der Körperschaftsbesteuerung ausgenommen werden. Sie werden einkommensteuerlich nach § 15 Abs. 1 Nr. 3 EStG zu den Einkünften aus Gewerbebetrieb gerechnet (vgl. dazu 2 B 2, 2 H 5 und 3 B 12).

Ist aber nun der Gewerbeertrag für den Steuergegenstand „gewerblicher Betrieb der KGaA" zu ermitteln, so stellt sich die Ausgangsgröße als das körperschaftsteuerliche Einkommen vor Verlustabzug dar (vgl. 4 B 1); diese Ausgangsgröße ist um die Gewinnanteile und die sonstigen Bezüge der persönlich haftenden Gesellschafter nach § 9 Nr. 2 KStG gemindert worden. Zur Ermittlung des Gewerbeertrags ist jetzt diese Minderung wieder rückgängig zu machen, d. h. durch eine Hinzurechnung auszugleichen. Diesem Zweck dient § 8 Nr. 4 GewStG; die darin vorgeschriebene Hinzurechnung wird allerdings durch § 9 Nr. 2b GewStG teilweise wieder neutralisiert.

Vergleicht man die Vorschriften in § 15 Abs. 1 Nr. 3 EStG mit denen in § 8 Nr. 4 GewStG, so ergibt sich, daß der Hinzurechnungspflicht nach der letztgenannten Vorschrift außer den Gewinnanteilen (soweit nicht insoweit § 9 Nr. 2b GewStG die Wieder-Kürzung anordnet) nur die Vergütungen für die Geschäftsführung unterliegen, nicht aber die Vergütungen, die der persönlich haftende Gesellschafter für die Hingabe von Darlehen oder für die Überlassung von Wirtschaftsgütern aus der KGaA bezogen hat, obwohl auch diese Beträge den Ausgangsgewinn der KGaA gemindert haben. Insoweit wird die KGaA gewerbesteuerlich also unter sonst gleichen Bedingungen günstiger behandelt als etwa eine OHG oder eine „echte" KG. Allerdings wird bei den Darlehensvergütungen häufig der Tatbestand des § 8 Nr. 1 GewStG – vgl. 4 B 2 – und bei der Entgeltung für die Überlassung von Wirtschaftsgütern häufig der Tatbestand des § 8 Nr. 7 GewStG – vgl. 4 B 6 – gegeben sein.

Literatur:

1. Die Kommentierungen zu § 8 GewStG.
2. Die zu 3 B 11 genannte Literatur.

4 B 6 Miet- und Pachtzinsen

„Miet- und Pachtzinsen" erscheinen im Berechnungsschema (Tafel 5) sowohl unter den Hinzurechnungen als auch unter den Kürzungen. Die entsprechenden Positionen werden hier zusammen besprochen.

Die korrespondierenden Vorschriften in § 8 Nr. 7 und § 9 Nr. 4 GewStG bezwecken eine Zuteilung der Besteuerungssubstanz bei bestimmten Miet- und Pachtvorgängen auf die hebeberechtigten Gemeinden von Mieter/Pächter und Vermieter/Verpächter und erfassen ausschließlich die Miet- und Pachtzinsen für die nicht in Grundbesitz bestehenden Wirtschaftsgüter des Anlagevermögens eines Betriebes, die einem anderen als dem Betriebsinhaber gehören. Hierunter fallen z. B. vermietete Maschinen und maschinelle Anlagen, aber auch verpachtete Betriebe oder Teilbetriebe, nicht jedoch lizenzweise überlassene Patente. Vermietungen und Verpachtungen von Wirtschaftsgütern, die zum Grundbesitz gehören (Grund und Boden, Gebäude), und die Vermietungen von Wirtschaftsgütern des Umlaufvermögens werden von §§ 8 Nr. 7 und 9 Nr. 4 GewStG nicht berührt.

Nach § 8 Nr. 7 GewStG werden die zu Lasten der Gewinn- und Verlustrechnung geleisteten Miet- oder Pachtzinsen für die in Betracht kommenden Wirtschaftsgüter der Ausgangsgröße *zur Hälfte* hinzugerechnet,

- wenn die betreffenden Beträge beim Vermieter oder Verpächter nicht zum Gewerbeertrag gehören: immer,
- wenn die betreffenden Beträge beim Vermieter oder Verpächter dagegen zum Gewerbeertrag gehören: nur unter bestimmten Bedingungen.

Mietet oder pachtet ein gewerbliches Unternehmen nicht zum Grundbesitz gehörende Wirtschaftsgüter des Anlagevermögens von einem Privatmann oder einem ausländischen Gewerbetreibenden, so muß es also die Hälfte der Miet- bzw. Pachtaufwendungen der Ausgangsgröße hinzurechnen.

Ist der Vermieter oder Verpächter dagegen ein inländischer Gewerbetreibender und sind die Miet- oder Pachtzinsen, die er vom Mieter/Pächter erhält, deshalb Teil seines Gewerbeertrages, dann erfolgt eine Hinzurechnung nur,

- wenn es sich bei dem Miet- oder Pachtobjekt um einen ganzen Betrieb oder Teilbetrieb handelt

  und

- der Betrag der Miet- oder Pachtzinsen 250 000 DM übersteigt.

Liegen diese beiden Merkmale nicht kumulativ vor, dann erfolgt keine Hinzurechnung. (Beispiele:Keine Hinzurechnung erfolgt, wenn nur einzelne Maschinen gemietet sind, auch wenn die Jahresmiete über 250 000 DM liegt. Keine Hinzurechnung erfolgt, wenn ein Teilbetrieb gepachtet ist, die Jahrespachtsumme aber unter 250 000 DM liegt.)

Muß nun auf Grund der Vorschrift in § 8 Nr. 7 GewStG eine Hinzurechnung der Hälfte der Miet- oder Pachtzinsen beim Mieter oder Pächter erfolgen, so darf der gewerbliche Vermieter oder Verpächter in gleicher Höhe eine Kürzung seiner Ausgangsgröße nach § 9 Nr. 4 GewStG vornehmen.

Beispiel:

P pachtet von V einen Teilbetrieb und zahlt eine nicht auf die Grundstücke entfallende Jahrespacht von 400 000 DM. Diese Pacht ist bei P Betriebsausgabe und bei V Betriebseinnahme. Zur Ermittlung des Gewerbeertrags hat P seinem Ausgangserfolg die Hälfte von 400 000DM = 200 000 DM hinzuzurechnen: V darf den gleichen Betrag (200 000 DM) von seiner Ausgangsgröße kürzen.

Literatur:

1. Die Kommentierungen zu §§ 8, 9 und 12 GewStG.
2. Knoppe, Helmut, Die Besteuerung der Lizenz- und Know-How-Verträge, Köln, – Knoppe, Helmut, Pachtverhältnisse gewerblicher Betriebe im Steuerrecht, Düsseldorf. – Böhme, Werner, Die Besteuerung des Know-how, München und Berlin. – Aschfalk, Bernd, Die Behandlung von Kies- und Sandausbeuteverträge bei der Gewerbesteuer, FR 1970, 268. – Jüsgen, Werner, Die Frage der Hinzurechnung von Lizenzgebühren nach § 8 Ziff. 7 GewStG, DStZ 1970, 280. – Bestgen, Reinhard, Die gewerbesteuerlichen Hinzurechnungs- und Kürzungsvorschriften wegen betrieblicher Nutzung fremder Wirtschaftsgüter (§§ 8 Z. 7; 9 Z. 4; 12 Abs. 2 Z. 2, Abs. 3 Z. 3 GewStG), StuW 1981, 23, 106, 261, 346. – Veigel, Günter, Betriebs- und Teilbetriebsverpachtungen im Gewerbesteuerrecht, DB 1987, 2222

4 B 7 Erfolgsanteile aus Mitunternehmergemeinschaften

Im Schema der Gewerbeertragsteuer-Ermittlung (Tafel 5 im Anhang) ist unter den Hinzurechnungen die Postion „Verlustanteile aus Mitunternehmergemeinschaften", unter den Kürzungen die Position „Gewinnanteile aus Mitunternehmergemeinschaften" aufgeführt. Die dazugehörigen gesetzlichen Vorschriften finden sich in §§ 8 Nr. 8 und 9 Nr. 2 GewStG, deren Anordnungen auf den folgenden Überlegungen beruhen: Ist ein Gewerbetreibender an einer gewerbetreibenden (gewerblichen) Mitunternehmergemeinschaft (z. B. einer Personengesellschaft) beteiligt, so werden ihm die anteilig auf ihn entfallenden Gewinne oder Verluste im Wege der einheitlichen Gewinnfeststellung zugerechnet (2 G 2). Sie beeinflussen, da die Beteiligung in seinem Betriebsvermögen liegt, infolgedessen entweder positiv (im Gewinnfall) oder negativ (im Verlustfall) seine Ausgangsgröße (den gewerblichen Gewinn oder Verlust). Denn die Mitunternehmergemeinschaft selbst unterliegt weder der Einkommensteuer noch der Körperschaftsteuer. Einkommen- bzw. körperschaftsteuerpflichtig sind allein die Mitunternehmer. Die Erfolgsanteile sind Einkünfte aus Gewerbebetrieb (§ 15 Abs. 1 Satz 1 Nr. 2 EStG) oder – über den Steuerbilanzgewinn – körperschaftsteuerliches Einkommen (3 B 2).

Im Bereich der Gewerbesteuer ist aber die gewerbliche Mitunternehmergemeinschaft selbst Steuergegenstand (4 A 1). Bei der Berechnung ihrer Gewerbeertragsteuer wird also ihr voller Gewinn oder Verlust zugrunde gelegt. Dadurch würde eine Doppelerfassung und

Doppelheranziehung bzw. -berücksichtigung gewerblicher Gewinne oder Verluste erfolgen, einmal im Gewerbebetrieb der Mitunternehmergemeinschaft, ein zweites Mal in den Gewerbebetrieben derjenigen Mitunternehmer, die ihre Beteiligung im Betriebsvermögen halten. Um das zu vermeiden, wird die Eliminierung der Erfolgsanteile beim gewerblichen Mitunternehmer angeordnet. Die Anordnung gilt auch – obwohl die Argumentation hier nicht voll zutrifft – für die Beteiligungserfolge aus ausländischen Mitunternehmergemeinschaften.

Die Hinzurechnung von Verlustanteilen und die Kürzung von Gewinnanteilen aus Beteiligung an gewerblichen Mitunternehmergemeinschaften erfolgt in der Höhe, in der die Ausgangsgröße gemindert oder erhöht worden ist. Diese Minderung oder Erhöhung ist regelmäßig nicht aus der handelsrechtlichen Gewinn- und Verlustrechnung des Veranlagungsjahres zu ersehen; sie ergibt sich vielmehr aus der einheitlichen Gewinnfeststellung für die Personengesellschaft (vgl. das Beispiel in 2 G 2 sowie Teil 18 D 2 im Vierten Buch).

Beispiel:

Der Einzelkaufmann A ist an einer KG (B & Co.) als Kommanditist beteiligt und hält die Kommanditbeteiligung im Betriebsvermögen seines einzelkaufmännischen Unternehmens. Den vorläufigen Gewinn des Jahres III ermittelt A mit 270 000 DM. Darin sind 50 000 DM vereinnahmte Gewinnanteile für das Jahr II aus der Kommanditbeteiligung enthalten. Das Betriebs-Finanzamt der KG B & Co. hat die einheitliche Gewinnfeststellung für III durchgeführt; die KG hat in diesem Jahr einen größeren steuerlichen Verlust erlitten; hiervon entfallen auf A 92 000 DM.

Entspricht im übrigen seine Gewinnermittlung den steuerlichen Vorschriften, dann ist der gewerbliche Gewinn des A wie folgt zu entwickeln:

Gewinn nach der Steuerbilanz des A vor Berücksichtigung der einheitlichen Gewinnfeststellung für die B & Co KG im Jahr III	270 000 DM
abzügl. darin enthaltener Beteiligungsertrag aus dem Jahr II von der KG	50 000 DM
	220 000 DM
abzügl. nach der einheitlichen Gewinnfeststellung auf A entfallender Verlustanteil an der KG für das Jahr III	92 000 DM
Einkommensteuerlicher Gewinn des A	128 000 DM
Für Zwecke der Berechnung des Gewerbeertrags beträgt die Ausgangsgröße gem. § 7 GewStG (vgl. 4 B 1)	128 000 DM
Ihr muß nach § 8 Nr. 8 GewStG der Verlustanteil an der KG in Höhe von hinzugerechnet werden.	92 000 DM
Liegen keine weiteren Modifikationen vor, so beläuft sich der Gewerbeertrag des A für das Jahr III vor Verlust- und Freibetragsabzug danach auf	220 000 DM

Wandelt man das Beispiel dahin ab, daß auf A aus der KG statt eines Verlustanteiles von 92 000 DM für das Jahr III ein Gewinnanteil von 15 000 DM entfallen wäre, so hätte der einkommensteuerliche Gewinn (220 000 + 15 000 =) 235 000 DM betragen. Aber auch in diesem Fall wäre der Gewerbeertrag – weil nun nach § 9 Nr. 2 GewStG eine Kürzung um 15 000 DM hätte erfolgen müssen – unverändert mit 220 000 DM festzustellen.

Literatur:

1. Die Kommentierungen zu §§ 8, 9 und 12 GewStG.
2. Die Literatur zu 2 G 2 und zu „Steuerbilanzen“ (Anhang).

4 B 8 Ausschüttungsbedingte Teilwertabschreibungen

Ist ein Gewerbebetrieb an einer Kapitalgesellschaft zu mindestens 10 % beteiligt, so sind die ihm daraus zufließenden „Schachtelerträge" von seinem Gewerbeertrag zu kürzen (vgl. 4 B 12). Mit diesem Umstand hängt die Hinzurechnungsvorschrift in § 8 Nr. 10 GewStG zusammen. Sie macht Gewinnminderungen für den Gewerbeertrag unwirksam, die durch den Ansatz des niedrigerenTeilwerts der Schachtelbeteiligung oder im Zusammenhang mit Veräußerungen oder Entnahmen der Schachtelbeteiligung entstehen können, „soweit der Ansatz des niedrigeren Teilwerts oder die sonstige Gewinnminderung auf Gewinnausschüttungen der Körperschaft zurückzuführen ist". Diese Gewinnminderungen werden im fachlichen Sprachgebrauch als „ausschüttungsbedingte Teilwertabschreibungen" bezeichnet.

Vereinfacht ausgedrückt geht es darum: Ein Gewerbebetrieb erwirbt und besitzt eine entsprechend hohe Beteiligung an einer Kapitalgesellschaft. Diese Kapitalgesellschaft verfügt über Rücklagen. Diese Rücklagen werden aufgelöst, in Gewinn verwandelt und ausgeschüttet. Die Ausschüttungen sind als „Schachtelerträge" beim beteiligten Gewerbebetrieb steuerbefreit. Die Ausschüttungen vermindern aber häufig nicht nur die Substanz der Beteiligungsunternehmung, sondern auch den Teilwert der Beteiligung an dieser. Eine Teilwertabschreibung ist deshalb erforderlich. § 8 Nr. 10 GewStG verhindert, daß diese Gewinnminderung auch den Gewerbeertrag beeinflußt.

Literatur:

1. Die Kommentierungen zu § 8 GewStG.
2. Herzig, Norbert/Hötzel, Oliver, Ausschüttungsbedingte Teilwertabschreibungen, DB 1988, 2265. – Breidenbach, Berthold, Ausschüttungsbedingte Teilwertabschreibung im Falle der gewerbesteuerlichen Organschaft, DB 1991, 2157.

4 B 9 Spenden

Bei der Ermittlung des Gewerbeertrags können nur die Spenden für wissenschaftliche Zwecke, nicht aber Spenden für andere Zwecke abgezogen werden.

Deshalb ordnet § 8 Nr. 9 GewStG für körperschaftsteuerpflichtige Gewerbetreibende eine Zurechnung aller nichtwissenschaftlichen Spenden an, die bei der körperschaftsteuerlichen Einkommensermittlung nach § 9 Nr. 3 KStG abgezogen worden sind (vgl. 3 B 7). Den Gewerbesteuerpflichtigen, die nicht unter das Körperschaftsteuergesetz fallen, gewährt dagegen § 9 Nr. 5 GewStG eine Kürzung der Ausgangsgröße um die Spenden für wissenschaftliche Zwecke, „soweit sie aus Mitteln des Gewerbebetriebs einer natürlichen Person oder Personengesellschaft entnommen worden sind"; diese Kürzung ist technisch erforderlich, weil bei den Personenunternehmungen derartige Spenden keine Betriebsausgaben (sondern allenfalls bei ihren Unternehmern oder Mitunternehmern Sonderausgaben) sein können (vgl. 2 E 4).

Literatur:

1. Die Kommentierungen zu §§ 8 und 9 GewStG.
2. Die Literatur zu 2 E und 3 B 7.

4 B 10 Bestimmte Steuerzinsen

Nach § 8 Nr. 11 GewStG sind bei den der Körperschaftsteuer unterliegenden Gewerbebetrieben die Nachzahlungs-, Stundungs- und Aussetzungszinsen auf die bei der körperschaftsteuerlichen Einkommensermittlung gem. § 10 Nr. 2 KStG nichtabziehbaren Steuern dem Gewerbeertrag wieder hinzuzurechnen (vgl. dazu auch 3 B 6). Der Grund dafür: Bei Einzelgewerbetreibenden und Personengesellschaften (also nicht der Körperschaftsteuer unterliegenden Betrieben) mindern derartige Zinsen auch nicht den Gewerbeertrag, sondern sind nur als Sonderausgaben abziehbar.

4 B 11 Grundbesitz-Abzüge

Verfügt der Gewerbebetrieb über Grundbesitz, so unterliegt dieser bereits einer Realsteuer, nämlich der Grundsteuer (vgl. hierzu Teil 14 im Dritten Buch). Zur Vermeidung nochmaliger Belastung der Grundbesitzerträge mit Gewerbesteuer ordnet § 9 Nr. 1 GewStG für solche Fälle bestimmte Kürzungen von der Ausgangsgröße an.

Die Vorschrift unterscheidet zwei Kürzungen:

(1) Normalkürzung (§ 9 Nr. 1 Satz 1 GewStG):
Sie beläuft sich auf 1,2 % des – gem. § 121a BewG ggf. um 40 % erhöhten – Einheitswertes (vgl. 12 F im Dritten Buch) der Betriebsgrundstücke und ist bei allen Gewerbebetrieben anzuwenden, sofern nicht auf Antrag die Spezialkürzung (2) zulässig ist.

(2) Spezialkürzung (§ 9 Nr.1 Sätze 2 und 3 GewStG):
Für sogenannte Grundstücksunternehmen ist anstelle des pauschalen ein individueller Abzug der auf die Grundbesitznutzung fallenden Gewerbeerträge vorgesehen (Einzelheiten enthält Abschnitt 62 GewStR).

Literatur :

1. Die Kommentierungen zu § 9 GewStG.
2. Hofbauer, Max A., Die Rechtsprechung der FG zur Auslegung des § 9 Ziff. 1 Satz 2 und 3 GewStG, DStR 1966, 690. – Winter, W. Die individuelle Kürzung des Gewinns und der Hinzurechnungen bei Grundstücksunternehmen, StBp 1967, 248. – Enke, Alfred, Zur Kürzung des Gewerbeertrages von Grundstücksunternehmen, BB 1968, 659. – Barth, Kuno, Grundstückserträge bei der Gewerbeertragsteuer im Falle der Betriebsaufspaltung, DB 1968, 2101. – Hofbauer, Max A., Die gewerbe(ertrag-)steuerliche Behandlung von Grundstücksunternehmen, DStR 1983, 598. – Fuchs, Michael, Erweiterte Kürzung des Gewerbeertrags bei gewinnlosen Geschäften, DB 1990, 2236.

4 B 12 Schachtelerträge

Ein Gewerbebetrieb kann an einem anderen Gewerbebetrieb, insbesondere an einer Personengesellschaft oder einer Kapitalgesellschaft, beteiligt sein und die Beteiligung in seinem gewerblichen Betriebsvermögen halten. In diesem Falle gehören auch die empfangenen Gewinne (Dividenden, Ausschüttungen) zur Ausgangsgröße der Gewerbeertragsermittlung, dem gewerblichen Gewinn oder Verlust.

Da nun der Gewinn bei dem Gewerbebetrieb, bei dem er entstanden ist, bereits der Gewerbeertragsteuer unterlegen hat, würde beim beteiligten Gewerbebetrieb eine nochmalige Erfassung dieses (ausgeschütteten) Betrages eintreten, wenn nicht spezielle Vorschriften dies verhindern.

Ist ein Gewerbebetrieb an einer gewerbetreibenden Personengesellschaft oder einer anderen gewerblichen Mitunternehmergemeinschaft beteiligt, so bleiben die Gewinnanteile nach § 9 Nr. 2 GewStG außer Ansatz. Insoweit ist eine Zweifacherfassung ausgeschlossen (vgl. 4 B 7).

Ist ein Gewerbebetrieb aber an einer Kapitalgesellschaft beteiligt, so greift § 9 Nr. 2 GewStG nicht Platz. Es könnte deshalb zu Zweifach- oder (bei hintereinandergeschalteten Kapitalgesellschafts-Beteiligungen, einer sogenannten Beteiligungskette) gar zu Vielfacherfassungen kommen.

Beispiel:
Die Kapitalgesellschaft E erwirtschaftet einen Gewinn von 100 000 DM, zahlt davon Gewerbeertragsteuer und schüttet den verbleibenden Betrag an ihre Gesellschafter aus. Die Kapitalgesellschaft T hält Anteile an E. Die Ausschüttung stellt ein Gewinnelement bei T dar und unterliegt hier deshalb abermals der Gewerbeertragsteuer. Werden Anteile an der Gesellschaft T von der Kapitalgesellschaft M gehalten, so würde bei einer Weiterausschüttung bei M erneut Gewerbeertragsteuer auf die von E erwirtschafteten Gewinne anfallen usf.

Für einen Teil dieser Fälle will die Vorschrift in § 9 Nr. 2a GewStG die Zwei- oder Mehrfacherfassung mit der Anordnung verhindern, entsprechende Gewinne bei der Berechnung des Gewerbeertrages der beteiligten Unternehmung zu kürzen.

Dieses sogenannte gewerbeertragsteuerliche Schachtelprivileg ist aber an bestimmte Voraussetzungen gebunden:

(1) Die Gewinne müssen (offen oder verdeckt) ausgeschüttet worden sein von „einer nicht steuerbefreiten inländischen Kapitalgesellschaft ..., einer Kreditanstalt des öffentlichen Rechts oder einer Erwerbs- und Wirtschaftsgenossenschaft".

(2) Der Gewerbebetrieb, dem diese Gewinne zufließen, muß am Grund- oder Stammkapital (ist ein solches nicht vorhanden: am Vermögen) der Beteiligungsunternehmung (der sogenannten „Schachteltochter") mindestens zu 10 % beteiligt sein.

(3) Diese Mindestbeteiligung muß „zu Beginn des Erhebungszeitraumes" bestehen; Erhebungszeitraum ist nach § 14 Abs. 2 Satz 2 GewStG das Kalenderjahr.

Liegen die genannten Voraussetzungen vor, so sind die in der Ausgangsgröße als Ertrag enthaltenen Gewinnanteile (einschließlich des dazugehörigen Körperschaftsteuer-Anrechnungsanspruchs; vgl. 3 C 2) zu kürzen; in anderen Fällen wird die Mehrfacherfassung nicht ausgeschaltet.

Beispiele:

1) An einer inländischen, nicht steuerbefreiten GmbH sind beteiligt
- der Einzelgewerbetreibende E zu 12 %,
- die offene Handelsgesellschaft O zu 18 %,
- die Aktiengesellschaft A zu 10 % und
- die Aktiengesellschaft B zu 9 %.

Unter der Voraussetzung, daß die Beteiligungen am 1. Januar des betreffenden Kalenderjahres in dieser Höhe bestanden haben, können E, O und A die ihnen im betreffenden Kalenderjahr zufließenden Gewinne nach § 9 Nr. 2a GewStG bei der Gewerbeertragsermittlung kürzen; die Aktiengesellschaft B darf dagegen eine solche Kürzung nicht vornehmen.

2) Die Kapitalgesellschaft I ist an der inländischen, nicht steuerbefreiten Kapitalgesellschaft II zu Beginn des Erhebungszeitraums zu 12 % beteiligt. Sie hat diese Beteiligung wenige Tage zuvor erworben und veräußert sie alsbald nach Empfang der Dividende wieder. Die ihr zugeflossene Dividende wird nach § 9 Nr. 2a GewStG von ihrem Gewerbeertrag gekürzt.

3) Der Einzelgewerbetreibende E ist zu Beginn des Erhebungszeitraums an der GmbH G zu 5 % beteiligt;wenige Tage später kann er weitere 10 % erwerben. G zahlt ihm deshalb im Mai des Jahres die Dividenden, die ihm aus einer 15 %igen Beteiligung zustehen. E hat alle diese Erträge, die in seinem gewerblichen Ausgangsgewinn des Jahres enthalten sind, der Gewerbeertragsteuer zu unterwerfen, da mangels Vorliegen der Mindestbeteiligung am Stichtag die Vorschrift des § 9 Nr. 2a GewStG nicht eingreift.

Ein weiteres gewerbeertragsteuerliches Schachtelprivileg gewährt § 9 Nr. 7 GewStG für die Gewinnanteile aus bestimmten ausländischen Tochtergesellschaften eines Gewerbetreibenden. Hier muß aber die 10 %ige Mindestbeteiligung nicht nur am Beginn des Erhebungszeitraums, sondern „seit Beginn des Erhebungszeitraums ununterbrochen" bestehen. (Vgl. dazu 24 C 3 und 28 C 3 im Fünften Buch). § 9 Nr. 8 GewStG reduziert die „Schachtelgrenze" bei Auslandsbeteiligungen, für deren Dividenden ein Doppelbesteuerungsabkommen ab einer bestimmten Beteiligungshöhe Steuerbefreiung anordnet, auf ebenfalls 10 %.

Auf dieHinzurechnungspflicht für die mit Schachtelbeteiligungen zusammenhängenden sog. „ausschüttungsbedingten Teilwertabschreibungen" wird hingewiesen (vgl. 4 B 8).

Literatur:

1. Die Kommentierungen zu § 9 GewStG.
2. Reuter, Hans-Peter, Das gewerbesteuerliche Schachtelprivileg, DStR 1970, 435. – Ders., Das gewerbesteuerliche Schachtelprivileg nach dem Außensteuerreformgesetz, DStR 1974, 67.

4 B 13 Anteile nicht im Inland belegener Betriebsstätten

Den Gemeinden soll die Gewerbeertragsteuer aus den auf ihrem Gebiet belegenen Betriebsstätten zukommen; sie partizipieren anteilig an dem in ihrem örtlichen Bereich erwirtschafteten Gewerbeertrag. Ausländische Gemeinden erhalten selbstverständlich keine Anteile an der deutschen Gewerbeertragsteuer, die dort anfallenden Gewerbeerträge sollen aber auch den in- ländischen Steuergläubigern nicht zugute kommen. § 9 Nr. 3 GewStG trägt dieser Sachlage Rechnung: Der Teil des gesamten Gewerbeertrags, der auf nicht im Inland belegene Betriebsstätten entfällt, ist von der Ausgangsgröße zu kürzen. (Vgl. dazu Abschn. 62c GewStR und Teil 4 A 2).

Zu beachten ist, daß nicht etwa nur der entsprechende Teil der Ausgangsgröße, sondern der entsprechende Teil der durch Hinzurechnungen und Kürzungen modfizierten Größe „Gewerbeertrag" abgezogen werden muß. Es müssen also z. B. auch die anteiligen Zurechnungen für Dauerschuldzinsen berechnet und ausgeschieden werden.

Literatur:

1. Die Kommentierungen zu § 9 GewStG.
2. Die zu 4 A 2 genannte Literatur.

4 B 14 Kuponsteuerpflichtige Zinsen

Für bestimmte Zinsen wird eine besondere Kapitalertragsteuer in Höhe von 30 % erhoben; mit der Zahlung dieser Kuponsteuer ist die gesamte Einkommen- oder Körperschaftsteuer auf diese Erträge abgegolten (vgl. 2 L 3 und 3 G 2).

Nach dem Willen des Gesetzes soll für kuponsteuerpflichtige Zinserträge auch keine Gewerbesteuer entrichtet werden. Fallen solche Zinserträge im Rahmen eines Gewerbebetriebes an, so ist die Kürzungsvorschrift des § 9 Nr. 6 GewStG anzuwenden; sie fordert das Ausscheiden aller in der Ausgangsgröße enthaltenen kuponsteuerpflichtigen Zinsen.

Literatur:
Die Kommentierungen zu § 9 GewStG und zu § 43 EStG.

4 B 15 Gewerbeverlustabzug

Auch im Bereich der Gewerbeertragsteuer besteht die Institution des Verlustabzuges (vgl. dazu 2 F 2 und 3 F 1); die Vorschrift für den Gewerbeverlust in § 10a GewStG kennt aber nur die Form des Vortrags und nicht die des Rücktrags. Entsteht also nach den Modifikationen der (positiven oder negativen) Ausgangsgröße durch Hinzurechnungen und Kürzungen an der Stelle, die im Schema der Tafel 5 als „Gewerbeertrag vor Verlustabzug" bezeichnet ist, ein negativer Wert, so ist dieser „Fehlbetrag", der jeweils gesondert festzustellen ist, von Amts wegen in den folgenden Erhebungszeiträumen, sobald und soweit positive Gewerbeerträge entstehen, zu berücksichtigen (vorzutragen). Ein Wahlrecht hinsichtlich des Zeitpunktes und der Höhe der Anrechnungen besteht ebensowenig wie bei der Einkommensteuer oder Körperschaftsteuer. Für einen „Mantelkauf" gelten die gleichen Restriktionen wie bei der körperschaftsteuerlichen Verlustberücksichtigung (vgl. 3 F 1).

Es muß aber beachtet werden, daß für den Fall, in dem ein Gewerbetreibender mehrere gewerbliche Betriebe unterhält (4 A 3), keine dem einkommensteuerlichen Verlustausgleich (2 F 1) vergleichbare Saldierung von Gewerbeerträgen und Gewerbeverlusten der verschiedenen Betriebe erlaubt ist. Der Gewerbeverlust darf vielmehr nur bei demselben Gewerbebetrieb gekürzt werden, bei dem er entstanden ist (Voraussetzung der Unternehmensgleichheit).

Beispiel:

1) Ein Kaufmann erleidet aus seiner Spielwarenhandlung in Ulm einen Verlust. Sein wissenschaftlicher Buchverlag in Köln erzielt einen Gewinn. Der Ulmer Gewerbeverlust darf nicht gegen den (jetzt oder später erzielten) positiven Gewerbeertrag des Kölner Betriebs, sondern nur gegen (spätere) Gewerbeerträge aus dem Ulmer Betrieb verrechnet werden.

2) Eine Kommanditgesellschaft hat ein Kaufhaus betrieben und dabei Gewerbeverluste erlitten. Sie veräußert das Kaufhaus und erwirbt wenig später eine Immobilienvermittlungsunternehmung, die mit Gewinn arbeitet. Die Gewerbeverluste aus der Kaufhaus-Tätigkeit darf die Kommanditgesellschaft

nicht von den Gewerbeerträgen kürzen, die aus ihrer späteren Tätigkeit als Immobilienvermittlungsgesellschaft entstehen.

Der Gewerbeverlust darf ferner nur dem Unternehmer zugute kommen, der den Verlust erlitten hat (Erfordernis der Unternehmergleichheit); bei Mitunternehmergemeinschaften ist deshalb bei einem Wechsel der Gesellschafter der Verlustabzug auf den Teil beschränkt, der auf die verbleibenden Gesellschafter entfällt. (Vgl. Abschn. 68 Abs. 5–7 GewStR).

Die Höhe des vortragsfähigen Gewerbeverlustes nach § 10a GewStG weicht infolge der Hinzurechnungen und Kürzungen nach §§ 8 und 9 GewStG gewöhnlich von der Größe ab, die nach § 10d EStG abzugsfähig ist. Um dies zu veranschaulichen, ist das zum Teil 2 F 3 vorgeführte Beispiel in Tafel 2 (unterer Teil) auf den gewerbeertragsteuerlichen Bereich abgewandelt worden.

Aus dem Beispiel ist zunächst zu erkennen, daß der Gewerbeertrag vor Verlustabzug nur zufällig (vgl. Jahr VIII) dem Gewinn/Verlust aus Gewerbebetrieb gleich ist; im Regelfall modifizieren die Zurechnungen und Kürzungen aufgrund der gewerbesteuerlichen Vorschriften das Ergebnis in unterschiedlicher Weise. So entsteht im Jahr III einkommensteuerlich ein Gewinn (+ 10 000 DM), gewebesteuerlich aber ein Verlust (– 2000 DM); umgekehrt weist das Jahr V bei einem einkommensteuerlichen Verlust (–4000 DM) einen positiven Gewerbeertrag vor Verlustabzug (+ 3000 DM) aus. Ein Rücktrag des Verlustes aus dem Jahr II in das Jahr I ist nach § 10a GewStG nicht möglich. Des weiteren ist zu erkennen, daß die Höhe der einkommensteuerlichen übrigen Einkünfte (im Beispiel 2 F 3 = aus Vermietung und Verpachtung) für die gewerbesteuerliche Betrachtung ohne Auswirkung ist; das gleiche gilt selbstverständlich für die Sonderausgaben, die bei der Berechnung des Gewerbeertrags überhaupt nicht in Erscheinung treten.

Literatur:

1. Die Kommentierungen zu § 10a GewStG.
2. Die zu 2 F angeführte Literatur.
3. Curtius-Hartung, Rudolf, Ungleichmäßigkeiten beim Abzug des Gewerbeverlusts, StbJb 1985/86, 9. – Orth, Manfred, Unternehmeridentität und Gewerbeverlust (§ 10a GewStG), FR 1986, 81. – Kraushaar, Rolf, Wegfall der Unternehmeridentität als Voraussetzung für den gewerbesteuerlichen Verlustvortrag nach § 10a GewStG, DStZ 1987, 255. – Weßling, Johannes, Erneut: Der Gewerbeverlust gem. § 10a GewStG bei Wechsel der Gesellschafter einer Personengesellschaft, DB 1987, 1321. – Weßling, Johannes, Zur Auslegung des § 10a Satz 2 des Gewerbesteuergesetzes, BB 1988, 1641. – Institut FuSt, Brief Nr. 279, Zur Anerkennung von Gewerbeverlusten beim Wechsel von Gesellschaftern einer Personengesellschaft, Bonn 1988.

4 C Der Tarif der Gewerbeertragsteuer

4 C 1 Ermittlung des Steuermeßbetrags nach dem Gewerbeertrag

Ist der Gewerbeertrag aus der Ausgangsgröße unter Berücksichtigung der Zurechnungen, der Kürzungen und des Gewerbeverlustes mit einem positiven Betrag festgestellt worden, so ist er nach § 11 Abs. 1 Satz 3 GewStG zunächst auf volle 100 DM abzurunden.

Der Gewerbeertrag wird ferner bei natürlichen Personen und Mitunternehmergemeinschaften (nicht dagegen bei juristischen Personen) um einen Freibetrag vermindert, der maximal 36 000 DM beträgt; ist der Gewerbeertrag geringer als 36 000 DM, so reduziert sich der Freibetrag auf die Höhe des Gewerbeertrages.
Der abgerundete und ggf. um den Freibetrag geminderte Gewerbeertrag ist nun in einen Steuermeßbetrag zu verwandeln. Das geschieht durch die Anwendung der in § 11 Absätze 2 bis 4 GewStG genannten Steuermeßzahlen.

Die allgemeine Steuermeßzahl beträgt gem. § 11 Abs. 2 GewStG 5 % (Abweichungen vgl. § 11 Abs. 3 bis 5 GewStG).

Beispiel:

Ein einzelkaufmännischer Gewerbebetrieb erwirtschaftet einen Gewerbeertrag in Höhe von 280 712 DM. Die Abrundung auf volle 100 DM führt zu 280 700 DM. Hiervon ist der Freibetrag in Höhe von 36 000 DM abzuziehen, so daß 244 700 DM verbleiben. Die Anwendung der Steuermeßzahl von 5 % ergibt einen Steuermeßbetrag nach dem Gewerbeertrag in Höhe von 12 235 DM.

Für bestimmte Unternehmungen setzt § 11 Abs. 5 GewStG eine Freigrenze von 5000 DM fest.
Für Gewerbetriebe im sog. Beitrittsgebiet, also den fünf neuen Bundesländern, sind die Steuermeßzahlen von 1 % bis 5 % gestaffelt.
Die Gewerbesteuer ist eine Jahressteuer. Erhebungszeitraum ist das Kalenderjahr. Ein abgekürzter Erhebungszeitraum von weniger als zwölf Monaten wird zugrundegelegt, wenn die Gewerbesteuerpflicht nicht während eines ganzen Kalenderjahres bestanden hat (§ 14 Abs. 2 GewStG).

Literatur:

1. Die Kommentierungen zu §§ 11 und 14 GewStG.
2. Biber, Renate, Gewerbesteuer bei Umstellung des Wirtschaftsjahres, Betriebseröffnung und Betriebsschließung, BB 1981, 1388.

4 C 2 Berechnung der Gewerbeertragsteuer aus dem Meßbetrag

Die Höhe der Gewerbeertragsteuer ergibt sich durch Anwendung eines Hebesatzes (§ 16 GewStG) auf den Meßbetrag nach dem Gewerbeertrag. Hebesatz ist ein in Prozent ausgedrückter Vervielfältiger. Nur für den Fall, daß der Hebesatz 100 % beträgt, ist die Gewerbeertragsteuer mit dem Steuermeßbetrag nach dem Gewerbeertrag identisch. Gewöhnlich weichen die Hebesätze jedoch von 100 % ab.

Beispiel:

1) Steuermeßbetrag nach dem Gewerbeertrag = 5000 DM. Hebesatz 250 %.
Gewerbeertragsteuer 250 % von 5000 DM = 12 500 DM.

2) Steuermeßbetrag nach dem Gewerbeertrag = 2000 DM. Hebesatz 500 %.
Gewerbeertragsteuer 500 % von 2000 DM = 10 000 DM.

In der Bundesrepublik streuen die Hebesätze derzeit zwischen etwa 150 % und 650 %. Da Hebesätze um 400 % in relativ vielen Gemeinden anzutreffen sind, wird bei Belastungsrechnungen häufig dieser Hebesatz verwendet; er liegt allerdings um etwa 10 Punkte unter dem Durchschnitts-Hebesatz.

Literatur:

1. Die Kommentierungen zu § 16 GewStG.
2. Blohm, Karl, Zur Feststellung des Gewerbesteuer-Hebesatzes durch die Gemeinde, DB 1965, 1540. – Proebsting, Günter, Zur Festsetzung des Gewerbesteuer-Hebesatzes durch die Gemeinde, DB 1965, 1723. – Michels, Gerhard, Zur Hebesatz-Kompetenz nach Art. 105 Abs. 2 Nr. 3 GG, Kommunale Steuer-Zeitschrift 1966, 81.

4 C 3 Exkurs: Berechnung des Gewerbesteueraufwandes im Jahresabschluß

Die Gewerbeertragsteuer stellt – ebenso wie ihre „Schwester", die Gewerbekapitalsteuer – eine durch den Betrieb veranlaßte Aufwendung und damit Betriebsausgabe nach § 4 Abs. 4 EStG dar. Da kein Abzugsverbot besteht, ist die Gewerbeertragsteuer also bei der Gewinnermittlung als Betriebsausgabe abzugsfähig.

Nach den Grundsätzen ordnungsmäßiger Buchführung (§ 252 Abs. 1 Nr. 5 HGB) muß nun die Gewerbesteuer (wie alle Betriebssteuern) nicht etwa mit dem Betrag in die Gewinn- und Verlustrechnung eingebucht werden, der in dem betreffenden Jahr *gezahlt*, sondern mit dem Betrag, der durch diese Wirtschaftsperiode *verursacht* worden ist. So muß z. B. in den Jahresabschluß zum 31. 12. des Jahres I der Gewerbesteueraufwand in Höhe der für das Jahr I entstehenden Schuld und nicht in Höhe der mehr oder weniger zufällig im Jahr I geleisteten Zahlungen (Abschlußzahlungen und Vorauszahlungen) eingestellt werden. Da die Gewerbeertragsteuer für I sich aber aus dem Gewerbeertrag I errechnet, entsteht ein mathematisches Problem: Die aus dem Gewerbeertrag zu errechnende Gewerbeertragsteuer muß bereits bei ihrer eigenen Bemessungsgrundlage (nämlich als Betriebsausgabe bei der Ausgangsgröße: Gewerblicher Gewinn oder Verlust) berücksichtigt werden. Die Praxis nennt dieses Phänomen auch etwas unscharf „Abzugsfähigkeit der Gewerbeertragsteuer bei sich selbst".

Abschnitt 22 Abs. 2 EStR erlaubt die Berücksichtigung dieses Umstandes durch Anwendung der sogenannten 9/10-Rechnung.

> *Beispiel:*
>
> Im Jahresabschluß ist noch kein Aufwand für die Gewerbesteuer des laufenden Jahres berücksichtigt. Eine Gewerbekapitalsteuer fällt nicht an. Der Gewerbeertrag nach Freibetragskürzung vor Berücksichtigung dieses Aufwandes beläuft sich auf 100 000 DM. Beträgt nun der Hebesatz in der betreffenden Gemeinde 300 %, so würde sich ohne Berücksichtigung der Abzugsfähigkeit der Gewerbeertragsteuer eine Schuld errechnen in Höhe von 300 % von 5 % von 100 000 DM = 15 000 DM. Nach der in Abschnitt 22 Abs. 2 EStR beschriebenen Methode können 9/10 hiervon = 13 500 DM im Jahresabschluß als Gewerbeertragsteueraufwand eingesetzt werden.

Es ist unschwer zu erkennen, daß die 9/10-Methode im Beispiel nicht zu einem korrekten Ergebnis geführt hat. Denn nach Abzug des so berechneten Gewerbesteueraufwandes von 13 500 DM als Betriebsausgabe ergibt sich im betreffenden Jahr ein Gewerbeertrag nach Freibetragskürzung in Höhe von (100 000 – 13 500 =) 86 500 DM. 300 % von 5 % von 86 500 DM sind aber nicht 13 500 DM, sondern 12 975 DM.

Weil die 9/10-Methode nur bei einem Hebesatz von 222 % das richtige Resultat liefert, führt man gewöhnlich exaktere Berechnungen des Gewerbesteueraufwandes durch. Das Verfahren wird nachstehend beschrieben:

(1) Die Ausgangsgröße „Gewerblicher Gewinn (Verlust)" – jedoch vor Abzug des Gewerbeertragsteueraufwandes für das betreffende Jahr – wird mit G bezeichnet.

(2) Der Saldo der gewerbesteuerlichen Hinzurechnungen und Kürzungen (einschließlich eines etwaigen Verlustabzuges nach § 10a GewStG und des Freibetrages) wird mit D bezeichnet.

(3) Mit der Summe G + D ist der „vorläufige maßgebende Gewerbeertrag" (= Gewerbeertrag vor Abzug der Gewerbeertragsteuer) definiert. Zur Vereinfachung wird diese Summe mit V bezeichnet.

(4) Ist V null oder negativ, so ist auch der Gewerbeertragsteueraufwand null, es erübrigen sich weitere Rechnungen. Ist V positiv, so ist in der Rechnung fortzufahren.

(5) Der für das betreffende Wirtschaftsjahr gültige Hebesatz soll mit H bezeichnet werden. Verfügt der Betrieb über mehrere Betriebsstätten in mehreren Gemeinden, so ist der durchschnittliche Hebesatz festzustellen.

(6) Bei Gewerbebetrieben, für die die Steuermeßzahl 5 % beträgt, errechnet sich der gesuchte Gewerbeertragsteueraufwand des laufenden Jahres (E) unter Berücksichtigung

$$E = \frac{5}{100} \cdot \frac{H}{100} \quad (V - E)$$

Daraus folgt

$$E = \frac{5\,H}{10\,000} \; (V - E) \; = \; \frac{H}{2000} \quad (V - E) =$$

$$\frac{H}{2000}\, V - \quad \frac{H}{2000} \quad E$$

Die Umformung ergibt

$$E + \frac{H}{2000} \quad E = \quad \frac{H}{2000} \quad V$$

$$(2000 + H) \;\; E = H \cdot V$$

Schließlich folgt für E daraus

$$E = \frac{H}{2000 + H} V$$

Ersetzt man nun V wieder durch die Komponenten G und D, so latuet die allgemeine Formel für die Gewerbeertragsteuerberechnung

$$E = \frac{H}{2000 + H} (G + D)$$

der Tatsache, daß er die eigene Bemessungsgrundlage mindert, aus der Gleichung
Will man den Gewerbeertragsteueraufwand aus der Größe „Gewerbeertrag vor Gewerbeertragsteueraufwandsabzug" errechnen, so kann man den Steuersatz nicht unmittelbar aus Steuermeßzahl und Hebesatz entwickeln (z. B. 400 % von 5 % = 20 %). Der Multiplikator ist vielmehr durch Division des Hebesatzes (z. B. 400) in den um 2000 vermehrten Hebesatz (z. B. 2400) festzustellen. Da, wie erwähnt, 400 % ein besonders häufiger Hebesatz ist und der Multiplikator in diesem Fall = 0,16667 beträgt, trifft man verbreitet auf die Aussage, die Gewerbeertragsteuer betrage 16 2/3 % des vorläufigen Gewerbeertrages.

Literatur:

1. Die Literatur zu „Steuerbilanzen" (im Anhang).
2. Eggesiecker, Fritz, Die Neun-Zehntel-Methode und andere Methoden zur Ermittlung der Gewerbesteuerrückstellung unter besonderer Beachtung steuerbilanzpolitischer Ziele, FR 1969, 139. – Popp, Michael, Vorteile der Neun-Zehntel-Methode bei der Ermittlung der Gewerbesteuer-Rückstellung, DB 1975, 1616. – Pingel, Kai, Berechnung der Gewerbesteuer-Rückstellung bei Zerlegung gemäß § 28 Gewerbesteuergesetz auf mehr als zwei Gemeinden, DStR 1985, 658.

4 D Festsetzung und Zahlung der Gewerbesteuer

4 D 1 Die Veranlagung

Wie aus Tafel 5 hervorgeht, werden – der Vorschrift in § 14 Abs. 1 GewStG entsprechend – die getrennt ermittelten Steuermeßbeträge nach dem Gewerbeertrag und nach dem Gewerbekapital für jeden Erhebungszeitraum zu einem „einheitlichen Steuermeßbetrag" verschmolzen.

Beispiel:

Steuermeßbetrag nach dem Gewerbeertrag	10 000 DM
Steuermeßbetrag nach dem Gewerbekapital	2000 DM
Einheitlicher Steuermeßbetrag	12 000 DM

Die zum einheitlichen Steuermeßbetrag führenden Ermittlungen nimmt das für den Gewerbebetrieb zuständige Finanzamt auf Grund entsprechender Steuererklärungen gem. § 14a GewStG vor. Dieses Finanzamt setzt auch in einem Gewerbesteuer*meß*bescheid den einheitlichen Steuermeßbetrag fest (§ 184 AO). Ein solcher Bescheid enthält noch keine Steuerschuld und dementsprechend auch keine Angaben über die Zahlungsfrist usw. (vg. 18 D 3 im Vierten Buch).

Die Gewerbesteuer ist auch nicht an die Finanzkasse des Finanzamtes zu entrichten. Gläubiger der Gewerbesteuer sind vielmehr die Gemeinden, in denen sich die Betriebsstätten des Gewerbebetriebes befinden. Die Gemeindesteuerämter setzen die Gewerbesteuer im Gewerbe*steuer*bescheid fest. Dabei sind sie jedoch an die Feststellungen gebunden, die im Gewerbesteuermeßbescheid getroffen worden sind (§ 182 Abs. 1 AO) und die ihnen das Finanzamt mitgeteilt hat (§ 184 Abs. 3 AO). Die Höhe der Gewerbesteuer ergibt sich danach lediglich durch Anwendung des gemeindlichen Hebesatzes auf den Gewerbesteuermeßbetrag (vgl. 18 D 6 im Vierten Buch).

Beispiel:

Unterhält der Gewerbebetrieb nur eine einzige Betriebsstätte in einer einzigen Gemeinde oder liegen seine sämtlichen Betriebsstätten in einer Gemeinde und gilt in dieser Gemeinde ein Hebesatz von 200 %, so ergibt sich die Höhe der Gewerbesteuer nach Ertrag und Kapital aus einem einheitlichen Steuermeßbetrag von 12 000 DM mit 200 % hiervon = 24 000 DM.

Literatur:

1. Die Kommentierungen zu §§ 14 und 14a GewStG und zu §§ 175 und 184 AO.
2. Hartz, Zur Stellung der Gemeinden im Gewerbesteuerverfahren, DB 1962, 681. – Gericke, Werner, H. Die Hilfsfunktion des § 35b GewStG, FR 1964, 503. – Schmidt, JohannesWerner, Vorläufigkeit des Meßbescheids ohne Bindungswirkung für den Steuerbescheid, FR 1967, 521.

4 D 2 Die Zerlegung

Für den Fall, daß ein Gewerbebetrieb mehrere hebeberechtigte Gemeinden berührt, ist eine Aufteilung des einheitlichen Steuermeßbetrages notwendig, um jedem einzelnen Steuergläubiger einen Anteil der Bemessungsgrundlage zuzuweisen. Diesen Vorgang nennt das Gesetz „Zerlegung" (§§ 28 ff. GewStG).

Eine Zerlegung ist also vorzunehmen, wenn

- ein Betrieb in mehreren Gemeinden Betriebsstätten unterhält,
- ein Betrieb solche Betriebsstätten hat, die räumlich das Gebiet mehrerer Gemeinden berühren, oder
- eine Betriebsstätte innerhalb eines Erhebungszeitraums von einer Gemeinde in eine andere verlegt worden ist.

Zerlegungsmaßstab ist in den meisten Fällen das Verhältnis, in dem die Arbeitslöhne der einzelnen Betriebsstätten zueinander stehen; bei Wareneinzelhandelsunternehmen kommt hälftig das Verhältnis der in den Betriebsstätten erzielten Betriebseinnahmen und der Arbeitslöhne zur Anwendung. Hiervon abweichende Zerlegungsmaßstäbe enthalten §§ 30 (für mehrgemeindliche Betriebsstätten), 33 (in besonderen Fällen) und 35a Abs. 4 GewStG (für Reisegewerbebetriebe).

Auch die Zerlegung wird vom Finanzamt durchgeführt. Sie findet ihren Niederschlag in einem Zerlegungsbescheid. Die einzelnen hebeberechtigten Gemeinden erhalten in diesem Falle jeweils einen anteiligen einheitlichen Steuermeßbetrag (= Zerlegungsbetrag) zugewiesen und berechnen unter dessen Zugrundelegung die ihnen zustehende Gewerbesteuer durch Anwendung des Hebesatzes (vgl. 18 D 4 und 18 D 6 im Vierten Buch).

Beispiel:

Ein Gewerbebetrieb mit drei Betriebsstätten in den Gemeinden A, B und C wird zu einem einheitlichen Steuermeßbetrag von 180 000 DM veranlagt. Da es sich um einen Industriebetrieb handelt, ist dieser Steuermeßbetrag nach dem Verhältnis der Arbeitslöhne zu zerlegen.

Gemeinde	Summe der Arbeitslöhne	Zerlegungsanteile am einheitlichen Steuermeßbetrag	Hebesatz	Gewerbesteuer
	DM	DM		DM
A	1 000 000	30 000	300 %	90 000
B	2 000 000	60 000	240 %	144 000
C	3 000 000	90 000	250 %	225 000
	6 000 000	180 000		459 000

Ein Gewerbebetrieb mit Betriebsstätten in mehreren Gemeinden, die unterschiedliche Hebesätze haben, darf bei den Berechnungen für den Gewerbeertragsteueraufwand (4 C 3) nicht mit einem einheitlichen Hebesatz arbeiten, sondern muß einen durchschnittlichen Hebesatz zugrunde legen. Dieser kann nicht durch einfache Durchschnittsrechnung – im Beispiel (300 + 240 + 250) : 3 = 263 % – gefunden werden; es ist vielmehr unter Zuhilfenahme des Zerlegungsmaßstabes „Arbeitslöhne" das gewichtete arithmetische Mittel zu bilden.

Beispiel:

Für das obige Beispiel ergäbe sich ein durchschnittlicher Hebesatz von 255 % aus der Rechnung (1 x 300 + 2 x 240 + 3 x 250) : (1 + 2 +3).

Literatur:

1. Die Kommentierungen zu §§ 28 bis 34 GewStG.
2. Die zu 4 A 2 angeführte Literatur.
3. Moezer, Hansjoachim, Die Zerlegung des einheitlichen Gewerbesteuermeßbetrages, BB 1959, 952. – Hoven, Josef, Gewerbesteuerzerlegung bei mehrgemeindlichen Betriebsstätten, Deutsche Gemeindesteuer-Zeitung 1961, 68. – Koss, Werner, Der § 33 GewStG – Zerlegung in besonderen Fällen – in der Rechtsprechung des RFH und BFH, Deutsche Gemeindesteuer-Zeitung 1962, 181. – Gruß, H., Die Zerlegung bei der Gewerbesteuer, Herne/Berlin. – Leibrecht, Dieter, Zur Zerlegung nach § 33 GewStG, StuW 1967, Sp. 215. – Stolz, Walter, Berechnung der Gewerbesteuer-Rückstellung bei Zerlegung im Sinne des § 28 des Gewerbesteuergesetzes, BB 1985, 264. – Seitrich, Peter, Die Änderung der Zerlegung des einheitlichen GewSt-Meßbetrages, DStZ 1985, 401.

4 D 3 Vorauszahlungen und Abschlußzahlung

Die Gewerbesteuer nach Ertrag und Kapital wird zwar erst nach Ablauf des Erhebungszeitraums festgesetzt. Nach § 19 Abs. 1 GewStG sind jedoch vierteljährliche Vorauszahlungen zu entrichten, deren Höhe sich grundsätzlich (§ 19 Abs. 2 GewStG) nach der Steuerhöhe der letzten Veranlagung richtet.

Die Vorauszahlungen werden auf die endgültige Steuerschuld des Erhebungszeitraums angerechnet (§ 20 Abs. 1 GewStG). Verbleibt danach noch ein Rest, so ist er als Abschlußzahlung zu entrichten; übersteigen dagegen die Vorauszahlungen die Steuerschuld, so muß die betreffende Gemeinde den Differenzbetrag erstatten (§ 20 Abs. 2 und 3 GewStG).

Literatur:

1. Die Kommentierungen zu §§ 19 und 20 GewStG.
2. Langel, Horst, Herabsetzung von Gewerbesteuer-Vorauszahlungen während des laufenden Erhebungszeitraums für bereits verstrichene Vorauszahlungstermine, DB 1987, 196.

5 Die ertragsteuerliche Organschaft

5 A Überblick

5 A 1 Der Sachverhalt „Organschaft“

Die gegenwärtige Rechtsordnung verleiht juristischen Personen ein bestimmtes Maß von Rechtsfähigkeit. So können insbesondere Kapitalgesellschaften (Aktiengesellschaften, Gesellschaften mbH usw.) im Wirtschaftsleben so auftreten wie natürliche Personen (Einzelkaufleute). Kapitalgesellschaften können einen Gewerbebetrieb unterhalten, diesem Vermögen widmen und daraus Erfolge erzielen. Im Gegensatz zur Personengesellschaft (Mitunternehmergemeinschaft; vgl. 2 G 2) wird durchgängig eine Kapitalgesellschaft auch steuerlich als ein eigenes, von den Gesellschaftern unabhängiges Rechts- und Steuerrechtssubjekt betrachtet. Aus dieser Betrachtung allein erklärt sich ja auch das Vorhandensein einer Körperschaftsteuer (vgl. 3 A).

In der Realität trifft man aber häufig Fälle an, in denen eine rechtlich (formell) selbständige Kapitalgesellschaft sich als wirtschaftlich (tatsächlich) unselbständig erweist und nicht anders als eine Betriebsabteilung wirkt.

Beispiel:

Der Kaufmann OT produziert in seinem Einzelgewerbebetrieb Damenoberbekleidung für gehobene Ansprüche und einfache Arbeitskleidung. Er kann es sich aus absatzpolitischen Gründen nicht gestatten, den Vertrieb der Arbeitskleidung unter seinem – für wertvolle Damenoberbekleidung bekannten – Firmennamen OT durchzuführen. Davon abgesehen unterscheiden sich die Absatzmethoden und der Kundenkreis. – Deshalb gründet OT die O-GmbH, die ausschließlich den Verkauf der von OT fabrizierten Arbeitskleidung durchführt und deren Geschäftsanteile zum Betriebsvermögen seines Einzelbetriebs gehören. Er setzt zum Geschäftsführer der O-GmbH einen seiner Prokuristen ein; dieser muß jedoch in allen Angelegenheiten der GmbH, die außerhalb der alltäglichen Routine liegen, die Weisungen von OT einholen und befolgen. Die O-GmbH ist zwar offensichtlich kraft Eintragung im Handelsregister als juristische Person rechtlich selbständig; ebenso offensichtlich ist aber ihre innere (wirtschaftliche) Unselbständigkeit, ihre Abhängigkeit von OT.

Findet man im Wirtschaftsleben eine wirtschaftlich einheitliche Unternehmung (Verbundunternehmung) vor, deren einzelne Glieder, weil in der Rechtsform von Kapitalgesellschaften geführt, rechtliche Selbständigkeit aufweisen, obwohl sie nur Betriebsteile des Gesamtunternehmens sind, so bezeichnet man diesen Sachverhalt als „Organschaft“. Der Ausdruck hat sich im Bereich des Steuerrechts entwickelt, der damit beschriebene Sachverhalt ist aber auch dem allgemeinen Wirtschaftsrecht nicht fremd. So beschreibt das AktG in seinem Dritten Buch sowohl Verträge, durch die eine AG „die Leitung ihrer Gesellschaft einem anderen Unternehmen unterstellt (Beherrschungsvertrag)“ als auch die Institution der „Eingliederung“ und gibt in beiden Fällen dem herrschenden Unternehmen das Recht, dem Vorstand der beherrschten Gesellschaft hinsichtlich der Leitung der Gesellschaft Weisungen zu erteilen, deren Befolgung nicht verweigert werden darf (vgl. §§ 308, 323 AktG).

Der Sachverhalt der Organschaft ist, betrachtet man ihn von der Kapitalgesellschaft aus, dadurch gekennzeichnet, daß diese in einem Unterordnungsverhältnis zu einer anderen Unternehmung steht, in diese übergeordnete Unternehmung also eingeordnet (eingegliedert) ist.

5 A 2 Die unterschiedliche Würdigung des Organschaftssachverhalts im Steuerrecht

Der in 5 A 1 grob skizzierte Zustand der Organschaft wird in manchen Teilen des Steuerrechts völlig unbeachtet gelassen; so stellt es z. B. das Vermögensteuerrecht allein auf die rechtliche Selbständigkeit ab und behandelt die im Beispiel geschilderte O-GmbH wie jede andere (nicht nur rechtlich, sondern auch wirtschaftlich selbständige) Kapitalgesellschaft (vgl. 12 K 5).

Andere Teile des Steuerrechts ziehen aus dem Organschaftssachverhalt ganz strenge Konsequenzen; so wird eine wirtschaftlich unselbständige Kapitalgesellschaft im Umsatzsteuerrecht nicht als Unternehmer und damit nicht als Träger steuerbarer Umsätze angesehen (§ 2 Abs. 2 Nr. 2 Satz 1 UStG); in unserem Beispielsfall würde das Unternehmen des Unternehmers OT auch die Leistungen der O-GmbH einschließen (vgl. 10 B 5).

Wieder andere Teile des Steuerrechts berücksichtigen den Umstand der Unselbständigkeit derart, daß – ggf. bei Vorliegen weiterer bestimmter Voraussetzungen – die Besteuerungsregeln, die für selbständige Rechtspersonen gelten, nur modifiziert angewendet werden; zu diesen Teilen gehören die Einkommensteuer, die Körperschaftsteuer und die Gewerbesteuer.

Der Überblick zeigt, daß keine einheitliche steuerliche Organtheorie existiert und daß auch im Ertragsteuerbereich – auf den sich die nachfolgenden Ausführungen beschränken – nicht die wirtschaftlich „natürlich" erscheinende Konsequenz gezogen wird, den Gesamtkomplex der verbundenen Unternehmensteile als eine steuerliche Einheit zu behandeln (wie dies der sogenannten „Einheitstheorie" entsprechen würde). Der Organschaftssachverhalt wird sogar für die Gewerbesteuer einerseits, die Einkommensteuer/Körperschaftsteuer andererseits unterschiedlich gewürdigt.

5 A 3 Der Organkreis

Da Organschaftsverhältnisse wenigstens zwei rechtlich getrennte Gebilde, nämlich ein übergeordnetes Unternehmen und eine untergeordnete Kapitalgesellschaft, voraussetzen, bietet sich für die Gesamtheit der einbezogenen Gebilde, bei denen der Organschaftssachverhalt vorliegt, die Bezeichung „Organkreis" an. In diesem Organkreis wird das übergeordnete (beherrschende) Unternehmen „Organträger", die untergeordnete (beherrschte) Kapitalgesellschaft „Organgesellschaft" oder auch kurz „Organ" genannt.

Nach den ertragsteuerlichen Regelungen kann *Organträger* jedes inländische gewerbliche Unternehmen sein (Einzelkaufmann, Personengesellschaft, Kapitalgesellschaft), *Organgesellschaft* dagegen nur eine inländische Kapitalgesellschaft (AG, GmbH usw.) Die Organgesellschaft ist gegenüber dem Organträger (dem eigentlichen Unternehmer) wirtschaftlich unselbständig; ihre rechtliche Selbständigkeit wird durch das Organverhältnis aber nicht beeinträchtigt.

Ein Organkreis entsteht also bei Vorliegen eines Organschaftsverhältnisses. Dieses Verhältnis ist wiederum durch die Eingliederung der Organgesellschaft in das beherrschende Unternehmen charakterisiert.

5 A 4 Die Eingliederung

Um den Begriff der Eingliederung praktikabel und justitiabel zu machen, wird er in der Vorschrift des § 14 Nrn. 1 und 2 KStG (auf die § 2 Abs. 2 Satz 2 GewStG Bezug nimmt) aus der Sicht der untergeordneten (Organ-)Gesellschaft beschrieben. Diese muß nach dem Gesamtbild der tatsächlichen Verhältnisse finanziell, wirtschaftlich und organisatorisch in das Unternehmen des Organträgers eingegliedert sein.

Eine *finanzielle Eingliederung* wird dann angenommen, wenn die Mehrheit der Stimmrechte aus den Anteilen an der Organgesellschaft dem Organträger unmittelbar oder (über eine Mehrheitsbeteiligung) mittelbar zusteht; unmittelbare und mittelbare Beteiligungen werden aber nicht zusammengerechnet.

Eine organisatorische Eingliederung ist, ohne daß es näherer Prüfungen bedürfte, stets anzunehmen, wenn die Organgesellschaft durch einen Beherrschungsvertrag im Sinne des § 291 Abs. 1 AktG die Leitung ihres Unternehmens dem Unternehmen des Organträgers unterstellt hat oder wenn es sich bei ihr um eine nach den Vorschriften der §§ 319 bis 327 AktG eingegliederte Gesellschaft handelt. (Hier ist darauf aufmerksam zu machen, daß Eingliederung im Sinne der steuerlichen Organschaftslehre etwas anderes als Eingliederung im Sinne des § 319 AktG besagt; im folgenden wird deshalb die letztgenannte Institution immer als „aktienrechtliche Eingliederung“ bezeichnet werden.) – Fehlt es an einem Beherrschungsvertrag oder dem Vorliegen aktienrechtlicher Eingliederung, so muß die organisatorische Eingliederung durch Sachverhaltswürdigung festgestellt werden. Sie ist in solchen Fällen immer anzunehmen, wenn Verträge und/oder faktische Maßnahmen sicherstellen, daß der Organträger seinen Willen im beherrschten Unternehmen durchsetzt und eine von seinem Willen abweichende Willensbildung bei der Organgesellschaft ausgeschlossen ist. Leitung und Überwachung der Geschäftstätigkeit der Organgesellschaft dürfen also nicht allein in jener relativ losen Form organisiert sein, durch die die Gesellschafter einer Kapitalgesellschaft üblicherweise (d. h. über Gesellschafterversammlung oder Aufsichtsrat) auf den Geschäftsbetrieb ihrer Unternehmung Einfluß nehmen; der Organträger muß vielmehr unmittelbar auf die unternehmerische Leitung der Organgesellschaft einwirken. Organisatorische Eingliederung zeigt sich besonders häufig in Maßnahmen auf dem Personalsektor (z. B. darin, daß die Leitungsgremien der Organgesellschaft mit Angestellten des Organträgers besetzt sind oder daß der Organträger unmittelbar die leitenden Personen für die Organgesellschaft auswählt und bestellt). Sie zeigt sich auch in der Gesamtheit von Regeln und Maßnahmen, durch die der Organträger sich eine feste Entscheidungsgewalt in allen Fragen der Unternehmungspolitik verschafft, indem er entweder die Kompetenz zu solchen Entschlüssen ganz für sich beansprucht oder aber deren Wirksamkeit von seiner Zustimmung abhängig macht; das gilt insbesondere für alle nicht routinemäßigen Geschäfte, z. B. im Beschaffungs-, Investitions-, Werbe- und Absatz-Bereich, sowie für Entscheidungen in Bilanzierungs-, Kalkulations-, Rechts- und Steuerfragen.

Das am schwierigsten bestimmbare Merkmal ist das der *wirtschaftlichen Eingliederung*. Die Rechtsprechung will einen betriebswirtschaftlichen Zusammenhang zwischen Organträger und Organgesellschaft nachgewiesen sehen, dessen qualitative Bestimmung aber in vielen Fällen unklar bleibt. – Unzweifelhaft liegt wirtschaftliche Eingliederung bei Gegebenheiten vor, wie sie das Beispiel in 5 A 1 beschreibt: Die Organgesellschaft fungiert als Verkaufsgesellschaft für den Organträger. Auch in ähnlichen Fällen (Organgesellschaft produziert nur für den Organträger; Organgesellschaft arbeitet als rechtlich ausgegliederte Forschungsabteilung des Organträgers) ergeben sich keine Zweifel hinsichtlich der Erfüllung dieses Merkmals. – Zweifelhaft wird die wirtschaftliche Eingliederung besonders in den Fällen der sogenannten Holding-Gesellschaft. Verwaltet eine solche Gesellschaft nur die Anteile einer oder mehrerer Tochter-Kapitalgesellschaften, ohne selbst am allgemeinen wirtschaftlichen Verkehr teilzunehmen, so fehlt es nach Ansicht der Rechtsprechung für die Annahme einer Organschaft an dem Merkmal der wirtschaftlichen Eingliederung. Die sogenannte geschäftsleitende Holding, die in einer durch äußere Merkmale erkennbaren Form die einheitliche Leitung über mehrere abhängige Kapitalgesellschaften ausübt, wird dagegen als fähig angesehen, ihre Organgesellschaften wirtschaftlich einzugliedern.

Das Bestehen einer wirtschaftlichen und organisatorischen Eingliederung muß aber nach dem *Gesamtbild* der tatsächlichen Verhältnisse beurteilt werden. Man findet in der Praxis einerseits Organgesellschaften, deren Entscheidungsbereich große Freiheitsbezirke (etwa in der Investitions- oder Absatzpolitik) aufweist, die aber finanziell zu 100 % eingegliedert sind und hinsichtlich ihres Produktionsprogramms ganz vom Organträger abhängen, andererseits solche Organgesellschaften, deren Geschäftsleitungen selbst in unwichtigen Entscheidungen vom Organträger abhängig sind, obwohl sie kein verwandtes Produktionsprogramm haben und auch den Absatzmarkt selbständig beliefern.

Es kommt schließlich, um eine Eingliederung anzunehmen, allein auf die *tatsächlichen* Gegebenheiten und nicht auf das an, was in etwaigen Verträgen oder sonstigen Deklarationen abweichend von der Wirklichkeit niedergelegt ist.

5 A 5 Ausgedehnte Organkreise

a) Mehrere Organgesellschaften

Ein Organträger kann sich mehrere Organgesellschaften an- und eingegliedert haben; diese bilden untereinander Organ-Schwestergesellschaften.

Eine Organgesellschaft (Tochtergesellschaft des Organträgers) kann auch ihrerseits wieder Organträger einer anderen Organgesellschaft (ihrer Tochtergesellschaft, die im Verhältnis zum Haupt-Organträger Enkelgesellschaft ist) sein.

Da die mittelbare finanzielle Eingliederung (über eine Mehrheitsbeteiligung) ausreicht, kann auch ein direktes Organverhältnis zwischen Enkel-(Organ-)Gesellschaft und Organträger bestehen.

b) Mehrere Organträger

Die Eingliederung einer Organgesellschaft in *mehrere* Organträger ist nicht möglich. Eine Kapitalgesellschaft kann unmittelbar immer nur Organ *eines* Organträger-Unternehmens sein. Rechtsprechung und Verwaltungsübung lassen jedoch die sog. „Mehrmütter-Organschaft“ dann zu, wenn sich die mehreren an einer Kapitalgesellschaft beteiligten Unternehmen wenigstens im Innenverhältnis zu einer Gesellschaft bürgerlichen Rechts(BGB-Gesellschaft) zusammenschließen, mit deren Hilfe sie einen einheitlichen Willen formulieren und gegenüber der Organgesellschaft durchsetzen (organisatorische Eingliederung). Befindet sich nun die Mehrheit der Anteilsstimmrechte der Organgesellschaft in den Händen der in der Innengesellschaft zusammengeschlossenen Organträger-Unternehmen (finanzielle Eingliederung) und könnte die Organggesellschaft in jedes der beherrschenden Unternehmen nach Art einer Geschäftsabteilung eingeordnet werden (wirtschaftliche Eingliederung), so ist die betreffende Kapitalgesellschaft als nichtselbständig und damit als „Organ“ anzusehen.

Zu einer solchen, in einer BGB-Gesellschaft konzentrierten Gruppierung können auch mehrere Organgesellschaften gehören.

Beispiele:

1) Eine kunststofferzeugende Unternehmung der chemischen Industrie und ein Röhrenwerk gründen mit je 50 %iger Beteiligung eine Kapitalgesellschaft, die Kunststoffröhren herstellt, und sorgen durch entsprechende Absprachen (Innengesellschaft) dafür, daß die Kunststoffröhren-Tochter nur nach den (vereinigten) Weisungen der beiden Mütter verfährt.

2) Zwölf Mineralöl-Importfirmen gründen eine Pipeline-GmbH und schließen sich zur gemeinsamen Willensbildung in einer Gesellschaft bürgerlichen Rechts (Innengesellschaft) zusammen.

Literatur zum Teil 5 A:

1. Die Kommentierungen zu § 14 KStG.
2. Die Abschnitte 48 bis 54 KStR.
3. Brezing, Klaus, Die Mehrmütterorganschaft, StBp 1971, 49. – v. Wallis, Beginn und Ende der Wirksamkeit steuerlicher Organschaft, AG 1971, 83. – Reuter Hans-Peter, Die Besteuerung der verbundenen Unternehmen, München. – Dornfeld, Robert Ernst/Telkamp, Heinz-Jürgen, Konzernunternehmen und Organschaftsvoraussetzungen – Zur wirtschaftlichen Eingliederung und zu den Anforderungen an den Organträger bei Holdinggesellschaften und Betriebsaufspaltung, StuW 1971, 67. – Rose, Gerd, Ausgewählte Probleme der Besteuerung von Kapitalgesellschaften und Konzernen, StbJb 1971/72, 183. – Haase, Klaus Dittmar, Zur finanziellen Eingliederung mittels indirekter Beteiligung bei körperschaftsteuerlicher Organschaft, DB 1972, 1249, 1307. – Voss, Bernd W., Zur Einheitsbesteuerung verbundener Unternehmen aus betriebswirtschaftlicher Sicht. AG 1973, 326. – Reuter, Hans-Peter, Zur Besteuerung verbundener Unternehmen, StbJb 1973/74, 326. – Conrad, Hans-Georg, Finanzielle Eingliederung als Problem bei Organschaften zu Personengesellschaften, DB 1974, 60. – Schmidt, Ludwig/Steppert, Helmut, Die Organschaft im Körperschaftsteuer-, Gewerbesteuer- und Umsatzsteuerrecht, Herne/Berlin. – Niemann, Otto, Die Organschaft zu einer Personengesellschaft und die Organschaft zu mehreren Unternehmen im Einkommen, Körperschaft- und Gewerbesteuerrecht, Köln. – Stender, Volker, Die wirtschaftlichen Grundlagen der ertragsteuerlichen Organschaft, Passau. – Kreuzer, Rainer, Die Mehrmütterorganschaft. Insbesondere gewerbesteuerliche Gestaltungsmöglichkeiten bei Darlehnsgewährungen an die Organgesellschaft, FR 1981, 398. – Reuter, Hans-Peter. Die heutige Bedeutung der steuerlichen Organschaft, DStR 1982, 155. – Harms, Jens E./Küting, Karlheinz, Perspektiven der Konzernbesteuerung, Einheitsbesteuerung versus Einzelbesteuerung, BB 1082, 445. – Keller, Manfred, Zu den Auswirkungen eines Konkurses auf die Organschaft bei der Körperschaftsteuer, Gewerbesteuer und Umsatzsteuer, BB 1983, Beilage 4. – Klose, Andreas, Zur mittelbaren Beteiligung bei der Mehrmütterorganschaft, BB 1985, 1847.

5 B Die gewerbesteuerliche Organschaft

5 B 1 Voraussetzungen der gewerbesteuerlichen Organschaft

Steuergegenstand der Gewerbesteuer ist nach § 2 Abs. 1 GewStG jeder im Inland betriebene stehende Gewerbebetrieb (vgl. 4 A 1). Nach § 2 Abs. 2 GewStG gilt als Gewerbebetrieb „stets und in vollem Umfang" die Tätigkeit der Kapitalgesellschaften, der Erwerbs- und Wirtschaftsgenossenschaften und der Versicherungsvereine auf Gegenseitigkeit. Von dieser Regel gibt es jedoch die wichtige Ausnahme der Organschaft (§ 2 Abs. 2 Sätze 2 und 3 GewStG): Ist eine Kapitalgesellschaft in der durch § 14 Nrn. 1 und 2 KStG beschriebenen Weise in ein anderes inländisches Unternehmen oder die inländische Zweigniederlassung eines ausländischen Unternehmens eingegliedert, so wird ihre Tätigkeit nicht als selbständiger Gewerbebetrieb angesehen.

Danach ist die gewerbesteuerliche Organschaft (d. h. die Gesamtheit der Regelungen, die für den Bereich des Gewerbesteuerrechts bei Vorliegen der wirtschaftlichen Unselbständigkeit einer Kapitalgesellschaft anzuwenden sind) allein an die Voraussetzung des tatbestandlichen Vorliegens der Eingliederung (5 A 4) gebunden. Irgendwelche Verträge zwischen Organträger und Organgesellschaft sind nicht erforderlich.

5 B 2 Konsequenz: Betriebsstättenfiktion

Nach § 2 Abs. 2 Satz 2 GewStG *gilt* eine Organgesellschaft als Betriebsstätte des Organträgers. Die Betriebsstätteneigenschaft wird also fingiert, nicht aber tatsächlich hergestellt. Da das Gesetz aus der wirtschaftlichen Unselbständigkeit der Organgesellschaft nur die Anweisung herleitet, so zu tun, als sei die Organgesellschaft eine Betriebsstätte, bleibt die rechtliche Selbständigkeit des Organs grundsätzlich beachtlich. Das Gewerbesteuerrecht stellt zwischen Organträger und Organgesellschaft *keine steuerliche Einheit* her (wie sie etwa zwischen Zentrale und Filiale eines auch rechtlich vereinigten Unternehmens besteht).

Die Folgerungen aus der Betriebsstättenfiktion sind andere als bei Annahme einer steuerlichen Einheit. Denn die Annahme einer steuerlichen Einheit würde dazu führen, daß alle Lieferungen und Leistungen, die zwischen Organträger und Organgesellschaft vorgenommen werden, ohne Rücksicht auf die Inrechnungstellung und ohne Rücksicht auf die juristische Selbständigkeit der Unternehmensteile steuerlich so abzurechnen wären, wie Filiale und Zentrale miteinander abrechnen, d. h. ohne Gewinne zu realisieren (Einheits- oder Filialtheorie). Nach der Betriebsstättenfiktion kommt aber eine einheitliche Ermittlung des Erfolges von Organträger und Organgesellschaft nicht in Betracht. Die Gewerbeerträge für den Organträger und für die Organgesellschaft(en) sind vielmehr getrennt zu ermitteln; aus Lieferungen im Organkreis resultierende Gewinne sind nicht zu eliminieren.

Aufgrund der Eingliederung und infolge der daraus abgeleiteten Betriebsstättenfiktion kann die Organgesellschaft aber subjektiv nicht gewerbesteuerpflichtig sein. Gewerbeertrag und Gewerbekapital der Organgesellschaft gehören vielmehr zum Gewerbeertrag und Gewerbekapital des Organträgers. Nur der Organträger ist für den Steuergegenstand

Gewerbebetrieb, bestehend aus Organträger und Organgesellschaft(en), Steuerschuldner nach § 5 GewStG.

Weil keine gewerbesteuerliche Einheit angenommen wird, können Organträger und Organgesellschaft(en) auch voneinander abweichende Wirtschaftsjahre haben

5 B 3 Feststellung der Besteuerungsgrundlagen und Veranlagung zur Gewerbesteuer

Die getrennt ermittelten Gewerbeerträge und Gewerbekapitalien von Organträger und Organgesellschaft werden zusammengerechnet. Jedoch sollen nach Abschnitt 42 Abs. 1 GewStR zur Vermeidung doppelter steuerlicher Belastungen alle Hinzurechnungen nach § 8 GewStG unterbleiben, soweit die dort genannten Beträge bereits in einem der zusammenzurechnenden Gewerbeerträge enthalten sind.

Beispiel:

	Organträger OT	Organgesellschaft O
	DM	DM
Ausgangsgröße	500 000	220 000
+ 50 % der Dauerschuldzinsen		
a) für Kredit K-Bank an OT	30 000	–
b) für Hypothekenkredit H an O	–	56 000
c) für Dauerschuld OT an O	–	10 000*
+ nichtabzugsfähige Spenden	2 000	–
–Grundbesitzabzüge	14 000	9 000
	518 000	277 000
Zusammenrechnung wegen Organschaft	277 000	←
Zusammengerechneter Gewerbeertrag	795 000	
– Doppelerfassung	10 000*	
Gewerbeertrag Organkreis (OT mit O)	785 000	

*Die hälftigen Dauerschuldzinsen in Höhe von 10 000 DM, die das Ergebnis der 0 gemindert haben und bei ihr nach § 8 Nr. 1 GewStG hinzugerechnet werden mußten, sind in der Zeile „Doppelerfassung“ wieder eliminiert worden, weil sonst der gleiche Betrag zweimal im Gewerbeertrag des Organkreises enthalten wäre; denn dem Aufwand von 10 000 DM beim Kreditnehmer 0 entspricht ein Ertrag von 10 000 DM beim Kreditgeber OT. (Das gleiche Ergebnis erzielt man natürlich bei Außeransatzlassung der Zurechnung bei O.)

In gleicher Weise wird bei der Berechnung des Gewerbekapitals verfahren (vgl. Teil 15 B)

Aus den zusammengerechneten und um Doppelerfassungen bereinigten Gewerbeerträgen und Gewerbekapitalien ergeben sich durch Anwendung der Steuermeßzahlen die Steuermeßbeträge und der einheitliche Steuermeßbetrag. Diesen stellt das Finanzamt des Organträgers im Gewerbesteuermeßbescheid fest, der nur an den gewerblichen Unternehmer im Sinne des § 5 Abs. 1 GewStG ergeht; das ist der Organträger. Alsdann findet, falls erforderlich, eine Zerlegung (4 D 2) statt und schließen sich die Gewerbesteuerveranlagungen der Gemeinden an (4 D 1).

Beispiel:

Die GmbH 0 mit Sitz und Betriebsstätte in München ist Organgesellschaft des Einzelkaufmanns OT, der seine Zentrale in Köln und eine Filiale in Hamburg hat. OT gibt eine Gewerbesteuererklärung für diesen ganzen Bereich ab und beantwortet die darin gestellte Frage, welche Betriebsstätten er unterhält, mit der Angabe: drei (in Köln, in Hamburg und in München), von denen eine (in München) als O-GmbH firmiert. – Das Finanzamt Köln erteilt ihm einen Gewerbesteuermeßbescheid und einen Zerlegungsbescheid. Daraufhin veranlagen die Gemeinden Köln, Hamburg und München den Einzelkaufmann OT aufgrund der ihnen zugeteilten Zerlegungsanteile zur Gewerbesteuer unter Anwendung der Hebesätze, die jeweils in ihren Gemeinden gültig sind. – Ungeachtet ihrer rechtlichen Selbständigkeit erhält die O-GmbH keinen Gewerbesteuerbescheid von München; sie existiert gewerbesteuerlich nur als Betriebsstätte des OT.

5 B 4 Mehrheit von Organträgern

Im Fall der Mehrmütter-Organschaft (5 A 5) ist gewerbesteuerlich nur *ein* Unternehmer vorhanden, nämlich die Gesellschaft bürgerlichen Rechts, zu der sich die mehreren beherrschenden Unternehmen im Innenverhältnis zusammengeschlossen haben. Die Zahl der gewerbesteuerlichen Betriebsstätten hängt von der Zahl der Organgesellschaften (und deren tatsächlichen Betriebsstätten) ab.

Beispiele:

1) Die T-GmbH hat eine einzige Betriebsstätte in Köln. Sie ist Organgesellschaft ihrer „Mütter" M_1 und M_2. Die aus M_1 und M_2 gebildete Gesellschaft bürgerlichen Rechts hat dann als Unternehmen nur eine Betriebsstätte (in Köln).

2) Eine Gesellschaft bürgerlichen Rechts, zu der sich die Unternehmen M_3 und M_4 zusammengeschlossen haben, kontrolliert und beherrscht die T_1-AG, die T_2-GmbH und die T_3-GmbH. T_1 hat Betriebsstätten in den Orten A, B und C, T_2 nur eine einzige Betriebsstätte in D, T_3 Betriebsstätten in A, E und F. – Bei diesen Gegebenheiten muß die Organträger-BGB-Gesellschaft Gewerbesteuer an sechs Betriebsstättengemeinden (A, B, C, D, E und F) entrichten; in der Gemeinde A liegen zwei Betriebsstätten, die rechtlich verschiedenen Unternehmungen, gewerbesteuerlich aber nur einem (!) Unternehmer zugehören.

Schließlich ist noch zu beachten, daß zur Vermeidung einer doppelten Erfassung steuerlicher Erfolge (einmal bei der Innengesellschaft, ein zweites Mal bei den Gesellschaftern der Innengesellschaft) die Vorschriften in § 9 Nr. 2 GewStG (für Gewinne) und § 8 Nr. 8 GewStG (für Verluste) bei der Berechnung des Gewerbeertrages der Mitglieder der Gesellschaft bürgerlichen Rechts (d. h. der beherrschenden Unternehmen) anzuwenden sind, obwohl es sich bei diesen nicht um Erfolgsanteile aus Mitunternehmergemeinschaften (4 B 7), sondern um Erträge aus der Beteiligung an einer oder mehreren (Organ-) Kapitalgesellschaften handelt.

5 B 5 Exkurs: Gewerbesteuerersparnisse durch Organschaft?

Die Tatsache, daß bei der Zusammenrechnung der Gewerbeerträge Doppelerfassungen auszuschalten sind (vgl. 5 B 3), gibt gelegentlich zu der Annahme Veranlassung, das Bestehen einer gewerbesteuerlichen Organschaft führe „regelmäßig" oder „meist" zu steuerlichen Ersparnissen. Eine derartige generelle Aussage trifft jedoch nicht zu. Je nach den Zerlegungs- und Hebesatz-Verhältnissen kann es bei Bestehen der Organschaft sogar zu Mehrbelastungen kommen.

Beispiel:

Der Organträger hat eine einzige Betriebsstätte in einer Gemeinde, die einen Hebesatz von 350 % zugrunde legt. Seine einzige Organgesellschaft liegt in einer Gemeinde, deren Hebesatz nur 200 % beträgt. Der Gesamtmeßbetrag des Organkreises beträgt 20 000 DM; davon entfallen 11 000 DM auf den Organträger und 9000 DM auf das Organ. Das nach den Lohnsummen berechnete Zerlegungsverhältnis beläuft sich auf 80 % (für die Organträgergemeinde) zu 20 % (für die Organgemeinde).

Würde zwischen den beiden Unternehmen kein Organschaftsverhältnis bestehen, so wäre die Gewerbesteuer insgesamt zu veranlagen mit

Organträger:	350 % von 11 000 DM	38 500 DM
Organ:	200 % von 9 000 DM	18 000 DM
Gesamte Gewerbesteuer		56 500 DM

Tatsächlich aber ist der Organkreis in der Person des Organträgers zur Gewerbesteuer zu veranlagen mit

350 % von 16 000 DM (= 80 % von 20 000 DM)	56 000 DM
200 % von 4000 DM (= 20 % von 20 000 DM)	8 000 DM
Gesamte Gewerbesteuer	64 000 DM

Die Organschaft führt hier also zu einer Mehrbelastung in Höhe von (64 000 – 56 500 =) 7500 DM.

Literatur zum Teil 5 B:

1. Die Kommentierungen zu § 2 GewStG.
2. Die Abschnitte 17 und 42 GewStR.
3. Flume, Werner, Die Organschaft im Gewerbesteuerrecht, DB 1955, 485. – Wilser, Otto, Zur gewerbesteuerlichen Rechtsfähigkeit von Organgesellschaften, BB 1960, 659. – Wündisch, Fritz, Zur gewerbesteuerlichen Organschaft, FR 1961, 2. – Rose, Gerd, Die Konzern-Steuerumlagen in Organkreisen, DB 1965, 261. – Schwendler, Pitt, Innerkonzernliche Gewinnverwirklichung bei gewerbesteuerlicher Organschaft?, FR 1965, 508. – Henze, Max, Innerkonzernliche Gewinnrealisierung bei der Gewerbesteuer, DStZ (A) 1966, 232. – Schwendler, Pitt, Die gewerbesteuerliche Behandlung innerkonzernlicher Gewinne, FR 1967, 10. – Schubert, Werner, Zur Frage von Steuerumlagen auf organschaftlich verbundene Unternehmen, in: Zur Besteuerung der Unternehmung, Festschrift für Peter Scherpf, Berlin 1968, 285. – Schmidt, Ludwig, Rechtswirkungen der Organschaft im Gewerbesteuerrecht, BB 1970, 839. – Jurkat, Werner, Zur körperschaft- und gewerbesteuerrechtlichen Organschaft, GmbHR 1972, 49. – Birkholz, Hans, Zur gewerbesteuerlichen Organschaft, BB 1974, 1341. – Schwend,Georg/Hall, Anita, Voraussetzungen für die Anerkennung der gewerbesteuerlichen Organschaft, DStR 1984, 99. – Höhnle, Bernd Michael, Gewerbesteuerliche Organschaft, Konzernrecht der Personengesellschaften und Ungleichheiten im Gewerbesteuerrecht, DB 1986, 1246. – Goutier, Klaus, § 8 Nr. 10 GewStG n. F. und die gewerbesteuerliche Organschaft, DB 1989, 244. – Breidenbach, Berthold, Ausschüttungsbedingte Teilwertabschreibung im Falle der gewerbesteuerlichen Organschaft, DB 1991, 2157.

5 C Die körperschaftsteuerliche Organschaft

5 C 1 Voraussetzungen der körperschaftsteuerlichen Organschaft

Bezeichnet man als „körperschaftsteuerliche Organschaft" das Organschaftsverhältnis, das im Bereich des Einkommen- und Körperschaftsteuerrechts Wirkungen hat, so ist zunächst festzustellen: (1) Auch eine wirtschaftlich unselbständige (d. h. finanziell, organisatorisch und wirtschaftlich in ein anderes Unternehmen eingegliederte) Kapitalgesellschaft ist grundsätzlich mit ihrem Einkommen zur Körperschaftsteuer heranzuziehen. (2) Das beherrschende Unternehmen hat diejenigen Zuflüsse (Erträge) der Einkommensteuer oder der Körperschaftsteuer zu unterwerfen, die es von der Organ-Beteiligungsgesellschaft als Ausschüttungen erhalten hat. Im Gegensatz zur Gewerbesteuer ziehen Einkommensteuer und Körperschaftsteuer also aus dem Vorliegen eines Organschaftsverhältnisses allein (d. h. wenn nicht noch weitere Bedingungen erfüllt werden) keine Konsequenzen.

Nun können aber Kapitalgesellschaften Verträge abschließen, in denen sie sich verpflichten, ihren Gewinn an ein anderes Unternehmen abzuführen (Gewinnabführungs-, Gewinnausschluß- oder auch Ergebnisabführungsverträge genannt); der Partner eines solchen Vertrages muß die während der Vertragsdauer entstehenden Verluste übernehmen (vgl. für Aktiengesellschaften §§ 291, 302 AktG). Weder für die Kapitalgesellschaft noch für ihren Partner sind daraus jedoch besondere körperschaftsteuerliche oder einkommensteuerliche Konsequenzen zu ziehen. Das Einkommen einer zur Gewinnabführung verpflichteten Kapitalgesellschaft wird ohne Berücksichtigung der Erfolgswirkungen, die aus dem Vertrag resultieren, ermittelt und besteuert. Die Gewinnabführung wird als Ausschüttung behandelt. Sie ist beim Gewinnempfänger nach den allgemeinen Regeln zu erfassen. Entsteht ein Verlust und muß das Partner-Unternehmen diesen übernehmen, so handelt es sich nach der Auffassung der Finanzverwaltung regelmäßig um eine Einlage in die zur Gewinnabführung verpflichtete Kapitalgesellschaft, die ohne Erfolgswirkung bleibt, also den entstandenen steuerlichen Verlust der Kapitalgesellschaft nicht beseitigt (vgl. 3 B 3).

Je für sich allein haben also weder der Zustand der organschaftlichen Eingliederung noch das Vorhandensein eines Gewinnabführungsvertrages körperschaftsteuerliche oder einkommensteuerliche Bedeutung und Auswirkung. Bilden jedoch die Partner des Gewinnabführungsvertrages einen Organkreis, so daß die zur Gewinnabführung verpflichtete Kapitalgesellschaft Organgesellschaft und die andere Unternehmung Organträger ist, dann liegen die Voraussetzungen für die Anerkennung der körperschaftsteuerlichen Organschaft vor: Nun treten bestimmte Konsequenzen für die Körperschaftsbesteuerung der Organgesellschaft und die Einkommens- oder Körperschaftsbesteuerung des Organträgers ein.

§ 14 KStG enthält außer diesen beiden Bedingungen (Organschaft und Gewinnabführungsvertrag) u. a. noch die folgenden Voraussetzungen: Organträger und Organgesellschaft müssen unbeschränkt steuerpflichtig sein; für die Fälle der Organschaft zu einer Personengesellschaft oder zur inländischen Zweigniederlassung einer ausländischen Unternehmung gelten Besonderheiten (§ 14 Nr. 3 und § 18 KStG). Der Gewinnabführungsvertrag muß auf mindestens fünf Jahre abgeschlossen und während dieser Zeit durchgeführt werden (§ 14 Nr. 4 KStG). Die Organgesellschaft darf Beträge aus ihrem Jahresüberschuß nur insoweit in freie Rücklagen („andere Gewinnrücklagen" i. S. des § 272 Abs. 3 HGB) einstellen, als dies „bei vernünftiger kaufmännischer Beurteilung wirtschaftlich begründet " ist (§ 14 Nr. 5 KStG).

Gesetzestechnisch geht das KStG so vor, daß in § 14 KStG eine Organgesellschaft in der Rechtsform der Aktiengesellschaft oder der Kommanditgesellschaft auf Aktien behandelt wird, wobei die Vorschrift auf die Regelungen des Aktiengesetzes Bezug nimmt. Für andere Kapitalgesellschaften (z. B. Gesellschaften mbH) regelt § 17 KStG dann im einzelnen, wie der abzuschließende Gewinnabführungsvertrag gestaltet sein muß, um steuerliche Anerkennung zu finden.

5 C 2 Konsequenz I: Einkommenszurechnung

Auch für den Bereich der körperschaftsteuerlichen Organschaft gilt nicht die Einheitstheorie. Treffen die tatbestandlichen Gegebenheiten einer Organschaft und die Existenz eines Gewinnabführungsvertrages zusammen, so ordnet § 14 KStG vielmehr folgendes an: Das Einkommen der Organgesellschaft ist nach den allgemein geltenden körperschaftsteuerlichen Regeln (vgl. 3 B) so zu ermitteln, als handele es sich bei ihr um eine nicht nur rechtlich, sondern auch wirtschaftlich selbständige Kapitalgesellschaft. Das in dieser Weise festgestellte Einkommen ist aber nicht bei der Organgesellschaft zu versteuern, sondern dem Organträger zuzurechnen. Das Organ-Einkommen bildet danach einen Teil der Steuerbemessungsgrundlagen für die Einkommensteuer oder Körperschaftsteuer des Organträgers.

Beispiel:

Die bereits im Teil 5 A 1 beispielhaft geschilderte O-GmbH des Textilfabrikanten OT hat in ihrer Handelsbilanz einen Gewinn von 200 000 DM erzielt und aufgrund eines mit OT bestehenden Gewinnabführungsvertrages im gleichen Jahr dem OT gutgeschrieben. Nach Berücksichtigung dieser „Aufwendungen aus dem Gewinnabführungsvertrag" ist ihre handelsrechtliche Gewinn- und Verlustrechnung ausgeglichen. – OT weist (unter Einschluß des Ertrages aus der Gewinnabführung der O-GmbH) in seiner Handelsbilanz für das gleiche Jahr einen Gewinn von 900 000 DM aus. Handels- und Steuerbilanzen stimmen jeweils überein, weil bereits bei der Erstellung der Handelsbilanzen das Steuerbilanzrecht (§§ 4 ff. EStG) berücksichtigt worden ist. – Im Aufwand der O-GmbH ist Vermögensteuer mit 10 000 DM enthalten; weitere Modifikationen des Steuerbilanzergebnisses sind bei ihr nicht zu registrieren.

Dann errechnet sich das körperschaftsteuerliche Einkommen der O-GmbH wie folgt:

Steuerbilanzgewinn vor Berücksichtigung der Gewinnabführung	200 000 DM
+ nichtabzugsfähige Steueraufwendungen (Vermögensteuer)	10 000 DM
Einkommen	210 000 DM

Der steuerliche Gewinn des Organträgers OT errechnet sich wie folgt:

Steuerbilanzgewinn	900 000 DM
– darin enthaltener Ertrag aus Gewinnübernahme von der O-GmbH	200 000 DM
Steuerbilanzgewinn ohne Berücksichtigung der Gewinnabführung	700 000 DM
+ Einkommenszurechnung nach § 14 KStG	210 000 DM
Gewinn aus Gewerbebetrieb	910 000 DM

5 C 3 Ausnahmen von der Einkommenszurechnung

Von dem Prinzip, das Einkommen der Organgesellschaft nach den Vorschriften des KStG so zu ermitteln, als wenn es sich um eine selbständige Kapitalgesellschaft handelte, gibt es nach § 15 KStG zwei Ausnahmen. Sie betreffen

– den Verlustabzug nach § 10d EStG,

– ein etwaiges internationales Schachtelprivileg.

Die Anordnung in § 15 Nr. 1 KStG, wonach die Verlustabzugsvorschrift des § 10d EStG (vgl. 2 F 2 und 3 B 12) bei der Einkommensermittlung der Organgesellschaft nicht angewendet werden darf, betrifft sogenannte „vorvertragliche Verluste“; denn innerhalb der Vertragsdauer können ja infolge des abgeschlossenen Vertrages keine Verluste mehr bei der Organgesellschaft entstehen. Weil er nicht im Wege der Einkommenszurechnung beim Organträger wirksam wird, kann ein solcher Verlustvortrag des Organs während der Laufzeit des Gewinnabführungsvertrages nicht geltend gemacht werden. Will man diese Konsequenz vermeiden, so können sich Organgesellschaft und Organträger allerdings dadurch helfen, daß sie den Gewinnabführungsvertrag erst dann in Kraft setzen, wenn die vorvertraglichen Verluste durch positive Organ-Gewinne ausgeglichen sind.

Steht einer Organgesellschaft nach einem Doppelbesteuerungsabkommen für die Gewinnanteile aus ihrer Beteiligung an einer ausländischen Gesellschaft ein Schachtelprivileg zu, d. h. sind die entsprechenden Gewinnanteile außer Ansatz zu lassen, so dürfen nach § 15 Nr. 2 KStG diese Regelungen nur angewendet werden, „wenn der Organträger zu den durch diese Vorschriften begünstigten Steuerpflichtigen gehört“, d. h. (i. d. R.) selbst eine

Kapitalgesellschaft ist. Auf diese Weise wird vermieden, daß ein nur auf das Verhältnis von Kapitalgesellschaften abgestelltes Privileg einem Organträger zugute kommt, der eine natürliche Person ist. Dementsprechend wird für den Fall, daß eine Personengesellschaft Organträger ist, auch eine Aufteilung angeordnet: Das internationale Schachtelprivileg ist nur „insoweit anzuwenden, als das zuzurechnende Einkommen auf einen Gesellschafter entfällt, der zu den begünstigten Steuerpflichtigen gehört“. (Nähere Einzelheiten zum internationalen Schachtelprivileg im Fünften Buch.)

5 C 4 Konsequenz II: Auswirkungen auf das verwendbare Eigenkapital

Die körperschaftsteuerliche Organschaft führt zwar nicht zu einer steuerlichen Einheit von Organträger und Organgesellschaft, wohl aber zu der Einkommenszurechnung, wie sie vorstehend (mit ihren Ausnahmen) besprochen worden ist (5 C 2 und 5 C 3).

Durch diese Einkommenszurechnung ist dann, wenn der Organträger eine einkommensteuerpflichtige Person ist, jede Zweifacherfassung – auch mit Interims- oder Anrechnungs-Körperschaftsteuer – ausgeschlossen: Das Einkommen der Organ-Kapitalgesellschaft unterliegt nur und unmittelbar der Einkommensteuer beim Organträger.

Ist Organträger dagegen eine Kapitalgesellschaft, so muß im Verhältnis zu deren Gesellschaftern für die korrekte Durchführung des Anrechnungsverfahrens (vgl. 3 C 2) gesorgt werden. Aus diesem Grunde ordnen §§ 36 und 37 KStG an, daß dem Organträger die Vermögensmehrungen der Organgesellschaft (vor Berücksichtigung der Gewinnabführung) zur Ermittlung der Teilbeträge seines verwendbaren Eigenkapitals „wie eigene Vermögensmehrungen zuzurechnen“ sind und daß diese Vermögensmehrungen im Bereich der Organgesellschaft bei der Ermittlung ihres verwendbaren Eigenkapitals außer Ansatz bleiben.

5 C 5 Die Behandlung von Ausgleichszahlungen

Ein Gewinnabführungsvertrag muß sich nach § 291 Abs. 1 AktG und §§ 14, 17, 18 KStG auf den ganzen Gewinn der Organgesellschaft erstrecken. Besitzt aber der Organträger nicht alle Anteile der Organgesellschaft, so haben die außenstehenden Gesellschafter Anspruch auf angemessenen Ausgleich „durch eine auf die Aktiennennbeträge bezogene wiederkehrende Geldleistung“ (§ 304 Abs. 1 Satz 1 AktG). Diese „Ausgleichszahlungen“, geleistet entweder von der Organgesellschaft selbst oder vom Organträger, werden auch als „Garantiedividenden“ bezeichnet. Ausgleichszahlungen sind gem. § 4 Abs. 5 Nr. 9 EStG nicht als Betriebsausgaben abzugsfähig; sie stellen also einen Teil des steuerlichen Gewinns dar.

Nach § 16 KStG sind die Ausgleichszahlungen zuzüglich der darauf entfallenden Ausschüttungs-Körperschaftsteuer (36/34 = 9/16 = 56,25 %) als Einkommen bei der Organgesellschaft zu versteuern. Dies gilt auch für den Fall, daß der Organträger die Zahlungen geleistet hat.

Die Ausgleichszahlungen und die dazu gehörende Ausschüttungsbelastung sind also nicht in die Einkommenszurechnung an den Organträger einzubeziehen. Dementsprechend erfolgt nach § 36 Satz 2 Nr. 1 KStG auch keine Zurechnung dieser Beträge zum verwendbaren Eigenkapital des Organträgers.

Literatur zum Teil 5 C

1. Die Kommentierungen zu §§ 14 bis 19, 36, 37 LStG.
2. Die Abschnitte 55 bis 65, 91 und 92 KStR.
3. Voss, Bernd, Zur körperschaftsteuerlichen Problematik von Rücklagenmodifikationen (und) Mittelverlagerungen bei Organgesellschaften mit Ergebnisabführungsvertrag zu Kapitalgesellschaften, Bonn. – Haase, Klaus Dittmar, Ertragsteuerpolitik in Kapitalgesellschaften und Konzernen, Wiesbaden. – Raupach, Arndt/Clausen, Uwe, Rückstellungen für drohende Verluste aus Gewinnabführungsverträgen, BB 1974, 689. – Jurkat, Werner, Die Organschaft des Körperschaftsteuerrechts, Heidelberg. – Storck, Alfred, Die Zurechnung des Organeinkommens und die Bildung einer Rückstellung für drohende Organverluste, StuW 1976, 217. – Weber, Hans, Die Organschaft nach dem Körperschaftsteuerrecht, DB 1976, 1784. – Fasold, Rudolf, Organschaft und Anrechnung im KStG 1977, DStR 1976, 655. – Schmidt, Ludwig, Die Organschaft im Körperschaftsteuerrecht nach dem Körperschaftsteuerreformgesetz, GmbH-Rdsch 1977, 7. – Selchert, F. W., Wirtschaftliche Begründung der Zuführung zur freien Rücklagen in der Organschaft, DB 1977, 27. – Guthardt, Evelyn/König, Elke, Körperschaftsteuerliche Auswirkungen auf Ausgleichszahlungen und Abfindungen an Minderheitsaktionäre nach dem KStG 1977, BFuP 1977, 311. – Palitzsch, Werner, Der besondere Ausgleichsposten beim Organträger nach der KSt-Reform, StBp 1978, 181. – Hönle, Bernd Michael, Der außeraktienrechtliche Gewinnabführungsvertrag in gesellschaftsrechtlicher und körperschaftsteuerlicher Sicht, DB 1979, 485. – Herrmann, Carl/Winter, Willi, Der Gewinnabführungsvertrag einer GmbH als Organgesellschaft in zivil- und steuerrechtlicher Sicht, FR 1982, 262. – Flohr, Eckhard, Rückstellungen für drohende Verluste aus Verlustübernahmen, Inf. 1983, 296. – Schröder, Siegfried, Körperschaftsteuerrechtliche Behandlung vorvertraglicher versteuerter stiller Rücklagen von Organgesellschaften, StBp 1986, 269. – Curtius-Hartung, Rudolf, Zur Ausschaltung körperschaftsteuerlicher Doppelerfassung bei Organschaft, in: Herzig (Hrsg.), Betriebswirtschaftliche Steuerlehre und Steuerberatung (Festschrift für Gerd Rose), Wiesbaden 1991, 311.

6 Der Solidaritätszuschlag

Das Solidaritätszuschlaggesetz vom 24. 6. 1991 (SolZG) hat für eine befristete Zeit die Erhebung eines Solidaritätszuschlags zur Einkommensteuer und zur Körperschaftsteuer als Ergänzungsabgabe angeordnet.

Abgabepflichtig sind die einkommensteuerpflichtigen natürlichen Personen und die körperschaftsteuerpflichtigen Körperschaften, Personenvereinigungen und Vermögensmassen.

Die Bemessungsgrundlage für den Solidaritätszuschlag ist in § 3 SolZG in differenzierter Weise geregelt, im Ergebnis aber dahin, daß der Zuschlag 3,75 % der Einkommensteuer bzw. Körperschaftsteuer für die Veranlagungszeiträume 1991 und 1992 beträgt.

Literatur:

Scheumann-Kettner, Peter/Dötsch, Ewald, Das Solidaritätszuschlaggesetz, DB 1991, 1591 und 1644. – Schomburg, Susanne, Der Solidaritätszuschlag – Rechtslage und Gestaltungsüberlegungen – , WPg 1991, 433. – Rödder, Thomas, Belastungs- und Gestaltungswirkungen des geplanten Solidaritätszuschlags, DB 1991, 921. – Reinhardt, Michael C./Sievers, Hauke, Die Belastungswirkungen des Solidaritätszuschlags, DStR 1991, 887. – Rödder, Thomas, Belastung und Volumen von Ausschüttungen nach der endgültigen Ausgestaltung des Solidaritätszuschlags, DB 1991, 1400. – Wendland, H., Der Solidaritätszuschlag zur Einkommen- und Körperschaftsteuer, Inf. 1991, 347. – Keßler, Rainer, E., Zum Solidaritätszuschlag bei der Kapitalertragsteuer und bei der Abzugsteuer nach § 50a Abs. 4 EStG, DStR 1991, 1209.

Verzeichnis der Kommentare

Innerhalb der einzelnen Steuergebiete sind die Kommentare in alphabetischer Reihenfolge aufgeführt.

1. Kommentare zum Einkommensteuerrecht

Blümich/Falk, München
Frotscher, Loseblattausgabe, Freiburg/Br.
Hartmann/Böttcher/Nissen/Bordewin, Loseblattausgabe, Wiesbaden
Herrmann/Heuer/Raupach, Loseblattausgabe, Köln
zugleich Kommentar zum Körperschaftsteuerrecht
Kirchhof/Söhn, Loseblattausgabe, Köln
Klein, Baden-Baden
Klein/Flockermann/Kühr, Neuwied/Darmstadt
Lademann/Söffing/Brockhoff, Loseblattausgabe, Stuttgart/München/Hannover
Littmann/Bitz/Meincke, Stuttgart
Ludwig Schmidt, München

2. Kommentare zum Lohnsteuerrecht

Horowski/Altehoefer, Loseblattausgabe, Wiesbaden
Hartz/Meeßen/Wolf, ABC-Führer Lohnsteuer, Loseblattausgabe, Stuttgart
Oeftering/Görbing, Loseblattausgabe, Berlin/Frankfurt

3. Kommentare zum Körperschaftsteuerrecht

Dötsch/Eversberg/Jost/Witt, Loseblattausgabe, Stuttgart
Frotscher/Maas, Freiburg/Br.
Herrmann/Heuer/Raupach, Loseblattausgabe, Köln
zugleich Kommentar zum Einkommensteuerrecht
Kläschen, Loseblattausgabe, Bonn
Lademann, Loseblattausgabe, Stuttgart/München/Hannover
Streck, München

4. Kommentare zum Gewerbesteuerrecht

Glanegger/Güroff, München
Lenski/Steinberg, Loseblattausgabe, Köln
Meyer-Scharenberg/Popp/Woring, Herne/Berlin
Müthling/Fock, Loseblattausgabe, München
Wihtol/Bittner, Loseblattausgabe, Frankfurt am Main

5. Kommentare zur Abgabenordnung

Gröger/Scholl, München/Münster
Hofmann, Bonn
Hübschmann/Hepp/Spitaler, Loseblattausgabe, Köln
Klein/0rlopp, München
Koch, Köln/Berlin/Bonn/München
Kühn/Kutter/Hofmann, Stuttgart
Plath, Frankfurt am Main
Schwarz, Loseblattausgabe, Freiburg/Br.
Schwarz/Gröger, Loseblattausgabe, München
Tipke/Kruse, Loseblattausgabe, Köln
Wolf, Stuttgart.

6. Kommentare zum Umwandlungssteuergesetz

Glade/Steinfeld, Herne/Berlin
Herrmann/Heuer/Raupach, Loseblattausgabe, Köln –
zugleich Kommentar zum Einkommensteuer- und Körperschaftsteuerrecht
Widmann/Mayer, Umwandlungsrecht, Loseblattausgabe, Bonn
Würdinger/Eder, Berlin

Literaturhinweise zu „Steuerbilanzen“

Die Kommentierungen zu §§ 4 bis 7g EStG.
Barth, Kuno: Die Entwicklung des deutschen Bilanzrechts, 2. Bd., Stuttgart.
Bauch, Günter/Bossert, Rainer: Handels- und Steuerbilanzen – Eine Einführung, Heidelberg.
Bauer, Jörg: Grundlagen einer handels- und steuerrechtlichen Rechnungspolitik der Unternehmung, Wiesbaden.
Biergans, Enno: Einkommensteuer und Steuerbilanz, München
Blödtner, Wolfgang/Mielke, Klaus: Lernprogramm Buchführung und Bilanzsteuerrecht, zwei Bände, Herne/Berlin.
Börner, Dietrich/Krawitz, Norbert: Steuerbilanzpolitik. Eine entscheidungsorientierte Analyse der Wahlrechte zur steuerlichen Gewinnermittlung, Herne/Berlin.
Brönner, Herbert/Bareis, Peter: Die Bilanz nach Handels- und Steuerrecht, Stuttgart.
Bühler, Ottmar/Scherpf, Peter: Bilanz und Steuer, München.
Coenenberg, Adolf Gerhard: Jahresabschluß und Jahresabschlußanalyse (Betriebswirtschaftliche, handels- und steuerrechtliche Grundlagen), München.
Falk, Rudolf/Gail, Winfried/Latsch, Rudolf: Die Steuerbilanz, Herne/Berlin.
Federmann, Rudolf: Bilanzierung nach Handelsrecht und Steuerrecht, Bielefeld.
Flohr, Eckhard: Steuerbilanz und Vermögensaufstellung der Einheitsbewertung, Köln.
Freericks, Wolfgang: Bilanzierungsfähigkeit und Bilanzierungspflicht inHandels- und Steuerbilanz, Köln/Berlin/Bonn/München.
Gnam, Arnulf: Handbuch des Bilanzsteuerrechts, Loseblattausgabe, Freiburg.
Groener, Leo/von Wallis, Hugo: Grundzüge der steuerlichen Gewinnermittlung, Köln/Berlin/München/Bonn.
Haas, Gerhard/Oechsner, Lothar: Der Jahresabschluß nach Handels- und Steuerrecht, Wiesbaden.
Haberstock, Lothar, Steuerbilanz und Vermögensaufstellung, Hamburg.
Heinlein, Alfons: Steuerliche Gewinnermittlung, München.
Von der Heyden, Daniel/Körner, Werner: Bilanzsteuerrecht in der Praxis, Herne/Berlin.
Jacob, Herbert: Das Bewertungsproblem in den Steuerbilanzen, Wiesbaden.
Jacobs, Otto H., Das Bilanzierungsproblem in der Ertragsteuerbilanz, Stuttgart
Knobbe-Keuk, Brigitte: Bilanz- und Unternehmenssteuerrecht, Köln.
Kobs, Erwin: Bilanzen und Ergänzungsbilanzen bei Personengesellschaften, Herne/Berlin.
Kormann, Berthold: Die neue Handels- und Steuerbilanz, Berlin.
Koschmieder, Kurt-Dieter: Steuerliche Mehrzweckbilanz–Steuerbilanzen unter Einschluß steuerlicher Sonderbilanzen und Planbilanzen, Berlin.
Leffson, Ulrich: Die Grundsätze ordnungsmäßiger Buchführung, Düsseldorf.
Marettek, Alexander: Steuerbilanz- und Unternehmenspolitik, Freiburg i. Br.
Marettek, Alexander: Steuerbilanzplanung, Herne/Berlin.
Moxter, Adolf: Bilanzrechtsprechung, Tübingen.
Müller-Kröncke, Gerhard, A.: Entscheidungsmodelle für die Steuerbilanzpolitik, Berlin.

Pougin, Erwin,Ertragsteuerbilanz, Stuttgart.
Rückle, Dieter: Normative Theorie der Steuerbilanzpolitik, Wien
Schneider, Dieter: Steuerbilanzen, Wiesbaden.
Schult, Eberhard: Die Steuern des Betriebs, Betriebswirtschaftliche Steuerlehre in 3 Bänden, Band 2: Steuerbilanz, Freiburg i. Br.
Thiel, Jochen: Bilanzrecht, Handelsbilanz-Steuerbilanz, Köln.
Tiedtke, Klaus: Einkommensteuer- und Bilanzsteuerrecht, Berlin/New York.
Von Wallis: Die Steuerbilanz des Kaufmanns, Wolfenbüttel.
Wöhe, Günter: Betriebswirtschaftliche Steuerlehre, Bd. I/2, München.
Wöhe, Günter: Bilanzierung und Bilanzpolitik, München.
Wöhe, Günter: Die Handels- und Steuerbilanz, Betriebswirtschaftliche, handelsrechtliche und steuerrechtliche Grundsätze der Bilanzierung, München.

Sachregister

Vereinfachtes Schema der Einkommensteuer-Ermittlung

Einkünfte
aus

Die sieben Einkunftsarten	**Haupteinkunftsarten**	1. Land- und Forstwirtschaft	**Gewinneinkunftsarten**
		2. Gewerbebetrieb	
		3. selbständiger Arbeit	
		4. nichtselbständiger Arbeit	**Jberschuß-inkunfts-rten**
	Nebeneinkunftsarten	5. Kapitalvermögen	
		6. Vermietung und Verpachtung	
		7. Sonstige Einkünfte	

Summe der Einkünfte

./. Altersentlastungsbetrag
Abziehbare ausländische Steuern

Gesamtbetrag der Einkünfte

/. Sonderausgaben
Steuerbegünstigungen nach §§ 10e, 10 f EStG
Außergewöhnliche Belastungen
Verlustabzug

Einkommen

./. Kinderfreibetrag
Haushaltsfreibetrag
Tariffreibetrag
Sonstige vom Einkommen abzuziehende Beträge

Zu versteuerndes Einkomme

↓

Tarif

↓

Tarifliche Einkommensteuer

./. Steuerermäßigungen
- bei ausländischen Einkünften
- bei Belastung mit Erbschaftsteuer
- in anderen Fällen

Festzusetzende Einkommensteuer

./. Vorauszahlungen, anzurechnende Lohn- und Kapitalertragsteuerabzüge, Körperschaftsteueranrechnung

Abschlußzahlung oder Erstattung

Verlustausgleich und Verlustabzug

Zu 2 F 3	Jahr I	Jahr II	Jahr III	Jahr IV	Jahr V	Jahr VI	Jahr VII	Jahr VIII
	DM	DM	DM	DM	DM	DM	DM	DM
Gewinn/Verlust aus Gewerbebetrieb	+ 10000	– 150000	+ 10000	+ 45000	– 4000	+ 60000	+ 25000	+ 30000
Einkünfte aus Vermietung und Verpachtung	+ 6000	+ 4000	+ 3000	– 2000	– 1000	+ 2000	– 9000	+ 6000
Summe der Einkünfte (mangels Altersentlastungsbetrag zugleich Gesamtbetrag der Einkünfte)	+ 16000	– 146000	+ 13000	+ 43000	– 5000	+ 62000	+ 16000	+ 36000
Sonderausgaben (ohne Verlustabzug) und außergewöhnliche Belastungen	– 2000	– 2000	– 2000	– 2000	– 2000	– 2000	– 2000	– 2000
Einkommen vor Verlustabzug	+ 14000	– 148000	+ 11000	+ 41000	– 7000	+ 60000	+ 14000	+ 34000
Verlustabzug § 10d EStG	– 14000	–	– 11000	– 41000	–	– 60000	– 14000	– 11000
Einkommen	0	– 148000	0	0	0	0	0	+ 23000
Stand der vortragsfähigen Verluste								
aus dem Jahr II		– 132000	– 121000	– 80000	– 80000	– 20000	– 6000	0
aus dem Jahr V		–	–	–	– 5000	– 5000	– 5000	0

Zu 4 B 15	Jahr I	Jahr II	Jahr III	Jahr IV	Jahr V	Jahr VI	Jahr VII	Jahr VIII
Ausgangsgröße: Gewerblicher Gewinn/Verlust nach § 7 GewStG	+ 10000	– 150000	+ 10000	+ 45000	– 4000	+ 60000	+ 25000	+ 30000
+ Zurechnungen § 8 GewStG	+ 8000	+ 10000	+ 1000	–	+ 7000	+ 40000	–	+ 4000
– Kürzungen § 9 GewStG	– 1000	–	– 13000	– 3000	–	– 4000	– 3000	– 4000
Gewerbeertrag vor Verlustabzug	+ 17000	– 140000	– 2000	+ 42000	+ 3000	+ 96000	+ 22000	+ 30000
– Gewerbeverlustabzug § 10a GewStG	–	–	–	– 42000	– 3000	– 96000	– 1000	–
Gewerbeertrag vor Freibetragsabzug/ Gewerbeverlust (Fehlbetrag)	+ 17000	– 140000	– 2000	0	0	0	+ 21000	+ 30000
Vortragsfähig aus dem Jahr II		– 140000	– 140000	– 98000	– 95000	–	–	–
Vortragsfähig aus dem Jahr III		–	– 2000	– 2000	– 2000	– 1000	–	–

Vereinfachtes Schema der Rentenbesteuerung[1]

<table>
<tr><td colspan="2" rowspan="2">Art
Grund</td><td colspan="2" rowspan="2">ZEITRENTE</td><td colspan="2" rowspan="2">LEIBRENTE</td><td colspan="2">RENTENÄHNLICHE LEISTUNGEN</td></tr>
<tr><td>Daurende Last</td><td>Wiederkehr. geldw. Vorteil</td></tr>
<tr><td colspan="2">GEGENLEISTUNG (Veräußerung)</td><td>V</td><td>B</td><td>V</td><td>B</td><td>V</td><td>B</td></tr>
<tr><td rowspan="2">Betriebsvermögen</td><td>Einzelne Wirtschaftsgüter</td><td rowspan="2">AK = fm Bw
ZA = BA</td><td></td><td rowspan="2">AK = vm Bw
BwD = BE
Renten = BA</td><td>VE = vm BW /Buchwert
BwD = BA
Renten = BE</td><td rowspan="2">AK = fm/vm Bw
BwD = BE/BA
Lasten = BA</td><td>VE entsteht lfd. bei Übersteigen des Buchwertes[3]</td></tr>
<tr><td>Betriebe im ganzen, Teilbetriebe Mitunternehmeranteile</td><td rowspan="2">WAHLRECHT
Sofortbesteuerung[5] oder nachträglich BE bzw. E[8]</td><td rowspan="2">WAHLRECHT
Sofortbesteuerung[6] oder nachträglich BE bzw. E[8]</td><td rowspan="2">WAHLRECHT
Sofortbesteuerung[7] oder nachträglich BE bzw. E[8]</td></tr>
<tr><td rowspan="2">Ertragbringendes Privatvermögen</td><td>Fälle des § 17 EStG</td><td rowspan="2">AK = fm Bw
ZA = WK[2]</td><td rowspan="2">AK = vm Bw[4]
EA = WK[2]</td><td rowspan="2">AK = fm/vm Bw
Lasten nach Übersteigen des Bw = WK[2]</td></tr>
<tr><td>Andere Fälle</td><td rowspan="2">VE unbeachtlich[9]
ZA = E aus Kapitalvermögen</td><td rowspan="2">VE unbeachtlich[10]
EA = E als SE</td><td rowspan="2">VE unbeachtlich[9]
Vorteile nach Übersteigen des gemeinen Werts = E als SE</td></tr>
<tr><td colspan="2">Ertragsloses Privatvermögen</td><td>kein Abzug</td><td>EA = SA</td><td>SA (nach Übersteigen des gemeinen Werts)</td></tr>
<tr><td colspan="2">ZUWENDUNG (Versorgung)</td><td>V</td><td>B</td><td>V</td><td>B</td><td>V</td><td>B</td></tr>
<tr><td colspan="2">Betrieblicher Anlaß</td><td>BA (voll)</td><td>Nachträgliche BE (voll)</td><td>BA (voll)</td><td>Nachträgliche BE (voll)</td><td>BA (voll)</td><td>Nachträgliche BE (voll)</td></tr>
<tr><td colspan="2">Kein betrieblicher Anlaß</td><td>SA (voll)</td><td>E (voll) als SE</td><td>EA = SA</td><td>EA = E als SE</td><td>SA (voll)</td><td>E (voll) als Einkünfte aus nichtselbständiger Arbeit oder als SE</td></tr>
</table>

Abkürzungen:

AK = Anschaffungskosten
B = (Behandlung beim) Berechtigten
BA = Betriebsausgaben
BE = Betriebseinnahmen
Bw = Barwert
BwD = Barwertdifferenzen
E = Einnahmen im Sinne des § 8 Abs. 1 EStG
EA = Ertragsanteile
fm = finanzmathematisch
SA = Sonderausgaben
SE = Sonstige Einkünfte
V = (Behandlung beim) Verpflichteten
VE = Veräußerungserfolg
vm = versicherungsmathematisch
WK = Werbungskosten
ZA = Zinsanteile

1 Die Handhabung ist nicht in allen Fällen eindeutig fixierbar; Rechtsprechung und Verwaltungsübung sind im Fluß.

2 Es kann Fälle geben, in denen diese WK teilweise nicht abzugsfähig sind.

3 So die Handhabung der Praxia. Denkbar ist auch die Behandlung wie bei Leibrentenverabredungen.

4 Kann auch nach § 14 BewG ermittelt werden.

5 Sofortbesteuerung heißt: VE = fm Bw./. Buchwert bzw. AK, ZA = lfd. BE oder E aus Kapitalvermögen.

6 Sofortbesteuerung heißt: VE = vm Bw./. Buchwert bzw. AK, EA = BE oder E als SE.

7 Sofortbesteuerung heißt: VE = fm /vm Bw ./. Buchwert bzw. AK. Differenz zwischen empfangenen Leistungen und BwD = lfd. BE oder E aus Kapitalvermögen (strittig).

8 VE erst bei Übersteigen des Buchwerts bzw. der AK als laufende (nachträglich) BE oder E.

9 Bei Spekulationsgeschäften: VE mit Zufluß, sobald die Leistungen die AK übersteigen.

10 Bei Spekulationsgeschäften: VE mit Zufluß, sobald die Tilgungsanteile (Rente ./. EA) die AK übersteigen.

Vereinfachtes Schema der Körperschaftsteuer-Ermittlung für Kapitalgesellschaften im Normalfall

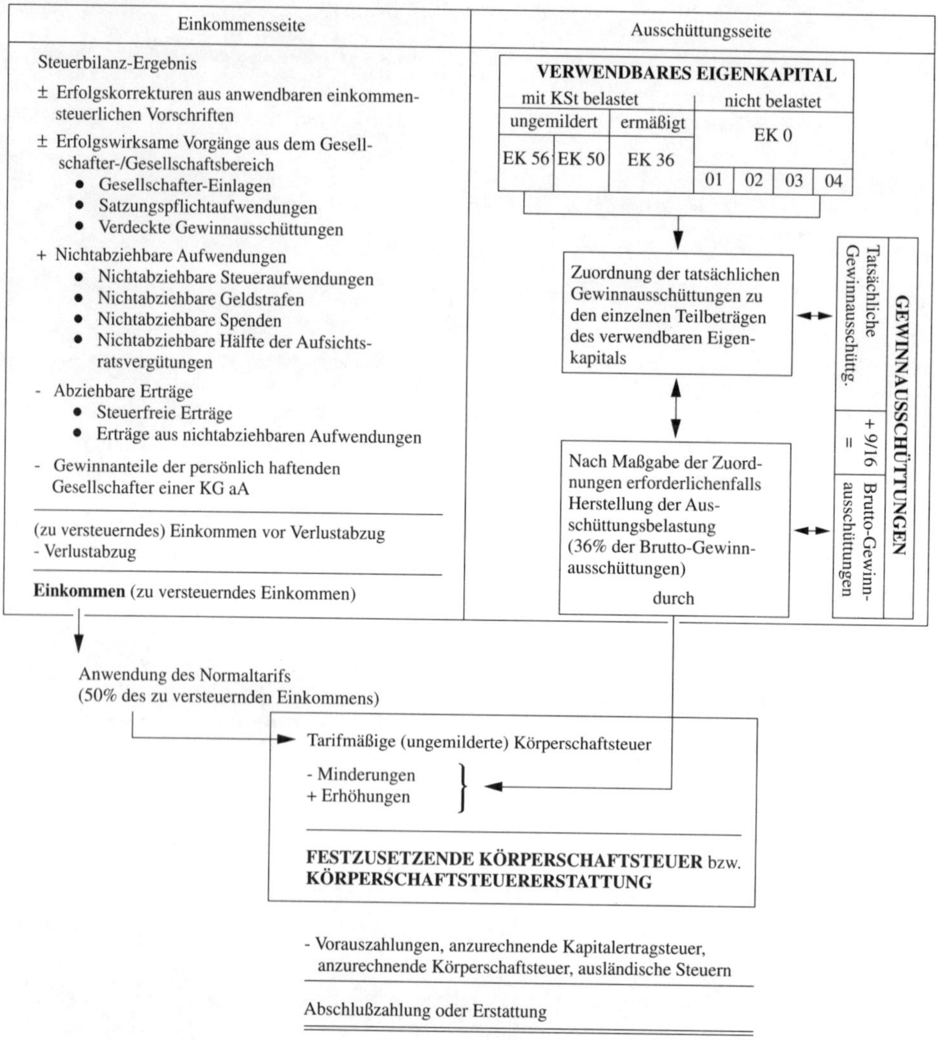

Schema der Gewerbeertragsteuer-Ermittlung

Ausgangsgröße: Gewerblicher Gewinn (Verlust)

\+ **Hinzurechnungen:**

- Dauerschuldzinsen (50 %)
- Renten und dauernde Lasten bestimmter Entstehungsgründe
- Gewinnanteile stiller Gesellschafter
- Bezüge persönlich haftender Gesellschafter einer KGaA
- Miet- und Pachtzinsen (50 %) *
- Verlustanteile aus Mitunternehmergemeinschaften **
- Ausschüttungsbedingte Teilwertabschreibungen
- Nichtwissenschaftliche Spenden ***
- Bestimmte Steuerzinsen

– **Kürzungen:**

- Grundbesitz-Abzüge
- Schachtelerträge
- Anteile nicht im Inland belegener Betriebsstätten
- Kuponsteuerpflichtige Zinsen
- Miet- und Pachtzinsen *
- Gewinnanteile aus Mitunternehmergemeinschaften**
- Wissenschaftliche Spenden ***

Gewerbeertrag vor Verlustabzug und Freibetragskürzung
– Gewerbeverlustabzug
– Freibetrag (bei Personenunternehmungen)

---

(1) Gewerbeertrag (nach Verlustabzug und Freibetragskürzung) –> Meßzahl –> **Steuermeßbetrag nach Gewerbeertrag**

\+

(2) Gewerbekapital (nach Freibetragskürzung) –> Meßzahl –> **Steuermeßbetrag nach Gewerbekapital**

---

einheitlicher Steuermeßbetrag

↓

(ggf. Zerlegung)

↓

Hebesatz

↓

Gewerbesteuer nach Ertrag und Kapital